# Statistiques de l'OCDE sur les dépenses en recherche et développement dans l'industrie 2016

ANBERD

Cet ouvrage est publié sous la responsabilité du Secrétaire général de l'OCDE. Les opinions et les interprétations exprimées ne reflètent pas nécessairement les vues officielles des pays membres de l'OCDE.

Ce document et toute carte qu'il peut comprendre sont sans préjudice du statut de tout territoire, de la souveraineté s'exerçant sur ce dernier, du tracé des frontières et limites internationales, et du nom de tout territoire, ville ou région.

**Merci de citer cet ouvrage comme suit :**
OCDE (2017), *Statistiques de l'OCDE sur les dépenses en recherche et développement dans l'industrie 2016 :* ANBERD, Éditions OCDE.
*http://dx.doi.org/10.1787/anberd-2016-fr*

ISBN : 978-92-64-27457-0 (imprimé)
ISBN : 978-92-64-22487-2 (PDF)

Les données statistiques concernant Israël sont fournies par et sous la responsabilité des autorités israéliennes compétentes. L'utilisation de ces données par l'OCDE est sans préjudice du statut des hauteurs du Golan, de Jérusalem-Est et des colonies de peuplement israéliennes en Cisjordanie aux termes du droit international.

Les corrigenda des publications de l'OCDE sont disponibles sur : *www.oecd.org/about/publishing/corrigenda.htm*.
© OCDE 2017

La copie, le téléchargement ou l'impression du contenu OCDE pour une utilisation personnelle sont autorisés. Il est possible d'inclure des extraits de publications, de bases de données et de produits multimédia de l'OCDE dans des documents, présentations, blogs, sites Internet et matériel pédagogique, sous réserve de faire mention de la source et du copyright. Toute demande en vue d'un usage public ou commercial ou concernant les droits de traduction devra être adressée à *rights@oecd.org*. Toute demande d'autorisation de photocopier une partie de ce contenu à des fins publiques ou commerciales devra être soumise au Copyright Clearance Center (CCC), *info@copyright.com*, ou au Centre français d'exploitation du droit de copie (CFC), *contact@cfcopies.com*.

# Table des matières

| | |
|---|---|
| Australie | 8 |
| Autriche | 10 |
| Belgique | 12 |
| Canada | 16 |
| Chili | 18 |
| République tchèque | 20 |
| Danemark | 24 |
| Estonie | 26 |
| Finlande | 28 |
| France | 32 |
| Allemagne | 36 |
| Hongrie | 38 |
| Israël | 40 |
| Italie | 42 |
| Japon | 46 |
| Corée | 48 |
| Mexique | 50 |
| Pays-Bas | 52 |
| Nouvelle-Zélande | 54 |
| Norvège | 56 |
| Pologne | 58 |
| Portugal | 60 |
| République slovaque | 64 |
| Slovénie | 66 |
| Espagne | 68 |
| Suède | 70 |
| Suisse | 72 |
| Turquie | 74 |
| Royaume Uni | 76 |
| États-Unis | 80 |
| Chine | 82 |
| Roumanie | 84 |
| Singapour | 86 |
| Taipei chinois | 88 |

# Guide de l'utilisateur

## Présentation et contenu

Cette publication contient les données conformes à la CITI Rév. 4 pour 31 économies de l'OCDE et quatre économies non membres. Les données sont présentées dans la classification Internationale Type par Industrie, 4ème révision (CITI Rév. 4).

Les données sont disponibles dans la base de données :

- OCDE (2017), « STAN R-D : Dépenses de recherche et développement dans l'industrie – CITI Rév. 4 », Statistiques de l'OCDE STAN pour l'analyse structurelle (base de données). *http://dx.doi.org/10.1787/data-00689-fr*.

## Signes and abréviations

- ..  Non disponible.
- .   Point décimal.
- n.c.a.  non classé ailleurs.

## Sources and méthodes

- Documentation (PDF): *www.oecd.org/sti/inno/ANBERD_full_documentation.pdf*.
- Secteurs économiques couverts (XLS): *www.oecd.org/sti/inno/ANBERDcoverage.xls* (en anglais).

## Nous contacter

- Veuillez contacter *oecdilibrary@oecd.org* ou *RDSurvey@oecd.org* pour plus d'informations.

## Classification

- La Classification internationale type par industrie (CITI) Rév. 4 est disponible en ligne à l'adresse : *http://unstats.un.org/unsd/cr/registry/isic-4.asp*.

## Classification CITI Rév. 4

| Section | Divisions | Description |
|---|---|---|
| A-U | 01-99 | **TOTAL ENTERPRISES** |
| A | 01-03 | **AGRICULTURE, SYLVICULTURE ET PÊCHE** |
| B | 05-09 | **ACTIVITÉS EXTRACTIVES** |
| C | 10-33 | **ACTIVITÉS DE FABRICATION** |
| | 10-12 | Produits alimentaires, boissons et tabac |
| | 13-15 | |
| | 13 | Fabrication de textiles |
| | 14 | Fabrication d'articles d'habillement |
| | 15 | Fabrication de cuir et d'articles de cuir |
| | 16-18 | |
| | 16 | Production de bois et d'articles en bois et en liège (sauf fabrication de meubles) ; fabrication d'articles de vannerie et de sparterie |
| | 17 | Fabrication de papier et d'articles en papier |
| | 18 | Imprimerie et reproduction de supports enregistrés |
| | 19-23 | |
| | 19 | Cokéfaction et raffinage |
| | 20-21 | |
| | 20 | Fabrication de produits chimiques |
| | 21 | Fabrication de préparations pharmaceutiques, de produits chimiques à usage médicinal et de produits d'herboristerie |
| | 22 | Fabrication d'articles en caoutchouc et en matières plastiques |
| | 23 | Fabrication d'autres produits minéraux non métalliques |
| | 24-25 | |
| | 24 | Produits métallurgiques de base |
| | 25 | Ouvrages en métaux (sauf machines et matériel) |
| | 26-30 | |
| | 26 | Fabrication d'ordinateurs, d'articles électroniques et optiques |
| | 27 | Fabrication de matériels électriques |
| | 28 | Fabrication de machines et de matériel, n.c.a. |
| | 29 | Construction de véhicules automobiles, de remorques et semi-remorques |
| | 30 | Fabrication d'autres matériels de transport |
| | 31-33 | |
| | 31 | Fabrication de meubles |
| | 32 | Autres activités de fabrication |
| | 33 | Réparation et installation de machines et de matériel |
| D+E | 35-39 | **ÉLECTRICITÉ, GAZ, EAU ET TRAITEMENT DES DÉCHETS** |
| D | 35-36 | Production et distribution d'électricité, de gaz, de vapeur et climatisation |
| E | 37-39 | Distribution d'eau ; réseau d'assainissement ; gestion des déchets et activités de remise en état |
| F | 41-43 | **CONSTRUCTION** |
| G-U | 45-99 | **TOTAL SERVICES** |
| G-N | 45-82 | Services du secteur des entreprises |
| G | 45-47 | **Commerce de gros et de détail ; réparations automobiles et de motocycles** |
| H | 49-53 | **Transport et entreposage** |
| I | 55-56 | **Activités d'hébergement et de restauration** |
| J | 58-63 | **Information et communication** |
| | 58-60 | |
| | 58 | Activités d'édition |
| | 59-60 | |
| | 59 | Activités de production de films cinématographiques et vidéo, de programmes de télévision, d'enregistrements sonores et d'édition musicale |
| | 60 | Activités de programmation et de diffusion |
| | 61 | Télécommunications |
| | 62-63 | |
| | 62 | Programmation informatique ; conseils et activités connexes |
| | 63 | Activités de services d'information |
| K | 64-66 | **Activités financières et d'assurances** |
| L-N | 68-82 | **Activités immobilières ; professionnelles, scientifiques et techniques ; de services administratifs et d'appui** |
| L | 68 | Activités immobilières |
| Mx72 | 69-75x72 | Activités professionnelles, scientifiques et techniques, recherche scientifique et développement scientifique exclus |
| | 72 | Recherche scientifique et développement |
| N | 77-82 | Activités de services administratifs et d'appui |
| O-U | 84-99 | Services collectifs, sociaux et personnels |
| O-P | 84-85 | Administration publique et défense ; sécurité sociale obligatoire et éducation |
| Q | 86-88 | Santé humaine et action sociale |
| R | 90-93 | Arts, spectacles et loisirs |
| S-U | 94-99 | Autres activités de services ; activités des ménages privés employant du personnel domestique ; activités des organisations et organismes extraterritoriaux |

# Dépenses en R-D dans l'industrie

# AUSTRALIE

## Dépenses de R-D dans l'industrie par activité principale de l'entreprise, prix courants
### CITI Rév. 4

*Millions USD PPP*

| | | 2007 | 2008 | 2009 | 2010 | 2011 | 2012 | 2013 | 2014 |
|---|---|---|---|---|---|---|---|---|---|
| | **TOTAL ENTREPRISES** | 10 547.0 | 11 690.6 | 11 629.2 | 11 983.0 | 12 124.9 | .. | 13 027.6 | .. |
| 01-03 | **AGRICULTURE, SYLVICULTURE ET PÊCHE** | 83.3 | 98.9 | 127.5 | 122.5 | 125.5 | .. | 167.7 | .. |
| 05-09 | **ACTIVITÉS EXTRACTIVES** | 2 410.6 | 2 937.2 | 2 576.5 | 2 554.5 | 2 716.1 | .. | 1 956.1 | .. |
| 10-33 | **ACTIVITÉS DE FABRICATION** | 3 078.6 | 2 980.2 | 2 968.8 | 3 210.5 | 2 978.7 | .. | 3 373.9 | .. |
| 10-12 | Produits alimentaires, boissons et tabac | 292.1 | 302.5 | 340.3 | 401.3 | 362.9 | .. | 476.2 | .. |
| 13-15 | Textiles, habillement, cuir et articles de cuir | 23.1 | 23.7 | 20.1 | 30.7 | 34.9 | .. | 31.8 | .. |
| 13 | Textiles | 14.0 | 14.5 | 11.6 | 14.6 | 16.8 | .. | .. | .. |
| 14 | Articles d'habillement | 4.6 | 5.0 | 4.5 | 5.4 | 4.6 | .. | .. | .. |
| 15 | Cuir et articles de cuir | 4.6 | 4.2 | 4.0 | 10.7 | 13.6 | .. | .. | .. |
| 16-18 | Bois, papier, imprimerie et reproduction de supports enregistrés | 99.5 | 90.4 | 181.0 | 144.6 | 68.7 | .. | 68.6 | .. |
| 16 | Bois et articles en bois, sauf meubles | 36.0 | 38.6 | 39.9 | 41.5 | 25.3 | .. | .. | .. |
| 17 | Papier et articles en papier | 49.8 | 36.4 | .. | .. | 32.0 | .. | .. | .. |
| 18 | Imprimerie et reproduction de supports enregistrés | 13.8 | 15.4 | .. | .. | 11.4 | .. | .. | .. |
| 19-23 | Produits pétroliers, chimiques, pharmaceutiques, caoutchouc, plastique, minéraux | 665.6 | 695.0 | 660.6 | 688.8 | 712.9 | .. | 857.0 | .. |
| 19 | Cokéfaction et raffinage | 74.8 | 68.1 | 53.8 | 60.8 | 59.9 | .. | 115.0 | .. |
| 20-21 | Industrie chimique et pharmaceutique | 454.1 | 498.6 | 455.5 | 489.0 | 517.9 | .. | 571.0 | .. |
| 20 | Produits chimiques | 230.3 | 221.3 | 189.2 | 237.0 | 250.6 | .. | 204.6 | .. |
| 21 | Préparations pharmaceutiques, chimiques (médicine) et d'herboristerie | 223.7 | 277.3 | 266.3 | 252.0 | 267.2 | .. | 366.3 | .. |
| 22 | Produits en caoutchouc et en plastique | 55.2 | 52.3 | 50.5 | 65.7 | 67.6 | .. | 75.0 | .. |
| 23 | Autres produits minéraux non métalliques | 81.5 | 76.1 | 100.8 | 73.2 | 67.6 | .. | 96.1 | .. |
| 24-25 | Produits métalliques de base et ouvrages en métaux (sauf machines et matériel) | 556.5 | 553.3 | 434.8 | 533.0 | 482.6 | .. | .. | .. |
| 24 | Produits métallurgiques de base | 432.7 | 439.4 | 304.1 | 346.6 | 334.5 | .. | 229.0 | .. |
| 25 | Ouvrages en métaux (sauf machines et matériel) | 123.9 | 113.9 | 130.7 | 186.5 | 148.1 | .. | .. | .. |
| 26-30 | Ordinateurs, articles électroniques et optiques ; machines et matériels de transport | 1 282.5 | 1 156.0 | 1 173.7 | 1 229.2 | 1 110.8 | .. | .. | .. |
| 26 | Ordinateurs, articles électroniques et optiques | 225.3 | 272.3 | 254.9 | 248.8 | 237.0 | .. | .. | .. |
| 27 | Matériels électriques | 64.2 | 52.6 | 64.6 | 62.6 | 86.8 | .. | .. | .. |
| 28 | Machines et équipements n.c.a. | 306.7 | 256.6 | 263.9 | 288.0 | 239.2 | .. | .. | .. |
| 29 | Automobiles, remorques et semi-remorques | 529.3 | 425.3 | 452.3 | 469.8 | 440.7 | .. | .. | .. |
| 30 | Autres matériels de transport | 157.0 | 149.2 | 138.0 | 160.0 | 106.2 | .. | .. | .. |
| 31-33 | Meubles ; réparation et installation de machines et de matériel | 159.1 | 159.4 | 158.2 | 182.9 | 205.9 | .. | 240.4 | .. |
| 31 | Meubles | 4.7 | 5.7 | 6.7 | 7.9 | 12.2 | .. | 11.5 | .. |
| 32 | Autres activités de fabrication | 141.3 | 140.4 | 138.8 | 162.0 | 175.8 | .. | 203.1 | .. |
| 33 | Réparation et installation de machines et de matériel | 13.1 | 13.3 | 12.7 | 13.0 | 17.9 | .. | 25.8 | .. |
| 35-39 | **ÉLECTRICITÉ, GAZ, EAU ET TRAITEMENT DES DÉCHETS** | 169.6 | 243.3 | 281.9 | 280.8 | 250.2 | .. | 218.0 | .. |
| 35-36 | Production et distribution d'électricité, de gaz et de l'eau | 111.8 | 170.6 | 202.1 | 185.1 | 173.7 | .. | 129.2 | .. |
| 37-39 | Assainissement, traitement des déchets et dépollution | 57.8 | 72.6 | 79.8 | 95.7 | 76.6 | .. | 88.7 | .. |
| 41-43 | **CONSTRUCTION** | 527.1 | 627.8 | 600.6 | 669.3 | 542.3 | .. | 597.2 | .. |
| 45-99 | **TOTAL SERVICES** | 4 277.8 | 4 803.2 | 5 073.9 | 5 144.5 | 5 512.0 | .. | 6 714.7 | .. |
| 45-82 | **Services du secteur des entreprises** | 4 195.6 | 4 697.5 | 4 961.8 | 5 026.8 | 5 362.8 | .. | 6 507.5 | .. |
| 45-47 | Commerce de gros et de détail ; réparations automobiles et motocycles | 667.2 | 664.1 | 616.1 | 550.6 | 573.1 | .. | 847.1 | .. |
| 49-53 | Transport et entreposage | 155.0 | 158.3 | 179.2 | 194.4 | 193.8 | .. | 250.9 | .. |
| 55-56 | Activités d'hébergement et de restauration | 12.0 | 18.1 | 15.4 | 10.4 | 14.2 | .. | 16.8 | .. |
| 58-63 | Information et communication | 1 266.6 | 1 256.1 | 1 067.4 | 1 114.5 | 1 215.2 | .. | 1 656.1 | .. |
| 58-60 | Édition, audiovisuel et diffusion | 153.3 | 143.4 | 118.7 | 123.4 | 119.4 | .. | 189.5 | .. |
| 58 | Activités d'édition | 138.4 | 116.8 | 79.7 | 82.7 | 84.6 | .. | 132.4 | .. |
| 59-60 | Activités audiovisuel et diffusion | 14.9 | 26.6 | 39.0 | 40.7 | 34.7 | .. | 57.1 | .. |
| 59 | Production de films, vidéo, programmes de télévision et d'enregistrements | 7.3 | 9.5 | 13.3 | 13.5 | 13.4 | .. | .. | .. |
| 60 | Programmation et diffusion | 7.6 | 17.2 | 25.7 | 27.2 | 21.4 | .. | .. | .. |
| 61 | Télécommunications | 399.4 | 400.3 | 203.0 | 234.0 | 319.0 | .. | 164.8 | .. |
| 62-63 | Technologies de l'information et informatique | 714.0 | 712.5 | 745.7 | 757.0 | 776.7 | .. | 1 301.8 | .. |
| 62 | Programmation informatique ; conseils et activités connexes | 695.7 | 696.2 | 728.8 | 737.5 | 751.1 | .. | 1 258.8 | .. |
| 63 | Services d'information | 18.2 | 16.3 | 16.9 | 19.6 | 25.6 | .. | 42.9 | .. |
| 64-66 | Activités financières et d'assurances | 1 021.6 | 1 425.4 | 1 814.4 | 1 842.3 | 1 975.6 | .. | 2 137.6 | .. |
| 68-82 | Activités immobilières ; professionnelles ; services administratifs et d'appui | 1 073.2 | 1 175.4 | 1 269.4 | 1 315.6 | 1 391.0 | .. | 1 599.1 | .. |
| 68 | Activités immobilières | 7.1 | 30.0 | 11.8 | 9.2 | 15.2 | .. | 32.8 | .. |
| 69-75x72 | Activités professionnelles, scientifiques et techniques, R-D scientifique exclu | 449.5 | 559.3 | 575.2 | 636.6 | 668.0 | .. | .. | .. |
| 72 | Recherche scientifique et développement | 493.0 | 489.6 | 464.2 | 427.2 | 454.9 | .. | .. | .. |
| 77-82 | Activités de services administratifs et d'appui | 123.5 | 96.5 | 218.2 | 242.6 | 252.9 | .. | .. | .. |
| 84-99 | Services collectifs, sociaux et personnels | 82.2 | 105.7 | 112.1 | 117.7 | 149.2 | .. | 207.2 | .. |
| 84-85 | Administration publique et défense ; sécurité sociale obligatoire et éducation | 4.9 | 10.3 | 10.9 | 13.4 | 17.5 | .. | 23.1 | .. |
| 86-88 | Santé humaine et action sociale | 39.7 | 50.6 | 53.6 | 53.1 | 62.5 | .. | 50.9 | .. |
| 90-93 | Arts, spectacles et loisirs | 18.7 | 22.2 | 23.5 | 27.3 | 47.9 | .. | 77.9 | .. |
| 94-99 | Autres services ; ménages-employeurs ; organismes extra-territoriaux | 18.9 | 22.6 | 24.2 | 23.9 | 21.2 | .. | 55.3 | .. |

.. Non disponible

Note : Voir les métadonnées détaillées sur : http://metalinks.oecd.org/anberd/20170419/1355.
Informations sur les données concernant Israël : http://oe.cd/israel-disclaimer.

*Responsabilité* : http://oe.cd/disclaimer

# AUSTRALIE

## Dépenses de R-D dans l'industrie par activité principale de l'entreprise, prix constants
### CITI Rév. 4

2010 PPP USD

| | | 2007 | 2008 | 2009 | 2010 | 2011 | 2012 | 2013 | 2014 |
|---|---|---|---|---|---|---|---|---|---|
| | **TOTAL ENTREPRISES** | 11 269.1 | 12 341.7 | 11 842.7 | 11 983.0 | 11 946.7 | .. | 12 136.9 | .. |
| 01-03 | **AGRICULTURE, SYLVICULTURE ET PÊCHE** | 89.0 | 104.4 | 129.9 | 122.5 | 123.7 | .. | 156.3 | .. |
| 05-09 | **ACTIVITÉS EXTRACTIVES** | 2 575.6 | 3 100.8 | 2 623.8 | 2 554.5 | 2 676.1 | .. | 1 822.4 | .. |
| 10-33 | **ACTIVITÉS DE FABRICATION** | 3 289.4 | 3 146.2 | 3 023.3 | 3 210.5 | 2 934.9 | .. | 3 143.2 | .. |
| 10-12 | Produits alimentaires, boissons et tabac | 312.1 | 319.3 | 346.5 | 401.3 | 357.5 | .. | 443.6 | .. |
| 13-15 | Textiles, habillement, cuir et articles de cuir | 24.7 | 25.0 | 20.5 | 30.7 | 34.4 | .. | 29.6 | .. |
| 13 | Textiles | 15.0 | 15.3 | 11.8 | 14.6 | 16.6 | .. | .. | .. |
| 14 | Articles d'habillement | 4.9 | 5.3 | 4.6 | 5.4 | 4.5 | .. | .. | .. |
| 15 | Cuir et articles de cuir | 4.9 | 4.4 | 4.1 | 10.7 | 13.4 | .. | .. | .. |
| 16-18 | Bois, papier, imprimerie et reproduction de supports enregistrés | 106.3 | 95.4 | 184.4 | 144.6 | 67.7 | .. | 63.9 | .. |
| 16 | Bois et articles en bois, sauf meubles | 38.4 | 40.8 | 40.6 | 41.5 | 24.9 | .. | .. | .. |
| 17 | Papier et articles en papier | 53.2 | 38.4 | .. | .. | 31.5 | .. | .. | .. |
| 18 | Imprimerie et reproduction de supports enregistrés | 14.8 | 16.3 | .. | .. | 11.3 | .. | .. | .. |
| 19-23 | Produits pétroliers, chimiques, pharmaceutiques, caoutchouc, plastique, minéraux | 711.2 | 733.7 | 672.8 | 688.8 | 702.5 | .. | 798.4 | .. |
| 19 | Cokéfaction et raffinage | 79.9 | 71.9 | 54.8 | 60.8 | 59.0 | .. | 107.1 | .. |
| 20-21 | Industrie chimique et pharmaceutique | 485.1 | 526.3 | 463.9 | 489.0 | 510.2 | .. | 531.9 | .. |
| 20 | Produits chimiques | 246.1 | 233.6 | 192.7 | 237.0 | 246.9 | .. | 190.7 | .. |
| 21 | Préparations pharmaceutiques, chimiques (médicine) et d'herboristerie | 239.1 | 292.7 | 271.2 | 252.0 | 263.3 | .. | 341.3 | .. |
| 22 | Produits en caoutchouc et en plastique | 59.0 | 55.2 | 51.4 | 65.7 | 66.6 | .. | 69.9 | .. |
| 23 | Autres produits minéraux non métalliques | 87.1 | 80.3 | 102.7 | 73.2 | 66.6 | .. | 89.5 | .. |
| 24-25 | Produits métalliques de base et ouvrages en métaux (sauf machines et matériel) | 594.6 | 584.1 | 442.8 | 533.0 | 475.5 | .. | .. | .. |
| 24 | Produits métallurgiques de base | 462.3 | 463.9 | 309.6 | 346.6 | 329.6 | .. | 213.4 | .. |
| 25 | Ouvrages en métaux (sauf machines et matériel) | 132.3 | 120.3 | 133.1 | 186.5 | 145.9 | .. | .. | .. |
| 26-30 | Ordinateurs, articles électroniques et optiques ; machines et matériels de transport | 1 370.4 | 1 220.4 | 1 195.2 | 1 229.2 | 1 094.5 | .. | .. | .. |
| 26 | Ordinateurs, articles électroniques et optiques | 240.8 | 287.4 | 259.6 | 248.8 | 234.4 | .. | .. | .. |
| 27 | Matériels électriques | 68.6 | 55.5 | 65.8 | 62.6 | 85.5 | .. | .. | .. |
| 28 | Machines et équipements n.c.a. | 327.6 | 270.9 | 268.7 | 288.0 | 235.7 | .. | .. | .. |
| 29 | Automobiles, remorques et semi-remorques | 565.6 | 449.0 | 460.6 | 469.8 | 434.2 | .. | .. | .. |
| 30 | Autres matériels de transport | 167.8 | 157.5 | 140.5 | 160.0 | 104.7 | .. | .. | .. |
| 31-33 | Meubles ; réparation et installation de machines et de matériel | 170.0 | 168.2 | 161.1 | 182.9 | 202.9 | .. | 223.9 | .. |
| 31 | Meubles | 5.0 | 6.1 | 6.9 | 7.9 | 12.0 | .. | 10.8 | .. |
| 32 | Autres activités de fabrication | 151.0 | 148.2 | 141.3 | 162.0 | 173.3 | .. | 189.2 | .. |
| 33 | Réparation et installation de machines et de matériel | 14.0 | 14.0 | 12.9 | 13.0 | 17.6 | .. | 24.0 | .. |
| 35-39 | **ÉLECTRICITÉ, GAZ, EAU ET TRAITEMENT DES DÉCHETS** | 181.2 | 256.9 | 287.1 | 280.8 | 246.5 | .. | 203.1 | .. |
| 35-36 | Production et distribution d'électricité, de gaz et de l'eau | 119.5 | 180.2 | 205.8 | 185.1 | 171.1 | .. | 120.4 | .. |
| 37-39 | Assainissement, traitement des déchets et dépollution | 61.7 | 76.7 | 81.3 | 95.7 | 75.5 | .. | 82.7 | .. |
| 41-43 | **CONSTRUCTION** | 563.2 | 662.8 | 611.6 | 669.3 | 534.4 | .. | 556.4 | .. |
| 45-99 | **TOTAL SERVICES** | 4 570.7 | 5 070.7 | 5 167.1 | 5 144.5 | 5 431.0 | .. | 6 255.6 | .. |
| 45-82 | **Services du secteur des entreprises** | 4 482.8 | 4 959.1 | 5 052.9 | 5 026.8 | 5 284.0 | .. | 6 062.6 | .. |
| 45-47 | Commerce de gros et de détail ; réparations automobiles et motocycles | 712.9 | 701.1 | 627.4 | 550.6 | 564.7 | .. | 789.1 | .. |
| 49-53 | Transport et entreposage | 165.7 | 167.2 | 182.5 | 194.4 | 190.9 | .. | 233.7 | .. |
| 55-56 | Activités d'hébergement et de restauration | 12.8 | 19.1 | 15.7 | 10.4 | 14.0 | .. | 15.6 | .. |
| 58-63 | Information et communication | 1 353.4 | 1 326.1 | 1 087.0 | 1 114.5 | 1 197.3 | .. | 1 542.9 | .. |
| 58-60 | Édition, audiovisuel et diffusion | 163.8 | 151.4 | 120.9 | 123.4 | 117.6 | .. | 176.6 | .. |
| 58 | Activités d'édition | 147.8 | 123.3 | 81.2 | 82.7 | 83.4 | .. | 123.4 | .. |
| 59-60 | Activités audiovisuel et diffusion | 16.0 | 28.1 | 39.7 | 40.7 | 34.2 | .. | 53.2 | .. |
| 59 | Production de films, vidéo, programmes de télévision et d'enregistrements | 7.8 | 10.0 | 13.5 | 13.5 | 13.2 | .. | .. | .. |
| 60 | Programmation et diffusion | 8.2 | 18.1 | 26.2 | 27.2 | 21.1 | .. | .. | .. |
| 61 | Télécommunications | 426.7 | 422.5 | 206.7 | 234.0 | 314.3 | .. | 153.5 | .. |
| 62-63 | Technologies de l'information et informatique | 762.8 | 752.2 | 759.4 | 757.0 | 765.3 | .. | 1 212.8 | .. |
| 62 | Programmation informatique ; conseils et activités connexes | 743.4 | 735.0 | 742.2 | 737.5 | 740.1 | .. | 1 172.8 | .. |
| 63 | Services d'information | 19.5 | 17.2 | 17.2 | 19.6 | 25.2 | .. | 40.0 | .. |
| 64-66 | **Activités financières et d'assurances** | 1 091.5 | 1 504.7 | 1 847.7 | 1 842.3 | 1 946.5 | .. | 1 991.4 | .. |
| 68-82 | **Activités immobilières ; professionnelles ; services administratifs et d'appui** | 1 146.2 | 1 240.9 | 1 292.7 | 1 315.6 | 1 370.5 | .. | 1 489.8 | .. |
| 68 | Activités immobilières | 7.6 | 31.7 | 12.0 | 9.2 | 14.9 | .. | 30.5 | .. |
| 69-75x72 | Activités professionnelles, scientifiques et techniques, R-D scientifique exclu | 480.3 | 590.4 | 585.7 | 636.6 | 658.2 | .. | .. | .. |
| 72 | Recherche scientifique et développement | 526.8 | 516.8 | 472.7 | 427.2 | 448.2 | .. | .. | .. |
| 77-82 | Activités de services administratifs et d'appui | 132.0 | 101.9 | 222.2 | 242.6 | 249.2 | .. | .. | .. |
| 84-99 | **Services collectifs, sociaux et personnels** | 87.8 | 111.6 | 114.2 | 117.7 | 147.0 | .. | 193.0 | .. |
| 84-85 | Administration publique et défense ; sécurité sociale obligatoire et éducation | 5.2 | 10.8 | 11.1 | 13.4 | 17.3 | .. | 21.5 | .. |
| 86-88 | Santé humaine et action sociale | 42.5 | 53.5 | 54.6 | 53.1 | 61.6 | .. | 47.5 | .. |
| 90-93 | Arts, spectacles et loisirs | 20.0 | 23.4 | 23.9 | 27.3 | 47.2 | .. | 72.6 | .. |
| 94-99 | Autres services ; ménages-employeurs ; organismes extra-territoriaux | 20.1 | 23.9 | 24.7 | 23.9 | 20.9 | .. | 51.5 | .. |

.. Non disponible

*Note* : Voir les métadonnées détaillées sur : http://metalinks.oecd.org/anberd/20170419/1355.
Informations sur les données concernant Israël : http://oe.cd/israel-disclaimer.
*Responsabilité* : http://oe.cd/disclaimer

# AUTRICHE

## Dépenses de R-D dans l'industrie par activité principale de l'entreprise, prix courants
### CITI Rév. 4

*Millions USD PPP*

| | | 2007 | 2008 | 2009 | 2010 | 2011 | 2012 | 2013 | 2014 |
|---|---|---|---|---|---|---|---|---|---|
| | TOTAL ENTREPRISES | 5 574.1 | 6 124.2 | 6 043.6 | 6 567.0 | 6 847.5 | 7 734.4 | 8 511.7 | .. |
| 01-03 | AGRICULTURE, SYLVICULTURE ET PÊCHE | 1.6 | 1.6 | 1.7 | 2.0 | 2.4 | 3.3 | 4.4 | .. |
| 05-09 | ACTIVITÉS EXTRACTIVES | 8.8 | 7.3 | 5.3 | 6.3 | 7.2 | 6.3 | 3.7 | .. |
| 10-33 | ACTIVITÉS DE FABRICATION | 3 891.3 | 4 212.5 | 4 076.7 | 4 301.3 | 4 361.2 | 4 844.0 | 5 281.1 | .. |
| 10-12 | Produits alimentaires, boissons et tabac | 26.3 | 33.9 | 38.1 | 37.5 | 34.5 | 42.1 | 54.4 | .. |
| 13-15 | Textiles, habillement, cuir et articles de cuir | 35.8 | 33.4 | 26.8 | 24.7 | 23.3 | 24.9 | 26.3 | .. |
| 13 | Textiles | 21.3 | 19.0 | 14.2 | 12.9 | 12.8 | 14.8 | 16.8 | .. |
| 14 | Articles d'habillement | 10.6 | 10.3 | 8.7 | 8.1 | 7.3 | 6.8 | 5.9 | .. |
| 15 | Cuir et articles de cuir | 3.9 | 4.1 | 3.9 | 3.7 | 3.2 | 3.3 | 3.6 | .. |
| 16-18 | Bois, papier, imprimerie et reproduction de supports enregistrés | 52.0 | 55.9 | 63.8 | 68.8 | 65.3 | 68.9 | 72.8 | .. |
| 16 | Bois et articles en bois, sauf meubles | 15.3 | 17.4 | 21.6 | 21.5 | 18.4 | 20.5 | 25.2 | .. |
| 17 | Papier et articles en papier | 16.2 | 15.4 | 17.1 | 23.8 | 28.4 | 30.2 | 28.2 | .. |
| 18 | Imprimerie et reproduction de supports enregistrés | 20.4 | 23.2 | 25.2 | 23.5 | 18.6 | 18.1 | 19.4 | .. |
| 19-23 | Produits pétroliers, chimiques, pharmaceutiques, caoutchouc, plastique, minéraux | 711.4 | 734.5 | 670.2 | 708.2 | 745.5 | 854.1 | 951.6 | .. |
| 19 | Cokéfaction et raffinage | 18.7 | 18.1 | 15.3 | 14.2 | 12.9 | 12.0 | 10.5 | .. |
| 20-21 | Industrie chimique et pharmaceutique | 486.0 | 485.6 | 432.4 | 446.0 | 462.9 | 530.3 | 594.5 | .. |
| 20 | Produits chimiques | 163.8 | 190.0 | 203.9 | 243.5 | 258.0 | 260.6 | 237.0 | .. |
| 21 | Préparations pharmaceutiques, chimiques (médicine) et d'herboristerie | 322.2 | 295.5 | 228.5 | 202.5 | 204.8 | 269.7 | 357.5 | .. |
| 22 | Produits en caoutchouc et en plastique | 123.0 | 139.8 | 135.6 | 146.3 | 157.6 | 191.4 | 227.9 | .. |
| 23 | Autres produits minéraux non métalliques | 83.7 | 91.0 | 86.9 | 101.4 | 112.1 | 120.5 | 118.8 | .. |
| 24-25 | Produits métalliques de base et ouvrages en métaux (sauf machines et matériel) | 268.9 | 298.8 | 306.7 | 319.3 | 325.8 | 403.4 | 503.9 | .. |
| 24 | Produits métallurgiques de base | 134.9 | 151.8 | 155.8 | 149.0 | 145.6 | 202.5 | 288.4 | .. |
| 25 | Ouvrages en métaux (sauf machines et matériel) | 134.0 | 147.0 | 150.9 | 170.3 | 180.2 | 200.9 | 215.5 | .. |
| 26-30 | Ordinateurs, articles électroniques et optiques ; machines et matériels de transport | 2 652.0 | 2 896.2 | 2 814.9 | 2 957.9 | 2 962.4 | 3 232.5 | 3 459.2 | .. |
| 26 | Ordinateurs, articles électroniques et optiques | 609.6 | 529.6 | 625.5 | 673.8 | 630.1 | 687.6 | 773.0 | .. |
| 27 | Matériels électriques | 859.3 | 1 097.5 | 979.7 | 944.9 | 885.0 | 888.1 | 863.9 | .. |
| 28 | Machines et équipements n.c.a. | 562.7 | 636.5 | 647.0 | 739.7 | 817.6 | 972.9 | 1 117.4 | .. |
| 29 | Automobiles, remorques et semi-remorques | 479.2 | 492.9 | 437.3 | 463.2 | 489.4 | 545.1 | 581.5 | .. |
| 30 | Autres matériels de transport | 141.2 | 139.7 | 125.5 | 136.4 | 140.3 | 138.9 | 123.4 | .. |
| 31-33 | Meubles ; réparation et installation de machines et de matériel | 145.0 | 159.9 | 156.2 | 184.9 | 204.3 | 218.1 | 212.7 | .. |
| 31 | Meubles | 33.1 | 31.9 | 19.9 | 20.6 | 24.1 | 23.0 | 16.4 | .. |
| 32 | Autres activités de fabrication | 91.6 | 108.5 | 111.0 | 116.5 | 111.1 | 111.6 | 108.1 | .. |
| 33 | Réparation et installation de machines et de matériel | 20.3 | 19.4 | 25.3 | 47.8 | 69.1 | 83.6 | 88.2 | .. |
| 35-39 | ÉLECTRICITÉ, GAZ, EAU ET TRAITEMENT DES DÉCHETS | 15.7 | 15.9 | 15.4 | 20.4 | 24.4 | 25.5 | 22.9 | .. |
| 35-36 | Production et distribution d'électricité, de gaz et de l'eau | 10.1 | 11.1 | 12.6 | 16.8 | 19.2 | 20.1 | 18.5 | .. |
| 37-39 | Assainissement, traitement des déchets et dépollution | 5.6 | 4.8 | 2.8 | 3.6 | 5.2 | 5.4 | 4.4 | .. |
| 41-43 | CONSTRUCTION | 23.2 | 26.0 | 34.5 | 49.5 | 57.1 | 57.9 | 50.4 | .. |
| 45-99 | TOTAL SERVICES | 1 633.6 | 1 860.9 | 1 909.9 | 2 187.5 | 2 395.3 | 2 797.4 | 3 149.3 | .. |
| 45-82 | Services du secteur des entreprises | 1 631.8 | 1 858.8 | 1 906.7 | 2 182.6 | 2 389.7 | 2 791.7 | 3 144.2 | .. |
| 45-47 | Commerce de gros et de détail ; réparations automobiles et motocycles | 259.7 | 291.3 | 303.6 | 343.3 | 361.3 | 400.3 | 426.9 | .. |
| 49-53 | Transport et entreposage | 9.1 | 9.5 | 7.9 | 6.8 | 6.6 | 9.1 | 12.7 | .. |
| 55-56 | Activités d'hébergement et de restauration | 0.0 | 0.0 | 0.0 | 0.0 | 0.0 | 0.0 | 0.0 | .. |
| 58-63 | Information et communication | 346.6 | 328.8 | 264.2 | 327.0 | 415.9 | 496.4 | 535.6 | .. |
| 58-60 | Édition, audiovisuel et diffusion | 50.4 | 39.8 | 14.0 | 13.7 | 26.4 | 37.8 | 44.8 | .. |
| 58 | Activités d'édition | 45.6 | 36.1 | 12.7 | 12.7 | 24.7 | 35.6 | 42.5 | .. |
| 59-60 | Activités audiovisuel et diffusion | 4.8 | 3.7 | 1.3 | 1.0 | 1.7 | 2.2 | 2.3 | .. |
| 59 | Production de films, vidéo, programmes de télévision et d'enregistrements | .. | .. | .. | .. | .. | .. | .. | .. |
| 60 | Programmation et diffusion | .. | .. | .. | .. | .. | .. | .. | .. |
| 61 | Télécommunications | 49.9 | 54.7 | 53.6 | 59.7 | 60.3 | 57.6 | 48.3 | .. |
| 62-63 | Technologies de l'information et informatique | 246.3 | 234.2 | 196.6 | 253.6 | 329.2 | 400.9 | 442.4 | .. |
| 62 | Programmation informatique ; conseils et activités connexes | 185.7 | 189.8 | 174.6 | 194.5 | 223.1 | 281.7 | 342.3 | .. |
| 63 | Services d'information | 60.7 | 44.4 | 21.9 | 59.1 | 106.1 | 119.2 | 100.2 | .. |
| 64-66 | Activités financières et d'assurances | 10.0 | 27.2 | 53.6 | 54.9 | 36.0 | 23.5 | 14.5 | .. |
| 68-82 | Activités immobilières ; professionnelles ; services administratifs et d'appui | 1 006.4 | 1 202.0 | 1 277.3 | 1 450.6 | 1 569.7 | 1 862.4 | 2 154.5 | .. |
| 68 | Activités immobilières | 1.5 | 1.0 | 0.3 | 0.2 | 0.7 | 1.6 | 2.8 | .. |
| 69-75x72 | Activités professionnelles, scientifiques et techniques, R-D scientifique exclu | 475.4 | 522.4 | 508.6 | 572.4 | 625.3 | 721.0 | 797.2 | .. |
| 72 | Recherche scientifique et développement | 526.2 | 673.6 | 760.8 | 866.6 | 931.0 | 1 128.5 | 1 347.1 | .. |
| 77-82 | Activités de services administratifs et d'appui | 3.3 | 5.1 | 7.6 | 11.3 | 12.8 | 11.4 | 7.3 | .. |
| 84-99 | Services collectifs, sociaux et personnels | 1.8 | 2.1 | 3.3 | 4.9 | 5.6 | 5.8 | 5.1 | .. |
| 84-85 | Administration publique et défense ; sécurité sociale obligatoire et éducation | 1.4 | 1.4 | 2.0 | 2.8 | 3.1 | 3.0 | 2.3 | .. |
| 86-88 | Santé humaine et action sociale | 0.1 | 0.2 | 0.2 | 0.4 | 0.8 | 1.3 | 1.9 | .. |
| 90-93 | Arts, spectacles et loisirs | 0.0 | 0.3 | 0.6 | 0.7 | 0.6 | 0.4 | 0.3 | .. |
| 94-99 | Autres services ; ménages-employeurs ; organismes extra-territoriaux | 0.3 | 0.3 | 0.4 | 0.9 | 1.2 | 1.1 | 0.6 | .. |

.. Non disponible

*Note* : Voir les métadonnées détaillées sur : http://metalinks.oecd.org/anberd/20170419/1355.
Informations sur les données concernant Israël : http://oe.cd/israel-disclaimer.
*Responsabilité* : http://oe.cd/disclaimer

# AUTRICHE

## Dépenses de R-D dans l'industrie par activité principale de l'entreprise, prix constants
### CITI Rév. 4

2010 PPP USD

| | | 2007 | 2008 | 2009 | 2010 | 2011 | 2012 | 2013 | 2014 |
|---|---|---|---|---|---|---|---|---|---|
| | **TOTAL ENTREPRISES** | 6 041.0 | 6 406.7 | 6 119.1 | 6 567.0 | 6 646.4 | 7 203.9 | 7 638.5 | .. |
| 01-03 | **AGRICULTURE, SYLVICULTURE ET PÊCHE** | 1.7 | 1.6 | 1.8 | 2.0 | 2.3 | 3.0 | 3.9 | .. |
| 05-09 | **ACTIVITÉS EXTRACTIVES** | 9.5 | 7.7 | 5.4 | 6.3 | 7.0 | 5.9 | 3.3 | .. |
| 10-33 | **ACTIVITÉS DE FABRICATION** | 4 217.3 | 4 406.8 | 4 127.6 | 4 301.3 | 4 233.1 | 4 511.7 | 4 739.2 | .. |
| 10-12 | Produits alimentaires, boissons et tabac | 28.5 | 35.5 | 38.6 | 37.5 | 33.5 | 39.2 | 48.8 | .. |
| 13-15 | Textiles, habillement, cuir et articles de cuir | 38.8 | 35.0 | 27.1 | 24.7 | 22.7 | 23.2 | 23.6 | .. |
| 13 | Textiles | 23.1 | 19.8 | 14.4 | 12.9 | 12.5 | 13.7 | 15.1 | .. |
| 14 | Articles d'habillement | 11.5 | 10.8 | 8.8 | 8.1 | 7.1 | 6.3 | 5.3 | .. |
| 15 | Cuir et articles de cuir | 4.2 | 4.3 | 4.0 | 3.7 | 3.1 | 3.1 | 3.2 | .. |
| 16-18 | Bois, papier, imprimerie et reproduction de supports enregistrés | 56.3 | 58.5 | 64.6 | 68.8 | 63.4 | 64.1 | 65.3 | .. |
| 16 | Bois et articles en bois, sauf meubles | 16.6 | 18.2 | 21.8 | 21.5 | 17.8 | 19.1 | 22.6 | .. |
| 17 | Papier et articles en papier | 17.6 | 16.1 | 17.3 | 23.8 | 27.5 | 28.2 | 25.3 | .. |
| 18 | Imprimerie et reproduction de supports enregistrés | 22.1 | 24.2 | 25.5 | 23.5 | 18.0 | 16.8 | 17.4 | .. |
| 19-23 | Produits pétroliers, chimiques, pharmaceutiques, caoutchouc, plastique, minéraux | 771.0 | 768.3 | 678.6 | 708.2 | 723.6 | 795.6 | 854.0 | .. |
| 19 | Cokéfaction et raffinage | 20.3 | 18.9 | 15.5 | 14.4 | 12.6 | 11.2 | 9.4 | .. |
| 20-21 | Industrie chimique et pharmaceutique | 526.7 | 508.0 | 437.8 | 446.0 | 449.3 | 493.9 | 533.5 | .. |
| 20 | Produits chimiques | 177.5 | 198.8 | 206.4 | 243.5 | 250.5 | 242.7 | 212.7 | .. |
| 21 | Préparations pharmaceutiques, chimiques (médicine) et d'herboristerie | 349.2 | 309.2 | 231.3 | 202.5 | 198.8 | 251.2 | 320.8 | .. |
| 22 | Produits en caoutchouc et en plastique | 133.3 | 146.2 | 137.3 | 146.3 | 152.9 | 178.3 | 204.5 | .. |
| 23 | Autres produits minéraux non métalliques | 90.7 | 95.2 | 88.0 | 101.4 | 108.8 | 112.2 | 106.6 | .. |
| 24-25 | Produits métalliques de base et ouvrages en métaux (sauf machines et matériel) | 291.4 | 312.6 | 310.5 | 319.3 | 316.3 | 375.7 | 452.2 | .. |
| 24 | Produits métallurgiques de base | 146.2 | 158.8 | 157.7 | 149.0 | 141.4 | 188.6 | 258.8 | .. |
| 25 | Ouvrages en métaux (sauf machines et matériel) | 145.2 | 153.8 | 152.8 | 170.3 | 174.9 | 187.1 | 193.4 | .. |
| 26-30 | Ordinateurs, articles électroniques et optiques ; machines et matériels de transport | 2 874.2 | 3 029.8 | 2 850.1 | 2 957.9 | 2 875.4 | 3 010.8 | 3 104.3 | .. |
| 26 | Ordinateurs, articles électroniques et optiques | 660.7 | 554.1 | 633.3 | 673.6 | 611.6 | 640.4 | 693.7 | .. |
| 27 | Matériels électriques | 931.3 | 1 148.1 | 991.9 | 944.9 | 859.0 | 827.1 | 775.3 | .. |
| 28 | Machines et équipements n.c.a. | 609.9 | 665.9 | 655.0 | 739.7 | 793.6 | 906.1 | 1 002.8 | .. |
| 29 | Automobiles, remorques et semi-remorques | 519.3 | 515.6 | 442.8 | 463.2 | 475.1 | 507.7 | 521.9 | .. |
| 30 | Autres matériels de transport | 153.0 | 146.1 | 127.1 | 136.4 | 136.2 | 129.4 | 110.7 | .. |
| 31-33 | Meubles ; réparation et installation de machines et de matériel | 157.1 | 167.2 | 158.2 | 184.9 | 198.3 | 203.1 | 190.9 | .. |
| 31 | Meubles | 35.8 | 33.4 | 20.2 | 20.6 | 23.4 | 21.4 | 14.7 | .. |
| 32 | Autres activités de fabrication | 99.3 | 113.6 | 112.4 | 116.5 | 107.9 | 103.9 | 97.0 | .. |
| 33 | Réparation et installation de machines et de matériel | 22.0 | 20.3 | 25.6 | 47.8 | 67.0 | 77.8 | 79.2 | .. |
| 35-39 | **ÉLECTRICITÉ, GAZ, EAU ET TRAITEMENT DES DÉCHETS** | 17.0 | 16.6 | 15.6 | 20.4 | 23.7 | 23.8 | 20.6 | .. |
| 35-36 | Production et distribution d'électricité, de gaz et de l'eau | 10.9 | 11.6 | 12.7 | 16.8 | 18.7 | 18.7 | 16.6 | .. |
| 37-39 | Assainissement, traitement des déchets et dépollution | 6.1 | 5.0 | 2.8 | 3.6 | 5.0 | 5.1 | 4.0 | .. |
| 41-43 | **CONSTRUCTION** | 25.1 | 27.1 | 35.0 | 49.5 | 55.4 | 53.9 | 45.2 | .. |
| 45-99 | **TOTAL SERVICES** | 1 770.4 | 1 946.8 | 1 933.8 | 2 187.5 | 2 324.9 | 2 605.5 | 2 826.2 | .. |
| 45-82 | **Services du secteur des entreprises** | 1 768.5 | 1 944.6 | 1 930.5 | 2 182.6 | 2 319.5 | 2 600.2 | 2 821.6 | .. |
| 45-47 | Commerce de gros et de détail ; réparations automobiles et motocycles | 281.5 | 304.8 | 307.4 | 343.3 | 350.7 | 372.8 | 383.1 | .. |
| 49-53 | Transport et entreposage | 9.8 | 10.0 | 8.0 | 6.8 | 6.4 | 8.5 | 11.4 | .. |
| 55-56 | Activités d'hébergement et de restauration | 0.0 | 0.0 | 0.0 | 0.0 | 0.0 | 0.0 | 0.0 | .. |
| 58-63 | Information et communication | 375.6 | 343.9 | 267.5 | 327.0 | 403.7 | 462.3 | 480.6 | .. |
| 58-60 | Édition, audiovisuel et diffusion | 54.6 | 41.7 | 14.2 | 13.7 | 25.7 | 35.2 | 40.2 | .. |
| 58 | Activités d'édition | 49.5 | 37.8 | 12.9 | 12.7 | 24.0 | 33.2 | 38.2 | .. |
| 59-60 | Activités audiovisuel et diffusion | 5.2 | 3.9 | 1.3 | 1.0 | 1.7 | 2.1 | 2.0 | .. |
| 59 | Production de films, vidéo, programmes de télévision et d'enregistrements | .. | .. | .. | .. | .. | .. | .. | .. |
| 60 | Programmation et diffusion | .. | .. | .. | .. | .. | .. | .. | .. |
| 61 | Télécommunications | 54.0 | 57.2 | 54.2 | 59.7 | 58.6 | 53.7 | 43.4 | .. |
| 62-63 | Technologies de l'information et informatique | 267.0 | 245.0 | 199.0 | 253.6 | 319.5 | 373.4 | 397.0 | .. |
| 62 | Programmation informatique ; conseils et activités connexes | 201.2 | 198.6 | 176.8 | 194.5 | 216.5 | 262.4 | 307.1 | .. |
| 63 | Services d'information | 65.7 | 46.4 | 22.2 | 59.1 | 103.0 | 111.0 | 89.9 | .. |
| 64-66 | **Activités financières et d'assurances** | 10.9 | 28.4 | 54.3 | 54.9 | 35.0 | 21.9 | 13.0 | .. |
| 68-82 | **Activités immobilières ; professionnelles ; services administratifs et d'appui** | 1 090.7 | 1 257.5 | 1 293.2 | 1 450.6 | 1 523.6 | 1 734.6 | 1 933.4 | .. |
| 68 | Activités immobilières | 1.6 | 1.0 | 0.3 | 0.3 | 0.6 | 1.5 | 2.3 | .. |
| 69-75x72 | Activités professionnelles, scientifiques et techniques, R-D scientifique exclu | 515.2 | 546.5 | 514.9 | 572.4 | 606.9 | 671.5 | 715.4 | .. |
| 72 | Recherche scientifique et développement | 570.3 | 704.6 | 770.3 | 866.6 | 903.7 | 1 051.0 | 1 208.9 | .. |
| 77-82 | Activités de services administratifs et d'appui | 3.6 | 5.3 | 7.7 | 11.3 | 12.4 | 10.6 | 6.6 | .. |
| 84-99 | **Services collectifs, sociaux et personnels** | 1.9 | 2.2 | 3.3 | 4.9 | 5.4 | 5.4 | 4.6 | .. |
| 84-85 | Administration publique et défense ; sécurité sociale obligatoire et éducation | 1.5 | 1.5 | 2.0 | 2.8 | 3.0 | 2.7 | 2.1 | .. |
| 86-88 | Santé humaine et action sociale | 0.1 | 0.2 | 0.2 | 0.4 | 0.8 | 1.2 | 1.7 | .. |
| 90-93 | Arts, spectacles et loisirs | 0.0 | 0.3 | 0.7 | 0.7 | 0.6 | 0.4 | 0.3 | .. |
| 94-99 | Autres services ; ménages-employeurs ; organismes extra-territoriaux | 0.3 | 0.3 | 0.4 | 0.9 | 1.1 | 1.0 | 0.6 | .. |

.. Non disponible

*Note* : Voir les métadonnées détaillées sur : http://metalinks.oecd.org/anberd/20170419/1355.
Informations sur les données concernant Israël : http://oe.cd/israel-disclaimer.
*Responsabilité* : http://oe.cd/disclaimer

# BELGIQUE

## Dépenses de R-D dans l'industrie par activité principale de l'entreprise, prix courants
### CITI Rév. 4

*Millions USD PPP*

| Code | Activité | 2007 | 2008 | 2009 | 2010 | 2011 | 2012 | 2013 | 2014 |
|---|---|---|---|---|---|---|---|---|---|
| | **TOTAL ENTREPRISES** | 5 022.2 | 5 363.7 | 5 388.0 | 6 021.0 | 6 747.6 | 7 898.1 | 8 375.0 | .. |
| 01-03 | AGRICULTURE, SYLVICULTURE ET PÊCHE | 32.4 | 31.0 | 31.9 | 29.8 | 31.1 | 18.6 | 20.4 | .. |
| 05-09 | ACTIVITÉS EXTRACTIVES | 2.2 | 2.0 | 1.9 | 6.0 | 7.7 | 1.5 | 2.3 | .. |
| 10-33 | ACTIVITÉS DE FABRICATION | 3 413.4 | 3 470.7 | 3 480.9 | 3 611.7 | 4 246.0 | 4 887.6 | 5 150.1 | .. |
| 10-12 | Produits alimentaires, boissons et tabac | 106.8 | 109.5 | 120.0 | 134.0 | 146.3 | 132.7 | 138.5 | .. |
| 13-15 | Textiles, habillement, cuir et articles de cuir | 58.7 | 53.3 | 54.2 | 60.2 | 68.0 | 59.7 | 67.8 | .. |
| 13 | Textiles | 47.6 | 44.5 | 45.8 | 49.9 | 52.4 | 40.6 | 46.3 | .. |
| 14 | Articles d'habillement | 4.8 | 2.5 | 2.7 | 6.2 | 6.4 | 7.4 | 8.7 | .. |
| 15 | Cuir et articles de cuir | 6.3 | 6.4 | 5.6 | 4.1 | 9.2 | 11.6 | 12.8 | .. |
| 16-18 | Bois, papier, imprimerie et reproduction de supports enregistrés | 17.6 | 20.2 | 22.2 | 19.5 | 23.4 | 32.3 | 36.5 | .. |
| 16 | Bois et articles en bois, sauf meubles | 6.6 | 5.7 | 6.1 | 6.0 | 6.8 | 14.9 | 17.0 | .. |
| 17 | Papier et articles en papier | 9.3 | 10.0 | 10.7 | 9.8 | 12.5 | 13.2 | 14.6 | .. |
| 18 | Imprimerie et reproduction de supports enregistrés | 1.7 | 4.5 | 5.4 | 3.6 | 4.1 | 4.3 | 4.9 | .. |
| 19-23 | Produits pétroliers, chimiques, pharmaceutiques, caoutchouc, plastique, minéraux | 1 794.6 | 1 826.5 | 1 858.3 | 1 899.4 | 2 331.7 | 2 924.5 | 3 068.3 | .. |
| 19 | Cokéfaction et raffinage | 20.8 | 13.9 | 14.9 | 6.8 | 7.9 | 11.5 | 12.1 | .. |
| 20-21 | Industrie chimique et pharmaceutique | 1 590.1 | 1 655.1 | 1 674.8 | 1 717.8 | 2 137.4 | 2 733.2 | 2 874.8 | .. |
| 20 | Produits chimiques | 339.2 | 341.4 | 325.8 | 348.9 | 421.0 | 458.4 | 461.1 | .. |
| 21 | Préparations pharmaceutiques, chimiques (médicine) et d'herboristerie | 1 250.9 | 1 313.8 | 1 349.1 | 1 368.9 | 1 716.4 | 2 274.8 | 2 413.7 | .. |
| 22 | Produits en caoutchouc et en plastique | 129.4 | 98.8 | 96.4 | 102.8 | 109.6 | 111.9 | 113.0 | .. |
| 23 | Autres produits minéraux non métalliques | 54.2 | 58.8 | 72.2 | 72.0 | 76.9 | 68.0 | 68.3 | .. |
| 24-25 | Produits métalliques de base et ouvrages en métaux (sauf machines et matériel) | 193.5 | 178.6 | 184.8 | 237.0 | 276.0 | 299.5 | 288.1 | .. |
| 24 | Produits métallurgiques de base | 111.2 | 113.2 | 111.6 | 136.0 | 169.0 | 171.7 | 155.3 | .. |
| 25 | Ouvrages en métaux (sauf machines et matériel) | 82.3 | 65.5 | 73.3 | 101.0 | 107.0 | 127.9 | 132.8 | .. |
| 26-30 | Ordinateurs, articles électroniques et optiques ; machines et matériels de transport | 1 200.3 | 1 246.4 | 1 200.4 | 1 224.8 | 1 359.4 | 1 378.5 | 1 482.5 | .. |
| 26 | Ordinateurs, articles électroniques et optiques | 532.7 | 544.0 | 533.1 | 489.6 | 511.4 | 555.7 | 593.9 | .. |
| 27 | Matériels électriques | 198.0 | 251.9 | 231.8 | 241.7 | 266.7 | 169.4 | 170.5 | .. |
| 28 | Machines et équipements n.c.a. | 273.9 | 248.2 | 227.5 | 260.2 | 289.0 | 359.7 | 376.3 | .. |
| 29 | Automobiles, remorques et semi-remorques | 95.0 | 101.7 | 99.2 | 106.4 | 136.2 | 153.6 | 183.8 | .. |
| 30 | Autres matériels de transport | 100.6 | 100.5 | 108.9 | 127.0 | 156.2 | 140.1 | 157.9 | .. |
| 31-33 | Meubles ; réparation et installation de machines et de matériel | 41.8 | 36.1 | 40.9 | 36.8 | 41.1 | 60.4 | 68.5 | .. |
| 31 | Meubles | .. | 9.5 | 10.7 | 9.7 | 10.4 | 12.5 | 12.6 | .. |
| 32 | Autres activités de fabrication | .. | 11.9 | 15.1 | 14.2 | 16.2 | 21.1 | 25.0 | .. |
| 33 | Réparation et installation de machines et de matériel | .. | 14.8 | 15.1 | 12.9 | 14.5 | 26.8 | 30.9 | .. |
| 35-39 | ÉLECTRICITÉ, GAZ, EAU ET TRAITEMENT DES DÉCHETS | 10.7 | 29.0 | 19.5 | 60.7 | 68.8 | 107.3 | 127.5 | .. |
| 35-36 | Production et distribution d'électricité, de gaz et de l'eau | .. | 21.1 | 11.6 | 41.9 | 51.7 | 91.3 | 105.0 | .. |
| 37-39 | Assainissement, traitement des déchets et dépollution | .. | 7.9 | 7.9 | 18.9 | 17.2 | 15.9 | 22.5 | .. |
| 41-43 | CONSTRUCTION | 64.3 | 51.7 | 58.6 | 76.3 | 67.6 | 44.0 | 48.7 | .. |
| 45-99 | TOTAL SERVICES | 1 499.2 | 1 779.0 | 1 795.1 | 2 236.3 | 2 326.4 | 2 839.0 | 3 026.0 | .. |
| 45-82 | Services du secteur des entreprises | 1 486.0 | 1 772.3 | 1 787.5 | 2 224.9 | 2 311.9 | 2 833.5 | 3 020.4 | .. |
| 45-47 | Commerce de gros et de détail ; réparations automobiles et motocycles | 88.1 | 128.3 | 128.1 | 167.0 | 162.1 | 339.3 | 353.7 | .. |
| 49-53 | Transport et entreposage | 15.7 | 14.5 | 19.6 | 14.5 | 18.1 | 17.0 | 21.5 | .. |
| 55-56 | Activités d'hébergement et de restauration | 1.5 | 1.1 | 1.3 | 0.0 | 0.0 | 0.1 | 0.0 | .. |
| 58-63 | Information et communication | 445.1 | 427.8 | 441.0 | 592.5 | 670.6 | 659.9 | 673.8 | .. |
| 58-60 | Édition, audiovisuel et diffusion | .. | 23.0 | 22.1 | 27.4 | 31.9 | 51.1 | 55.9 | .. |
| 58 | Activités d'édition | .. | 15.0 | 14.9 | 20.2 | 22.1 | 44.8 | 47.9 | .. |
| 59-60 | Activités audiovisuel et diffusion | .. | 8.0 | 7.1 | 7.2 | 9.8 | 6.2 | 8.0 | .. |
| 59 | Production de films, vidéo, programmes de télévision et d'enregistrements | .. | 2.7 | 2.2 | 5.3 | 7.5 | 3.6 | 4.5 | .. |
| 60 | Programmation et diffusion | .. | 5.2 | 4.9 | 1.9 | 2.3 | 2.6 | 3.5 | .. |
| 61 | Télécommunications | 179.6 | 142.0 | 140.5 | 206.9 | 249.7 | 112.4 | 94.6 | .. |
| 62-63 | Technologies de l'information et informatique | .. | 262.8 | 278.5 | 358.1 | 389.0 | 496.5 | 523.3 | .. |
| 62 | Programmation informatique ; conseils et activités connexes | .. | 228.9 | 240.9 | 319.8 | 353.3 | 460.9 | 486.0 | .. |
| 63 | Services d'information | .. | 33.9 | 37.6 | 38.3 | 35.7 | 35.6 | 37.3 | .. |
| 64-66 | Activités financières et d'assurances | 97.4 | 118.9 | 122.7 | 120.7 | 125.9 | 214.1 | 218.5 | .. |
| 68-82 | Activités immobilières ; professionnelles ; services administratifs et d'appui | 838.3 | 1 081.5 | 1 074.8 | 1 330.3 | 1 335.2 | 1 603.2 | 1 752.9 | .. |
| 68 | Activités immobilières | .. | 0.2 | 0.3 | 0.9 | 0.9 | 1.4 | 1.5 | .. |
| 69-75x72 | Activités professionnelles, scientifiques et techniques, R-D scientifique exclu | .. | 505.6 | 496.9 | 661.0 | 682.0 | 743.2 | 831.7 | .. |
| 72 | Recherche scientifique et développement | 485.6 | 439.5 | 461.2 | 637.0 | 618.6 | 809.7 | 870.6 | .. |
| 77-82 | Activités de services administratifs et d'appui | .. | 136.3 | 116.4 | 31.3 | 33.7 | 48.8 | 49.1 | .. |
| 84-99 | Services collectifs, sociaux et personnels | 13.1 | 6.6 | 7.6 | 11.4 | 14.5 | 5.5 | 5.6 | .. |
| 84-85 | Administration publique et défense ; sécurité sociale obligatoire et éducation | .. | 0.9 | 1.0 | 0.9 | 1.0 | .. | .. | .. |
| 86-88 | Santé humaine et action sociale | .. | 5.1 | 5.2 | 9.2 | 12.0 | 4.1 | 4.0 | .. |
| 90-93 | Arts, spectacles et loisirs | .. | 0.0 | 0.4 | 0.0 | 0.0 | .. | .. | .. |
| 94-99 | Autres services ; ménages-employeurs ; organismes extra-territoriaux | .. | 0.6 | 1.0 | 1.3 | 1.5 | 0.6 | 0.7 | .. |

.. Non disponible

Note : Voir les métadonnées détaillées sur : http://metalinks.oecd.org/anberd/20170419/1355.
   Informations sur les données concernant Israël : http://oe.cd/israel-disclaimer.

*Responsabilité* : http://oe.cd/disclaimer

# BELGIQUE

## Dépenses de R-D dans l'industrie par activité principale de l'entreprise, prix constants
### CITI Rév. 4

*2010 PPP USD*

| | | 2007 | 2008 | 2009 | 2010 | 2011 | 2012 | 2013 | 2014 |
|---|---|---|---|---|---|---|---|---|---|
| | **TOTAL ENTREPRISES** | 5 545.9 | 5 722.3 | 5 584.4 | 6 021.0 | 6 590.4 | 7 468.5 | 7 670.1 | .. |
| 01-03 | AGRICULTURE, SYLVICULTURE ET PÊCHE | 35.7 | 33.1 | 33.0 | 29.8 | 30.3 | 17.6 | 18.7 | .. |
| 05-09 | ACTIVITÉS EXTRACTIVES | 2.5 | 2.1 | 2.0 | 6.0 | 7.6 | 1.4 | 2.1 | .. |
| 10-33 | ACTIVITÉS DE FABRICATION | 3 769.4 | 3 702.8 | 3 607.8 | 3 611.7 | 4 147.1 | 4 621.8 | 4 716.7 | .. |
| 10-12 | Produits alimentaires, boissons et tabac | 117.9 | 116.8 | 124.4 | 134.0 | 142.9 | 125.5 | 126.8 | .. |
| 13-15 | Textiles, habillement, cuir et articles de cuir | 64.8 | 56.9 | 56.1 | 60.2 | 66.5 | 56.5 | 62.1 | .. |
| 13 | Textiles | 52.6 | 47.4 | 47.5 | 49.9 | 51.2 | 38.4 | 42.4 | .. |
| 14 | Articles d'habillement | 5.3 | 2.6 | 2.8 | 6.2 | 6.2 | 7.0 | 8.0 | .. |
| 15 | Cuir et articles de cuir | 7.0 | 6.8 | 5.8 | 4.1 | 9.0 | 11.0 | 11.7 | .. |
| 16-18 | Bois, papier, imprimerie et reproduction de supports enregistrés | 19.5 | 21.6 | 23.0 | 19.5 | 22.9 | 30.6 | 33.4 | .. |
| 16 | Bois et articles en bois, sauf meubles | 7.3 | 6.1 | 6.3 | 6.0 | 6.7 | 14.1 | 15.6 | .. |
| 17 | Papier et articles en papier | 10.3 | 10.7 | 11.0 | 9.8 | 12.2 | 12.4 | 13.3 | .. |
| 18 | Imprimerie et reproduction de supports enregistrés | 1.9 | 4.8 | 5.6 | 3.6 | 4.0 | 4.0 | 4.4 | .. |
| 19-23 | Produits pétroliers, chimiques, pharmaceutiques, caoutchouc, plastique, minéraux | 1 981.8 | 1 948.7 | 1 926.0 | 1 899.4 | 2 277.4 | 2 765.5 | 2 810.0 | .. |
| 19 | Cokéfaction et raffinage | 23.0 | 14.8 | 15.4 | 6.8 | 7.7 | 10.8 | 11.1 | .. |
| 20-21 | Industrie chimique et pharmaceutique | 1 756.0 | 1 765.8 | 1 735.9 | 1 717.8 | 2 087.6 | 2 584.6 | 2 632.9 | .. |
| 20 | Produits chimiques | 374.6 | 364.2 | 337.6 | 348.9 | 411.2 | 433.4 | 422.3 | .. |
| 21 | Préparations pharmaceutiques, chimiques (médicine) et d'herboristerie | 1 381.3 | 1 401.6 | 1 398.3 | 1 368.9 | 1 676.4 | 2 151.1 | 2 210.6 | .. |
| 22 | Produits en caoutchouc et en plastique | 142.9 | 105.4 | 99.9 | 102.8 | 107.0 | 105.8 | 103.5 | .. |
| 23 | Autres produits minéraux non métalliques | 59.9 | 62.7 | 74.8 | 72.0 | 75.1 | 64.3 | 62.6 | .. |
| 24-25 | Produits métalliques de base et ouvrages en métaux (sauf machines et matériel) | 213.7 | 190.6 | 191.6 | 237.0 | 269.5 | 283.2 | 263.9 | .. |
| 24 | Produits métallurgiques de base | 122.8 | 120.7 | 115.7 | 136.0 | 165.1 | 162.3 | 142.2 | .. |
| 25 | Ouvrages en métaux (sauf machines et matériel) | 90.9 | 69.8 | 75.9 | 101.0 | 104.5 | 120.9 | 121.6 | .. |
| 26-30 | Ordinateurs, articles électroniques et optiques ; machines et matériels de transport | 1 325.5 | 1 329.8 | 1 244.2 | 1 224.8 | 1 327.8 | 1 303.5 | 1 357.7 | .. |
| 26 | Ordinateurs, articles électroniques et optiques | 588.3 | 580.4 | 552.5 | 489.6 | 499.5 | 525.5 | 543.9 | .. |
| 27 | Matériels électriques | 218.6 | 268.7 | 240.3 | 241.7 | 260.4 | 160.1 | 156.2 | .. |
| 28 | Machines et équipements n.c.a. | 302.5 | 264.8 | 235.8 | 260.2 | 282.2 | 340.2 | 344.6 | .. |
| 29 | Automobiles, remorques et semi-remorques | 104.9 | 108.5 | 102.8 | 106.4 | 133.1 | 145.3 | 168.3 | .. |
| 30 | Autres matériels de transport | 111.1 | 107.2 | 112.9 | 127.0 | 152.5 | 132.4 | 144.6 | .. |
| 31-33 | Meubles ; réparation et installation de machines et de matériel | 46.2 | 38.6 | 42.4 | 36.8 | 40.1 | 57.1 | 62.8 | .. |
| 31 | Meubles | .. | 10.2 | 11.1 | 9.7 | 10.2 | 11.8 | 11.5 | .. |
| 32 | Autres activités de fabrication | .. | 12.7 | 15.6 | 14.2 | 15.8 | 20.0 | 22.9 | .. |
| 33 | Réparation et installation de machines et de matériel | .. | 15.7 | 15.6 | 12.9 | 14.2 | 25.3 | 28.3 | .. |
| 35-39 | ÉLECTRICITÉ, GAZ, EAU ET TRAITEMENT DES DÉCHETS | 11.8 | 31.0 | 20.2 | 60.7 | 67.2 | 101.4 | 116.8 | .. |
| 35-36 | Production et distribution d'électricité, de gaz et de l'eau | .. | 22.5 | 12.1 | 41.9 | 50.5 | 86.4 | 96.1 | .. |
| 37-39 | Assainissement, traitement des déchets et dépollution | .. | 8.4 | 8.1 | 18.9 | 16.8 | 15.1 | 20.6 | .. |
| 41-43 | CONSTRUCTION | 71.0 | 55.2 | 60.8 | 76.3 | 66.0 | 41.6 | 44.6 | .. |
| 45-99 | **TOTAL SERVICES** | 1 655.5 | 1 897.9 | 1 860.6 | 2 236.3 | 2 272.2 | 2 684.6 | 2 771.3 | .. |
| 45-82 | Services du secteur des entreprises | 1 641.0 | 1 890.8 | 1 852.7 | 2 224.9 | 2 258.0 | 2 679.4 | 2 766.2 | .. |
| 45-47 | Commerce de gros et de détail ; réparations automobiles et motocycles | 97.3 | 136.9 | 132.8 | 167.0 | 158.3 | 320.8 | 323.9 | .. |
| 49-53 | Transport et entreposage | 17.3 | 15.5 | 20.4 | 14.5 | 17.7 | 16.1 | 19.7 | .. |
| 55-56 | Activités d'hébergement et de restauration | 1.7 | 1.2 | 1.3 | 0.0 | 0.0 | 0.1 | 0.0 | .. |
| 58-63 | Information et communication | 491.5 | 456.4 | 457.1 | 592.5 | 655.0 | 624.0 | 617.1 | .. |
| 58-60 | Édition, audiovisuel et diffusion | .. | 24.5 | 22.9 | 27.4 | 31.2 | 48.3 | 51.2 | .. |
| 58 | Activités d'édition | .. | 16.0 | 15.5 | 20.2 | 21.6 | 42.4 | 43.8 | .. |
| 59-60 | Activités audiovisuel et diffusion | .. | 8.5 | 7.4 | 7.2 | 9.6 | 5.9 | 7.3 | .. |
| 59 | Production de films, vidéo, programmes de télévision et d'enregistrements | .. | 2.9 | 2.3 | 5.3 | 7.3 | 3.4 | 4.1 | .. |
| 60 | Programmation et diffusion | .. | 5.6 | 5.1 | 1.9 | 2.2 | 2.5 | 3.2 | .. |
| 61 | Télécommunications | 198.3 | 151.5 | 145.6 | 206.9 | 243.8 | 106.3 | 86.6 | .. |
| 62-63 | Technologies de l'information et informatique | .. | 280.4 | 288.7 | 358.1 | 379.9 | 469.5 | 479.3 | .. |
| 62 | Programmation informatique ; conseils et activités connexes | .. | 244.2 | 249.7 | 319.8 | 345.1 | 435.8 | 445.1 | .. |
| 63 | Services d'information | .. | 36.2 | 39.0 | 38.3 | 34.9 | 33.6 | 34.2 | .. |
| 64-66 | Activités financières et d'assurances | 107.5 | 126.9 | 127.2 | 120.7 | 122.9 | 202.4 | 200.1 | .. |
| 68-82 | Activités immobilières ; professionnelles ; services administratifs et d'appui | 925.7 | 1 153.8 | 1 113.9 | 1 330.3 | 1 304.1 | 1 516.0 | 1 605.3 | .. |
| 68 | Activités immobilières | .. | 0.0 | 0.3 | 0.9 | 0.9 | 1.3 | 1.4 | .. |
| 69-75x72 | Activités professionnelles, scientifiques et techniques, R-D scientifique exclu | .. | 539.4 | 515.0 | 661.0 | 666.1 | 702.8 | 761.7 | .. |
| 72 | Recherche scientifique et développement | 536.2 | 468.9 | 478.0 | 637.0 | 604.2 | 765.7 | 797.3 | .. |
| 77-82 | Activités de services administratifs et d'appui | .. | 145.4 | 120.7 | 31.3 | 32.9 | 46.2 | 45.0 | .. |
| 84-99 | Services collectifs, sociaux et personnels | 14.5 | 7.1 | 7.9 | 11.4 | 14.1 | 5.2 | 5.1 | .. |
| 84-85 | Administration publique et défense ; sécurité sociale obligatoire et éducation | .. | 1.0 | 1.1 | 0.9 | 0.9 | .. | .. | .. |
| 86-88 | Santé humaine et action sociale | .. | 5.5 | 5.4 | 9.2 | 11.7 | 3.8 | 3.6 | .. |
| 90-93 | Arts, spectacles et loisirs | .. | 0.0 | 0.4 | 0.0 | 0.0 | .. | .. | .. |
| 94-99 | Autres services ; ménages-employeurs ; organismes extra-territoriaux | .. | 0.6 | 1.0 | 1.3 | 1.4 | 0.6 | 0.6 | .. |

.. Non disponible

*Note* : Voir les métadonnées détaillées sur : http://metalinks.oecd.org/anberd/20170419/1355.
 Informations sur les données concernant Israël : http://oe.cd/israel-disclaimer.
*Responsabilité* : http://oe.cd/disclaimer

# BELGIQUE

## Dépenses de R-D dans l'industrie par groupe de produits, prix courants
### CITI Rév. 4

*Millions USD PPP*

| | | 2007 | 2008 | 2009 | 2010 | 2011 | 2012 | 2013 | 2014 |
|---|---|---|---|---|---|---|---|---|---|
| | **TOTAL ENTREPRISES** | 5 022.2 | 5 363.7 | 5 388.0 | 6 021.0 | 6 747.6 | 7 898.1 | 8 375.0 | .. |
| 01-03 | **AGRICULTURE, SYLVICULTURE ET PÊCHE** | 78.2 | 78.2 | 92.5 | 96.9 | 104.3 | 79.0 | 89.9 | .. |
| 05-09 | **ACTIVITÉS EXTRACTIVES** | 2.2 | 1.9 | 1.9 | 6.1 | 7.8 | 6.8 | 6.0 | .. |
| 10-33 | **ACTIVITÉS DE FABRICATION** | 3 824.4 | 3 909.0 | 3 937.5 | 4 463.6 | 5 071.8 | 6 143.2 | 6 481.2 | .. |
| 10-12 | Produits alimentaires, boissons et tabac | 134.2 | 143.8 | 149.9 | 182.4 | 180.8 | 200.7 | 202.2 | .. |
| 13-15 | Textiles, habillement, cuir et articles de cuir | 56.5 | 52.9 | 54.1 | 62.0 | 71.0 | 74.6 | 84.3 | .. |
| 13 | Textiles | 45.5 | 44.2 | 45.9 | 49.5 | 52.0 | 50.3 | 56.9 | .. |
| 14 | Articles d'habillement | 4.7 | 2.3 | 2.5 | 6.3 | 6.5 | 12.6 | 14.6 | .. |
| 15 | Cuir et articles de cuir | 6.3 | 6.4 | 5.6 | 6.2 | 12.4 | 11.6 | 12.8 | .. |
| 16-18 | Bois, papier, imprimerie et reproduction de supports enregistrés | 20.6 | 25.2 | 25.5 | 17.9 | 21.9 | 32.8 | 37.6 | .. |
| 16 | Bois et articles en bois, sauf meubles | 6.6 | 5.5 | 6.0 | 5.5 | 6.3 | 14.6 | 17.2 | .. |
| 17 | Papier et articles en papier | 12.9 | 17.3 | 17.0 | 9.8 | 12.5 | 14.0 | 15.6 | .. |
| 18 | Imprimerie et reproduction de supports enregistrés | 1.1 | 2.4 | 2.5 | 2.6 | 3.1 | 4.2 | 4.8 | .. |
| 19-23 | Produits pétroliers, chimiques, pharmaceutiques, caoutchouc, plastique, minéraux | 2 088.7 | 2 222.7 | 2 271.7 | 2 593.0 | 3 016.1 | 3 688.1 | 3 862.5 | .. |
| 19 | Cokéfaction et raffinage | 22.0 | 12.3 | 13.1 | 7.2 | 8.0 | 12.0 | 12.4 | .. |
| 20-21 | Industrie chimique et pharmaceutique | 1 858.8 | 2 001.9 | 2 041.1 | 2 345.7 | 2 756.5 | 3 454.1 | 3 626.0 | .. |
| 20 | Produits chimiques | 430.8 | 522.9 | 500.5 | 605.9 | 688.2 | 774.8 | 779.1 | .. |
| 21 | Préparations pharmaceutiques, chimiques (médicine) et d'herboristerie | 1 428.0 | 1 478.9 | 1 540.6 | 1 739.8 | 2 068.3 | 2 679.4 | 2 846.9 | .. |
| 22 | Produits en caoutchouc et en plastique | 147.7 | 141.4 | 135.7 | 155.3 | 160.0 | 129.7 | 130.1 | .. |
| 23 | Autres produits minéraux non métalliques | 60.2 | 67.1 | 81.8 | 84.8 | 91.5 | 92.2 | 94.1 | .. |
| 24-25 | Produits métalliques de base et ouvrages en métaux (sauf machines et matériel) | 228.4 | 250.8 | 252.8 | 286.5 | 345.9 | 342.8 | 333.4 | .. |
| 24 | Produits métallurgiques de base | 121.7 | 118.2 | 117.5 | 162.2 | 199.3 | 210.1 | 193.9 | .. |
| 25 | Ouvrages en métaux (sauf machines et matériel) | 106.7 | 132.6 | 135.3 | 124.3 | 146.5 | 132.7 | 139.5 | .. |
| 26-30 | Ordinateurs, articles électroniques et optiques ; machines et matériels de transport | 1 270.3 | 1 191.8 | 1 158.6 | 1 289.9 | 1 401.2 | 1 747.1 | 1 894.5 | .. |
| 26 | Ordinateurs, articles électroniques et optiques | 750.2 | 667.0 | 646.8 | 520.6 | 541.4 | 643.7 | 685.7 | .. |
| 27 | Matériels électriques | 57.1 | 82.3 | 78.4 | 176.6 | 201.6 | 172.5 | 173.9 | .. |
| 28 | Machines et équipements n.c.a. | 224.3 | 240.5 | 222.3 | 266.6 | 295.4 | 371.9 | 389.8 | .. |
| 29 | Automobiles, remorques et semi-remorques | 140.0 | 94.4 | 94.3 | 194.5 | 201.8 | 400.1 | 461.0 | .. |
| 30 | Autres matériels de transport | 98.6 | 107.6 | 116.7 | 131.7 | 161.0 | 158.9 | 184.3 | .. |
| 31-33 | Meubles ; réparation et installation de machines et de matériel | 25.8 | 21.8 | 24.8 | 32.0 | 35.0 | 57.1 | 66.6 | .. |
| 31 | Meubles | .. | .. | .. | 8.7 | 9.2 | 13.8 | 14.3 | .. |
| 32 | Autres activités de fabrication | .. | .. | .. | 21.2 | 23.3 | 39.6 | 48.5 | .. |
| 33 | Réparation et installation de machines et de matériel | .. | .. | .. | 2.1 | 2.5 | 3.7 | 3.9 | .. |
| 35-39 | **ÉLECTRICITÉ, GAZ, EAU ET TRAITEMENT DES DÉCHETS** | 21.1 | 31.2 | 17.4 | 62.1 | 70.0 | 132.2 | 155.1 | .. |
| 35-36 | Production et distribution d'électricité, de gaz et de l'eau | .. | .. | .. | 42.5 | 52.1 | 113.7 | 129.7 | .. |
| 37-39 | Assainissement, traitement des déchets et dépollution | .. | .. | .. | 19.6 | 17.9 | 18.5 | 25.4 | .. |
| 41-43 | **CONSTRUCTION** | 68.1 | 52.4 | 57.7 | 80.4 | 73.7 | 79.2 | 84.9 | .. |
| 45-99 | **TOTAL SERVICES** | 1 028.2 | 1 290.9 | 1 280.9 | 1 312.0 | 1 420.0 | 1 457.6 | 1 558.0 | .. |
| 45-82 | **Services du secteur des entreprises** | 1 007.1 | 1 276.7 | 1 266.7 | 1 295.2 | 1 399.8 | 1 407.4 | 1 499.0 | .. |
| 45-47 | Commerce de gros et de détail ; réparations automobiles et motocycles | 78.7 | 46.2 | 51.2 | 83.5 | 75.7 | 63.8 | 75.6 | .. |
| 49-53 | Transport et entreposage | 15.5 | 14.0 | 19.0 | 15.1 | 18.4 | 16.3 | 20.0 | .. |
| 55-56 | Activités d'hébergement et de restauration | 1.5 | 1.8 | 2.1 | 0.0 | 0.0 | 0.1 | 0.1 | .. |
| 58-63 | Information et communication | 497.5 | 715.0 | 705.4 | 700.6 | 775.2 | 748.6 | 773.3 | .. |
| 58-60 | Édition, audiovisuel et diffusion | .. | .. | .. | 27.4 | 31.7 | 29.8 | 31.1 | .. |
| 58 | Activités d'édition | .. | .. | .. | 20.2 | 21.9 | 22.7 | 22.1 | .. |
| 59-60 | Activités audiovisuel et diffusion | .. | .. | .. | 7.2 | 9.8 | 718.9 | 742.2 | .. |
| 59 | Production de films, vidéo, programmes de télévision et d'enregistrements | .. | .. | .. | .. | .. | .. | .. | .. |
| 60 | Programmation et diffusion | .. | .. | .. | .. | .. | .. | .. | .. |
| 61 | Télécommunications | 179.7 | 259.7 | 254.2 | 310.0 | 350.2 | 161.4 | 145.7 | .. |
| 62-63 | Technologies de l'information et informatique | .. | .. | .. | 363.1 | 393.2 | 557.5 | 596.6 | .. |
| 62 | Programmation informatique ; conseils et activités connexes | .. | .. | .. | 324.3 | 356.8 | 512.0 | 549.0 | .. |
| 63 | Services d'information | .. | .. | .. | 38.8 | 36.5 | 45.6 | 47.6 | .. |
| 64-66 | **Activités financières et d'assurances** | 61.5 | 78.0 | 82.2 | 114.3 | 119.5 | 111.5 | 106.6 | .. |
| 68-82 | **Activités immobilières ; professionnelles ; services administratifs et d'appui** | 352.4 | 421.7 | 406.8 | 381.8 | 411.0 | 467.0 | 523.3 | .. |
| 68 | Activités immobilières | .. | .. | .. | 0.9 | 0.9 | 2.9 | 3.0 | .. |
| 69-75x72 | Activités professionnelles, scientifiques et techniques, R-D scientifique exclu | .. | .. | .. | 345.0 | 370.1 | 446.2 | 500.5 | .. |
| 72 | Recherche scientifique et développement | 1.8 | 6.9 | 8.8 | 4.9 | 6.2 | 7.4 | 7.6 | .. |
| 77-82 | Activités de services administratifs et d'appui | .. | .. | .. | 30.9 | 33.8 | 10.5 | 12.2 | .. |
| 84-99 | **Services collectifs, sociaux et personnels** | 21.1 | 14.3 | 14.3 | 16.8 | 20.1 | 50.2 | 59.0 | .. |
| 84-85 | Administration publique et défense ; sécurité sociale obligatoire et éducation | .. | .. | .. | 1.0 | 1.1 | 4.3 | 4.5 | .. |
| 86-88 | Santé humaine et action sociale | .. | .. | .. | 15.5 | 18.7 | 44.3 | 52.8 | .. |
| 90-93 | Arts, spectacles et loisirs | .. | .. | .. | 0.0 | 0.0 | 0.2 | 0.2 | .. |
| 94-99 | Autres services ; ménages-employeurs ; organismes extra-territoriaux | .. | .. | .. | 0.3 | 0.4 | 1.5 | 1.6 | .. |

.. Non disponible

*Note* : Voir les métadonnées détaillées sur : http://metalinks.oecd.org/anberd/20170419/1355.
Informations sur les données concernant Israël : http://oe.cd/israel-disclaimer.

*Responsabilité* : http://oe.cd/disclaimer

# BELGIQUE

## Dépenses de R-D dans l'industrie par groupe de produits, prix constants
### CITI Rév. 4

*2010 PPP USD*

| Code | Secteur | 2007 | 2008 | 2009 | 2010 | 2011 | 2012 | 2013 | 2014 |
|---|---|---|---|---|---|---|---|---|---|
| | **TOTAL ENTREPRISES** | 5 545.9 | 5 722.3 | 5 584.4 | 6 021.0 | 6 590.4 | 7 468.5 | 7 670.1 | .. |
| 01-03 | AGRICULTURE, SYLVICULTURE ET PÊCHE | 86.4 | 83.4 | 95.9 | 96.9 | 101.9 | 74.7 | 82.3 | .. |
| 05-09 | ACTIVITÉS EXTRACTIVES | 2.5 | 2.1 | 2.0 | 6.1 | 7.6 | 6.5 | 5.5 | .. |
| 10-33 | ACTIVITÉS DE FABRICATION | 4 223.2 | 4 170.4 | 4 081.0 | 4 463.6 | 4 953.7 | 5 809.1 | 5 935.7 | .. |
| 10-12 | Produits alimentaires, boissons et tabac | 148.2 | 153.5 | 155.4 | 182.4 | 176.6 | 189.7 | 185.1 | |
| 13-15 | Textiles, habillement, cuir et articles de cuir | 62.3 | 56.4 | 56.1 | 62.0 | 69.3 | 70.5 | 77.2 | |
| 13 | Textiles | 50.2 | 47.2 | 47.6 | 49.5 | 50.8 | 47.6 | 52.1 | |
| 14 | Articles d'habillement | 5.2 | 2.5 | 2.6 | 6.3 | 6.4 | 12.0 | 13.3 | |
| 15 | Cuir et articles de cuir | 7.0 | 6.8 | 5.8 | 6.2 | 12.1 | 11.0 | 11.7 | |
| 16-18 | Bois, papier, imprimerie et reproduction de supports enregistrés | 22.8 | 26.8 | 26.5 | 17.9 | 21.4 | 31.0 | 34.5 | |
| 16 | Bois et articles en bois, sauf meubles | 7.3 | 5.9 | 6.2 | 5.5 | 6.1 | 13.8 | 15.8 | |
| 17 | Papier et articles en papier | 14.3 | 18.4 | 17.7 | 9.8 | 12.2 | 13.2 | 14.3 | |
| 18 | Imprimerie et reproduction de supports enregistrés | 1.2 | 2.6 | 2.6 | 2.6 | 3.0 | 4.0 | 4.4 | |
| 19-23 | Produits pétroliers, chimiques, pharmaceutiques, caoutchouc, plastique, minéraux | 2 306.5 | 2 371.3 | 2 354.5 | 2 593.0 | 2 945.8 | 3 487.5 | 3 537.4 | |
| 19 | Cokéfaction et raffinage | 24.3 | 13.1 | 13.6 | 7.2 | 7.8 | 11.4 | 11.4 | |
| 20-21 | Industrie chimique et pharmaceutique | 2 052.6 | 2 135.7 | 2 115.5 | 2 345.7 | 2 692.3 | 3 266.3 | 3 320.8 | |
| 20 | Produits chimiques | 475.7 | 557.9 | 518.7 | 605.9 | 672.2 | 732.6 | 713.5 | |
| 21 | Préparations pharmaceutiques, chimiques (médicine) et d'herboristerie | 1 576.9 | 1 577.8 | 1 596.8 | 1 739.8 | 2 020.1 | 2 533.7 | 2 607.3 | |
| 22 | Produits en caoutchouc et en plastique | 163.1 | 150.9 | 140.7 | 155.3 | 156.3 | 122.7 | 119.1 | |
| 23 | Autres produits minéraux non métalliques | 66.5 | 71.6 | 84.8 | 84.8 | 89.4 | 87.2 | 86.2 | |
| 24-25 | Produits métalliques de base et ouvrages en métaux (sauf machines et matériel) | 252.2 | 267.6 | 262.1 | 286.5 | 337.8 | 324.2 | 305.3 | |
| 24 | Produits métallurgiques de base | 134.4 | 126.1 | 121.8 | 162.2 | 194.7 | 198.7 | 177.6 | |
| 25 | Ouvrages en métaux (sauf machines et matériel) | 117.8 | 141.4 | 140.2 | 124.3 | 143.1 | 125.5 | 127.8 | |
| 26-30 | Ordinateurs, articles électroniques et optiques ; machines et matériels de transport | 1 402.7 | 1 271.5 | 1 200.8 | 1 289.9 | 1 368.6 | 1 652.1 | 1 735.1 | |
| 26 | Ordinateurs, articles électroniques et optiques | 828.5 | 711.6 | 670.4 | 520.6 | 528.8 | 608.7 | 628.0 | |
| 27 | Matériels électriques | 63.0 | 87.9 | 81.3 | 176.6 | 196.9 | 163.1 | 159.2 | |
| 28 | Machines et équipements n.c.a. | 247.7 | 256.5 | 230.4 | 266.6 | 288.6 | 351.6 | 357.0 | |
| 29 | Automobiles, remorques et semi-remorques | 154.6 | 100.7 | 97.8 | 194.5 | 197.1 | 378.3 | 422.2 | |
| 30 | Autres matériels de transport | 108.9 | 114.8 | 121.0 | 131.7 | 157.2 | 150.3 | 168.7 | |
| 31-33 | Meubles ; réparation et installation de machines et de matériel | 28.4 | 23.3 | 25.7 | 32.0 | 34.1 | 54.0 | 61.0 | |
| 31 | Meubles | .. | .. | .. | 8.7 | 9.0 | 13.0 | 13.1 | |
| 32 | Autres activités de fabrication | .. | .. | .. | 21.2 | 22.7 | 37.5 | 44.4 | |
| 33 | Réparation et installation de machines et de matériel | .. | .. | .. | 2.1 | 2.4 | 3.5 | 3.5 | |
| 35-39 | ÉLECTRICITÉ, GAZ, EAU ET TRAITEMENT DES DÉCHETS | 23.3 | 33.3 | 18.0 | 62.1 | 68.3 | 125.0 | 142.0 | |
| 35-36 | Production et distribution d'électricité, de gaz et de l'eau | .. | .. | .. | 42.5 | 50.9 | 107.5 | 118.8 | |
| 37-39 | Assainissement, traitement des déchets et dépollution | .. | .. | .. | 19.6 | 17.5 | 17.5 | 23.2 | |
| 41-43 | CONSTRUCTION | 75.2 | 55.9 | 59.9 | 80.4 | 72.0 | 74.9 | 77.7 | .. |
| 45-99 | **TOTAL SERVICES** | 1 135.4 | 1 377.2 | 1 327.6 | 1 312.0 | 1 386.9 | 1 378.3 | 1 426.9 | |
| 45-82 | Services du secteur des entreprises | 1 112.1 | 1 362.0 | 1 312.8 | 1 295.2 | 1 367.2 | 1 330.8 | 1 372.8 | |
| 45-47 | Commerce de gros et de détail ; réparations automobiles et motocycles | 86.9 | 49.3 | 53.1 | 83.5 | 73.9 | 60.4 | 69.3 | |
| 49-53 | Transport et entreposage | 17.1 | 15.0 | 19.7 | 15.1 | 18.0 | 15.4 | 18.3 | |
| 55-56 | Activités d'hébergement et de restauration | 1.7 | 1.9 | 2.2 | 0.0 | 0.0 | 0.1 | 0.1 | |
| 58-63 | Information et communication | 549.4 | 762.8 | 731.1 | 700.6 | 757.2 | 707.9 | 708.2 | |
| 58-60 | Édition, audiovisuel et diffusion | .. | .. | .. | 27.4 | 31.0 | 28.1 | 28.5 | |
| 58 | Activités d'édition | .. | .. | .. | 20.2 | 21.4 | 21.4 | 20.2 | |
| 59-60 | Activités audiovisuel et diffusion | .. | .. | .. | 7.2 | 9.6 | 679.8 | 679.8 | |
| 59 | Production de films, vidéo, programmes de télévision et d'enregistrements | .. | .. | .. | .. | .. | .. | .. | |
| 60 | Programmation et diffusion | .. | .. | .. | .. | .. | .. | .. | |
| 61 | Télécommunications | 198.4 | 277.0 | 263.5 | 310.0 | 342.1 | 152.6 | 133.4 | |
| 62-63 | Technologies de l'information et informatique | .. | .. | .. | 363.1 | 384.1 | 527.2 | 546.4 | |
| 62 | Programmation informatique ; conseils et activités connexes | .. | .. | .. | 324.3 | 348.4 | 484.1 | 502.8 | |
| 63 | Services d'information | .. | .. | .. | 38.8 | 35.6 | 43.1 | 43.6 | |
| 64-66 | Activités financières et d'assurances | 67.9 | 83.2 | 85.2 | 114.3 | 116.7 | 105.4 | 97.6 | |
| 68-82 | Activités immobilières ; professionnelles ; services administratifs et d'appui | 389.1 | 449.9 | 421.6 | 381.8 | 401.4 | 441.6 | 479.3 | |
| 68 | Activités immobilières | .. | .. | .. | 0.9 | 0.9 | 2.7 | 2.8 | |
| 69-75x72 | Activités professionnelles, scientifiques et techniques, R-D scientifique exclu | .. | .. | .. | 345.0 | 361.5 | 421.9 | 458.3 | |
| 72 | Recherche scientifique et développement | 2.0 | 7.4 | 9.1 | 4.9 | 6.0 | 7.0 | 7.0 | |
| 77-82 | Activités de services administratifs et d'appui | .. | .. | .. | 30.9 | 33.0 | 10.0 | 11.2 | |
| 84-99 | Services collectifs, sociaux et personnels | 23.3 | 15.2 | 14.8 | 16.8 | 19.7 | 47.5 | 54.0 | |
| 84-85 | Administration publique et défense ; sécurité sociale obligatoire et éducation | .. | .. | .. | 1.0 | 1.0 | 4.0 | 4.1 | |
| 86-88 | Santé humaine et action sociale | .. | .. | .. | 15.5 | 18.2 | 41.9 | 48.3 | |
| 90-93 | Arts, spectacles et loisirs | .. | .. | .. | 0.0 | 0.0 | 0.2 | 0.2 | |
| 94-99 | Autres services ; ménages-employeurs ; organismes extra-territoriaux | .. | .. | .. | 0.3 | 0.4 | 1.4 | 1.4 | |

.. Non disponible

*Note* : Voir les métadonnées détaillées sur : http://metalinks.oecd.org/anberd/20170419/1355.
    Informations sur les données concernant Israël : http://oe.cd/israel-disclaimer.
*Responsabilité* : http://oe.cd/disclaimer

# CANADA

## Dépenses de R-D dans l'industrie par activité principale de l'entreprise, prix courants
### CITI Rév. 4

*Millions USD PPP*

| Code | Activité | 2007 | 2008 | 2009 | 2010 | 2011 | 2012 | 2013 | 2014 |
|---|---|---|---|---|---|---|---|---|---|
| | **TOTAL ENTREPRISES** | 13 813.9 | 13 483.6 | 13 348.1 | 12 941.2 | 13 625.3 | 13 417.9 | 13 113.7 | 12 841.8 |
| 01-03 | AGRICULTURE, SYLVICULTURE ET PÊCHE | 147.6 | 108.6 | 105.7 | 107.3 | 116.9 | 77.9 | 66.3 | 68.8 |
| 05-09 | ACTIVITÉS EXTRACTIVES | 643.8 | 793.9 | 773.2 | 803.4 | 1 118.6 | 1 292.0 | 1 296.5 | 1 166.3 |
| 10-33 | ACTIVITÉS DE FABRICATION | 6 982.3 | 6 291.0 | 6 496.0 | 6 032.9 | 5 973.0 | 5 782.5 | 5 542.6 | 5 506.5 |
| 10-12 | Produits alimentaires, boissons et tabac | 150.9 | 161.2 | 167.3 | 158.9 | 136.3 | 126.9 | 115.7 | 122.1 |
| 13-15 | Textiles, habillement, cuir et articles de cuir | 73.0 | 68.8 | 67.4 | 59.8 | 66.9 | 48.1 | 34.4 | 38.8 |
| 13 | Textiles | 42.2 | 38.9 | 39.1 | 36.0 | 35.0 | 25.7 | 21.3 | 24.3 |
| 14 | Articles d'habillement | .. | .. | 25.0 | 20.5 | 28.7 | 19.1 | 9.8 | 10.9 |
| 15 | Cuir et articles de cuir | .. | .. | 3.3 | 3.3 | 3.2 | 3.2 | 3.3 | 3.6 |
| 16-18 | Bois, papier, imprimerie et reproduction de supports enregistrés | 373.4 | 350.0 | 211.4 | 244.9 | 234.7 | 214.5 | 211.9 | 213.5 |
| 16 | Bois et articles en bois, sauf meubles | 92.3 | 177.4 | 85.7 | 71.2 | 71.0 | 70.7 | 63.0 | 60.7 |
| 17 | Papier et articles en papier | 233.3 | 122.3 | 65.8 | 123.7 | 121.8 | 105.3 | 110.4 | 108.0 |
| 18 | Imprimerie et reproduction de supports enregistrés | 47.7 | 50.2 | 59.9 | 49.1 | 41.9 | 38.6 | 38.4 | 44.9 |
| 19-23 | Produits pétroliers, chimiques, pharmaceutiques, caoutchouc, plastique, minéraux | 1 398.1 | 1 126.0 | 1 269.2 | 1 297.2 | 953.3 | 791.6 | 695.7 | 745.7 |
| 19 | Cokéfaction et raffinage | 183.3 | 170.4 | 246.4 | 271.1 | 71.8 | 56.4 | 60.9 | 88.2 |
| 20-21 | Industrie chimique et pharmaceutique | 956.5 | 754.1 | 804.0 | 835.3 | 675.9 | 543.9 | 474.4 | 494.2 |
| 20 | Produits chimiques | 152.7 | 207.3 | 245.5 | 288.3 | 258.1 | 180.0 | 144.8 | 145.6 |
| 21 | Préparations pharmaceutiques, chimiques (médicine) et d'herboristerie | 803.8 | 546.8 | 558.5 | 547.0 | 417.8 | 364.0 | 329.6 | 348.6 |
| 22 | Produits en caoutchouc et en plastique | 191.0 | 145.5 | 146.5 | 126.1 | 140.3 | 138.2 | 109.6 | 114.0 |
| 23 | Autres produits minéraux non métalliques | 67.3 | 55.9 | 72.4 | 64.7 | 65.3 | 53.0 | 50.7 | 49.3 |
| 24-25 | Produits métalliques de base et ouvrages en métaux (sauf machines et matériel) | 581.6 | 560.7 | 531.0 | 413.5 | 409.7 | 384.9 | 398.4 | 328.4 |
| 24 | Produits métallurgiques de base | 289.4 | 273.8 | 221.4 | 155.6 | 172.6 | 167.1 | 194.7 | 107.6 |
| 25 | Ouvrages en métaux (sauf machines et matériel) | 292.3 | 286.9 | 309.6 | 258.0 | 237.1 | 217.7 | 203.7 | 220.8 |
| 26-30 | Ordinateurs, articles électroniques et optiques ; machines et matériels de transport | 4 190.4 | 3 808.6 | 4 041.6 | 3 657.3 | 3 989.8 | 4 035.8 | 3 936.1 | 3 898.6 |
| 26 | Ordinateurs, articles électroniques et optiques | 2 367.6 | 2 008.3 | 2 120.7 | 1 739.4 | 1 980.8 | 2 012.7 | 1 815.1 | 1 813.4 |
| 27 | Matériels électriques | 215.2 | 132.0 | 135.7 | 130.2 | 118.6 | 117.3 | 132.5 | 127.0 |
| 28 | Machines et équipements n.c.a. | 440.9 | 446.3 | 526.8 | 436.5 | 516.2 | 472.4 | 450.7 | 451.3 |
| 29 | Automobiles, remorques et semi-remorques | 346.5 | 281.4 | 208.1 | 209.6 | 162.1 | 149.4 | 131.7 | 153.7 |
| 30 | Autres matériels de transport | 820.2 | 940.5 | 1 051.2 | 1 141.6 | 1 212.2 | 1 283.9 | 1 406.1 | 1 353.2 |
| 31-33 | Meubles ; réparation et installation de machines et de matériel | 215.0 | 215.8 | 208.1 | 201.5 | 182.3 | 180.8 | 150.5 | 159.3 |
| 31 | Meubles | 33.2 | 38.1 | 39.9 | 34.4 | 29.0 | 23.3 | 17.2 | 17.8 |
| 32 | Autres activités de fabrication | .. | .. | 134.8 | 140.0 | 125.8 | 131.8 | 110.4 | 122.1 |
| 33 | Réparation et installation de machines et de matériel | .. | .. | 33.3 | 27.0 | 27.4 | 25.7 | 22.9 | 19.4 |
| 35-39 | ÉLECTRICITÉ, GAZ, EAU ET TRAITEMENT DES DÉCHETS | 237.4 | 175.8 | 155.6 | 154.0 | 160.5 | 171.1 | 189.8 | 171.5 |
| 35-36 | Production et distribution d'électricité, de gaz et de l'eau | .. | .. | .. | .. | .. | .. | .. | .. |
| 37-39 | Assainissement, traitement des déchets et dépollution | .. | .. | .. | .. | .. | .. | .. | .. |
| 41-43 | CONSTRUCTION | 80.0 | 98.8 | 112.4 | 92.5 | 127.4 | 88.4 | 55.6 | 61.5 |
| 45-99 | TOTAL SERVICES | 5 722.9 | 6 015.5 | 5 706.1 | 5 751.2 | 6 128.7 | 6 005.9 | 5 963.0 | 5 866.4 |
| 45-82 | Services du secteur des entreprises | 5 344.7 | 5 762.8 | 5 574.6 | 5 639.0 | 6 019.8 | 5 904.7 | 5 861.6 | 5 755.6 |
| 45-47 | Commerce de gros et de détail ; réparations automobiles et motocycles | 849.7 | 1 182.8 | 1 121.9 | 1 111.3 | 1 198.5 | 1 255.8 | 1 146.0 | 1 151.8 |
| 49-53 | Transport et entreposage | 65.9 | 99.6 | 139.6 | 55.7 | 49.2 | 50.6 | 67.1 | 59.9 |
| 55-56 | Activités d'hébergement et de restauration | 4.9 | 4.7 | 5.0 | 6.6 | 2.4 | 2.4 | 1.6 | 1.6 |
| 58-63 | Information et communication | 2 276.9 | 2 134.7 | 1 954.2 | 2 112.0 | 2 171.9 | 2 076.2 | 2 148.0 | 2 133.7 |
| 58-60 | Édition, audiovisuel et diffusion | .. | .. | 473.6 | 480.7 | 494.4 | 593.8 | 544.8 | 553.2 |
| 58 | Activités d'édition | .. | .. | 456.9 | 459.4 | 470.2 | 563.2 | 511.2 | 515.2 |
| 59-60 | Activités audiovisuel et diffusion | .. | .. | 16.6 | 21.3 | 24.2 | 30.5 | 33.5 | 37.2 |
| 59 | Production de films, vidéo, programmes de télévision et d'enregistrements | .. | .. | .. | 20.5 | 23.4 | 28.9 | 31.1 | 34.8 |
| 60 | Programmation et diffusion | .. | .. | .. | 0.8 | 0.8 | 1.6 | 2.5 | 2.4 |
| 61 | Télécommunications | .. | .. | 441.9 | 470.1 | 347.6 | 322.2 | 383.6 | 338.0 |
| 62-63 | Technologies de l'information et informatique | .. | .. | 1 038.7 | 1 161.2 | 1 329.9 | 1 161.0 | 1 219.6 | 1 242.4 |
| 62 | Programmation informatique ; conseils et activités connexes | 1 060.1 | 1 016.7 | 980.4 | 1 100.6 | 1 254.9 | 1 079.9 | 1 126.3 | 1 136.4 |
| 63 | Services d'information | .. | .. | 58.3 | 60.6 | 75.0 | 81.2 | 93.2 | 106.0 |
| 64-66 | Activités financières et d'assurances | 402.7 | 376.7 | 349.6 | 255.5 | 260.5 | 278.0 | 371.4 | 329.2 |
| 68-82 | Activités immobilières ; professionnelles ; services administratifs et d'appui | 1 744.5 | 1 964.2 | 2 004.1 | 2 098.0 | 2 337.3 | 2 241.7 | 2 128.4 | 2 079.5 |
| 68 | Activités immobilières | .. | .. | 9.2 | 6.6 | 6.5 | 6.4 | 6.5 | 6.5 |
| 69-75x72 | Activités professionnelles, scientifiques et techniques, R-D scientifique exclu | .. | .. | 482.7 | 488.9 | 575.0 | 555.2 | .. | .. |
| 72 | Recherche scientifique et développement | 1 067.6 | 1 335.1 | 1 395.7 | 1 504.3 | 1 641.3 | 1 564.3 | 1 501.8 | 1 474.5 |
| 77-82 | Activités de services administratifs et d'appui | .. | .. | 116.5 | 97.5 | 114.5 | 115.7 | .. | .. |
| 84-99 | Services collectifs, sociaux et personnels | 378.2 | 252.7 | 131.5 | 112.2 | 108.9 | 101.2 | 101.4 | 110.8 |
| 84-85 | Administration publique et défense ; sécurité sociale obligatoire et éducation | .. | .. | 21.6 | 9.8 | 10.4 | 11.2 | 11.5 | 12.1 |
| 86-88 | Santé humaine et action sociale | 289.4 | 188.8 | 95.7 | 80.3 | 79.0 | 72.3 | 71.2 | 77.6 |
| 90-93 | Arts, spectacles et loisirs | .. | .. | 4.2 | 4.1 | 4.0 | 4.0 | 4.1 | 4.0 |
| 94-99 | Autres services ; ménages-employeurs ; organismes extra-territoriaux | .. | .. | 10.0 | 18.0 | 15.4 | 13.7 | 14.7 | 17.0 |

.. Non disponible

Note : Voir les métadonnées détaillées sur : http://metalinks.oecd.org/anberd/20170419/1355.
    Informations sur les données concernant Israël : http://oe.cd/israel-disclaimer.
*Responsabilité* : http://oe.cd/disclaimer

# CANADA

## Dépenses de R-D dans l'industrie par activité principale de l'entreprise, prix constants
### CITI Rév. 4

2010 PPP USD

| Code | Activité | 2007 | 2008 | 2009 | 2010 | 2011 | 2012 | 2013 | 2014 |
|---|---|---|---|---|---|---|---|---|---|
| | **TOTAL ENTREPRISES** | 14 345.4 | 13 700.0 | 13 511.2 | 12 941.2 | 13 400.2 | 13 086.5 | 12 367.0 | 12 019.5 |
| 01-03 | AGRICULTURE, SYLVICULTURE ET PÊCHE | 153.2 | 110.3 | 107.0 | 107.3 | 115.0 | 76.0 | 62.5 | 64.3 |
| 05-09 | **ACTIVITÉS EXTRACTIVES** | 668.6 | 806.7 | 782.6 | 803.4 | 1 100.2 | 1 260.1 | 1 222.7 | 1 091.7 |
| 10-33 | **ACTIVITÉS DE FABRICATION** | 7 250.9 | 6 392.0 | 6 575.3 | 6 032.9 | 5 874.4 | 5 639.7 | 5 227.0 | 5 153.9 |
| 10-12 | Produits alimentaires, boissons et tabac | 156.7 | 163.8 | 169.3 | 158.9 | 134.0 | 123.8 | 109.2 | 114.3 |
| 13-15 | Textiles, habillement, cuir et articles de cuir | 75.8 | 69.9 | 68.2 | 59.8 | 65.8 | 46.9 | 32.4 | 36.3 |
| 13 | Textiles | 43.8 | 39.5 | 39.6 | 36.0 | 34.4 | 25.1 | 20.1 | 22.7 |
| 14 | Articles d'habillement | .. | .. | 25.3 | 20.5 | 28.3 | 18.7 | 9.3 | 10.2 |
| 15 | Cuir et articles de cuir | .. | .. | 3.4 | 3.3 | 3.2 | 3.1 | 3.1 | 3.4 |
| 16-18 | Bois, papier, imprimerie et reproduction de supports enregistrés | 387.7 | 355.6 | 214.0 | 244.9 | 230.8 | 209.2 | 199.8 | 199.9 |
| 16 | Bois et articles en bois, sauf meubles | 95.9 | 180.3 | 86.8 | 71.2 | 69.8 | 69.0 | 59.4 | 56.8 |
| 17 | Papier et articles en papier | 242.3 | 124.3 | 66.6 | 123.7 | 119.8 | 102.7 | 104.1 | 101.1 |
| 18 | Imprimerie et reproduction de supports enregistrés | 49.6 | 51.0 | 60.7 | 49.1 | 41.2 | 37.6 | 36.3 | 42.0 |
| 19-23 | Produits pétroliers, chimiques, pharmaceutiques, caoutchouc, plastique, minéraux | 1 451.8 | 1 144.0 | 1 284.7 | 1 297.2 | 937.6 | 772.0 | 656.1 | 698.0 |
| 19 | Cokéfaction et raffinage | 190.4 | 173.2 | 249.4 | 271.1 | 70.6 | 55.0 | 57.5 | 82.5 |
| 20-21 | Industrie chimique et pharmaceutique | 993.3 | 766.2 | 813.8 | 835.3 | 664.7 | 530.5 | 447.4 | 462.6 |
| 20 | Produits chimiques | 158.6 | 210.6 | 248.5 | 288.3 | 253.8 | 175.5 | 136.5 | 136.3 |
| 21 | Préparations pharmaceutiques, chimiques (médicine) et d'herboristerie | 834.7 | 555.6 | 565.3 | 547.0 | 410.9 | 355.0 | 310.9 | 326.3 |
| 22 | Produits en caoutchouc et en plastique | 198.3 | 147.8 | 148.3 | 126.1 | 138.0 | 134.8 | 103.4 | 106.7 |
| 23 | Autres produits minéraux non métalliques | 69.9 | 56.8 | 73.3 | 64.7 | 64.2 | 51.7 | 47.8 | 46.2 |
| 24-25 | Produits métalliques de base et ouvrages en métaux (sauf machines et matériel) | 604.0 | 569.7 | 537.5 | 413.5 | 402.9 | 375.4 | 375.7 | 307.4 |
| 24 | Produits métallurgiques de base | 300.5 | 278.2 | 224.1 | 155.6 | 169.7 | 163.0 | 183.6 | 100.7 |
| 25 | Ouvrages en métaux (sauf machines et matériel) | 303.5 | 291.5 | 313.4 | 258.0 | 233.2 | 212.4 | 192.1 | 206.7 |
| 26-30 | Ordinateurs, articles électroniques et optiques ; machines et matériels de transport | 4 351.7 | 3 869.7 | 4 090.9 | 3 657.3 | 3 923.9 | 3 936.1 | 3 712.0 | 3 648.9 |
| 26 | Ordinateurs, articles électroniques et optiques | 2 458.7 | 2 040.5 | 2 146.6 | 1 739.4 | 1 948.1 | 1 963.0 | 1 711.7 | 1 697.3 |
| 27 | Matériels électriques | 223.4 | 134.2 | 137.3 | 130.1 | 116.6 | 114.4 | 125.0 | 118.9 |
| 28 | Machines et équipements n.c.a. | 457.9 | 453.4 | 533.3 | 436.5 | 507.6 | 460.8 | 425.0 | 422.4 |
| 29 | Automobiles, remorques et semi-remorques | 359.8 | 285.9 | 210.6 | 209.6 | 159.4 | 145.2 | 124.2 | 143.8 |
| 30 | Autres matériels de transport | 851.8 | 955.6 | 1 064.0 | 1 141.6 | 1 192.2 | 1 252.2 | 1 326.0 | 1 266.5 |
| 31-33 | Meubles ; réparation et installation de machines et de matériel | 223.2 | 219.3 | 210.6 | 201.5 | 179.3 | 176.3 | 141.9 | 149.1 |
| 31 | Meubles | 34.5 | 38.7 | 40.4 | 34.4 | 28.6 | 22.7 | 16.2 | 16.7 |
| 32 | Autres activités de fabrication | .. | .. | 136.5 | 140.0 | 123.7 | 128.5 | 104.1 | 114.3 |
| 33 | Réparation et installation de machines et de matériel | .. | .. | 33.7 | 27.0 | 27.0 | 25.1 | 21.6 | 18.2 |
| 35-39 | **ÉLECTRICITÉ, GAZ, EAU ET TRAITEMENT DES DÉCHETS** | 246.6 | 178.6 | 157.5 | 154.0 | 157.8 | 166.9 | 179.0 | 160.5 |
| 35-36 | Production et distribution d'électricité, de gaz et de l'eau | .. | .. | .. | .. | .. | .. | .. | .. |
| 37-39 | Assainissement, traitement des déchets et dépollution | .. | .. | .. | .. | .. | .. | .. | .. |
| 41-43 | **CONSTRUCTION** | 83.0 | 100.4 | 113.7 | 92.5 | 125.3 | 86.2 | 52.5 | 57.5 |
| 45-99 | **TOTAL SERVICES** | 5 943.1 | 6 112.0 | 5 775.8 | 5 751.2 | 6 027.5 | 5 857.6 | 5 623.5 | 5 490.8 |
| 45-82 | Services du secteur des entreprises | 5 550.3 | 5 855.3 | 5 642.7 | 5 639.0 | 5 920.4 | 5 758.9 | 5 527.8 | 5 387.1 |
| 45-47 | Commerce de gros et de détail ; réparations automobiles et motocycles | 882.4 | 1 201.8 | 1 135.6 | 1 111.3 | 1 178.7 | 1 224.8 | 1 080.7 | 1 078.0 |
| 49-53 | Transport et entreposage | 68.5 | 101.2 | 141.5 | 55.7 | 48.4 | 49.4 | 63.3 | 56.0 |
| 55-56 | Activités d'hébergement et de restauration | 5.1 | 4.8 | 5.1 | 6.6 | 2.4 | 2.4 | 1.5 | 1.5 |
| 58-63 | Information et communication | 2 364.5 | 2 168.9 | 1 978.1 | 2 112.0 | 2 136.1 | 2 024.9 | 2 025.7 | 1 997.1 |
| 58-60 | Édition, audiovisuel et diffusion | .. | .. | 479.4 | 480.7 | 486.2 | 579.1 | 513.8 | 517.8 |
| 58 | Activités d'édition | .. | .. | 462.5 | 459.4 | 462.4 | 549.3 | 482.1 | 482.2 |
| 59-60 | Activités audiovisuel et diffusion | .. | .. | 16.8 | 21.3 | 23.8 | 29.8 | 31.6 | 34.8 |
| 59 | Production de films, vidéo, programmes de télévision et d'enregistrements | .. | .. | .. | 20.5 | 23.0 | 28.2 | 29.3 | 32.6 |
| 60 | Programmation et diffusion | .. | .. | .. | 0.8 | 0.8 | 1.6 | 2.3 | 2.3 |
| 61 | Télécommunications | .. | .. | 447.3 | 470.1 | 341.9 | 314.2 | 361.8 | 317.2 |
| 62-63 | Technologies de l'information et informatique | .. | .. | 1 051.4 | 1 161.2 | 1 308.0 | 1 132.3 | 1 150.2 | 1 162.8 |
| 62 | Programmation informatique ; conseils et activités connexes | 1 100.9 | 1 033.0 | 992.4 | 1 100.6 | 1 234.2 | 1 053.2 | 1 062.2 | 1 063.6 |
| 63 | Services d'information | .. | .. | 59.0 | 60.6 | 73.8 | 79.1 | 87.9 | 99.2 |
| 64-66 | Activités financières et d'assurances | 418.2 | 382.7 | 353.8 | 255.5 | 256.2 | 271.1 | 350.2 | 308.1 |
| 68-82 | Activités immobilières ; professionnelles ; services administratifs et d'appui | 1 811.6 | 1 995.7 | 2 028.6 | 2 098.0 | 2 298.7 | 2 186.3 | 2 007.2 | 1 946.4 |
| 68 | Activités immobilières | .. | .. | 9.3 | 6.6 | 6.3 | 6.3 | 6.2 | 6.1 |
| 69-75x72 | Activités professionnelles, scientifiques et techniques, R-D scientifique exclu | .. | .. | 488.6 | 488.9 | 565.5 | 541.5 | .. | .. |
| 72 | Recherche scientifique et développement | 1 108.6 | 1 356.5 | 1 412.8 | 1 504.3 | 1 614.2 | 1 525.7 | 1 416.3 | 1 380.1 |
| 77-82 | Activités de services administratifs et d'appui | .. | .. | 117.9 | 97.5 | 112.6 | 112.8 | .. | .. |
| 84-99 | Services collectifs, sociaux et personnels | 392.7 | 256.7 | 133.1 | 112.2 | 107.1 | 98.7 | 95.7 | 103.7 |
| 84-85 | Administration publique et défense ; sécurité sociale obligatoire et éducation | .. | .. | 21.9 | 9.8 | 10.2 | 11.0 | 10.8 | 11.4 |
| 86-88 | Santé humaine et action sociale | 300.5 | 191.8 | 96.9 | 80.3 | 77.7 | 70.5 | 67.1 | 72.7 |
| 90-93 | Arts, spectacles et loisirs | .. | .. | 4.2 | 4.1 | 4.0 | 3.9 | 3.9 | 3.8 |
| 94-99 | Autres services ; ménages-employeurs ; organismes extra-territoriaux | .. | .. | 10.1 | 18.0 | 15.2 | 13.3 | 13.9 | 15.9 |

.. Non disponible

*Note*: Voir les métadonnées détaillées sur : http://metalinks.oecd.org/anberd/20170419/1355.
Informations sur les données concernant Israël : http://oe.cd/israel-disclaimer.
*Responsabilité* : http://oe.cd/disclaimer

# CHILI

## Dépenses de R-D dans l'industrie par activité principale de l'entreprise, prix courants
### CITI Rév. 4

*Millions USD PPP*

| | | 2007 | 2008 | 2009 | 2010 | 2011 | 2012 | 2013 | 2014 |
|---|---|---|---|---|---|---|---|---|---|
| | **TOTAL ENTREPRISES** | .. | .. | .. | .. | .. | .. | 541.6 | 515.5 |
| 01-03 | **AGRICULTURE, SYLVICULTURE ET PÊCHE** | .. | .. | .. | .. | .. | .. | 91.4 | 70.5 |
| 05-09 | **ACTIVITÉS EXTRACTIVES** | .. | .. | .. | .. | .. | .. | 94.9 | 53.4 |
| 10-33 | **ACTIVITÉS DE FABRICATION** | .. | .. | .. | .. | .. | .. | 119.1 | 155.1 |
| 10-12 | Produits alimentaires, boissons et tabac | .. | .. | .. | .. | .. | .. | .. | .. |
| 13-15 | Textiles, habillement, cuir et articles de cuir | .. | .. | .. | .. | .. | .. | .. | .. |
| 13 | Textiles | .. | .. | .. | .. | .. | .. | .. | .. |
| 14 | Articles d'habillement | .. | .. | .. | .. | .. | .. | .. | .. |
| 15 | Cuir et articles de cuir | .. | .. | .. | .. | .. | .. | .. | .. |
| 16-18 | Bois, papier, imprimerie et reproduction de supports enregistrés | .. | .. | .. | .. | .. | .. | .. | .. |
| 16 | Bois et articles en bois, sauf meubles | .. | .. | .. | .. | .. | .. | .. | .. |
| 17 | Papier et articles en papier | .. | .. | .. | .. | .. | .. | .. | .. |
| 18 | Imprimerie et reproduction de supports enregistrés | .. | .. | .. | .. | .. | .. | .. | .. |
| 19-23 | Produits pétroliers, chimiques, pharmaceutiques, caoutchouc, plastique, minéraux | .. | .. | .. | .. | .. | .. | .. | .. |
| 19 | Cokéfaction et raffinage | .. | .. | .. | .. | .. | .. | .. | .. |
| 20-21 | Industrie chimique et pharmaceutique | .. | .. | .. | .. | .. | .. | .. | .. |
| 20 | Produits chimiques | .. | .. | .. | .. | .. | .. | .. | .. |
| 21 | Préparations pharmaceutiques, chimiques (médicine) et d'herboristerie | .. | .. | .. | .. | .. | .. | .. | .. |
| 22 | Produits en caoutchouc et en plastique | .. | .. | .. | .. | .. | .. | .. | .. |
| 23 | Autres produits minéraux non métalliques | .. | .. | .. | .. | .. | .. | .. | .. |
| 24-25 | Produits métalliques de base et ouvrages en métaux (sauf machines et matériel) | .. | .. | .. | .. | .. | .. | .. | .. |
| 24 | Produits métallurgiques de base | .. | .. | .. | .. | .. | .. | .. | .. |
| 25 | Ouvrages en métaux (sauf machines et matériel) | .. | .. | .. | .. | .. | .. | .. | .. |
| 26-30 | Ordinateurs, articles électroniques et optiques ; machines et matériels de transport | .. | .. | .. | .. | .. | .. | .. | .. |
| 26 | Ordinateurs, articles électroniques et optiques | .. | .. | .. | .. | .. | .. | .. | .. |
| 27 | Matériels électriques | .. | .. | .. | .. | .. | .. | .. | .. |
| 28 | Machines et équipements n.c.a. | .. | .. | .. | .. | .. | .. | .. | .. |
| 29 | Automobiles, remorques et semi-remorques | .. | .. | .. | .. | .. | .. | .. | .. |
| 30 | Autres matériels de transport | .. | .. | .. | .. | .. | .. | .. | .. |
| 31-33 | Meubles ; réparation et installation de machines et de matériel | .. | .. | .. | .. | .. | .. | .. | .. |
| 31 | Meubles | .. | .. | .. | .. | .. | .. | .. | .. |
| 32 | Autres activités de fabrication | .. | .. | .. | .. | .. | .. | .. | .. |
| 33 | Réparation et installation de machines et de matériel | .. | .. | .. | .. | .. | .. | .. | .. |
| 35-39 | **ÉLECTRICITÉ, GAZ, EAU ET TRAITEMENT DES DÉCHETS** | .. | .. | .. | .. | .. | .. | 12.6 | 7.2 |
| 35-36 | Production et distribution d'électricité, de gaz et de l'eau | .. | .. | .. | .. | .. | .. | .. | .. |
| 37-39 | Assainissement, traitement des déchets et dépollution | .. | .. | .. | .. | .. | .. | .. | .. |
| 41-43 | **CONSTRUCTION** | .. | .. | .. | .. | .. | .. | 2.6 | 3.3 |
| 45-99 | **TOTAL SERVICES** | .. | .. | .. | .. | .. | .. | 220.9 | 226.1 |
| 45-82 | **Services du secteur des entreprises** | .. | .. | .. | .. | .. | .. | 210.7 | 220.7 |
| 45-47 | Commerce de gros et de détail ; réparations automobiles et motocycles | .. | .. | .. | .. | .. | .. | 40.6 | 60.2 |
| 49-53 | Transport et entreposage | .. | .. | .. | .. | .. | .. | 1.7 | 8.5 |
| 55-56 | Activités d'hébergement et de restauration | .. | .. | .. | .. | .. | .. | 0.6 | 0.5 |
| 58-63 | Information et communication | .. | .. | .. | .. | .. | .. | 47.9 | 28.6 |
| 58-60 | Édition, audiovisuel et diffusion | .. | .. | .. | .. | .. | .. | .. | .. |
| 58 | Activités d'édition | .. | .. | .. | .. | .. | .. | .. | .. |
| 59-60 | Activités audiovisuel et diffusion | .. | .. | .. | .. | .. | .. | .. | .. |
| 59 | Production de films, vidéo, programmes de télévision et d'enregistrements | .. | .. | .. | .. | .. | .. | .. | .. |
| 60 | Programmation et diffusion | .. | .. | .. | .. | .. | .. | .. | .. |
| 61 | Télécommunications | .. | .. | .. | .. | .. | .. | .. | .. |
| 62-63 | Technologies de l'information et informatique | .. | .. | .. | .. | .. | .. | .. | .. |
| 62 | Programmation informatique ; conseils et activités connexes | .. | .. | .. | .. | .. | .. | 15.5 | 25.3 |
| 63 | Services d'information | .. | .. | .. | .. | .. | .. | .. | .. |
| 64-66 | **Activités financières et d'assurances** | .. | .. | .. | .. | .. | .. | 25.0 | 28.8 |
| 68-82 | **Activités immobilières ; professionnelles ; services administratifs et d'appui** | .. | .. | .. | .. | .. | .. | 94.9 | 94.1 |
| 68 | Activités immobilières | .. | .. | .. | .. | .. | .. | 3.6 | 0.0 |
| 69-75x72 | Activités professionnelles, scientifiques et techniques, R-D scientifique exclu | .. | .. | .. | .. | .. | .. | 50.2 | 49.8 |
| 72 | Recherche scientifique et développement | .. | .. | .. | .. | .. | .. | 38.3 | 42.6 |
| 77-82 | Activités de services administratifs et d'appui | .. | .. | .. | .. | .. | .. | 2.8 | 1.7 |
| 84-99 | **Services collectifs, sociaux et personnels** | .. | .. | .. | .. | .. | .. | 10.2 | 5.4 |
| 84-85 | Administration publique et défense ; sécurité sociale obligatoire et éducation | .. | .. | .. | .. | .. | .. | 0.0 | 2.0 |
| 86-88 | Santé humaine et action sociale | .. | .. | .. | .. | .. | .. | 5.1 | 2.2 |
| 90-93 | Arts, spectacles et loisirs | .. | .. | .. | .. | .. | .. | 2.0 | 0.0 |
| 94-99 | Autres services ; ménages-employeurs ; organismes extra-territoriaux | .. | .. | .. | .. | .. | .. | 3.1 | 1.3 |

.. Non disponible

*Note* : Voir les métadonnées détaillées sur : http://metalinks.oecd.org/anberd/20170419/1355.
      Informations sur les données concernant Israël : http://oe.cd/israel-disclaimer.
*Responsabilité* : http://oe.cd/disclaimer

# CHILI

## Dépenses de R-D dans l'industrie par activité principale de l'entreprise, prix constants
### CITI Rév. 4

2010 PPP USD

| | | 2007 | 2008 | 2009 | 2010 | 2011 | 2012 | 2013 | 2014 |
|---|---|---|---|---|---|---|---|---|---|
| | **TOTAL ENTREPRISES** | .. | .. | .. | .. | .. | .. | 492.6 | 465.1 |
| 01-03 | **AGRICULTURE, SYLVICULTURE ET PÊCHE** | .. | .. | .. | .. | .. | .. | 83.1 | 63.6 |
| 05-09 | **ACTIVITÉS EXTRACTIVES** | .. | .. | .. | .. | .. | .. | 86.3 | 48.1 |
| 10-33 | **ACTIVITÉS DE FABRICATION** | .. | .. | .. | .. | .. | .. | 108.3 | 139.9 |
| 10-12 | Produits alimentaires, boissons et tabac | .. | .. | .. | .. | .. | .. | .. | .. |
| 13-15 | Textiles, habillement, cuir et articles de cuir | .. | .. | .. | .. | .. | .. | .. | .. |
| 13 | Textiles | .. | .. | .. | .. | .. | .. | .. | .. |
| 14 | Articles d'habillement | .. | .. | .. | .. | .. | .. | .. | .. |
| 15 | Cuir et articles de cuir | .. | .. | .. | .. | .. | .. | .. | .. |
| 16-18 | Bois, papier, imprimerie et reproduction de supports enregistrés | .. | .. | .. | .. | .. | .. | .. | .. |
| 16 | Bois et articles en bois, sauf meubles | .. | .. | .. | .. | .. | .. | .. | .. |
| 17 | Papier et articles en papier | .. | .. | .. | .. | .. | .. | .. | .. |
| 18 | Imprimerie et reproduction de supports enregistrés | .. | .. | .. | .. | .. | .. | .. | .. |
| 19-23 | Produits pétroliers, chimiques, pharmaceutiques, caoutchouc, plastique, minéraux | .. | .. | .. | .. | .. | .. | .. | .. |
| 19 | Cokéfaction et raffinage | .. | .. | .. | .. | .. | .. | .. | .. |
| 20-21 | Industrie chimique et pharmaceutique | .. | .. | .. | .. | .. | .. | .. | .. |
| 20 | Produits chimiques | .. | .. | .. | .. | .. | .. | .. | .. |
| 21 | Préparations pharmaceutiques, chimiques (médicine) et d'herboristerie | .. | .. | .. | .. | .. | .. | .. | .. |
| 22 | Produits en caoutchouc et en plastique | .. | .. | .. | .. | .. | .. | .. | .. |
| 23 | Autres produits minéraux non métalliques | .. | .. | .. | .. | .. | .. | .. | .. |
| 24-25 | Produits métalliques de base et ouvrages en métaux (sauf machines et matériel) | .. | .. | .. | .. | .. | .. | .. | .. |
| 24 | Produits métallurgiques de base | .. | .. | .. | .. | .. | .. | .. | .. |
| 25 | Ouvrages en métaux (sauf machines et matériel) | .. | .. | .. | .. | .. | .. | .. | .. |
| 26-30 | Ordinateurs, articles électroniques et optiques ; machines et matériels de transport | .. | .. | .. | .. | .. | .. | .. | .. |
| 26 | Ordinateurs, articles électroniques et optiques | .. | .. | .. | .. | .. | .. | .. | .. |
| 27 | Matériels électriques | .. | .. | .. | .. | .. | .. | .. | .. |
| 28 | Machines et équipements n.c.a. | .. | .. | .. | .. | .. | .. | .. | .. |
| 29 | Automobiles, remorques et semi-remorques | .. | .. | .. | .. | .. | .. | .. | .. |
| 30 | Autres matériels de transport | .. | .. | .. | .. | .. | .. | .. | .. |
| 31-33 | Meubles ; réparation et installation de machines et de matériel | .. | .. | .. | .. | .. | .. | .. | .. |
| 31 | Meubles | .. | .. | .. | .. | .. | .. | .. | .. |
| 32 | Autres activités de fabrication | .. | .. | .. | .. | .. | .. | .. | .. |
| 33 | Réparation et installation de machines et de matériel | .. | .. | .. | .. | .. | .. | .. | .. |
| 35-39 | **ÉLECTRICITÉ, GAZ, EAU ET TRAITEMENT DES DÉCHETS** | .. | .. | .. | .. | .. | .. | 11.5 | 6.5 |
| 35-36 | Production et distribution d'électricité, de gaz et de l'eau | .. | .. | .. | .. | .. | .. | .. | .. |
| 37-39 | Assainissement, traitement des déchets et dépollution | .. | .. | .. | .. | .. | .. | .. | .. |
| 41-43 | **CONSTRUCTION** | .. | .. | .. | .. | .. | .. | 2.4 | 3.0 |
| 45-99 | **TOTAL SERVICES** | .. | .. | .. | .. | .. | .. | 200.9 | 204.0 |
| 45-82 | **Services du secteur des entreprises** | .. | .. | .. | .. | .. | .. | 191.6 | 199.1 |
| 45-47 | Commerce de gros et de détail ; réparations automobiles et motocycles | .. | .. | .. | .. | .. | .. | 36.9 | 54.3 |
| 49-53 | Transport et entreposage | .. | .. | .. | .. | .. | .. | 1.6 | 7.7 |
| 55-56 | Activités d'hébergement et de restauration | .. | .. | .. | .. | .. | .. | 0.5 | 0.4 |
| 58-63 | **Information et communication** | .. | .. | .. | .. | .. | .. | 43.6 | 25.8 |
| 58-60 | Édition, audiovisuel et diffusion | .. | .. | .. | .. | .. | .. | .. | .. |
| 58 | Activités d'édition | .. | .. | .. | .. | .. | .. | .. | .. |
| 59-60 | Activités audiovisuel et diffusion | .. | .. | .. | .. | .. | .. | .. | .. |
| 59 | Production de films, vidéo, programmes de télévision et d'enregistrements | .. | .. | .. | .. | .. | .. | .. | .. |
| 60 | Programmation et diffusion | .. | .. | .. | .. | .. | .. | .. | .. |
| 61 | Télécommunications | .. | .. | .. | .. | .. | .. | .. | .. |
| 62-63 | Technologies de l'information et informatique | .. | .. | .. | .. | .. | .. | .. | .. |
| 62 | Programmation informatique ; conseils et activités connexes | .. | .. | .. | .. | .. | .. | 14.1 | 22.8 |
| 63 | Services d'information | .. | .. | .. | .. | .. | .. | .. | .. |
| 64-66 | **Activités financières et d'assurances** | .. | .. | .. | .. | .. | .. | 22.8 | 26.0 |
| 68-82 | **Activités immobilières ; professionnelles ; services administratifs et d'appui** | .. | .. | .. | .. | .. | .. | 86.3 | 84.9 |
| 68 | Activités immobilières | .. | .. | .. | .. | .. | .. | 3.2 | 0.0 |
| 69-75x72 | Activités professionnelles, scientifiques et techniques, R-D scientifique exclu | .. | .. | .. | .. | .. | .. | 45.7 | 44.9 |
| 72 | Recherche scientifique et développement | .. | .. | .. | .. | .. | .. | 34.8 | 38.4 |
| 77-82 | Activités de services administratifs et d'appui | .. | .. | .. | .. | .. | .. | 2.5 | 1.5 |
| 84-99 | **Services collectifs, sociaux et personnels** | .. | .. | .. | .. | .. | .. | 9.3 | 4.9 |
| 84-85 | Administration publique et défense ; sécurité sociale obligatoire et éducation | .. | .. | .. | .. | .. | .. | 0.0 | 1.8 |
| 86-88 | Santé humaine et action sociale | .. | .. | .. | .. | .. | .. | 4.6 | 2.0 |
| 90-93 | Arts, spectacles et loisirs | .. | .. | .. | .. | .. | .. | 1.8 | 0.0 |
| 94-99 | Autres services ; ménages-employeurs ; organismes extra-territoriaux | .. | .. | .. | .. | .. | .. | 2.9 | 1.1 |

.. Non disponible

*Note* : Voir les métadonnées détaillées sur : http://metalinks.oecd.org/anberd/20170419/1355.
   Informations sur les données concernant Israël : http://oe.cd/israel-disclaimer.
*Responsabilité* : http://oe.cd/disclaimer

# RÉPUBLIQUE TCHÈQUE

## Dépenses de R-D dans l'industrie par activité principale de l'entreprise, prix courants
### CITI Rév. 4

*Millions USD PPP*

| | | 2007 | 2008 | 2009 | 2010 | 2011 | 2012 | 2013 | 2014 |
|---|---|---|---|---|---|---|---|---|---|
| | **TOTAL ENTREPRISES** | 2 055.2 | 2 101.7 | 2 110.1 | 2 239.7 | 2 601.4 | 2 917.1 | 3 298.2 | 3 763.7 |
| 01-03 | **AGRICULTURE, SYLVICULTURE ET PÊCHE** | 8.1 | 7.1 | 7.4 | 8.4 | 8.5 | 10.0 | 11.4 | 11.8 |
| 05-09 | **ACTIVITÉS EXTRACTIVES** | 4.6 | 5.9 | 4.8 | 3.8 | 1.4 | 1.5 | 1.1 | 2.4 |
| 10-33 | **ACTIVITÉS DE FABRICATION** | 1 154.3 | 1 192.8 | 1 180.9 | 1 251.2 | 1 462.7 | 1 603.4 | 1 898.7 | 2 123.3 |
| 10-12 | Produits alimentaires, boissons et tabac | 14.8 | 22.7 | 22.2 | 24.3 | 24.6 | 22.8 | 25.0 | 18.1 |
| 13-15 | Textiles, habillement, cuir et articles de cuir | 19.2 | 15.1 | 18.2 | 18.4 | 32.9 | 15.7 | 24.7 | 27.1 |
| 13 | Textiles | 13.0 | 10.8 | 12.8 | 14.8 | 16.8 | 12.9 | 22.0 | 24.8 |
| 14 | Articles d'habillement | 5.0 | 3.4 | 3.9 | 2.6 | 14.8 | 1.7 | 1.3 | 0.8 |
| 15 | Cuir et articles de cuir | 1.2 | 0.9 | 1.5 | 1.1 | 1.4 | 1.1 | 1.5 | 1.5 |
| 16-18 | Bois, papier, imprimerie et reproduction de supports enregistrés | 1.0 | 1.3 | 1.2 | 3.5 | 6.1 | 3.2 | 2.7 | 4.0 |
| 16 | Bois et articles en bois, sauf meubles | 0.4 | 0.8 | 1.0 | 1.3 | 3.1 | 0.4 | 0.8 | 1.6 |
| 17 | Papier et articles en papier | 0.1 | 0.1 | 0.2 | 0.2 | 2.4 | 2.1 | 1.0 | 1.1 |
| 18 | Imprimerie et reproduction de supports enregistrés | 0.5 | 0.4 | 0.0 | 2.0 | 0.5 | 0.7 | 0.9 | 1.3 |
| 19-23 | Produits pétroliers, chimiques, pharmaceutiques, caoutchouc, plastique, minéraux | 203.3 | 213.5 | 222.9 | 226.5 | 239.5 | 243.0 | 281.3 | 305.3 |
| 19 | Cokéfaction et raffinage | 0.8 | 0.8 | 0.7 | 0.8 | 0.8 | 0.5 | 0.5 | 0.6 |
| 20-21 | Industrie chimique et pharmaceutique | 128.0 | 130.6 | 153.7 | 147.7 | 156.4 | 155.9 | 165.3 | 178.4 |
| 20 | Produits chimiques | 51.1 | 52.6 | 66.3 | 70.5 | 75.7 | 72.0 | 88.2 | 93.5 |
| 21 | Préparations pharmaceutiques, chimiques (médicine) et d'herboristerie | 76.9 | 77.9 | 87.3 | 77.2 | 80.7 | 83.9 | 77.0 | 84.9 |
| 22 | Produits en caoutchouc et en plastique | 43.4 | 47.1 | 44.6 | 49.4 | 52.0 | 51.4 | 66.6 | 83.9 |
| 23 | Autres produits minéraux non métalliques | 31.1 | 35.0 | 23.9 | 28.6 | 30.2 | 35.2 | 49.0 | 42.4 |
| 24-25 | Produits métalliques de base et ouvrages en métaux (sauf machines et matériel) | 60.8 | 67.0 | 59.8 | 75.3 | 79.8 | 92.4 | 86.6 | 113.8 |
| 24 | Produits métallurgiques de base | 29.7 | 24.0 | 14.9 | 17.7 | 22.0 | 23.6 | 17.8 | 23.6 |
| 25 | Ouvrages en métaux (sauf machines et matériel) | 31.1 | 43.0 | 44.9 | 57.6 | 57.8 | 68.8 | 68.8 | 90.2 |
| 26-30 | Ordinateurs, articles électroniques et optiques ; machines et matériels de transport | 705.4 | 748.8 | 699.1 | 733.7 | 874.8 | 1 004.9 | 1 245.3 | 1 378.9 |
| 26 | Ordinateurs, articles électroniques et optiques | 131.3 | 115.3 | 96.8 | 87.3 | 86.1 | 92.7 | 119.2 | 148.1 |
| 27 | Matériels électriques | 62.1 | 64.1 | 78.6 | 102.7 | 121.3 | 154.1 | 147.3 | 239.9 |
| 28 | Machines et équipements n.c.a. | 165.5 | 172.3 | 167.1 | 183.1 | 219.7 | 289.1 | 335.6 | 331.4 |
| 29 | Automobiles, remorques et semi-remorques | 284.3 | 306.6 | 260.5 | 252.5 | 298.3 | 345.4 | 508.9 | 513.5 |
| 30 | Autres matériels de transport | 62.2 | 90.5 | 96.1 | 108.1 | 149.3 | 123.6 | 134.3 | 146.0 |
| 31-33 | Meubles ; réparation et installation de machines et de matériel | 149.8 | 124.4 | 157.5 | 169.4 | 205.0 | 221.5 | 233.0 | 276.2 |
| 31 | Meubles | 1.9 | 1.8 | 2.8 | 3.0 | 5.4 | 4.0 | 3.7 | 3.1 |
| 32 | Autres activités de fabrication | 17.6 | 19.8 | 19.3 | 21.2 | 26.8 | 34.0 | 27.0 | 28.2 |
| 33 | Réparation et installation de machines et de matériel | 130.3 | 102.8 | 135.4 | 145.2 | 172.8 | 183.5 | 202.3 | 244.9 |
| 35-39 | **ÉLECTRICITÉ, GAZ, EAU ET TRAITEMENT DES DÉCHETS** | 9.3 | 9.5 | 11.1 | 11.0 | 10.6 | 10.5 | 14.8 | 13.0 |
| 35-36 | Production et distribution d'électricité, de gaz et de l'eau | 4.7 | 4.9 | 3.1 | 2.2 | 3.1 | 3.7 | 7.6 | 5.1 |
| 37-39 | Assainissement, traitement des déchets et dépollution | 4.6 | 4.6 | 8.0 | 8.7 | 7.4 | 6.7 | 7.2 | 7.9 |
| 41-43 | **CONSTRUCTION** | 23.8 | 24.7 | 27.6 | 29.7 | 27.2 | 31.7 | 41.3 | 53.3 |
| 45-99 | **TOTAL SERVICES** | 855.2 | 861.7 | 878.2 | 935.7 | 1 091.0 | 1 259.9 | 1 330.8 | 1 560.0 |
| 45-82 | Services du secteur des entreprises | 816.9 | 822.0 | 831.7 | 894.3 | 1 047.0 | 1 214.2 | 1 261.0 | 1 497.2 |
| 45-47 | Commerce de gros et de détail ; réparations automobiles et motocycles | 47.8 | 61.3 | 62.5 | 67.6 | 69.8 | 69.1 | 75.1 | 71.0 |
| 49-53 | Transport et entreposage | 0.5 | 0.4 | 0.1 | 0.1 | 0.4 | 1.5 | 1.7 | 1.8 |
| 55-56 | Activités d'hébergement et de restauration | 0.0 | 0.0 | 0.0 | 0.0 | 0.1 | 0.1 | 0.1 | 0.1 |
| 58-63 | Information et communication | 228.1 | 274.2 | 280.2 | 300.3 | 371.5 | 421.2 | 458.7 | 610.0 |
| 58-60 | Édition, audiovisuel et diffusion | 19.9 | 19.9 | 15.6 | 18.1 | 16.0 | 18.3 | 18.1 | 21.6 |
| 58 | Activités d'édition | 19.9 | 19.9 | 15.6 | 18.1 | 16.0 | 18.0 | 17.6 | 21.1 |
| 59-60 | Activités audiovisuel et diffusion | 0.0 | 0.0 | 0.0 | 0.0 | 0.1 | 0.3 | 0.5 | 0.5 |
| 59 | Production de films, vidéo, programmes de télévision et d'enregistrements | 0.0 | 0.0 | 0.0 | 0.0 | 0.1 | 0.3 | 0.4 | 0.5 |
| 60 | Programmation et diffusion | 0.0 | 0.0 | 0.0 | 0.0 | 0.0 | 0.0 | 0.1 | 0.0 |
| 61 | Télécommunications | 31.6 | 31.4 | 29.7 | 38.1 | 41.1 | 45.7 | 46.3 | 47.7 |
| 62-63 | Technologies de l'information et informatique | 176.7 | 223.0 | 234.9 | 244.2 | 314.4 | 357.2 | 394.3 | 540.7 |
| 62 | Programmation informatique ; conseils et activités connexes | 134.0 | 168.5 | 177.2 | 194.8 | 229.7 | 267.5 | 288.2 | 415.9 |
| 63 | Services d'information | 42.7 | 54.5 | 57.8 | 49.4 | 84.7 | 89.6 | 106.1 | 124.9 |
| 64-66 | **Activités financières et d'assurances** | 123.3 | 66.0 | 35.9 | 36.7 | 35.2 | 45.8 | 60.2 | 58.4 |
| 68-82 | **Activités immobilières ; professionnelles ; services administratifs et d'appui** | 416.6 | 420.1 | 453.0 | 489.5 | 570.0 | 676.6 | 665.2 | 755.9 |
| 68 | Activités immobilières | 1.3 | 1.0 | 2.1 | 5.6 | 9.4 | 23.4 | 37.5 | 15.6 |
| 69-75x72 | Activités professionnelles, scientifiques et techniques, R-D scientifique exclu | 75.8 | 93.4 | 114.9 | 132.7 | 183.0 | 182.3 | 161.4 | 182.3 |
| 72 | Recherche scientifique et développement | 339.5 | 324.7 | 335.4 | 350.6 | 376.2 | 466.1 | 458.5 | 550.4 |
| 77-82 | Activités de services administratifs et d'appui | 0.0 | 1.0 | 0.6 | 0.7 | 1.4 | 4.9 | 7.8 | 7.7 |
| 84-99 | Services collectifs, sociaux et personnels | 38.4 | 39.7 | 46.5 | 41.4 | 44.0 | 45.7 | 69.9 | 62.7 |
| 84-85 | Administration publique et défense ; sécurité sociale obligatoire et éducation | 0.3 | 0.5 | 0.4 | 0.3 | 1.0 | 2.0 | 12.1 | 9.8 |
| 86-88 | Santé humaine et action sociale | 31.6 | 29.4 | 33.8 | 34.0 | 36.4 | 37.1 | 48.1 | 44.0 |
| 90-93 | Arts, spectacles et loisirs | 4.4 | 6.6 | 9.0 | 5.1 | 3.6 | 3.4 | 3.7 | 3.3 |
| 94-99 | Autres services ; ménages-employeurs ; organismes extra-territoriaux | 2.1 | 3.1 | 3.3 | 1.9 | 3.1 | 3.2 | 5.9 | 5.6 |

*Note :* Voir les métadonnées détaillées sur : http://metalinks.oecd.org/anberd/20170419/1355.
Informations sur les données concernant Israël : http://oe.cd/israel-disclaimer.
*Responsabilité :* http://oe.cd/disclaimer

# RÉPUBLIQUE TCHÈQUE

## Dépenses de R-D dans l'industrie par activité principale de l'entreprise, prix constants
### CITI Rév. 4

*2010 PPP USD*

| Code | | 2007 | 2008 | 2009 | 2010 | 2011 | 2012 | 2013 | 2014 |
|---|---|---|---|---|---|---|---|---|---|
| | **TOTAL ENTREPRISES** | 2 219.1 | 2 168.0 | 2 075.7 | 2 239.7 | 2 543.4 | 2 801.0 | 2 999.2 | 3 308.6 |
| 01-03 | AGRICULTURE, SYLVICULTURE ET PÊCHE | 8.7 | 7.4 | 7.3 | 8.4 | 8.4 | 9.6 | 10.4 | 10.4 |
| 05-09 | ACTIVITÉS EXTRACTIVES | 4.9 | 6.1 | 4.7 | 3.8 | 1.4 | 1.5 | 1.0 | 2.1 |
| 10-33 | ACTIVITÉS DE FABRICATION | 1 246.3 | 1 230.4 | 1 161.6 | 1 251.2 | 1 430.1 | 1 539.6 | 1 726.5 | 1 866.5 |
| 10-12 | Produits alimentaires, boissons et tabac | 16.0 | 23.4 | 21.8 | 24.3 | 24.1 | 21.9 | 22.7 | 15.9 |
| 13-15 | Textiles, habillement, cuir et articles de cuir | 20.7 | 15.5 | 17.9 | 18.4 | 32.2 | 15.1 | 22.5 | 23.8 |
| 13 | Textiles | 14.1 | 11.2 | 12.6 | 14.8 | 16.4 | 12.4 | 20.0 | 21.8 |
| 14 | Articles d'habillement | 5.4 | 3.5 | 3.8 | 2.6 | 14.4 | 1.6 | 1.2 | 0.7 |
| 15 | Cuir et articles de cuir | 1.3 | 0.9 | 1.5 | 1.1 | 1.3 | 1.1 | 1.3 | 1.3 |
| 16-18 | Bois, papier, imprimerie et reproduction de supports enregistrés | 1.1 | 1.3 | 1.2 | 3.5 | 5.9 | 3.1 | 2.5 | 3.5 |
| 16 | Bois et articles en bois, sauf meubles | 0.4 | 0.8 | 1.0 | 1.3 | 3.1 | 0.4 | 0.8 | 1.4 |
| 17 | Papier et articles en papier | 0.2 | 0.1 | 0.2 | 0.2 | 2.3 | 2.0 | 0.9 | 1.0 |
| 18 | Imprimerie et reproduction de supports enregistrés | 0.5 | 0.4 | 0.0 | 2.0 | 0.5 | 0.7 | 0.8 | 1.1 |
| 19-23 | Produits pétroliers, chimiques, pharmaceutiques, caoutchouc, plastique, minéraux | 219.5 | 220.3 | 219.2 | 226.5 | 234.2 | 233.3 | 255.8 | 268.4 |
| 19 | Cokéfaction et raffinage | 0.8 | 0.9 | 0.7 | 0.8 | 0.8 | 0.5 | 0.5 | 0.5 |
| 20-21 | Industrie chimique et pharmaceutique | 138.2 | 134.7 | 151.2 | 147.7 | 152.9 | 149.7 | 150.3 | 156.8 |
| 20 | Produits chimiques | 55.2 | 54.3 | 65.3 | 70.5 | 74.1 | 69.1 | 80.2 | 82.2 |
| 21 | Préparations pharmaceutiques, chimiques (médicine) et d'herboristerie | 83.0 | 80.4 | 85.9 | 77.2 | 78.9 | 80.6 | 70.0 | 74.6 |
| 22 | Produits en caoutchouc et en plastique | 46.8 | 48.6 | 43.9 | 49.4 | 50.9 | 49.3 | 60.5 | 73.7 |
| 23 | Autres produits minéraux non métalliques | 33.6 | 36.1 | 23.5 | 28.6 | 29.5 | 33.8 | 44.5 | 37.3 |
| 24-25 | Produits métalliques de base et ouvrages en métaux (sauf machines et matériel) | 65.6 | 69.1 | 58.8 | 75.3 | 78.0 | 88.8 | 78.7 | 100.0 |
| 24 | Produits métallurgiques de base | 32.0 | 24.7 | 14.7 | 17.7 | 21.6 | 22.7 | 16.2 | 20.7 |
| 25 | Ouvrages en métaux (sauf machines et matériel) | 33.6 | 44.4 | 44.1 | 57.6 | 56.5 | 66.1 | 62.6 | 79.3 |
| 26-30 | Ordinateurs, articles électroniques et optiques ; machines et matériels de transport | 761.7 | 772.4 | 687.7 | 733.7 | 855.3 | 964.9 | 1 132.4 | 1 212.2 |
| 26 | Ordinateurs, articles électroniques et optiques | 141.8 | 119.0 | 95.2 | 87.3 | 84.2 | 89.0 | 108.4 | 130.2 |
| 27 | Matériels électriques | 67.1 | 66.1 | 77.3 | 102.7 | 118.6 | 148.0 | 134.0 | 210.9 |
| 28 | Machines et équipements n.c.a. | 178.7 | 177.7 | 164.4 | 183.1 | 214.8 | 277.6 | 305.2 | 291.3 |
| 29 | Automobiles, remorques et semi-remorques | 307.0 | 316.3 | 256.3 | 252.5 | 291.7 | 331.6 | 462.8 | 451.4 |
| 30 | Autres matériels de transport | 67.2 | 93.3 | 94.6 | 108.1 | 146.0 | 118.7 | 122.1 | 128.4 |
| 31-33 | Meubles ; réparation et installation de machines et de matériel | 161.7 | 128.3 | 155.0 | 169.4 | 200.4 | 212.7 | 211.9 | 242.8 |
| 31 | Meubles | 2.1 | 1.9 | 2.7 | 3.0 | 5.3 | 3.8 | 3.3 | 2.7 |
| 32 | Autres activités de fabrication | 19.0 | 20.4 | 19.0 | 21.2 | 26.2 | 32.6 | 24.6 | 24.8 |
| 33 | Réparation et installation de machines et de matériel | 140.7 | 106.0 | 133.2 | 145.2 | 168.9 | 176.2 | 184.0 | 215.3 |
| 35-39 | ÉLECTRICITÉ, GAZ, EAU ET TRAITEMENT DES DÉCHETS | 10.0 | 9.8 | 10.9 | 11.0 | 10.3 | 10.1 | 13.5 | 11.5 |
| 35-36 | Production et distribution d'électricité, de gaz et de l'eau | 5.1 | 5.1 | 3.0 | 2.2 | 3.0 | 3.6 | 7.0 | 4.5 |
| 37-39 | Assainissement, traitement des déchets et dépollution | 4.9 | 4.7 | 7.9 | 8.7 | 7.3 | 6.5 | 6.6 | 7.0 |
| 41-43 | CONSTRUCTION | 25.7 | 25.5 | 27.2 | 29.7 | 26.6 | 30.4 | 37.6 | 46.8 |
| 45-99 | **TOTAL SERVICES** | 923.4 | 888.9 | 863.9 | 935.7 | 1 066.7 | 1 209.8 | 1 210.2 | 1 371.3 |
| 45-82 | Services du secteur des entreprises | 882.0 | 848.0 | 818.2 | 894.3 | 1 023.6 | 1 165.9 | 1 146.7 | 1 316.2 |
| 45-47 | Commerce de gros et de détail ; réparations automobiles et motocycles | 51.6 | 63.2 | 61.5 | 67.6 | 68.2 | 66.3 | 68.2 | 62.5 |
| 49-53 | Transport et entreposage | 0.6 | 0.4 | 0.1 | 0.1 | 0.4 | 1.4 | 1.6 | 1.6 |
| 55-56 | Activités d'hébergement et de restauration | 0.0 | 0.0 | 0.0 | 0.0 | 0.1 | 0.1 | 0.0 | 0.0 |
| 58-63 | Information et communication | 246.3 | 282.9 | 275.6 | 300.3 | 363.2 | 404.4 | 417.1 | 536.2 |
| 58-60 | Édition, audiovisuel et diffusion | 21.5 | 20.5 | 15.3 | 18.1 | 15.7 | 17.6 | 16.4 | 19.0 |
| 58 | Activités d'édition | 21.5 | 20.5 | 15.3 | 18.1 | 15.6 | 17.3 | 16.0 | 18.6 |
| 59-60 | Activités audiovisuel et diffusion | 0.0 | 0.0 | 0.0 | 0.0 | 0.1 | 0.3 | 0.4 | 0.4 |
| 59 | Production de films, vidéo, programmes de télévision et d'enregistrements | 0.0 | 0.0 | 0.0 | 0.0 | 0.1 | 0.3 | 0.3 | 0.4 |
| 60 | Programmation et diffusion | 0.0 | 0.0 | 0.0 | 0.0 | 0.0 | 0.0 | 0.1 | 0.0 |
| 61 | Télécommunications | 34.1 | 32.4 | 29.2 | 38.1 | 40.2 | 43.9 | 42.1 | 41.9 |
| 62-63 | Technologies de l'information et informatique | 190.8 | 230.0 | 231.1 | 244.2 | 307.4 | 342.9 | 358.5 | 475.4 |
| 62 | Programmation informatique ; conseils et activités connexes | 144.7 | 173.8 | 174.3 | 194.8 | 224.5 | 256.9 | 262.1 | 365.6 |
| 63 | Services d'information | 46.1 | 56.3 | 56.8 | 49.4 | 82.8 | 86.0 | 96.4 | 109.8 |
| 64-66 | Activités financières et d'assurances | 133.1 | 68.1 | 35.3 | 36.7 | 34.4 | 44.0 | 54.8 | 51.3 |
| 68-82 | Activités immobilières ; professionnelles ; services administratifs et d'appui | 449.9 | 433.4 | 445.6 | 489.5 | 557.3 | 649.6 | 604.9 | 664.5 |
| 68 | Activités immobilières | 1.4 | 1.1 | 2.1 | 5.6 | 9.2 | 22.5 | 34.1 | 13.7 |
| 69-75x72 | Activités professionnelles, scientifiques et techniques, R-D scientifique exclu | 81.8 | 96.3 | 113.0 | 132.7 | 179.0 | 174.9 | 146.8 | 160.2 |
| 72 | Recherche scientifique et développement | 366.6 | 335.0 | 330.0 | 350.6 | 367.8 | 447.5 | 416.9 | 483.8 |
| 77-82 | Activités de services administratifs et d'appui | 0.0 | 1.0 | 0.6 | 0.7 | 1.4 | 4.7 | 7.1 | 6.8 |
| 84-99 | Services collectifs, sociaux et personnels | 41.4 | 40.9 | 45.7 | 41.4 | 43.1 | 43.9 | 63.5 | 55.2 |
| 84-85 | Administration publique et défense ; sécurité sociale obligatoire et éducation | 0.3 | 0.5 | 0.3 | 0.3 | 1.0 | 1.9 | 11.0 | 8.6 |
| 86-88 | Santé humaine et action sociale | 34.1 | 30.4 | 33.3 | 34.0 | 35.6 | 35.6 | 43.8 | 38.7 |
| 90-93 | Arts, spectacles et loisirs | 4.8 | 6.8 | 8.9 | 5.1 | 3.5 | 3.3 | 3.4 | 2.9 |
| 94-99 | Autres services ; ménages-employeurs ; organismes extra-territoriaux | 2.3 | 3.2 | 3.3 | 1.9 | 3.0 | 3.1 | 5.3 | 4.9 |

*Note* : Voir les métadonnées détaillées sur : http://metalinks.oecd.org/anberd/20170419/1355.
  Informations sur les données concernant Israël : http://oe.cd/israel-disclaimer.
*Responsabilité* : http://oe.cd/disclaimer

# RÉPUBLIQUE TCHÈQUE

## Dépenses de R-D dans l'industrie par groupe de produits, prix courants
### CITI Rév. 4

*Millions USD PPP*

| | | 2007 | 2008 | 2009 | 2010 | 2011 | 2012 | 2013 | 2014 |
|---|---|---|---|---|---|---|---|---|---|
| | **TOTAL ENTREPRISES** | 2 055.2 | 2 101.7 | 2 110.1 | 2 239.7 | 2 601.4 | 2 917.1 | 3 298.2 | 3 763.7 |
| 01-03 | AGRICULTURE, SYLVICULTURE ET PÊCHE | 28.7 | 16.4 | 16.1 | 14.0 | 15.7 | 15.7 | 20.1 | 22.9 |
| 05-09 | ACTIVITÉS EXTRACTIVES | 3.2 | 5.9 | 6.2 | 6.0 | 4.6 | 1.8 | 2.1 | 3.3 |
| 10-33 | ACTIVITÉS DE FABRICATION | 1 205.1 | 1 337.2 | 1 327.0 | 1 388.2 | 1 621.0 | 1 711.1 | 2 037.5 | 2 364.1 |
| 10-12 | Produits alimentaires, boissons et tabac | 16.2 | 17.5 | 21.0 | 20.5 | 21.0 | 27.0 | 23.3 | 19.5 |
| 13-15 | Textiles, habillement, cuir et articles de cuir | 22.3 | 19.5 | 20.0 | 21.3 | 26.7 | 17.7 | 28.2 | 36.1 |
| 13 | Textiles | 16.3 | 12.2 | 14.1 | 17.2 | 23.5 | 15.2 | 25.1 | 30.9 |
| 14 | Articles d'habillement | 4.5 | 2.8 | 3.9 | 3.0 | 2.3 | 1.5 | 2.6 | 2.3 |
| 15 | Cuir et articles de cuir | 1.5 | 4.4 | 2.0 | 1.2 | 0.9 | 1.0 | 0.6 | 2.9 |
| 16-18 | Bois, papier, imprimerie et reproduction de supports enregistrés | 1.4 | 1.2 | 1.3 | 4.3 | 7.6 | 5.2 | 3.5 | 4.0 |
| 16 | Bois et articles en bois, sauf meubles | 1.1 | 0.8 | 0.7 | 2.0 | 4.5 | 2.6 | 1.4 | 2.2 |
| 17 | Papier et articles en papier | 0.2 | 0.2 | 0.3 | 0.3 | 2.3 | 2.4 | 1.1 | 1.1 |
| 18 | Imprimerie et reproduction de supports enregistrés | 0.1 | 0.2 | 0.4 | 2.0 | 0.8 | 0.2 | 1.0 | 0.7 |
| 19-23 | Produits pétroliers, chimiques, pharmaceutiques, caoutchouc, plastique, minéraux | 216.4 | 227.3 | 229.5 | 249.4 | 269.2 | 239.2 | 271.9 | 297.5 |
| 19 | Cokéfaction et raffinage | 0.8 | 1.2 | 1.3 | 0.8 | 1.2 | 1.7 | 1.8 | 4.5 |
| 20-21 | Industrie chimique et pharmaceutique | 138.7 | 148.0 | 161.1 | 166.2 | 189.5 | 143.9 | 160.3 | 177.3 |
| 20 | Produits chimiques | 39.4 | 56.1 | 44.5 | 63.7 | 59.4 | 51.9 | 55.8 | 53.8 |
| 21 | Préparations pharmaceutiques, chimiques (médicine) et d'herboristerie | 99.4 | 92.0 | 116.6 | 102.5 | 130.1 | 92.0 | 104.4 | 123.5 |
| 22 | Produits en caoutchouc et en plastique | 46.9 | 45.1 | 42.0 | 51.8 | 48.2 | 55.5 | 64.0 | 74.7 |
| 23 | Autres produits minéraux non métalliques | 30.0 | 32.9 | 25.2 | 30.7 | 30.3 | 38.0 | 45.8 | 41.0 |
| 24-25 | Produits métalliques de base et ouvrages en métaux (sauf machines et matériel) | 58.8 | 61.3 | 60.8 | 67.6 | 108.7 | 123.9 | 123.9 | 149.3 |
| 24 | Produits métallurgiques de base | 32.7 | 20.8 | 16.0 | 16.4 | 15.6 | 14.7 | 12.8 | 12.8 |
| 25 | Ouvrages en métaux (sauf machines et matériel) | 26.1 | 40.5 | 44.7 | 51.2 | 93.1 | 109.1 | 111.1 | 136.6 |
| 26-30 | Ordinateurs, articles électroniques et optiques ; machines et matériels de transport | 620.9 | 939.3 | 920.1 | 949.6 | 1 084.5 | 1 236.5 | 1 497.8 | 1 755.6 |
| 26 | Ordinateurs, articles électroniques et optiques | 118.1 | 207.9 | 182.6 | 196.5 | 186.0 | 236.7 | 267.0 | 313.3 |
| 27 | Matériels électriques | 74.8 | 67.1 | 79.9 | 106.2 | 126.8 | 205.9 | 124.7 | 156.2 |
| 28 | Machines et équipements n.c.a. | 203.1 | 217.7 | 224.0 | 256.1 | 294.4 | 250.1 | 358.1 | 392.0 |
| 29 | Automobiles, remorques et semi-remorques | 101.4 | 296.9 | 274.9 | 238.9 | 266.7 | 360.9 | 556.8 | 674.5 |
| 30 | Autres matériels de transport | 123.5 | 149.7 | 158.7 | 151.9 | 210.6 | 182.9 | 191.1 | 219.5 |
| 31-33 | Meubles ; réparation et installation de machines et de matériel | 269.1 | 71.3 | 74.3 | 75.5 | 103.1 | 61.7 | 89.0 | 102.0 |
| 31 | Meubles | 5.0 | 1.6 | 3.1 | 2.1 | 1.7 | 4.4 | 5.0 | 10.5 |
| 32 | Autres activités de fabrication | 32.7 | 20.6 | 19.0 | 24.8 | 35.5 | 29.1 | 39.9 | 36.9 |
| 33 | Réparation et installation de machines et de matériel | 231.4 | 49.0 | 52.2 | 48.6 | 65.9 | 28.3 | 44.0 | 54.6 |
| 35-39 | ÉLECTRICITÉ, GAZ, EAU ET TRAITEMENT DES DÉCHETS | 11.8 | 10.7 | 15.9 | 16.0 | 21.4 | 22.9 | 29.8 | 28.3 |
| 35-36 | Production et distribution d'électricité, de gaz et de l'eau | 7.4 | 5.4 | 7.7 | 7.6 | 10.7 | 9.8 | 10.5 | 10.6 |
| 37-39 | Assainissement, traitement des déchets et dépollution | 4.4 | 5.3 | 8.2 | 8.3 | 10.7 | 13.1 | 19.3 | 17.7 |
| 41-43 | CONSTRUCTION | 25.6 | 26.9 | 28.5 | 27.4 | 26.0 | 28.0 | 35.1 | 40.5 |
| 45-99 | **TOTAL SERVICES** | 780.9 | 704.5 | 716.4 | 788.1 | 912.8 | 1 137.5 | 1 173.6 | 1 304.6 |
| 45-82 | Services du secteur des entreprises | 718.7 | 635.2 | 645.6 | 725.5 | 849.9 | 1 079.2 | 1 105.4 | 1 245.2 |
| 45-47 | Commerce de gros et de détail ; réparations automobiles et motocycles | 13.1 | 14.3 | 13.2 | 22.8 | 21.3 | 1.9 | 0.0 | 0.2 |
| 49-53 | Transport et entreposage | 3.5 | 2.0 | 2.8 | 9.0 | 2.1 | 2.7 | 4.6 | 4.4 |
| 55-56 | Activités d'hébergement et de restauration | 0.0 | 0.0 | 0.0 | 0.0 | 0.1 | 1.2 | 0.0 | 0.0 |
| 58-63 | Information et communication | 241.7 | 241.4 | 268.3 | 277.7 | 384.4 | 442.5 | 479.4 | 644.8 |
| 58-60 | Édition, audiovisuel et diffusion | 106.4 | 5.1 | 2.0 | 1.7 | 2.0 | 16.9 | 0.0 | 2.4 |
| 58 | Activités d'édition | .. | .. | .. | .. | .. | 12.1 | .. | .. |
| 59-60 | Activités audiovisuel et diffusion | .. | .. | .. | .. | .. | 4.9 | .. | .. |
| 59 | Production de films, vidéo, programmes de télévision et d'enregistrements | .. | .. | .. | .. | .. | .. | .. | .. |
| 60 | Programmation et diffusion | .. | .. | .. | .. | .. | .. | .. | .. |
| 61 | Télécommunications | 69.4 | 33.9 | 54.2 | 53.0 | 47.3 | 51.8 | 60.5 | 70.7 |
| 62-63 | Technologies de l'information et informatique | 66.0 | 202.4 | 212.2 | 223.0 | 335.1 | 373.7 | 418.9 | 571.8 |
| 62 | Programmation informatique ; conseils et activités connexes | 55.0 | 182.8 | 192.2 | 205.0 | 248.2 | 265.0 | 285.8 | 429.0 |
| 63 | Services d'information | 11.0 | 19.6 | 19.9 | 18.0 | 86.9 | 108.7 | 133.0 | 142.8 |
| 64-66 | Activités financières et d'assurances | 122.8 | 66.0 | 35.8 | 40.5 | 34.1 | 36.9 | 48.4 | 46.9 |
| 68-82 | Activités immobilières ; professionnelles ; services administratifs et d'appui | 337.7 | 311.5 | 325.5 | 375.5 | 408.0 | 594.1 | 573.0 | 548.9 |
| 68 | Activités immobilières | 0.3 | 0.7 | 0.9 | 4.0 | 4.4 | 0.2 | 0.0 | 0.0 |
| 69-75x72 | Activités professionnelles, scientifiques et techniques, R-D scientifique exclu | 68.9 | 62.1 | 88.3 | 85.8 | 108.0 | 29.0 | 33.1 | 37.5 |
| 72 | Recherche scientifique et développement | 264.1 | 245.8 | 236.0 | 284.7 | 295.0 | 564.5 | 539.3 | 510.9 |
| 77-82 | Activités de services administratifs et d'appui | 4.3 | 2.9 | 0.3 | 1.0 | 0.7 | 0.4 | 0.6 | 0.5 |
| 84-99 | Services collectifs, sociaux et personnels | 62.2 | 69.3 | 70.9 | 62.6 | 62.9 | 58.3 | 68.2 | 59.5 |
| 84-85 | Administration publique et défense ; sécurité sociale obligatoire et éducation | 14.6 | 11.1 | 12.9 | 11.1 | 10.6 | 10.8 | 17.0 | 11.3 |
| 86-88 | Santé humaine et action sociale | 40.7 | 50.5 | 47.6 | 45.8 | 47.3 | 45.6 | 45.9 | 44.3 |
| 90-93 | Arts, spectacles et loisirs | 2.5 | 6.6 | 9.0 | 5.1 | 3.5 | 0.2 | 0.1 | 0.1 |
| 94-99 | Autres services ; ménages-employeurs ; organismes extra-territoriaux | 4.4 | 1.1 | 1.3 | 0.6 | 1.5 | 1.7 | 5.2 | 3.8 |

.. Non disponible

*Note* : Voir les métadonnées détaillées sur : http://metalinks.oecd.org/anberd/20170419/1355.
Informations sur les données concernant Israël : http://oe.cd/israel-disclaimer.

*Responsabilité* : http://oe.cd/disclaimer

# RÉPUBLIQUE TCHÈQUE

## Dépenses de R-D dans l'industrie par groupe de produits, prix constants
### CITI Rév. 4

2010 PPP USD

| | | 2007 | 2008 | 2009 | 2010 | 2011 | 2012 | 2013 | 2014 |
|---|---|---|---|---|---|---|---|---|---|
| | **TOTAL ENTREPRISES** | **2 219.1** | **2 168.0** | **2 075.7** | **2 239.7** | **2 543.4** | **2 801.0** | **2 999.2** | **3 308.6** |
| 01-03 | AGRICULTURE, SYLVICULTURE ET PÊCHE | 31.0 | 17.0 | 15.8 | 14.0 | 15.3 | 15.1 | 18.3 | 20.2 |
| 05-09 | ACTIVITÉS EXTRACTIVES | 3.5 | 6.1 | 6.1 | 6.0 | 4.5 | 1.8 | 1.9 | 2.9 |
| 10-33 | ACTIVITÉS DE FABRICATION | 1 301.2 | 1 379.4 | 1 305.4 | 1 388.2 | 1 584.9 | 1 643.0 | 1 852.8 | 2 078.2 |
| 10-12 | Produits alimentaires, boissons et tabac | 17.5 | 18.0 | 20.7 | 20.5 | 20.6 | 25.9 | 21.2 | 17.1 |
| 13-15 | Textiles, habillement, cuir et articles de cuir | 24.1 | 20.1 | 19.6 | 21.3 | 26.2 | 17.0 | 25.7 | 31.8 |
| 13 | Textiles | 17.6 | 12.6 | 13.9 | 17.2 | 23.0 | 14.6 | 22.8 | 27.2 |
| 14 | Articles d'habillement | 4.9 | 2.9 | 3.8 | 3.0 | 2.3 | 1.4 | 2.3 | 2.0 |
| 15 | Cuir et articles de cuir | 1.6 | 4.5 | 1.9 | 1.2 | 0.9 | 1.0 | 0.5 | 2.6 |
| 16-18 | Bois, papier, imprimerie et reproduction de supports enregistrés | 1.5 | 1.2 | 1.3 | 4.3 | 7.5 | 5.0 | 3.2 | 3.5 |
| 16 | Bois et articles en bois, sauf meubles | 1.2 | 0.8 | 0.7 | 2.0 | 4.4 | 2.5 | 1.2 | 1.9 |
| 17 | Papier et articles en papier | 0.2 | 0.2 | 0.3 | 0.3 | 2.2 | 2.3 | 1.0 | 1.0 |
| 18 | Imprimerie et reproduction de supports enregistrés | 0.1 | 0.2 | 0.4 | 2.0 | 0.8 | 0.2 | 0.9 | 0.7 |
| 19-23 | Produits pétroliers, chimiques, pharmaceutiques, caoutchouc, plastique, minéraux | 233.6 | 234.4 | 225.8 | 249.4 | 263.2 | 229.7 | 247.2 | 261.5 |
| 19 | Cokéfaction et raffinage | 0.8 | 1.2 | 1.2 | 0.8 | 1.2 | 1.6 | 1.7 | 3.9 |
| 20-21 | Industrie chimique et pharmaceutique | 149.8 | 152.7 | 158.5 | 166.2 | 185.3 | 138.2 | 145.7 | 155.9 |
| 20 | Produits chimiques | 42.5 | 57.8 | 43.8 | 63.7 | 58.1 | 49.9 | 50.8 | 47.3 |
| 21 | Préparations pharmaceutiques, chimiques (médicine) et d'herboristerie | 107.3 | 94.9 | 114.7 | 102.5 | 127.2 | 88.3 | 95.0 | 108.6 |
| 22 | Produits en caoutchouc et en plastique | 50.6 | 46.6 | 41.3 | 51.8 | 47.1 | 53.3 | 58.2 | 65.7 |
| 23 | Autres produits minéraux non métalliques | 32.4 | 33.9 | 24.8 | 30.7 | 29.6 | 36.5 | 41.6 | 36.0 |
| 24-25 | Produits métalliques de base et ouvrages en métaux (sauf machines et matériel) | 63.5 | 63.2 | 59.8 | 67.6 | 106.3 | 118.9 | 112.6 | 131.3 |
| 24 | Produits métallurgiques de base | 35.3 | 21.4 | 15.8 | 16.4 | 15.3 | 14.2 | 11.6 | 11.2 |
| 25 | Ouvrages en métaux (sauf machines et matériel) | 28.2 | 41.8 | 44.0 | 51.2 | 91.0 | 104.8 | 101.0 | 120.0 |
| 26-30 | Ordinateurs, articles électroniques et optiques ; machines et matériels de transport | 670.5 | 968.9 | 905.1 | 949.6 | 1 060.3 | 1 187.3 | 1 362.0 | 1 543.3 |
| 26 | Ordinateurs, articles électroniques et optiques | 127.5 | 214.4 | 179.6 | 196.5 | 181.8 | 227.3 | 242.8 | 275.4 |
| 27 | Matériels électriques | 80.8 | 69.2 | 78.6 | 106.2 | 123.9 | 197.7 | 113.4 | 137.3 |
| 28 | Machines et équipements n.c.a. | 219.3 | 224.6 | 220.4 | 256.1 | 287.8 | 240.2 | 325.6 | 344.6 |
| 29 | Automobiles, remorques et semi-remorques | 109.5 | 306.3 | 270.4 | 238.9 | 260.8 | 346.5 | 506.4 | 592.9 |
| 30 | Autres matériels de transport | 133.3 | 154.4 | 156.1 | 151.9 | 205.9 | 175.6 | 173.8 | 193.0 |
| 31-33 | Meubles ; réparation et installation de machines et de matériel | 290.5 | 73.5 | 73.1 | 75.5 | 100.8 | 59.3 | 80.9 | 89.7 |
| 31 | Meubles | 5.4 | 1.7 | 3.0 | 2.1 | 1.7 | 4.2 | 4.6 | 9.3 |
| 32 | Autres activités de fabrication | 35.3 | 21.3 | 18.7 | 24.8 | 34.7 | 27.9 | 36.3 | 32.5 |
| 33 | Réparation et installation de machines et de matériel | 249.8 | 50.5 | 51.4 | 48.6 | 64.4 | 27.1 | 40.0 | 48.0 |
| 35-39 | ÉLECTRICITÉ, GAZ, EAU ET TRAITEMENT DES DÉCHETS | 12.7 | 11.1 | 15.6 | 16.0 | 20.9 | 22.0 | 27.1 | 24.9 |
| 35-36 | Production et distribution d'électricité, de gaz et de l'eau | 7.9 | 5.6 | 7.6 | 7.6 | 10.4 | 9.4 | 9.5 | 9.3 |
| 37-39 | Assainissement, traitement des déchets et dépollution | 4.8 | 5.5 | 8.1 | 8.3 | 10.5 | 12.6 | 17.6 | 15.5 |
| 41-43 | CONSTRUCTION | 27.6 | 27.8 | 28.0 | 27.4 | 25.4 | 26.9 | 31.9 | 35.6 |
| 45-99 | TOTAL SERVICES | 843.2 | 726.7 | 704.8 | 788.1 | 892.4 | 1 092.2 | 1 067.2 | 1 146.9 |
| 45-82 | Services du secteur des entreprises | 776.1 | 655.3 | 635.1 | 725.5 | 830.9 | 1 036.2 | 1 005.2 | 1 094.6 |
| 45-47 | Commerce de gros et de détail ; réparations automobiles et motocycles | 14.2 | 14.7 | 13.0 | 22.8 | 20.8 | 1.8 | 0.0 | 0.1 |
| 49-53 | Transport et entreposage | 3.8 | 2.1 | 2.7 | 9.0 | 2.0 | 2.6 | 4.2 | 3.9 |
| 55-56 | Activités d'hébergement et de restauration | 0.0 | 0.0 | 0.0 | 0.0 | 0.1 | 1.1 | 0.0 | 0.0 |
| 58-63 | Information et communication | 261.0 | 249.0 | 264.0 | 277.7 | 375.8 | 424.8 | 435.9 | 566.8 |
| 58-60 | Édition, audiovisuel et diffusion | 114.8 | 5.2 | 2.0 | 1.7 | 2.0 | 16.3 | 0.0 | 2.1 |
| 58 | Activités d'édition | .. | .. | .. | .. | .. | 11.6 | .. | .. |
| 59-60 | Activités audiovisuel et diffusion | .. | .. | .. | .. | .. | 4.7 | .. | .. |
| 59 | Production de films, vidéo, programmes de télévision et d'enregistrements | .. | .. | .. | .. | .. | .. | .. | .. |
| 60 | Programmation et diffusion | .. | .. | .. | .. | .. | .. | .. | .. |
| 61 | Télécommunications | 74.9 | 35.0 | 53.3 | 53.0 | 46.2 | 49.8 | 55.0 | 62.1 |
| 62-63 | Technologies de l'information et informatique | 71.2 | 208.8 | 208.7 | 223.0 | 327.6 | 358.8 | 380.9 | 502.7 |
| 62 | Programmation informatique ; conseils et activités connexes | 59.4 | 188.5 | 189.1 | 205.0 | 242.7 | 254.5 | 259.9 | 377.1 |
| 63 | Services d'information | 11.8 | 20.3 | 19.6 | 18.0 | 85.0 | 104.3 | 121.0 | 125.5 |
| 64-66 | Activités financières et d'assurances | 132.6 | 68.1 | 35.2 | 40.5 | 33.3 | 35.4 | 44.0 | 41.2 |
| 68-82 | Activités immobilières ; professionnelles ; services administratifs et d'appui | 364.6 | 321.3 | 320.2 | 375.5 | 398.9 | 570.4 | 521.1 | 482.5 |
| 68 | Activités immobilières | 0.3 | 0.7 | 0.9 | 4.0 | 4.3 | 0.1 | 0.0 | 0.0 |
| 69-75x72 | Activités professionnelles, scientifiques et techniques, R-D scientifique exclu | 74.4 | 64.1 | 86.9 | 85.8 | 105.6 | 27.9 | 30.1 | 32.9 |
| 72 | Recherche scientifique et développement | 285.2 | 253.5 | 232.1 | 284.7 | 288.4 | 542.0 | 490.4 | 449.1 |
| 77-82 | Activités de services administratifs et d'appui | 4.7 | 3.0 | 0.3 | 1.0 | 0.7 | 0.4 | 0.6 | 0.5 |
| 84-99 | Services collectifs, sociaux et personnels | 67.1 | 71.4 | 69.7 | 62.6 | 61.5 | 56.0 | 62.0 | 52.3 |
| 84-85 | Administration publique et défense ; sécurité sociale obligatoire et éducation | 15.7 | 11.4 | 12.7 | 11.1 | 10.3 | 10.4 | 15.5 | 9.9 |
| 86-88 | Santé humaine et action sociale | 43.9 | 52.0 | 46.8 | 45.8 | 46.2 | 43.7 | 41.7 | 38.9 |
| 90-93 | Arts, spectacles et loisirs | 2.8 | 6.8 | 8.9 | 5.1 | 3.5 | 0.2 | 0.1 | 0.1 |
| 94-99 | Autres services ; ménages-employeurs ; organismes extra-territoriaux | 4.7 | 1.2 | 1.3 | 0.6 | 1.4 | 1.7 | 4.7 | 3.3 |

.. Non disponible

*Note* : Voir les métadonnées détaillées sur : http://metalinks.oecd.org/anberd/20170419/1355.
   Informations sur les données concernant Israël : http://oe.cd/israel-disclaimer.
*Responsabilité* : http://oe.cd/disclaimer

# DANEMARK

## Dépenses de R-D dans l'industrie par activité principale de l'entreprise, prix courants
### CITI Rév. 4

*Millions USD PPP*

| | | 2007 | 2008 | 2009 | 2010 | 2011 | 2012 | 2013 | 2014 |
|---|---|---|---|---|---|---|---|---|---|
| | TOTAL ENTREPRISES | .. | .. | 4 754.7 | 4 673.8 | 4 859.9 | 4 897.4 | 4 941.0 | 4 952.6 |
| 01-03 | AGRICULTURE, SYLVICULTURE ET PÊCHE | .. | .. | 3.8 | 7.0 | 7.0 | 5.8 | 7.1 | 6.6 |
| 05-09 | ACTIVITÉS EXTRACTIVES | .. | .. | 3.6 | 5.8 | 5.6 | 1.9 | 6.4 | 11.1 |
| 10-33 | ACTIVITÉS DE FABRICATION | .. | .. | 2 346.3 | 2 445.8 | 2 524.4 | 2 754.5 | 2 872.8 | 2 865.0 |
| 10-12 | Produits alimentaires, boissons et tabac | .. | .. | 58.9 | 49.9 | 69.0 | 81.9 | 64.8 | 50.0 |
| 13-15 | Textiles, habillement, cuir et articles de cuir | .. | .. | 3.4 | 4.0 | 2.4 | 2.7 | 2.7 | 2.7 |
| 13 | Textiles | .. | .. | 3.0 | 2.5 | 1.5 | 1.7 | 2.3 | 2.3 |
| 14 | Articles d'habillement | .. | .. | .. | .. | .. | 1.0 | 0.5 | 0.4 |
| 15 | Cuir et articles de cuir | .. | .. | .. | .. | .. | 0.0 | 0.0 | 0.0 |
| 16-18 | Bois, papier, imprimerie et reproduction de supports enregistrés | .. | .. | 6.2 | 6.3 | 5.9 | 4.6 | 46.8 | 7.8 |
| 16 | Bois et articles en bois, sauf meubles | .. | .. | 1.2 | 1.1 | 1.4 | 1.5 | 43.4 | 2.3 |
| 17 | Papier et articles en papier | .. | .. | 4.9 | 3.9 | 4.2 | 3.1 | 3.3 | 5.6 |
| 18 | Imprimerie et reproduction de supports enregistrés | .. | .. | 0.1 | 1.3 | 0.3 | 0.0 | 0.0 | 0.0 |
| 19-23 | Produits pétroliers, chimiques, pharmaceutiques, caoutchouc, plastique, minéraux | .. | .. | 1 113.1 | 1 197.2 | 1 185.8 | 1 418.6 | 1 477.9 | 1 520.4 |
| 19 | Cokéfaction et raffinage | .. | .. | .. | .. | .. | .. | .. | .. |
| 20-21 | Industrie chimique et pharmaceutique | .. | .. | .. | .. | .. | .. | .. | .. |
| 20 | Produits chimiques | .. | .. | .. | .. | .. | .. | .. | .. |
| 21 | Préparations pharmaceutiques, chimiques (médicine) et d'herboristerie | .. | .. | 848.0 | 932.3 | 892.2 | 1 065.8 | 1 128.2 | 1 140.6 |
| 22 | Produits en caoutchouc et en plastique | .. | .. | 54.1 | 51.1 | 50.3 | 53.8 | 55.1 | 55.9 |
| 23 | Autres produits minéraux non métalliques | .. | .. | 10.6 | 5.5 | 4.7 | 22.4 | 23.5 | 24.8 |
| 24-25 | Produits métalliques de base et ouvrages en métaux (sauf machines et matériel) | .. | .. | 22.8 | 16.0 | 19.5 | 19.8 | 19.8 | 17.3 |
| 24 | Produits métallurgiques de base | .. | .. | 2.2 | 2.8 | 3.1 | 3.2 | 2.9 | 2.8 |
| 25 | Ouvrages en métaux (sauf machines et matériel) | .. | .. | 20.6 | 13.1 | 16.4 | 16.6 | 16.9 | 14.5 |
| 26-30 | Ordinateurs, articles électroniques et optiques ; machines et matériels de transport | .. | .. | 1 002.0 | 1 042.4 | 1 112.5 | 1 079.5 | 1 079.1 | 1 087.4 |
| 26 | Ordinateurs, articles électroniques et optiques | .. | .. | 338.4 | 334.9 | 325.7 | 373.3 | 406.6 | 412.8 |
| 27 | Matériels électriques | .. | .. | 50.1 | 70.5 | 78.6 | 73.1 | 69.1 | 71.0 |
| 28 | Machines et équipements n.c.a. | .. | .. | 600.3 | 621.5 | 687.7 | 612.4 | 581.6 | 585.2 |
| 29 | Automobiles, remorques et semi-remorques | .. | .. | 10.0 | 10.5 | 14.9 | 15.3 | 15.7 | 11.6 |
| 30 | Autres matériels de transport | .. | .. | 3.2 | 5.1 | 5.5 | 5.4 | 6.1 | 6.8 |
| 31-33 | Meubles ; réparation et installation de machines et de matériel | .. | .. | 139.9 | 129.8 | 129.3 | 147.3 | 181.7 | 179.4 |
| 31 | Meubles | .. | .. | 9.2 | 5.2 | 6.1 | 4.5 | 4.0 | 5.5 |
| 32 | Autres activités de fabrication | .. | .. | 129.1 | 123.9 | 123.2 | 141.3 | 177.7 | 173.9 |
| 33 | Réparation et installation de machines et de matériel | .. | .. | 1.6 | 0.7 | 0.0 | 1.5 | 0.0 | 0.0 |
| 35-39 | ÉLECTRICITÉ, GAZ, EAU ET TRAITEMENT DES DÉCHETS | .. | .. | 98.2 | 31.5 | 37.3 | 13.2 | 12.5 | 13.5 |
| 35-36 | Production et distribution d'électricité, de gaz et de l'eau | .. | .. | 96.5 | 30.5 | 34.2 | 9.2 | 10.9 | 8.9 |
| 37-39 | Assainissement, traitement des déchets et dépollution | .. | .. | 1.7 | 0.9 | 3.1 | 4.0 | 1.5 | 4.6 |
| 41-43 | CONSTRUCTION | .. | .. | 2.1 | 7.3 | 5.3 | 5.9 | 7.2 | 5.0 |
| 45-99 | TOTAL SERVICES | .. | .. | 2 300.8 | 2 176.5 | 2 280.4 | 2 116.1 | 2 035.1 | 2 051.5 |
| 45-82 | Services du secteur des entreprises | .. | .. | 2 294.7 | 2 175.9 | 2 250.4 | 2 072.9 | 1 998.0 | 2 021.4 |
| 45-47 | Commerce de gros et de détail ; réparations automobiles et motocycles | .. | .. | 167.5 | 176.3 | 255.7 | 236.8 | 160.9 | 222.7 |
| 49-53 | Transport et entreposage | .. | .. | 27.7 | 19.4 | 7.5 | 15.6 | 8.9 | 7.7 |
| 55-56 | Activités d'hébergement et de restauration | .. | .. | 0.3 | 0.5 | 0.3 | 0.1 | 1.9 | 1.2 |
| 58-63 | Information et communication | .. | .. | 706.5 | 770.9 | 749.3 | 594.8 | 492.7 | 471.1 |
| 58-60 | Édition, audiovisuel et diffusion | .. | .. | 121.1 | 114.5 | 89.3 | 74.3 | 71.5 | 86.6 |
| 58 | Activités d'édition | .. | .. | 120.7 | 105.3 | 86.9 | 73.0 | 67.3 | 81.5 |
| 59-60 | Activités audiovisuel et diffusion | .. | .. | 0.4 | 9.1 | 2.5 | 1.3 | 4.2 | 5.1 |
| 59 | Production de films, vidéo, programmes de télévision et d'enregistrements | .. | .. | 0.4 | 9.1 | 2.5 | 1.3 | 4.2 | 3.6 |
| 60 | Programmation et diffusion | .. | .. | 0.0 | 0.0 | 0.0 | 0.0 | 0.0 | 1.5 |
| 61 | Télécommunications | .. | .. | 42.3 | 31.9 | 52.0 | 64.0 | 52.9 | 30.6 |
| 62-63 | Technologies de l'information et informatique | .. | .. | 542.9 | 624.6 | 607.9 | 456.5 | 368.4 | 353.9 |
| 62 | Programmation informatique ; conseils et activités connexes | .. | .. | 538.6 | 620.0 | 595.7 | 444.5 | 354.0 | 341.5 |
| 63 | Services d'information | .. | .. | 4.3 | 4.6 | 12.2 | 12.0 | 14.3 | 12.4 |
| 64-66 | Activités financières et d'assurances | .. | .. | 467.5 | 511.0 | 531.7 | 541.5 | 541.9 | 545.0 |
| 68-82 | Activités immobilières ; professionnelles ; services administratifs et d'appui | .. | .. | 925.3 | 697.7 | 705.8 | 684.1 | 791.6 | 773.6 |
| 68 | Activités immobilières | .. | .. | 7.4 | 0.0 | 1.3 | 3.1 | 6.8 | 2.0 |
| 69-75x72 | Activités professionnelles, scientifiques et techniques, R-D scientifique exclu | .. | .. | 246.7 | 151.5 | 164.9 | 161.7 | 175.1 | 150.5 |
| 72 | Recherche scientifique et développement | .. | .. | 660.1 | 538.4 | 530.1 | 512.2 | 605.2 | 611.3 |
| 77-82 | Activités de services administratifs et d'appui | .. | .. | 11.1 | 7.8 | 9.5 | 7.0 | 4.6 | 9.8 |
| 84-99 | Services collectifs, sociaux et personnels | .. | .. | 6.1 | 0.6 | 30.0 | 43.2 | 37.1 | 30.1 |
| 84-85 | Administration publique et défense ; sécurité sociale obligatoire et éducation | .. | .. | .. | .. | .. | .. | .. | .. |
| 86-88 | Santé humaine et action sociale | .. | .. | .. | .. | .. | .. | .. | .. |
| 90-93 | Arts, spectacles et loisirs | .. | .. | 3.2 | 0.3 | 0.1 | 6.1 | 5.2 | 5.1 |
| 94-99 | Autres services ; ménages-employeurs ; organismes extra-territoriaux | .. | .. | 0.0 | 0.1 | 29.9 | 29.6 | 31.5 | 24.7 |

.. Non disponible

*Note* : Voir les métadonnées détaillées sur : http://metalinks.oecd.org/anberd/20170419/1355.
Informations sur les données concernant Israël : http://oe.cd/israel-disclaimer.
*Responsabilité* : http://oe.cd/disclaimer

# DANEMARK

## Dépenses de R-D dans l'industrie par activité principale de l'entreprise, prix constants
### CITI Rév. 4

*2010 PPP USD*

| | | 2007 | 2008 | 2009 | 2010 | 2011 | 2012 | 2013 | 2014 |
|---|---|---|---|---|---|---|---|---|---|
| | **TOTAL ENTREPRISES** | .. | .. | 5 001.8 | 4 673.8 | 4 758.8 | 4 745.5 | 4 610.1 | 4 569.2 |
| 01-03 | **AGRICULTURE, SYLVICULTURE ET PÊCHE** | .. | .. | 4.0 | 7.0 | 6.8 | 5.6 | 6.7 | 6.0 |
| 05-09 | **ACTIVITÉS EXTRACTIVES** | .. | .. | 3.8 | 5.8 | 5.5 | 1.8 | 6.0 | 10.2 |
| 10-33 | **ACTIVITÉS DE FABRICATION** | .. | .. | 2 468.2 | 2 445.8 | 2 471.9 | 2 669.0 | 2 680.4 | 2 643.3 |
| 10-12 | Produits alimentaires, boissons et tabac | .. | .. | 62.0 | 49.9 | 67.6 | 79.4 | 60.5 | 46.1 |
| 13-15 | Textiles, habillement, cuir et articles de cuir | .. | .. | 3.5 | 4.0 | 2.3 | 2.6 | 2.5 | 2.5 |
| 13 | Textiles | .. | .. | 3.1 | 2.5 | 1.5 | 1.7 | 2.1 | 2.1 |
| 14 | Articles d'habillement | .. | .. | .. | .. | .. | 0.9 | 0.4 | 0.4 |
| 15 | Cuir et articles de cuir | .. | .. | .. | .. | .. | 0.0 | 0.0 | 0.0 |
| 16-18 | Bois, papier, imprimerie et reproduction de supports enregistrés | .. | .. | 6.5 | 6.3 | 5.7 | 4.4 | 43.6 | 7.2 |
| 16 | Bois et articles en bois, sauf meubles | .. | .. | 1.2 | 1.1 | 1.4 | 1.5 | 40.5 | 2.1 |
| 17 | Papier et articles en papier | .. | .. | 5.2 | 3.9 | 4.1 | 3.0 | 3.1 | 5.2 |
| 18 | Imprimerie et reproduction de supports enregistrés | .. | .. | 0.1 | 1.3 | 0.3 | 0.0 | 0.0 | 0.0 |
| 19-23 | Produits pétroliers, chimiques, pharmaceutiques, caoutchouc, plastique, minéraux | .. | .. | 1 171.0 | 1 197.2 | 1 161.1 | 1 374.6 | 1 378.9 | 1 402.7 |
| 19 | Cokéfaction et raffinage | .. | .. | .. | .. | .. | .. | .. | .. |
| 20-21 | Industrie chimique et pharmaceutique | .. | .. | .. | .. | .. | .. | .. | .. |
| 20 | Produits chimiques | .. | .. | .. | .. | .. | .. | .. | .. |
| 21 | Préparations pharmaceutiques, chimiques (médicine) et d'herboristerie | .. | .. | 892.1 | 932.3 | 873.6 | 1 032.8 | 1 052.6 | 1 052.4 |
| 22 | Produits en caoutchouc et en plastique | .. | .. | 56.9 | 51.1 | 49.3 | 52.1 | 51.4 | 51.6 |
| 23 | Autres produits minéraux non métalliques | .. | .. | 11.2 | 5.5 | 4.6 | 21.7 | 21.9 | 22.9 |
| 24-25 | Produits métalliques de base et ouvrages en métaux (sauf machines et matériel) | .. | .. | 24.0 | 16.0 | 19.1 | 19.2 | 18.5 | 16.0 |
| 24 | Produits métallurgiques de base | .. | .. | 2.3 | 2.8 | 3.1 | 3.1 | 2.7 | 2.6 |
| 25 | Ouvrages en métaux (sauf machines et matériel) | .. | .. | 21.7 | 13.1 | 16.1 | 16.1 | 15.7 | 13.4 |
| 26-30 | Ordinateurs, articles électroniques et optiques ; machines et matériels de transport | .. | .. | 1 054.1 | 1 042.4 | 1 089.3 | 1 046.0 | 1 006.8 | 1 003.2 |
| 26 | Ordinateurs, articles électroniques et optiques | .. | .. | 356.0 | 334.9 | 318.9 | 361.7 | 379.4 | 380.8 |
| 27 | Matériels électriques | .. | .. | 52.7 | 70.5 | 77.0 | 70.8 | 64.5 | 65.5 |
| 28 | Machines et équipements n.c.a. | .. | .. | 631.5 | 621.5 | 673.4 | 593.4 | 542.6 | 539.9 |
| 29 | Automobiles, remorques et semi-remorques | .. | .. | 10.5 | 10.5 | 14.6 | 14.8 | 14.6 | 10.7 |
| 30 | Autres matériels de transport | .. | .. | 3.4 | 5.1 | 5.4 | 5.2 | 5.7 | 6.2 |
| 31-33 | Meubles ; réparation et installation de machines et de matériel | .. | .. | 147.1 | 129.8 | 126.6 | 142.7 | 169.5 | 165.5 |
| 31 | Meubles | .. | .. | 9.7 | 5.2 | 6.0 | 4.3 | 3.7 | 5.1 |
| 32 | Autres activités de fabrication | .. | .. | 135.8 | 123.9 | 120.6 | 136.9 | 165.8 | 160.4 |
| 33 | Réparation et installation de machines et de matériel | .. | .. | 1.6 | 0.7 | 0.0 | 1.5 | 0.0 | 0.0 |
| 35-39 | **ÉLECTRICITÉ, GAZ, EAU ET TRAITEMENT DES DÉCHETS** | .. | .. | 103.3 | 31.5 | 36.5 | 12.8 | 11.6 | 12.4 |
| 35-36 | Production et distribution d'électricité, de gaz et de l'eau | .. | .. | 101.5 | 30.5 | 33.5 | 9.0 | 10.2 | 8.2 |
| 37-39 | Assainissement, traitement des déchets et dépollution | .. | .. | 1.8 | 0.9 | 3.1 | 3.9 | 1.4 | 4.3 |
| 41-43 | **CONSTRUCTION** | .. | .. | 2.2 | 7.3 | 5.2 | 5.7 | 6.7 | 4.6 |
| 45-99 | **TOTAL SERVICES** | .. | .. | 2 420.4 | 2 176.5 | 2 232.9 | 2 050.4 | 1 898.8 | 1 892.7 |
| 45-82 | Services du secteur des entreprises | .. | .. | 2 414.0 | 2 175.9 | 2 203.5 | 2 008.6 | 1 864.2 | 1 864.9 |
| 45-47 | Commerce de gros et de détail ; réparations automobiles et motocycles | .. | .. | 176.2 | 176.3 | 250.4 | 229.5 | 150.2 | 205.4 |
| 49-53 | Transport et entreposage | .. | .. | 29.2 | 19.4 | 7.4 | 15.1 | 8.3 | 7.1 |
| 55-56 | Activités d'hébergement et de restauration | .. | .. | 0.3 | 0.5 | 0.3 | 0.1 | 1.7 | 1.1 |
| 58-63 | Information et communication | .. | .. | 743.2 | 770.9 | 733.7 | 576.4 | 459.7 | 434.7 |
| 58-60 | Édition, audiovisuel et diffusion | .. | .. | 127.4 | 114.5 | 87.5 | 72.0 | 66.7 | 79.9 |
| 58 | Activités d'édition | .. | .. | 127.0 | 105.3 | 85.1 | 70.7 | 62.8 | 75.2 |
| 59-60 | Activités audiovisuel et diffusion | .. | .. | 0.4 | 9.1 | 2.4 | 1.3 | 3.9 | 4.7 |
| 59 | Production de films, vidéo, programmes de télévision et d'enregistrements | .. | .. | 0.4 | 9.1 | 2.4 | 1.3 | 3.9 | 3.3 |
| 60 | Programmation et diffusion | .. | .. | 0.0 | 0.0 | 0.0 | 0.0 | 0.0 | 1.4 |
| 61 | Télécommunications | .. | .. | 44.5 | 31.9 | 50.9 | 62.0 | 49.3 | 28.2 |
| 62-63 | Technologies de l'information et informatique | .. | .. | 571.1 | 624.6 | 595.3 | 442.3 | 343.7 | 326.5 |
| 62 | Programmation informatique ; conseils et activités connexes | .. | .. | 566.6 | 620.0 | 583.3 | 430.7 | 330.3 | 315.1 |
| 63 | Services d'information | .. | .. | 4.5 | 4.6 | 11.9 | 11.6 | 13.4 | 11.4 |
| 64-66 | Activités financières et d'assurances | .. | .. | 491.8 | 511.0 | 520.6 | 524.7 | 505.6 | 502.8 |
| 68-82 | Activités immobilières ; professionnelles ; services administratifs et d'appui | .. | .. | 973.4 | 697.7 | 691.1 | 662.8 | 738.6 | 713.7 |
| 68 | Activités immobilières | .. | .. | 7.8 | 0.0 | 1.2 | 3.0 | 6.3 | 1.9 |
| 69-75x72 | Activités professionnelles, scientifiques et techniques, R-D scientifique exclu | .. | .. | 259.5 | 151.5 | 161.5 | 156.7 | 163.4 | 138.8 |
| 72 | Recherche scientifique et développement | .. | .. | 694.4 | 538.4 | 519.1 | 496.3 | 564.6 | 564.0 |
| 77-82 | Activités de services administratifs et d'appui | .. | .. | 11.7 | 7.8 | 9.3 | 6.8 | 4.3 | 9.1 |
| 84-99 | Services collectifs, sociaux et personnels | .. | .. | 6.4 | 0.6 | 29.4 | 41.9 | 34.6 | 27.7 |
| 84-85 | Administration publique et défense ; sécurité sociale obligatoire et éducation | .. | .. | .. | .. | .. | .. | .. | .. |
| 86-88 | Santé humaine et action sociale | .. | .. | .. | .. | .. | .. | .. | .. |
| 90-93 | Arts, spectacles et loisirs | .. | .. | 3.4 | 0.3 | 0.1 | 5.9 | 4.9 | 4.7 |
| 94-99 | Autres services ; ménages-employeurs ; organismes extra-territoriaux | .. | .. | 0.0 | 0.1 | 29.3 | 28.7 | 29.4 | 22.8 |

.. Non disponible

*Note* : Voir les métadonnées détaillées sur : http://metalinks.oecd.org/anberd/20170419/1355.
  Informations sur les données concernant Israël : http://oe.cd/israel-disclaimer.
*Responsabilité* : http://oe.cd/disclaimer

# ESTONIE

## Dépenses de R-D dans l'industrie par activité principale de l'entreprise, prix courants
### CITI Rév. 4

*Millions USD PPP*

| | | 2007 | 2008 | 2009 | 2010 | 2011 | 2012 | 2013 | 2014 |
|---|---|---|---|---|---|---|---|---|---|
| | **TOTAL ENTREPRISES** | 148.3 | 164.9 | 170.8 | 228.4 | 474.7 | 420.3 | 298.1 | 237.3 |
| 01-03 | AGRICULTURE, SYLVICULTURE ET PÊCHE | 0.2 | 0.5 | .. | .. | 0.1 | .. | .. | .. |
| 05-09 | ACTIVITÉS EXTRACTIVES | .. | .. | .. | .. | .. | .. | .. | .. |
| 10-33 | ACTIVITÉS DE FABRICATION | 49.7 | 37.4 | 35.1 | 83.9 | 302.8 | 182.3 | 103.0 | 51.1 |
| 10-12 | Produits alimentaires, boissons et tabac | 6.7 | 3.7 | 3.9 | 3.0 | 2.7 | 2.6 | 9.0 | 6.0 |
| 13-15 | Textiles, habillement, cuir et articles de cuir | 0.9 | 1.2 | 0.7 | 1.0 | 1.0 | 0.9 | 1.0 | 1.2 |
| 13 | Textiles | .. | .. | .. | .. | .. | .. | .. | .. |
| 14 | Articles d'habillement | .. | .. | .. | .. | .. | .. | .. | .. |
| 15 | Cuir et articles de cuir | .. | .. | .. | .. | .. | .. | .. | .. |
| 16-18 | Bois, papier, imprimerie et reproduction de supports enregistrés | 3.7 | 0.8 | 0.6 | 3.9 | 1.1 | 0.2 | 0.6 | 0.1 |
| 16 | Bois et articles en bois, sauf meubles | 3.2 | 0.8 | .. | .. | .. | .. | 0.6 | 0.1 |
| 17 | Papier et articles en papier | 0.4 | 0.0 | 0.0 | .. | .. | 0.0 | 0.0 | 0.0 |
| 18 | Imprimerie et reproduction de supports enregistrés | 0.0 | 0.0 | .. | .. | .. | .. | 0.0 | 0.0 |
| 19-23 | Produits pétroliers, chimiques, pharmaceutiques, caoutchouc, plastique, minéraux | .. | .. | .. | .. | .. | .. | .. | .. |
| 19 | Cokéfaction et raffinage | 11.2 | 11.4 | 4.7 | .. | 263.9 | 146.3 | 64.6 | 9.1 |
| 20-21 | Industrie chimique et pharmaceutique | .. | .. | .. | 6.9 | 9.2 | 8.5 | 6.7 | 5.9 |
| 20 | Produits chimiques | 4.5 | 4.9 | 5.1 | 6.4 | 3.0 | 6.8 | 4.8 | 3.7 |
| 21 | Préparations pharmaceutiques, chimiques (médicine) et d'herboristerie | .. | .. | .. | 0.5 | 6.2 | 1.7 | 1.9 | 2.1 |
| 22 | Produits en caoutchouc et en plastique | .. | 0.6 | 1.6 | 1.3 | 1.7 | 1.6 | 0.8 | 7.6 |
| 23 | Autres produits minéraux non métalliques | 0.4 | 0.4 | 0.1 | .. | .. | .. | .. | .. |
| 24-25 | Produits métalliques de base et ouvrages en métaux (sauf machines et matériel) | 0.9 | 0.2 | 1.6 | .. | 0.7 | 0.4 | .. | .. |
| 24 | Produits métallurgiques de base | 0.0 | 0.0 | 0.0 | .. | 0.0 | 0.0 | .. | .. |
| 25 | Ouvrages en métaux (sauf machines et matériel) | 0.9 | 0.2 | 1.6 | 0.8 | 0.7 | 0.4 | 1.7 | 1.4 |
| 26-30 | Ordinateurs, articles électroniques et optiques ; machines et matériels de transport | 16.7 | 10.9 | 12.8 | 13.4 | 19.2 | 18.7 | 16.0 | 16.7 |
| 26 | Ordinateurs, articles électroniques et optiques | 9.0 | 4.4 | 5.9 | 5.6 | 5.7 | 4.5 | 5.0 | 8.0 |
| 27 | Matériels électriques | 0.8 | 0.6 | 2.2 | 3.2 | 7.9 | 8.4 | 3.5 | 4.7 |
| 28 | Machines et équipements n.c.a. | 4.0 | 4.3 | 2.8 | 2.0 | 1.6 | 1.4 | 5.2 | 1.2 |
| 29 | Automobiles, remorques et semi-remorques | 2.9 | 1.5 | 1.7 | 1.8 | 3.7 | 4.4 | 2.3 | 2.8 |
| 30 | Autres matériels de transport | 0.0 | .. | .. | .. | .. | .. | .. | .. |
| 31-33 | Meubles ; réparation et installation de machines et de matériel | .. | 2.7 | 3.5 | .. | 3.0 | .. | 2.2 | .. |
| 31 | Meubles | 0.9 | 0.4 | 0.3 | 0.5 | 0.4 | 0.6 | 0.4 | .. |
| 32 | Autres activités de fabrication | 1.4 | 1.3 | 2.8 | 2.2 | 2.4 | 1.6 | 1.5 | 1.6 |
| 33 | Réparation et installation de machines et de matériel | .. | 1.0 | 0.3 | .. | 0.1 | .. | 0.4 | 0.2 |
| 35-39 | ÉLECTRICITÉ, GAZ, EAU ET TRAITEMENT DES DÉCHETS | 3.4 | 5.4 | 5.4 | 4.9 | 23.7 | 33.0 | 9.6 | 25.3 |
| 35-36 | Production et distribution d'électricité, de gaz et de l'eau | .. | .. | .. | .. | .. | .. | .. | .. |
| 37-39 | Assainissement, traitement des déchets et dépollution | .. | .. | .. | .. | .. | .. | .. | .. |
| 41-43 | CONSTRUCTION | .. | .. | .. | .. | 0.7 | 5.9 | .. | .. |
| 45-99 | **TOTAL SERVICES** | 94.5 | 121.1 | 129.6 | 137.7 | 147.0 | 198.7 | 181.2 | 156.7 |
| 45-82 | Services du secteur des entreprises | 94.5 | 121.1 | 127.5 | 137.7 | 144.5 | 196.2 | 179.1 | 152.8 |
| 45-47 | Commerce de gros et de détail ; réparations automobiles et motocycles | 5.7 | 5.8 | 7.6 | 2.9 | 2.9 | 3.3 | 2.7 | 2.7 |
| 49-53 | Transport et entreposage | 4.9 | 4.7 | 1.3 | .. | .. | .. | .. | .. |
| 55-56 | Activités d'hébergement et de restauration | 0.0 | 0.0 | 0.0 | 0.0 | 0.0 | 0.0 | 0.0 | 0.0 |
| 58-63 | Information et communication | 52.9 | 70.3 | 61.4 | 57.7 | 68.9 | 101.0 | 85.3 | 72.5 |
| 58-60 | Édition, audiovisuel et diffusion | 0.0 | 0.0 | .. | .. | .. | .. | .. | .. |
| 58 | Activités d'édition | .. | .. | .. | .. | .. | .. | .. | .. |
| 59-60 | Activités audiovisuel et diffusion | .. | 0.0 | 0.0 | 0.0 | 0.0 | 0.0 | 0.0 | 0.0 |
| 59 | Production de films, vidéo, programmes de télévision et d'enregistrements | 0.0 | 0.0 | 0.0 | 0.0 | 0.0 | 0.0 | 0.0 | 0.0 |
| 60 | Programmation et diffusion | .. | 0.0 | 0.0 | 0.0 | 0.0 | 0.0 | 0.0 | 0.0 |
| 61 | Télécommunications | 11.0 | 12.1 | .. | 3.9 | 11.5 | 25.0 | 11.9 | 10.9 |
| 62-63 | Technologies de l'information et informatique | 41.7 | 58.2 | .. | 53.7 | 57.3 | 75.9 | .. | .. |
| 62 | Programmation informatique ; conseils et activités connexes | 40.3 | 57.0 | 49.4 | 52.8 | 54.6 | 73.2 | 69.7 | 59.4 |
| 63 | Services d'information | 1.4 | .. | .. | 1.0 | 2.7 | 2.7 | .. | .. |
| 64-66 | **Activités financières et d'assurances** | 11.3 | 14.0 | 19.3 | 26.0 | 22.5 | 22.5 | 25.4 | 25.1 |
| 68-82 | Activités immobilières ; professionnelles ; services administratifs et d'appui | 19.5 | 26.0 | 37.8 | 50.6 | 49.4 | 69.4 | 65.4 | 50.1 |
| 68 | Activités immobilières | 0.0 | 0.0 | 0.0 | 0.0 | 0.0 | 0.0 | 0.0 | 0.0 |
| 69-75x72 | Activités professionnelles, scientifiques et techniques, R-D scientifique exclu | 5.9 | 6.9 | 6.8 | 6.9 | 7.9 | 11.2 | 10.8 | 9.6 |
| 72 | Recherche scientifique et développement | 13.5 | 18.9 | 29.1 | 41.9 | 40.5 | 57.5 | 54.1 | 40.2 |
| 77-82 | Activités de services administratifs et d'appui | .. | .. | 2.0 | 1.9 | .. | .. | .. | .. |
| 84-99 | Services collectifs, sociaux et personnels | .. | .. | 2.1 | .. | 2.6 | 2.5 | 2.2 | 3.9 |
| 84-85 | Administration publique et défense ; sécurité sociale obligatoire et éducation | 0.0 | 0.0 | 0.0 | 0.0 | 0.0 | 0.0 | 0.0 | 0.0 |
| 86-88 | Santé humaine et action sociale | .. | .. | 2.1 | .. | 2.6 | 2.5 | 2.2 | 3.9 |
| 90-93 | Arts, spectacles et loisirs | 0.0 | 0.0 | 0.0 | 0.0 | 0.0 | 0.0 | 0.0 | 0.0 |
| 94-99 | Autres services ; ménages-employeurs ; organismes extra-territoriaux | .. | 0.0 | 0.0 | 0.0 | 0.0 | 0.0 | 0.0 | 0.0 |

.. Non disponible

*Note* : Voir les métadonnées détaillées sur : http://metalinks.oecd.org/anberd/20170419/1355.
   Informations sur les données concernant Israël : http://oe.cd/israel-disclaimer.
*Responsabilité* : http://oe.cd/disclaimer

# ESTONIE

## Dépenses de R-D dans l'industrie par activité principale de l'entreprise, prix constants
### CITI Rév. 4

2010 PPP USD

| Code | | 2007 | 2008 | 2009 | 2010 | 2011 | 2012 | 2013 | 2014 |
|---|---|---|---|---|---|---|---|---|---|
| | **TOTAL ENTREPRISES** | 175.9 | 179.7 | 175.6 | 228.4 | 451.4 | 394.6 | 269.9 | 212.9 |
| 01-03 | **AGRICULTURE, SYLVICULTURE ET PÊCHE** | 0.2 | 0.5 | .. | .. | 0.1 | .. | .. | .. |
| 05-09 | **ACTIVITÉS EXTRACTIVES** | .. | .. | .. | .. | .. | .. | .. | .. |
| 10-33 | **ACTIVITÉS DE FABRICATION** | 59.0 | 40.7 | 36.1 | 83.9 | 287.9 | 171.1 | 93.3 | 45.9 |
| 10-12 | Produits alimentaires, boissons et tabac | 8.0 | 4.1 | 4.0 | 3.0 | 2.6 | 2.4 | 8.1 | 5.4 |
| 13-15 | Textiles, habillement, cuir et articles de cuir | 1.1 | 1.3 | 0.8 | 1.0 | 1.0 | 0.8 | 0.9 | 1.1 |
| 13 | Textiles | .. | .. | .. | .. | .. | .. | .. | .. |
| 14 | Articles d'habillement | .. | .. | .. | .. | .. | .. | .. | .. |
| 15 | Cuir et articles de cuir | .. | .. | .. | .. | .. | .. | .. | .. |
| 16-18 | Bois, papier, imprimerie et reproduction de supports enregistrés | 4.3 | 0.9 | 0.6 | 3.9 | 1.1 | 0.2 | 0.6 | 0.1 |
| 16 | Bois et articles en bois, sauf meubles | 3.8 | 0.9 | .. | .. | .. | .. | 0.6 | 0.1 |
| 17 | Papier et articles en papier | 0.5 | 0.0 | 0.0 | 0.0 | 0.0 | 0.0 | 0.0 | 0.0 |
| 18 | Imprimerie et reproduction de supports enregistrés | 0.0 | 0.0 | .. | .. | .. | .. | 0.0 | 0.0 |
| 19-23 | Produits pétroliers, chimiques, pharmaceutiques, caoutchouc, plastique, minéraux | .. | .. | .. | .. | .. | .. | .. | .. |
| 19 | Cokéfaction et raffinage | 13.3 | 12.4 | 4.9 | .. | 250.9 | 137.3 | 58.5 | 8.2 |
| 20-21 | Industrie chimique et pharmaceutique | .. | .. | .. | 6.9 | 8.8 | 8.0 | 6.0 | 5.3 |
| 20 | Produits chimiques | 5.4 | 5.4 | 5.3 | 6.4 | 2.9 | 6.4 | 4.3 | 3.4 |
| 21 | Préparations pharmaceutiques, chimiques (médicine) et d'herboristerie | .. | .. | .. | 0.5 | 5.9 | 1.6 | 1.7 | 1.9 |
| 22 | Produits en caoutchouc et en plastique | .. | 0.7 | 1.6 | 1.3 | 1.7 | 1.5 | 0.8 | 6.8 |
| 23 | Autres produits minéraux non métalliques | 0.5 | 0.4 | 0.1 | .. | .. | .. | .. | .. |
| 24-25 | Produits métalliques de base et ouvrages en métaux (sauf machines et matériel) | 1.1 | 0.3 | 1.7 | .. | 0.7 | 0.4 | .. | .. |
| 24 | Produits métallurgiques de base | 0.0 | 0.0 | 0.0 | .. | 0.0 | 0.0 | .. | .. |
| 25 | Ouvrages en métaux (sauf machines et matériel) | 1.1 | 0.3 | 1.7 | 0.8 | 0.7 | 0.4 | 1.5 | 1.2 |
| 26-30 | Ordinateurs, articles électroniques et optiques ; machines et matériels de transport | 19.8 | 11.9 | 13.2 | 13.4 | 18.2 | 17.6 | 14.5 | 15.0 |
| 26 | Ordinateurs, articles électroniques et optiques | 10.7 | 4.7 | 6.1 | 5.6 | 5.4 | 4.2 | 4.5 | 7.2 |
| 27 | Matériels électriques | 0.9 | 0.7 | 2.3 | 3.2 | 7.5 | 7.9 | 3.1 | 4.2 |
| 28 | Machines et équipements n.c.a. | 4.7 | 4.7 | 2.9 | 2.0 | 1.5 | 1.3 | 4.7 | 1.1 |
| 29 | Automobiles, remorques et semi-remorques | 3.5 | 1.6 | 1.8 | 1.8 | 3.5 | 4.2 | 2.0 | 2.5 |
| 30 | Autres matériels de transport | 0.0 | .. | .. | .. | .. | .. | .. | .. |
| 31-33 | Meubles ; réparation et installation de machines et de matériel | .. | 3.0 | 3.6 | .. | 2.8 | .. | 2.0 | .. |
| 31 | Meubles | 1.0 | 0.4 | 0.3 | 0.5 | 0.4 | 0.5 | 0.3 | .. |
| 32 | Autres activités de fabrication | 1.7 | 1.5 | 2.9 | 2.2 | 2.3 | 1.5 | 1.3 | 1.4 |
| 33 | Réparation et installation de machines et de matériel | .. | 1.1 | 0.3 | .. | 0.1 | .. | 0.3 | 0.2 |
| 35-39 | **ÉLECTRICITÉ, GAZ, EAU ET TRAITEMENT DES DÉCHETS** | 4.0 | 5.9 | 5.6 | 4.9 | 22.6 | 31.0 | 8.7 | 22.7 |
| 35-36 | Production et distribution d'électricité, de gaz et de l'eau | .. | .. | .. | .. | .. | .. | .. | .. |
| 37-39 | Assainissement, traitement des déchets et dépollution | .. | .. | .. | .. | .. | .. | .. | .. |
| 41-43 | **CONSTRUCTION** | .. | .. | .. | .. | 0.7 | 5.6 | .. | .. |
| 45-99 | **TOTAL SERVICES** | 112.1 | 131.9 | 133.2 | 137.7 | 139.8 | 186.5 | 164.1 | 140.6 |
| 45-82 | **Services du secteur des entreprises** | 112.1 | 131.9 | 131.1 | 137.7 | 137.4 | 184.2 | 162.1 | 137.1 |
| 45-47 | Commerce de gros et de détail ; réparations automobiles et motocycles | 6.8 | 6.3 | 7.9 | 2.9 | 2.8 | 3.1 | 2.5 | 2.4 |
| 49-53 | Transport et entreposage | 5.8 | 5.2 | 1.4 | .. | .. | .. | .. | .. |
| 55-56 | Activités d'hébergement et de restauration | 0.0 | 0.0 | 0.0 | 0.0 | 0.0 | 0.0 | 0.0 | 0.0 |
| 58-63 | Information et communication | 62.7 | 76.5 | 63.1 | 57.7 | 65.5 | 94.8 | 77.2 | 65.1 |
| 58-60 | Édition, audiovisuel et diffusion | 0.0 | 0.0 | .. | .. | .. | .. | .. | .. |
| 58 | Activités d'édition | .. | .. | .. | .. | .. | .. | .. | .. |
| 59-60 | Activités audiovisuel et diffusion | .. | 0.0 | 0.0 | 0.0 | 0.0 | 0.0 | 0.0 | 0.0 |
| 59 | Production de films, vidéo, programmes de télévision et d'enregistrements | 0.0 | 0.0 | 0.0 | 0.0 | 0.0 | 0.0 | 0.0 | 0.0 |
| 60 | Programmation et diffusion | .. | 0.0 | 0.0 | 0.0 | 0.0 | 0.0 | 0.0 | 0.0 |
| 61 | Télécommunications | 13.0 | 13.1 | .. | 3.9 | 11.0 | 23.5 | 10.8 | 9.7 |
| 62-63 | Technologies de l'information et informatique | 49.5 | 63.4 | .. | 53.7 | 54.4 | 71.3 | .. | .. |
| 62 | Programmation informatique ; conseils et activités connexes | 47.8 | 62.1 | 50.8 | 52.8 | 51.9 | 68.7 | 63.1 | 53.3 |
| 63 | Services d'information | 1.7 | .. | .. | 1.0 | 2.6 | 2.6 | .. | .. |
| 64-66 | **Activités financières et d'assurances** | 13.4 | 15.3 | 19.9 | 26.0 | 21.4 | 21.1 | 23.0 | 22.5 |
| 68-82 | **Activités immobilières ; professionnelles ; services administratifs d'appui** | 23.1 | 28.3 | 38.9 | 50.6 | 46.9 | 65.1 | 59.2 | 45.0 |
| 68 | Activités immobilières | 0.0 | 0.0 | 0.0 | .. | 0.0 | 0.0 | 0.0 | 0.0 |
| 69-75x72 | Activités professionnelles, scientifiques et techniques, R-D scientifique exclu | 6.9 | 7.5 | 6.9 | 6.9 | 7.5 | 10.5 | 9.8 | 8.7 |
| 72 | Recherche scientifique et développement | 16.0 | 20.6 | 29.9 | 41.9 | 38.5 | 54.0 | 49.0 | 36.1 |
| 77-82 | Activités de services administratifs et d'appui | .. | .. | 2.1 | 1.9 | .. | .. | .. | .. |
| 84-99 | **Services collectifs, sociaux et personnels** | .. | .. | 2.1 | .. | 2.4 | 2.3 | 2.0 | 3.5 |
| 84-85 | Administration publique et défense ; sécurité sociale obligatoire et éducation | 0.0 | 0.0 | .. | 0.0 | 0.0 | 0.0 | 0.0 | 0.0 |
| 86-88 | Santé humaine et action sociale | .. | .. | 2.1 | .. | 2.4 | 2.3 | 2.0 | 3.5 |
| 90-93 | Arts, spectacles et loisirs | 0.0 | 0.0 | 0.0 | 0.0 | 0.0 | 0.0 | 0.0 | 0.0 |
| 94-99 | Autres services ; ménages-employeurs ; organismes extra-territoriaux | .. | 0.0 | 0.0 | 0.0 | 0.0 | 0.0 | 0.0 | 0.0 |

.. Non disponible

*Note* : Voir les métadonnées détaillées sur : http://metalinks.oecd.org/anberd/20170419/1355.
  Informations sur les données concernant Israël : http://oe.cd/israel-disclaimer.
*Responsabilité* : http://oe.cd/disclaimer

# FINLANDE

## Dépenses de R-D dans l'industrie par activité principale de l'entreprise, prix courants
### CITI Rév. 4

*Millions USD PPP*

| Code | | 2007 | 2008 | 2009 | 2010 | 2011 | 2012 | 2013 | 2014 |
|---|---|---|---|---|---|---|---|---|---|
| | **TOTAL ENTREPRISES** | 4 821.5 | 5 593.5 | 5 413.4 | 5 401.0 | 5 620.3 | 5 167.9 | 5 088.1 | 4 869.7 |
| 01-03 | **AGRICULTURE, SYLVICULTURE ET PÊCHE** | 0.3 | 0.7 | 1.2 | 3.9 | 5.5 | 2.0 | 3.2 | 1.7 |
| 05-09 | **ACTIVITÉS EXTRACTIVES** | 6.4 | 11.1 | 16.5 | 9.1 | 9.3 | 10.9 | 9.4 | 7.0 |
| 10-33 | **ACTIVITÉS DE FABRICATION** | 3 830.7 | 4 456.0 | 4 333.3 | 4 302.6 | 4 318.3 | 3 728.4 | 3 629.5 | 3 452.7 |
| 10-12 | Produits alimentaires, boissons et tabac | 62.2 | 69.0 | 63.8 | 71.8 | 71.5 | 65.6 | 75.7 | 78.3 |
| 13-15 | Textiles, habillement, cuir et articles de cuir | 11.4 | 13.7 | 19.1 | 9.6 | 7.6 | 5.4 | 7.0 | 9.7 |
| 13 | Textiles | .. | .. | .. | 6.5 | 4.7 | 3.4 | 5.3 | 4.4 |
| 14 | Articles d'habillement | .. | .. | .. | 3.0 | 2.6 | 1.6 | 1.3 | 5.1 |
| 15 | Cuir et articles de cuir | .. | .. | .. | 0.2 | 0.3 | 0.5 | 0.3 | 0.2 |
| 16-18 | Bois, papier, imprimerie et reproduction de supports enregistrés | 111.0 | 126.2 | 107.2 | 129.8 | 101.1 | 109.1 | 105.1 | 99.9 |
| 16 | Bois et articles en bois, sauf meubles | 12.3 | 11.8 | 11.4 | 12.0 | 10.7 | 8.5 | 8.4 | 8.8 |
| 17 | Papier et articles en papier | 91.3 | 105.6 | 87.6 | 112.9 | 84.5 | 94.3 | 90.1 | 85.1 |
| 18 | Imprimerie et reproduction de supports enregistrés | 7.4 | 8.8 | 8.2 | 4.9 | 5.8 | 6.4 | 6.6 | 6.0 |
| 19-23 | Produits pétroliers, chimiques, pharmaceutiques, caoutchouc, plastique, minéraux | 370.8 | 398.0 | 358.9 | 368.2 | 390.1 | 385.0 | 385.8 | 364.2 |
| 19 | Cokéfaction et raffinage | .. | .. | .. | .. | .. | .. | .. | .. |
| 20-21 | Industrie chimique et pharmaceutique | 285.4 | 285.3 | 251.0 | 253.1 | 273.6 | 267.2 | 274.1 | 264.8 |
| 20 | Produits chimiques | .. | 163.3 | 128.9 | 136.0 | 143.5 | 117.1 | 141.5 | 116.1 |
| 21 | Préparations pharmaceutiques, chimiques (médicine) et d'herboristerie | .. | 122.0 | 122.0 | 117.1 | 130.1 | 150.1 | 132.6 | 148.8 |
| 22 | Produits en caoutchouc et en plastique | .. | .. | .. | .. | .. | .. | .. | .. |
| 23 | Autres produits minéraux non métalliques | 30.2 | 30.0 | 27.0 | 33.4 | 33.7 | 37.3 | 30.3 | 32.5 |
| 24-25 | Produits métalliques de base et ouvrages en métaux (sauf machines et matériel) | 86.8 | 105.1 | 115.6 | 116.2 | 108.3 | 98.9 | 93.6 | 82.3 |
| 24 | Produits métallurgiques de base | 52.6 | 62.3 | 63.9 | 67.0 | 56.4 | 51.9 | 44.8 | 35.7 |
| 25 | Ouvrages en métaux (sauf machines et matériel) | 34.2 | 42.8 | 51.7 | 49.3 | 51.9 | 47.0 | 48.9 | 46.6 |
| 26-30 | Ordinateurs, articles électroniques et optiques ; machines et matériels de transport | 3 139.7 | 3 705.1 | 3 633.9 | 3 572.5 | 3 604.0 | 3 023.4 | 2 929.2 | 2 788.6 |
| 26 | Ordinateurs, articles électroniques et optiques | 2 526.3 | 2 988.6 | 2 943.3 | 2 875.7 | 2 794.6 | 2 097.5 | 1 968.6 | 1 920.0 |
| 27 | Matériels électriques | 159.9 | 230.7 | 236.8 | 258.7 | 289.4 | 318.4 | 332.0 | 335.1 |
| 28 | Machines et équipements n.c.a. | 405.9 | 439.0 | 389.4 | 385.5 | 444.2 | 518.7 | 557.6 | 488.7 |
| 29 | Automobiles, remorques et semi-remorques | 21.7 | 21.4 | 25.7 | 21.5 | 22.9 | 23.2 | 27.9 | 28.4 |
| 30 | Autres matériels de transport | 25.8 | 25.5 | 38.8 | 31.0 | 52.9 | 65.5 | 43.1 | 16.5 |
| 31-33 | Meubles ; réparation et installation de machines et de matériel | 48.7 | 39.0 | 34.8 | 34.5 | 35.8 | 40.9 | 33.0 | 29.7 |
| 31 | Meubles | .. | .. | .. | .. | .. | .. | .. | .. |
| 32 | Autres activités de fabrication | .. | 20.7 | 16.7 | 16.2 | 15.4 | 20.3 | 14.7 | 15.4 |
| 33 | Réparation et installation de machines et de matériel | .. | .. | .. | .. | .. | .. | .. | .. |
| 35-39 | **ÉLECTRICITÉ, GAZ, EAU ET TRAITEMENT DES DÉCHETS** | 34.9 | 37.4 | 43.3 | 45.7 | 57.4 | 62.4 | 53.5 | 40.6 |
| 35-36 | Production et distribution d'électricité, de gaz et de l'eau | .. | 12.0 | 15.8 | 23.6 | 26.0 | 33.7 | 27.7 | 21.1 |
| 37-39 | Assainissement, traitement des déchets et dépollution | .. | 25.3 | 27.6 | 22.1 | 31.4 | 28.7 | 25.8 | 19.7 |
| 41-43 | **CONSTRUCTION** | 35.4 | 36.0 | 48.9 | 64.3 | 55.3 | 56.5 | 50.4 | 88.0 |
| 45-99 | **TOTAL SERVICES** | 913.7 | 1 052.2 | 970.2 | 975.4 | 1 174.5 | 1 307.7 | 1 342.1 | 1 279.7 |
| 45-82 | Services du secteur des entreprises | 904.6 | 1 042.1 | 957.9 | 955.2 | 1 153.6 | 1 278.5 | 1 316.8 | 1 250.7 |
| 45-47 | Commerce de gros et de détail ; réparations automobiles et motocycles | 66.1 | 76.7 | 82.1 | 80.3 | 101.7 | 129.0 | 93.5 | 79.5 |
| 49-53 | Transport et entreposage | .. | 22.1 | 20.0 | 11.7 | 17.3 | 19.6 | 17.2 | 16.1 |
| 55-56 | Activités d'hébergement et de restauration | .. | .. | .. | 0.7 | 0.7 | 1.1 | 0.5 | 0.1 |
| 58-63 | Information et communication | .. | 468.8 | 418.4 | 460.8 | 500.5 | 514.4 | 603.2 | 564.4 |
| 58-60 | Édition, audiovisuel et diffusion | .. | 15.0 | 11.5 | 57.8 | 64.4 | 64.0 | 75.3 | 90.3 |
| 58 | Activités d'édition | .. | 12.3 | 9.3 | 55.7 | 61.3 | 62.2 | 74.2 | 86.8 |
| 59-60 | Activités audiovisuel et diffusion | .. | 2.7 | 2.2 | 2.2 | 3.1 | 1.8 | 1.1 | 3.5 |
| 59 | Production de films, vidéo, programmes de télévision et d'enregistrements | .. | .. | .. | 2.1 | .. | .. | .. | .. |
| 60 | Programmation et diffusion | .. | .. | .. | 0.1 | .. | .. | .. | .. |
| 61 | Télécommunications | .. | 60.5 | 50.6 | 48.8 | 42.3 | 27.4 | 38.8 | 40.1 |
| 62-63 | Technologies de l'information et informatique | 373.0 | 393.2 | 356.3 | 354.2 | 393.8 | 423.0 | 489.1 | 434.1 |
| 62 | Programmation informatique ; conseils et activités connexes | .. | 377.1 | 342.1 | 337.4 | 383.3 | 416.9 | 473.8 | 410.7 |
| 63 | Services d'information | .. | 16.2 | 14.2 | 16.7 | 10.5 | 6.1 | 15.3 | 23.4 |
| 64-66 | **Activités financières et d'assurances** | 37.8 | 83.5 | 77.1 | 76.3 | 79.3 | 94.8 | 75.6 | 103.9 |
| 68-82 | **Activités immobilières ; professionnelles ; services administratifs et d'appui** | 335.8 | 390.9 | 360.3 | 325.4 | 454.1 | 519.6 | 526.8 | 486.6 |
| 68 | Activités immobilières | .. | .. | .. | 2.6 | 3.1 | 3.2 | 1.4 | 0.2 |
| 69-75x72 | Activités professionnelles, scientifiques et techniques, R-D scientifique exclu | .. | 214.7 | 188.3 | 190.7 | 170.0 | 192.3 | 154.3 | 140.7 |
| 72 | Recherche scientifique et développement | 180.9 | 176.3 | 172.0 | 128.8 | 276.4 | 318.8 | 367.5 | 338.7 |
| 77-82 | Activités de services administratifs et d'appui | .. | .. | .. | 3.3 | 4.5 | 5.3 | 3.5 | 6.8 |
| 84-99 | Services collectifs, sociaux et personnels | 9.1 | 10.2 | 12.3 | 20.2 | 21.0 | 29.2 | 25.3 | 29.0 |
| 84-85 | Administration publique et défense ; sécurité sociale obligatoire et éducation | .. | .. | .. | 0.0 | 1.4 | 3.3 | 1.4 | 1.9 |
| 86-88 | Santé humaine et action sociale | .. | .. | .. | 2.8 | 3.0 | 4.0 | 5.3 | 2.2 |
| 90-93 | Arts, spectacles et loisirs | .. | .. | .. | 14.5 | 13.2 | 16.8 | 16.7 | 22.5 |
| 94-99 | Autres services ; ménages-employeurs ; organismes extra-territoriaux | .. | .. | .. | 2.9 | 3.4 | 5.1 | 1.9 | 2.4 |

.. Non disponible

*Note* : Voir les métadonnées détaillées sur : http://metalinks.oecd.org/anberd/20170419/1355.
Informations sur les données concernant Israël : http://oe.cd/israel-disclaimer.
*Responsabilité* : http://oe.cd/disclaimer

# FINLANDE

## Dépenses de R-D dans l'industrie par activité principale de l'entreprise, prix constants
### CITI Rév. 4

*2010 PPP USD*

| | | 2007 | 2008 | 2009 | 2010 | 2011 | 2012 | 2013 | 2014 |
|---|---|---|---|---|---|---|---|---|---|
| | **TOTAL ENTREPRISES** | 5 291.7 | 5 803.2 | 5 411.8 | 5 401.0 | 5 474.2 | 4 945.9 | 4 727.7 | 4 453.1 |
| 01-03 | **AGRICULTURE, SYLVICULTURE ET PÊCHE** | 0.4 | 0.7 | 1.2 | 3.9 | 5.4 | 1.9 | 3.0 | 1.5 |
| 05-09 | **ACTIVITÉS EXTRACTIVES** | 7.1 | 11.6 | 16.5 | 9.1 | 9.0 | 10.4 | 8.7 | 6.4 |
| 10-33 | **ACTIVITÉS DE FABRICATION** | 4 204.3 | 4 623.1 | 4 332.0 | 4 302.6 | 4 206.0 | 3 568.2 | 3 372.4 | 3 157.3 |
| 10-12 | Produits alimentaires, boissons et tabac | 68.2 | 71.5 | 63.8 | 71.8 | 69.6 | 62.8 | 70.4 | 71.6 |
| 13-15 | Textiles, habillement, cuir et articles de cuir | 12.5 | 14.2 | 19.1 | 9.6 | 7.4 | 5.2 | 6.5 | 8.9 |
| 13 | Textiles | .. | .. | .. | 6.5 | 4.5 | 3.2 | 4.9 | 4.0 |
| 14 | Articles d'habillement | .. | .. | .. | 3.0 | 2.5 | 1.6 | 1.3 | 4.7 |
| 15 | Cuir et articles de cuir | .. | .. | .. | 0.2 | 0.3 | 0.4 | 0.3 | 0.2 |
| 16-18 | Bois, papier, imprimerie et reproduction de supports enregistrés | 121.9 | 130.9 | 107.2 | 129.8 | 98.4 | 104.5 | 97.7 | 91.4 |
| 16 | Bois et articles en bois, sauf meubles | 13.5 | 12.2 | 11.4 | 12.0 | 10.4 | 8.1 | 7.8 | 8.1 |
| 17 | Papier et articles en papier | 100.2 | 109.5 | 87.6 | 112.9 | 82.3 | 90.2 | 83.7 | 77.9 |
| 18 | Imprimerie et reproduction de supports enregistrés | 8.2 | 9.2 | 8.2 | 4.9 | 5.7 | 6.1 | 6.2 | 5.5 |
| 19-23 | Produits pétroliers, chimiques, pharmaceutiques, caoutchouc, plastique, minéraux | 407.0 | 413.0 | 358.8 | 368.2 | 379.9 | 368.5 | 358.5 | 333.0 |
| 19 | Cokéfaction et raffinage | .. | .. | .. | .. | .. | .. | .. | .. |
| 20-21 | Industrie chimique et pharmaceutique | 313.2 | 296.0 | 250.9 | 253.1 | 266.5 | 255.8 | 254.7 | 242.2 |
| 20 | Produits chimiques | .. | 169.5 | 128.9 | 136.0 | 139.8 | 112.1 | 131.5 | 106.1 |
| 21 | Préparations pharmaceutiques, chimiques (médicine) et d'herboristerie | .. | 126.6 | 122.0 | 117.1 | 126.7 | 143.7 | 123.2 | 136.0 |
| 22 | Produits en caoutchouc et en plastique | .. | .. | .. | .. | .. | .. | .. | .. |
| 23 | Autres produits minéraux non métalliques | 33.2 | 31.1 | 27.0 | 33.4 | 32.8 | 35.7 | 28.1 | 29.7 |
| 24-25 | Produits métalliques de base et ouvrages en métaux (sauf machines et matériel) | 95.3 | 109.0 | 115.5 | 116.2 | 105.5 | 94.7 | 87.0 | 75.2 |
| 24 | Produits métallurgiques de base | 57.7 | 64.6 | 63.8 | 67.0 | 54.9 | 49.7 | 41.6 | 32.6 |
| 25 | Ouvrages en métaux (sauf machines et matériel) | 37.6 | 44.4 | 51.7 | 49.3 | 50.5 | 45.0 | 45.4 | 42.6 |
| 26-30 | Ordinateurs, articles électroniques et optiques ; machines et matériels de transport | 3 445.8 | 3 844.0 | 3 632.9 | 3 572.5 | 3 510.3 | 2 893.5 | 2 721.7 | 2 550.1 |
| 26 | Ordinateurs, articles électroniques et optiques | 2 772.7 | 3 100.7 | 2 942.4 | 2 875.7 | 2 722.0 | 2 007.4 | 1 829.2 | 1 755.8 |
| 27 | Matériels électriques | 175.5 | 239.3 | 236.7 | 258.7 | 281.8 | 304.7 | 308.5 | 306.4 |
| 28 | Machines et équipements n.c.a. | 445.5 | 455.5 | 389.3 | 385.5 | 432.6 | 496.5 | 518.1 | 446.9 |
| 29 | Automobiles, remorques et semi-remorques | 23.8 | 22.2 | 25.7 | 21.5 | 22.3 | 22.2 | 25.9 | 26.0 |
| 30 | Autres matériels de transport | 28.4 | 26.4 | 38.8 | 31.0 | 51.6 | 62.7 | 40.1 | 15.0 |
| 31-33 | Meubles ; réparation et installation de machines et de matériel | 53.5 | 40.5 | 34.7 | 34.5 | 34.8 | 39.2 | 30.6 | 27.1 |
| 31 | Meubles | .. | .. | .. | .. | .. | .. | .. | .. |
| 32 | Autres activités de fabrication | .. | 21.5 | 16.7 | 16.2 | 15.0 | 19.4 | 13.7 | 14.0 |
| 33 | Réparation et installation de machines et de matériel | .. | .. | .. | .. | .. | .. | .. | .. |
| 35-39 | **ÉLECTRICITÉ, GAZ, EAU ET TRAITEMENT DES DÉCHETS** | 38.3 | 38.8 | 43.3 | 45.7 | 55.9 | 59.7 | 49.7 | 37.2 |
| 35-36 | Production et distribution d'électricité, de gaz et de l'eau | .. | 12.5 | 15.8 | 23.6 | 25.3 | 32.3 | 25.8 | 19.3 |
| 37-39 | Assainissement, traitement des déchets et dépollution | .. | 26.3 | 27.6 | 22.1 | 30.6 | 27.4 | 23.9 | 18.0 |
| 41-43 | **CONSTRUCTION** | 38.9 | 37.4 | 48.9 | 64.3 | 53.9 | 54.1 | 46.8 | 80.5 |
| 45-99 | **TOTAL SERVICES** | 1 002.8 | 1 091.7 | 969.9 | 975.4 | 1 144.0 | 1 251.6 | 1 247.1 | 1 170.3 |
| 45-82 | **Services du secteur des entreprises** | 992.8 | 1 081.1 | 957.6 | 955.2 | 1 123.6 | 1 223.6 | 1 223.5 | 1 143.7 |
| 45-47 | Commerce de gros et de détail ; réparations automobiles et motocycles | 72.6 | 79.6 | 82.0 | 80.3 | 99.0 | 123.5 | 86.9 | 72.7 |
| 49-53 | Transport et entreposage | .. | 22.9 | 20.0 | 11.7 | 16.9 | 18.7 | 16.0 | 14.7 |
| 55-56 | Activités d'hébergement et de restauration | .. | .. | .. | 0.7 | 0.7 | 1.0 | 0.4 | 0.1 |
| 58-63 | Information et communication | .. | 486.4 | 418.3 | 460.8 | 487.5 | 492.3 | 560.5 | 516.2 |
| 58-60 | Édition, audiovisuel et diffusion | .. | 15.6 | 11.5 | 57.8 | 62.7 | 61.3 | 70.0 | 82.6 |
| 58 | Activités d'édition | .. | 12.8 | 9.3 | 55.7 | 59.7 | 59.6 | 68.9 | 79.4 |
| 59-60 | Activités audiovisuel et diffusion | .. | 2.8 | 2.2 | 2.2 | 3.0 | 1.7 | 1.0 | 3.2 |
| 59 | Production de films, vidéo, programmes de télévision et d'enregistrements | .. | .. | .. | 2.1 | .. | .. | .. | .. |
| 60 | Programmation et diffusion | .. | .. | .. | 0.1 | .. | .. | .. | .. |
| 61 | Télécommunications | .. | 62.8 | 50.6 | 48.8 | 41.2 | 26.2 | 36.1 | 36.7 |
| 62-63 | Technologies de l'information et informatique | 409.4 | 408.0 | 356.2 | 354.2 | 383.6 | 404.8 | 454.4 | 397.0 |
| 62 | Programmation informatique ; conseils et activités connexes | .. | 391.2 | 342.0 | 337.4 | 373.4 | 399.0 | 440.3 | 375.6 |
| 63 | Services d'information | .. | 16.8 | 14.2 | 16.7 | 10.2 | 5.8 | 14.2 | 21.4 |
| 64-66 | **Activités financières et d'assurances** | 41.4 | 86.7 | 77.1 | 76.3 | 77.3 | 90.8 | 70.3 | 95.0 |
| 68-82 | **Activités immobilières ; professionnelles ; services administratifs et d'appui** | 368.6 | 405.6 | 360.2 | 325.4 | 442.3 | 497.3 | 489.4 | 445.0 |
| 68 | Activités immobilières | .. | .. | .. | 2.6 | 3.0 | 3.1 | 1.3 | 0.2 |
| 69-75x72 | Activités professionnelles, scientifiques et techniques, R-D scientifique exclu | .. | 222.7 | 188.2 | 190.7 | 165.6 | 184.0 | 143.3 | 128.7 |
| 72 | Recherche scientifique et développement | 198.5 | 182.9 | 172.0 | 128.8 | 269.2 | 305.1 | 341.5 | 309.7 |
| 77-82 | Activités de services administratifs et d'appui | .. | .. | .. | 3.3 | 4.4 | 5.1 | 3.3 | 6.3 |
| 84-99 | **Services collectifs, sociaux et personnels** | 9.9 | 10.6 | 12.3 | 20.2 | 20.4 | 27.9 | 23.5 | 26.6 |
| 84-85 | Administration publique et défense ; sécurité sociale obligatoire et éducation | .. | .. | .. | 0.0 | 1.3 | 3.1 | 1.3 | 1.7 |
| 86-88 | Santé humaine et action sociale | .. | .. | .. | 2.8 | 3.0 | 3.8 | 4.9 | 2.0 |
| 90-93 | Arts, spectacles et loisirs | .. | .. | .. | 14.5 | 12.8 | 16.1 | 15.5 | 20.6 |
| 94-99 | Autres services ; ménages-employeurs ; organismes extra-territoriaux | .. | .. | .. | 2.9 | 3.3 | 4.9 | 1.7 | 2.2 |

.. Non disponible

*Note* : Voir les métadonnées détaillées sur : http://metalinks.oecd.org/anberd/20170419/1355.
Informations sur les données concernant Israël : http://oe.cd/israel-disclaimer.
*Responsabilité* : http://oe.cd/disclaimer

# FINLANDE

## Dépenses de R-D dans l'industrie par groupe de produits, prix courants
### CITI Rév. 4

*Millions USD PPP*

| | | 2007 | 2008 | 2009 | 2010 | 2011 | 2012 | 2013 | 2014 |
|---|---|---|---|---|---|---|---|---|---|
| | **TOTAL ENTREPRISES** | .. | .. | .. | 5 401.0 | 5 620.3 | 5 167.9 | 5 088.1 | 4 869.7 |
| 01-03 | **AGRICULTURE, SYLVICULTURE ET PÊCHE** | .. | .. | .. | 13.3 | 22.3 | 21.0 | 13.8 | 12.2 |
| 05-09 | **ACTIVITÉS EXTRACTIVES** | .. | .. | .. | 41.8 | 40.8 | 18.4 | 15.5 | 15.7 |
| 10-33 | **ACTIVITÉS DE FABRICATION** | .. | .. | .. | 4 414.7 | 4 500.8 | 3 916.0 | 3 803.6 | 3 671.7 |
| 10-12 | Produits alimentaires, boissons et tabac | .. | .. | .. | 74.3 | 71.0 | 81.2 | 82.1 | 86.9 |
| 13-15 | Textiles, habillement, cuir et articles de cuir | .. | .. | .. | 13.6 | 14.1 | 9.4 | 10.2 | 11.3 |
| 13 | Textiles | .. | .. | .. | 9.2 | 8.7 | 5.8 | 7.8 | 5.1 |
| 14 | Articles d'habillement | .. | .. | .. | 4.2 | 4.8 | 2.8 | 2.0 | 5.9 |
| 15 | Cuir et articles de cuir | .. | .. | .. | 0.3 | 0.6 | 0.8 | 0.4 | 0.2 |
| 16-18 | Bois, papier, imprimerie et reproduction de supports enregistrés | .. | .. | .. | 124.0 | 95.4 | 109.5 | 108.2 | 99.8 |
| 16 | Bois et articles en bois, sauf meubles | .. | .. | .. | 9.1 | 7.8 | 7.2 | 8.6 | 8.1 |
| 17 | Papier et articles en papier | .. | .. | .. | 112.3 | 82.0 | 95.3 | 92.1 | 85.2 |
| 18 | Imprimerie et reproduction de supports enregistrés | .. | .. | .. | 2.7 | 5.6 | 6.0 | 7.5 | 6.6 |
| 19-23 | Produits pétroliers, chimiques, pharmaceutiques, caoutchouc, plastique, minéraux | .. | .. | .. | 416.4 | 432.9 | 406.1 | 403.0 | 369.0 |
| 19 | Cokéfaction et raffinage | .. | .. | .. | 45.9 | 47.9 | 49.1 | 51.1 | 33.8 |
| 20-21 | Industrie chimique et pharmaceutique | .. | .. | .. | 313.1 | 326.0 | 297.1 | 292.9 | 280.1 |
| 20 | Produits chimiques | .. | .. | .. | 130.8 | 134.6 | 100.8 | 125.8 | 94.7 |
| 21 | Préparations pharmaceutiques, chimiques (médicine) et d'herboristerie | .. | .. | .. | 182.2 | 191.4 | 196.3 | 167.0 | 185.4 |
| 22 | Produits en caoutchouc et en plastique | .. | .. | .. | 36.9 | 41.6 | 43.0 | 48.3 | 40.8 |
| 23 | Autres produits minéraux non métalliques | .. | .. | .. | 20.5 | 17.5 | 16.9 | 10.7 | 14.3 |
| 24-25 | Produits métalliques de base et ouvrages en métaux (sauf machines et matériel) | .. | .. | .. | 214.5 | 150.9 | 94.4 | 145.4 | 158.2 |
| 24 | Produits métallurgiques de base | .. | .. | .. | 41.6 | 37.4 | 35.1 | 31.1 | 42.4 |
| 25 | Ouvrages en métaux (sauf machines et matériel) | .. | .. | .. | 172.9 | 113.5 | 59.3 | 114.3 | 115.8 |
| 26-30 | Ordinateurs, articles électroniques et optiques ; machines et matériels de transport | .. | .. | .. | 3 495.5 | 3 658.3 | 3 133.7 | 2 971.2 | 2 859.6 |
| 26 | Ordinateurs, articles électroniques et optiques | .. | .. | .. | 2 956.0 | 2 937.1 | 2 256.8 | 2 118.9 | 2 060.8 |
| 27 | Matériels électriques | .. | .. | .. | 241.4 | 278.5 | 314.7 | 320.5 | 331.1 |
| 28 | Machines et équipements n.c.a. | .. | .. | .. | 239.7 | 348.6 | 457.9 | 452.7 | 416.1 |
| 29 | Automobiles, remorques et semi-remorques | .. | .. | .. | 16.8 | 18.7 | 5.9 | 11.7 | 8.5 |
| 30 | Autres matériels de transport | .. | .. | .. | 41.6 | 75.4 | 98.5 | 67.4 | 43.0 |
| 31-33 | Meubles ; réparation et installation de machines et de matériel | .. | .. | .. | 76.3 | 78.2 | 81.8 | 83.5 | 87.0 |
| 31 | Meubles | .. | .. | .. | 4.6 | 6.3 | 7.6 | 6.1 | 7.0 |
| 32 | Autres activités de fabrication | .. | .. | .. | 55.4 | 60.5 | 61.9 | 66.9 | 73.3 |
| 33 | Réparation et installation de machines et de matériel | .. | .. | .. | 16.4 | 11.4 | 12.3 | 10.5 | 6.6 |
| 35-39 | **ÉLECTRICITÉ, GAZ, EAU ET TRAITEMENT DES DÉCHETS** | .. | .. | .. | 45.5 | 41.7 | 32.6 | 28.0 | 22.1 |
| 35-36 | Production et distribution d'électricité, de gaz et de l'eau | .. | .. | .. | 38.7 | 30.1 | 27.7 | 20.9 | 17.3 |
| 37-39 | Assainissement, traitement des déchets et dépollution | .. | .. | .. | 6.7 | 11.6 | 4.9 | 7.1 | 4.9 |
| 41-43 | **CONSTRUCTION** | .. | .. | .. | 65.0 | 74.0 | 72.4 | 62.4 | 26.3 |
| 45-99 | **TOTAL SERVICES** | .. | .. | .. | 820.8 | 940.7 | 1 107.5 | 1 165.0 | 1 122.1 |
| 45-82 | **Services du secteur des entreprises** | .. | .. | .. | 779.8 | 900.8 | 1 034.6 | 1 098.9 | 1 046.6 |
| 45-47 | Commerce de gros et de détail ; réparations automobiles et motocycles | .. | .. | .. | 6.4 | 15.7 | 3.4 | 7.8 | 7.0 |
| 49-53 | Transport et entreposage | .. | .. | .. | 12.4 | 17.4 | 18.3 | 14.8 | 17.1 |
| 55-56 | Activités d'hébergement et de restauration | .. | .. | .. | 1.3 | 8.2 | 1.1 | 0.4 | 0.2 |
| 58-63 | Information et communication | .. | .. | .. | 518.0 | 644.7 | 760.1 | 806.2 | 725.2 |
| 58-60 | Édition, audiovisuel et diffusion | .. | .. | .. | 9.0 | 11.6 | 15.3 | 19.9 | 15.1 |
| 58 | Activités d'édition | .. | .. | .. | 7.0 | 9.1 | 13.1 | 17.8 | 12.7 |
| 59-60 | Activités audiovisuel et diffusion | .. | .. | .. | 2.1 | 2.5 | 2.3 | 2.1 | 2.4 |
| 59 | Production de films, vidéo, programmes de télévision et d'enregistrements | .. | .. | .. | 0.7 | 1.0 | 1.1 | 0.2 | 0.9 |
| 60 | Programmation et diffusion | .. | .. | .. | 1.3 | 1.5 | 1.2 | 1.9 | 1.5 |
| 61 | Télécommunications | .. | .. | .. | 90.3 | 227.9 | 290.3 | 273.2 | 218.4 |
| 62-63 | Technologies de l'information et informatique | .. | .. | .. | 418.7 | 405.1 | 454.4 | 513.1 | 491.7 |
| 62 | Programmation informatique ; conseils et activités connexes | .. | .. | .. | 293.2 | 279.4 | 327.9 | 366.6 | 361.1 |
| 63 | Services d'information | .. | .. | .. | 125.5 | 125.8 | 126.6 | 146.5 | 130.6 |
| 64-66 | **Activités financières et d'assurances** | .. | .. | .. | 73.1 | 75.2 | 92.6 | 71.9 | 102.4 |
| 68-82 | **Activités immobilières ; professionnelles ; services administratifs et d'appui** | .. | .. | .. | 168.6 | 139.6 | 159.0 | 197.8 | 194.6 |
| 68 | Activités immobilières | .. | .. | .. | 10.0 | 2.7 | 5.7 | 4.5 | 3.6 |
| 69-75x72 | Activités professionnelles, scientifiques et techniques, R-D scientifique exclu | .. | .. | .. | 41.4 | 21.8 | 22.9 | 22.8 | 31.6 |
| 72 | Recherche scientifique et développement | .. | .. | .. | 110.3 | 107.1 | 126.9 | 164.9 | 154.9 |
| 77-82 | Activités de services administratifs et d'appui | .. | .. | .. | 6.9 | 8.0 | 3.6 | 5.7 | 4.6 |
| 84-99 | **Services collectifs, sociaux et personnels** | .. | .. | .. | 41.0 | 39.9 | 72.9 | 66.1 | 75.5 |
| 84-85 | Administration publique et défense ; sécurité sociale obligatoire et éducation | .. | .. | .. | 1.2 | 1.8 | 4.4 | 1.7 | 3.4 |
| 86-88 | Santé humaine et action sociale | .. | .. | .. | 7.2 | 4.2 | 7.4 | 11.3 | 8.2 |
| 90-93 | Arts, spectacles et loisirs | .. | .. | .. | 10.1 | 10.1 | 10.2 | 11.8 | 11.7 |
| 94-99 | Autres services ; ménages-employeurs ; organismes extra-territoriaux | .. | .. | .. | 22.6 | 23.8 | 51.0 | 41.3 | 52.2 |

.. Non disponible

*Note* : Voir les métadonnées détaillées sur : http://metalinks.oecd.org/anberd/20170419/1355.
  Informations sur les données concernant Israël : http://oe.cd/israel-disclaimer.
*Responsabilité* : http://oe.cd/disclaimer

# FINLANDE

## Dépenses de R-D dans l'industrie par groupe de produits, prix constants
### CITI Rév. 4

*2010 PPP USD*

| | | 2007 | 2008 | 2009 | 2010 | 2011 | 2012 | 2013 | 2014 |
|---|---|---|---|---|---|---|---|---|---|
| | **TOTAL ENTREPRISES** | .. | .. | .. | 5 401.0 | 5 474.2 | 4 945.9 | 4 727.7 | 4 453.1 |
| 01-03 | AGRICULTURE, SYLVICULTURE ET PÊCHE | .. | .. | .. | 13.3 | 21.7 | 20.1 | 12.8 | 11.1 |
| 05-09 | ACTIVITÉS EXTRACTIVES | .. | .. | .. | 41.8 | 39.7 | 17.6 | 14.4 | 14.4 |
| 10-33 | ACTIVITÉS DE FABRICATION | .. | .. | .. | 4 414.7 | 4 383.8 | 3 747.8 | 3 534.2 | 3 357.6 |
| 10-12 | Produits alimentaires, boissons et tabac | .. | .. | .. | 74.3 | 69.2 | 77.7 | 76.3 | 79.5 |
| 13-15 | Textiles, habillement, cuir et articles de cuir | .. | .. | .. | 13.6 | 13.7 | 9.0 | 9.5 | 10.3 |
| 13 | Textiles | .. | .. | .. | 9.2 | 8.4 | 5.6 | 7.3 | 4.6 |
| 14 | Articles d'habillement | .. | .. | .. | 4.2 | 4.7 | 2.7 | 1.8 | 5.4 |
| 15 | Cuir et articles de cuir | .. | .. | .. | 0.3 | 0.6 | 0.8 | 0.4 | 0.2 |
| 16-18 | Bois, papier, imprimerie et reproduction de supports enregistrés | .. | .. | .. | 124.0 | 92.9 | 104.8 | 100.6 | 91.3 |
| 16 | Bois et articles en bois, sauf meubles | .. | .. | .. | 9.1 | 7.6 | 6.9 | 8.0 | 7.4 |
| 17 | Papier et articles en papier | .. | .. | .. | 112.3 | 79.8 | 91.2 | 85.6 | 77.9 |
| 18 | Imprimerie et reproduction de supports enregistrés | .. | .. | .. | 2.7 | 5.5 | 5.7 | 7.0 | 6.1 |
| 19-23 | Produits pétroliers, chimiques, pharmaceutiques, caoutchouc, plastique, minéraux | .. | .. | .. | 416.4 | 421.7 | 388.6 | 374.4 | 337.4 |
| 19 | Cokéfaction et raffinage | .. | .. | .. | 45.9 | 46.6 | 47.0 | 47.5 | 30.9 |
| 20-21 | Industrie chimique et pharmaceutique | .. | .. | .. | 313.1 | 317.5 | 284.3 | 272.1 | 256.1 |
| 20 | Produits chimiques | .. | .. | .. | 130.8 | 131.1 | 96.5 | 116.9 | 86.6 |
| 21 | Préparations pharmaceutiques, chimiques (médicine) et d'herboristerie | .. | .. | .. | 182.2 | 186.4 | 187.8 | 155.2 | 169.5 |
| 22 | Produits en caoutchouc et en plastique | .. | .. | .. | 36.9 | 40.5 | 41.2 | 44.9 | 37.3 |
| 23 | Autres produits minéraux non métalliques | .. | .. | .. | 20.5 | 17.0 | 16.2 | 10.0 | 13.0 |
| 24-25 | Produits métalliques de base et ouvrages en métaux (sauf machines et matériel) | .. | .. | .. | 214.5 | 147.0 | 90.3 | 135.1 | 144.6 |
| 24 | Produits métallurgiques de base | .. | .. | .. | 41.6 | 36.4 | 33.6 | 28.9 | 38.8 |
| 25 | Ouvrages en métaux (sauf machines et matériel) | .. | .. | .. | 172.9 | 110.6 | 56.7 | 106.2 | 105.9 |
| 26-30 | Ordinateurs, articles électroniques et optiques ; machines et matériels de transport | .. | .. | .. | 3 495.5 | 3 563.2 | 2 999.1 | 2 760.8 | 2 615.0 |
| 26 | Ordinateurs, articles électroniques et optiques | .. | .. | .. | 2 956.0 | 2 860.8 | 2 159.8 | 1 968.8 | 1 884.6 |
| 27 | Matériels électriques | .. | .. | .. | 241.4 | 271.3 | 301.1 | 297.8 | 302.8 |
| 28 | Machines et équipements n.c.a. | .. | .. | .. | 239.7 | 339.5 | 438.2 | 420.7 | 380.5 |
| 29 | Automobiles, remorques et semi-remorques | .. | .. | .. | 16.8 | 18.2 | 5.7 | 10.9 | 7.8 |
| 30 | Autres matériels de transport | .. | .. | .. | 41.6 | 73.4 | 94.2 | 62.7 | 39.3 |
| 31-33 | Meubles ; réparation et installation de machines et de matériel | .. | .. | .. | 76.3 | 76.2 | 78.2 | 77.6 | 79.5 |
| 31 | Meubles | .. | .. | .. | 4.6 | 6.2 | 7.2 | 5.6 | 6.4 |
| 32 | Autres activités de fabrication | .. | .. | .. | 55.4 | 58.9 | 59.2 | 62.1 | 67.1 |
| 33 | Réparation et installation de machines et de matériel | .. | .. | .. | 16.4 | 11.1 | 11.8 | 9.8 | 6.1 |
| 35-39 | ÉLECTRICITÉ, GAZ, EAU ET TRAITEMENT DES DÉCHETS | .. | .. | .. | 45.5 | 40.6 | 31.2 | 26.0 | 20.2 |
| 35-36 | Production et distribution d'électricité, de gaz et de l'eau | .. | .. | .. | 38.7 | 29.3 | 26.5 | 19.4 | 15.8 |
| 37-39 | Assainissement, traitement des déchets et dépollution | .. | .. | .. | 6.7 | 11.3 | 4.7 | 6.6 | 4.5 |
| 41-43 | CONSTRUCTION | .. | .. | .. | 65.0 | 72.0 | 69.3 | 57.9 | 24.0 |
| 45-99 | TOTAL SERVICES | .. | .. | .. | 820.8 | 916.3 | 1 059.9 | 1 082.5 | 1 026.1 |
| 45-82 | Services du secteur des entreprises | .. | .. | .. | 779.8 | 877.4 | 990.2 | 1 021.1 | 957.1 |
| 45-47 | Commerce de gros et de détail ; réparations automobiles et motocycles | .. | .. | .. | 6.4 | 15.2 | 3.3 | 7.3 | 6.4 |
| 49-53 | Transport et entreposage | .. | .. | .. | 12.4 | 17.0 | 17.6 | 13.8 | 15.7 |
| 55-56 | Activités d'hébergement et de restauration | .. | .. | .. | 1.3 | 7.9 | 1.0 | 0.4 | 0.2 |
| 58-63 | Information et communication | .. | .. | .. | 518.0 | 628.0 | 727.5 | 749.1 | 663.2 |
| 58-60 | Édition, audiovisuel et diffusion | .. | .. | .. | 9.0 | 11.3 | 14.7 | 18.5 | 13.8 |
| 58 | Activités d'édition | .. | .. | .. | 7.0 | 8.9 | 12.5 | 16.5 | 11.6 |
| 59-60 | Activités audiovisuel et diffusion | .. | .. | .. | 2.1 | 2.5 | 2.2 | 2.0 | 2.2 |
| 59 | Production de films, vidéo, programmes de télévision et d'enregistrements | .. | .. | .. | 0.7 | 1.0 | 1.1 | 0.2 | 0.8 |
| 60 | Programmation et diffusion | .. | .. | .. | 1.3 | 1.5 | 1.1 | 1.7 | 1.4 |
| 61 | Télécommunications | .. | .. | .. | 90.3 | 222.0 | 277.9 | 253.8 | 199.7 |
| 62-63 | Technologies de l'information et informatique | .. | .. | .. | 418.7 | 394.6 | 434.9 | 476.7 | 449.7 |
| 62 | Programmation informatique ; conseils et activités connexes | .. | .. | .. | 293.2 | 272.1 | 313.8 | 340.6 | 330.2 |
| 63 | Services d'information | .. | .. | .. | 125.5 | 122.5 | 121.1 | 136.1 | 119.5 |
| 64-66 | Activités financières et d'assurances | .. | .. | .. | 73.1 | 73.3 | 88.6 | 66.8 | 93.7 |
| 68-82 | Activités immobilières ; professionnelles ; services administratifs et d'appui | .. | .. | .. | 168.6 | 136.0 | 152.2 | 183.8 | 178.0 |
| 68 | Activités immobilières | .. | .. | .. | 10.0 | 2.7 | 5.4 | 4.2 | 3.3 |
| 69-75x72 | Activités professionnelles, scientifiques et techniques, R-D scientifique exclu | .. | .. | .. | 41.4 | 21.3 | 21.9 | 21.2 | 28.9 |
| 72 | Recherche scientifique et développement | .. | .. | .. | 110.3 | 104.3 | 121.4 | 153.1 | 141.6 |
| 77-82 | Activités de services administratifs et d'appui | .. | .. | .. | 6.9 | 7.8 | 3.4 | 5.3 | 4.2 |
| 84-99 | Services collectifs, sociaux et personnels | .. | .. | .. | 41.0 | 38.9 | 69.7 | 61.4 | 69.0 |
| 84-85 | Administration publique et défense ; sécurité sociale obligatoire et éducation | .. | .. | .. | 1.2 | 1.8 | 4.2 | 1.5 | 3.1 |
| 86-88 | Santé humaine et action sociale | .. | .. | .. | 7.2 | 4.1 | 7.1 | 10.5 | 7.5 |
| 90-93 | Arts, spectacles et loisirs | .. | .. | .. | 10.1 | 9.8 | 9.7 | 11.0 | 10.7 |
| 94-99 | Autres services ; ménages-employeurs ; organismes extra-territoriaux | .. | .. | .. | 22.6 | 23.1 | 48.8 | 38.4 | 47.8 |

.. Non disponible

*Note* : Voir les métadonnées détaillées sur : http://metalinks.oecd.org/anberd/20170419/1355.
   Informations sur les données concernant Israël : http://oe.cd/israel-disclaimer.
*Responsabilité* : http://oe.cd/disclaimer

# FRANCE

## Dépenses de R-D dans l'industrie par activité principale de l'entreprise, prix courants
### CITI Rév. 4

*Millions USD PPP*

| | | 2007 | 2008 | 2009 | 2010 | 2011 | 2012 | 2013 | 2014 |
|---|---|---|---|---|---|---|---|---|---|
| | **TOTAL ENTREPRISES** | 27 812.6 | 29 211.9 | 30 659.8 | 32 184.0 | 34 290.4 | 35 581.4 | 37 868.7 | .. |
| 01-03 | **AGRICULTURE, SYLVICULTURE ET PÊCHE** | 134.8 | 117.1 | 146.7 | 159.4 | 179.9 | 185.4 | 219.4 | .. |
| 05-09 | **ACTIVITÉS EXTRACTIVES** | 5.0 | 6.5 | 17.5 | 17.6 | 14.1 | 17.5 | 18.5 | .. |
| 10-33 | **ACTIVITÉS DE FABRICATION** | 16 312.7 | 16 890.8 | 16 340.9 | 16 206.4 | 17 057.9 | 17 866.7 | 19 226.1 | .. |
| 10-12 | Produits alimentaires, boissons et tabac | 281.1 | 336.9 | 366.8 | 443.6 | 396.1 | 414.1 | 445.5 | .. |
| 13-15 | Textiles, habillement, cuir et articles de cuir | 162.2 | 214.9 | 157.7 | 165.3 | 134.5 | 134.9 | 154.6 | .. |
| 13 | Textiles | 105.8 | 130.4 | 113.1 | 102.7 | 89.8 | 88.1 | 98.3 | .. |
| 14 | Articles d'habillement | 50.4 | 74.6 | 36.4 | 51.1 | 37.4 | 39.9 | 50.1 | .. |
| 15 | Cuir et articles de cuir | 5.9 | 9.9 | 8.1 | 11.5 | 7.2 | 7.0 | 6.3 | .. |
| 16-18 | Bois, papier, imprimerie et reproduction de supports enregistrés | 78.1 | 81.9 | 80.7 | 66.5 | 78.0 | 87.8 | 92.6 | .. |
| 16 | Bois et articles en bois, sauf meubles | 17.8 | 16.3 | 19.8 | 17.8 | 17.1 | 22.6 | 22.8 | .. |
| 17 | Papier et articles en papier | 35.2 | 42.1 | 28.0 | 31.8 | 48.5 | 47.3 | 52.4 | .. |
| 18 | Imprimerie et reproduction de supports enregistrés | 25.2 | 23.5 | 32.8 | 16.9 | 12.5 | 17.9 | 17.4 | .. |
| 19-23 | Produits pétroliers, chimiques, pharmaceutiques, caoutchouc, plastique, minéraux | 3 599.6 | 3 550.8 | 3 306.0 | 3 347.4 | 3 166.3 | 3 285.7 | 3 453.2 | .. |
| 19 | Cokéfaction et raffinage | 103.0 | 100.8 | 106.3 | 127.0 | 127.8 | 91.8 | 124.1 | .. |
| 20-21 | Industrie chimique et pharmaceutique | 2 497.5 | 2 481.1 | 2 187.2 | 2 243.1 | 1 988.2 | 2 031.0 | 2 157.3 | .. |
| 20 | Produits chimiques | 1 262.4 | 1 288.1 | 1 196.2 | 1 266.4 | 990.5 | 1 074.4 | 1 164.6 | .. |
| 21 | Préparations pharmaceutiques, chimiques (médicine) et d'herboristerie | 1 235.1 | 1 192.9 | 991.0 | 976.7 | 997.7 | 956.6 | 992.7 | .. |
| 22 | Produits en caoutchouc et en plastique | 804.8 | 761.6 | 782.7 | 784.3 | 832.8 | 943.3 | 936.2 | .. |
| 23 | Autres produits minéraux non métalliques | 194.3 | 207.3 | 229.8 | 193.0 | 217.5 | 219.6 | 235.5 | .. |
| 24-25 | Produits métalliques de base et ouvrages en métaux (sauf machines et matériel) | 652.8 | 703.4 | 1 031.7 | 880.6 | 1 074.2 | 1 105.3 | 1 167.0 | .. |
| 24 | Produits métallurgiques de base | 328.8 | 362.0 | 325.9 | 143.0 | 289.7 | 290.5 | 305.8 | .. |
| 25 | Ouvrages en métaux (sauf machines et matériel) | 324.0 | 341.4 | 705.8 | 737.7 | 784.5 | 814.8 | 861.1 | .. |
| 26-30 | Ordinateurs, articles électroniques et optiques ; machines et matériels de transport | 11 165.4 | 11 513.5 | 10 790.1 | 10 792.9 | 11 540.5 | 12 107.4 | 13 147.3 | .. |
| 26 | Ordinateurs, articles électroniques et optiques | 4 037.3 | 3 727.9 | 3 913.6 | 3 622.9 | 3 795.6 | 4 007.9 | 4 524.1 | .. |
| 27 | Matériels électriques | 864.0 | 806.0 | 972.7 | 743.4 | 771.2 | 790.5 | 814.1 | .. |
| 28 | Machines et équipements n.c.a. | 853.2 | 909.5 | 1 081.7 | 1 117.6 | 1 219.0 | 1 293.3 | 1 276.5 | .. |
| 29 | Automobiles, remorques et semi-remorques | 2 123.8 | 2 587.7 | 1 923.5 | 2 115.8 | 2 280.0 | 2 251.7 | 2 352.3 | .. |
| 30 | Autres matériels de transport | 3 287.1 | 3 482.3 | 2 898.7 | 3 193.3 | 3 474.7 | 3 763.9 | 4 180.4 | .. |
| 31-33 | Meubles ; réparation et installation de machines et de matériel | 373.4 | 489.4 | 607.8 | 510.1 | 668.3 | 731.5 | 765.8 | .. |
| 31 | Meubles | 9.7 | 6.9 | 22.1 | 21.4 | 20.8 | 20.7 | 22.7 | .. |
| 32 | Autres activités de fabrication | 232.6 | 254.0 | 252.9 | 261.6 | 328.3 | 345.5 | 378.0 | .. |
| 33 | Réparation et installation de machines et de matériel | 131.0 | 228.6 | 332.8 | 227.1 | 319.2 | 365.3 | 365.1 | .. |
| 35-39 | **ÉLECTRICITÉ, GAZ, EAU ET TRAITEMENT DES DÉCHETS** | 440.2 | 456.7 | 552.5 | 588.4 | 643.7 | 647.8 | 708.8 | .. |
| 35-36 | Production et distribution d'électricité, de gaz et de l'eau | 422.1 | 437.1 | 527.9 | 534.1 | 611.8 | 621.1 | 670.0 | .. |
| 37-39 | Assainissement, traitement des déchets et dépollution | 18.1 | 19.6 | 24.6 | 54.3 | 31.9 | 26.8 | 38.8 | .. |
| 41-43 | **CONSTRUCTION** | 91.8 | 100.0 | 184.2 | 193.8 | 153.5 | 173.2 | 180.9 | .. |
| 45-99 | **TOTAL SERVICES** | 10 828.2 | 11 640.7 | 13 418.1 | 15 018.3 | 16 241.2 | 16 690.9 | 17 514.8 | .. |
| 45-82 | **Services du secteur des entreprises** | 10 783.3 | 11 597.8 | 13 366.1 | 14 962.6 | 16 177.5 | 16 625.1 | 17 434.9 | .. |
| 45-47 | Commerce de gros et de détail ; réparations automobiles et motocycles | 729.0 | 683.8 | 1 168.3 | 1 430.4 | 1 757.4 | 1 819.0 | 2 024.4 | .. |
| 49-53 | Transport et entreposage | 49.9 | 53.7 | 85.3 | 41.4 | 57.6 | 55.5 | 56.7 | .. |
| 55-56 | Activités d'hébergement et de restauration | 0.1 | 0.1 | 3.3 | 3.8 | 0.4 | 4.1 | 5.2 | .. |
| 58-63 | Information et communication | 2 421.9 | 2 713.1 | 3 028.3 | 3 484.3 | 3 581.2 | 3 935.3 | 4 482.7 | .. |
| 58-60 | Édition, audiovisuel et diffusion | 755.4 | 870.0 | 831.8 | 954.4 | 939.2 | 1 067.4 | 1 220.4 | .. |
| 58 | Activités d'édition | 707.6 | 831.8 | 786.6 | 840.4 | 870.4 | 983.2 | 1 152.3 | .. |
| 59-60 | Activités audiovisuel et diffusion | 47.8 | 38.1 | 45.2 | 114.0 | 68.8 | 84.2 | 68.1 | .. |
| 59 | Production de films, vidéo, programmes de télévision et d'enregistrements | .. | .. | 41.5 | 99.9 | 58.9 | 74.9 | 61.2 | .. |
| 60 | Programmation et diffusion | | | 3.7 | 14.0 | 10.0 | 9.4 | 7.0 | .. |
| 61 | Télécommunications | 834.9 | 815.9 | 799.2 | 775.6 | 708.4 | 853.8 | 1 035.6 | .. |
| 62-63 | Technologies de l'information et informatique | 831.6 | 1 027.2 | 1 397.3 | 1 754.3 | 1 933.6 | 2 014.1 | 2 226.8 | .. |
| 62 | Programmation informatique ; conseils et activités connexes | 777.2 | 955.1 | 1 279.7 | 1 611.0 | 1 797.5 | 1 892.7 | 2 089.1 | .. |
| 63 | Services d'information | 54.4 | 72.2 | 117.6 | 143.3 | 136.1 | 121.4 | 137.6 | .. |
| 64-66 | Activités financières et d'assurances | 125.8 | 178.3 | 188.1 | 259.3 | 311.0 | 302.9 | 312.5 | .. |
| 68-82 | Activités immobilières ; professionnelles ; services administratifs et d'appui | 7 456.7 | 7 968.8 | 8 892.9 | 9 746.0 | 10 469.8 | 10 508.2 | 10 553.3 | .. |
| 68 | Activités immobilières | | 1.0 | 1.1 | 2.5 | 4.3 | 2.1 | 2.7 | .. |
| 69-75x72 | Activités professionnelles, scientifiques et techniques, R-D scientifique exclu | 3 682.6 | 3 985.2 | 4 406.7 | 5 299.2 | 5 970.7 | 5 926.6 | 5 868.0 | .. |
| 72 | Recherche scientifique et développement | 3 688.8 | 3 936.4 | 4 038.7 | 4 316.0 | 4 332.2 | 4 388.8 | 4 437.2 | .. |
| 77-82 | Activités de services administratifs et d'appui | 85.3 | 46.2 | 446.4 | 128.2 | 162.6 | 190.7 | 245.5 | .. |
| 84-99 | **Services collectifs, sociaux et personnels** | 44.9 | 42.9 | 52.0 | 55.7 | 63.7 | 65.7 | 79.9 | .. |
| 84-85 | Administration publique et défense ; sécurité sociale obligatoire et éducation | 7.0 | 9.2 | 7.9 | 5.5 | 4.6 | 4.5 | 5.8 | .. |
| 86-88 | Santé humaine et action sociale | 4.5 | 2.6 | 5.8 | 12.1 | 16.9 | 18.0 | 24.8 | .. |
| 90-93 | Arts, spectacles et loisirs | 0.2 | 4.1 | 2.3 | 1.4 | 4.1 | 6.9 | 8.1 | .. |
| 94-99 | Autres services ; ménages-employeurs ; organismes extra-territoriaux | 33.2 | 27.0 | 36.0 | 36.7 | 38.2 | 36.4 | 41.2 | .. |

.. Non disponible

*Note* : Voir les métadonnées détaillées sur : http://metalinks.oecd.org/anberd/20170419/1355.
Informations sur les données concernant Israël : http://oe.cd/israel-disclaimer.
*Responsabilité* : http://oe.cd/disclaimer

# FRANCE

## Dépenses de R-D dans l'industrie par activité principale de l'entreprise, prix constants
### CITI Rév. 4

2010 PPP USD

| | | 2007 | 2008 | 2009 | 2010 | 2011 | 2012 | 2013 | 2014 |
|---|---|---|---|---|---|---|---|---|---|
| | **TOTAL ENTREPRISES** | 30 056.8 | 30 554.5 | 31 312.7 | 32 184.0 | 33 504.3 | 34 488.0 | 34 981.6 | .. |
| 01-03 | AGRICULTURE, SYLVICULTURE ET PÊCHE | 145.7 | 122.5 | 149.8 | 159.4 | 175.8 | 179.7 | 202.7 | .. |
| 05-09 | ACTIVITÉS EXTRACTIVES | 5.4 | 6.8 | 17.8 | 17.6 | 13.8 | 17.0 | 17.1 | .. |
| 10-33 | ACTIVITÉS DE FABRICATION | 17 628.9 | 17 667.1 | 16 688.8 | 16 206.4 | 16 666.9 | 17 317.5 | 17 760.3 | .. |
| 10-12 | Produits alimentaires, boissons et tabac | 303.8 | 352.4 | 374.6 | 443.6 | 387.0 | 401.3 | 411.6 | .. |
| 13-15 | Textiles, habillement, cuir et articles de cuir | 175.2 | 224.8 | 161.1 | 165.3 | 131.4 | 130.8 | 142.9 | .. |
| 13 | Textiles | 114.3 | 136.4 | 115.6 | 102.7 | 87.8 | 85.4 | 90.8 | .. |
| 14 | Articles d'habillement | 54.5 | 78.0 | 37.2 | 51.1 | 36.6 | 38.7 | 46.3 | .. |
| 15 | Cuir et articles de cuir | 6.4 | 10.4 | 8.3 | 11.5 | 7.1 | 6.8 | 5.8 | .. |
| 16-18 | Bois, papier, imprimerie et reproduction de supports enregistrés | 84.5 | 85.7 | 82.4 | 66.5 | 76.2 | 85.1 | 85.6 | .. |
| 16 | Bois et articles en bois, sauf meubles | 19.2 | 17.1 | 20.2 | 17.8 | 16.7 | 21.9 | 21.1 | .. |
| 17 | Papier et articles en papier | 38.0 | 44.0 | 28.6 | 31.8 | 47.4 | 45.8 | 48.4 | .. |
| 18 | Imprimerie et reproduction de supports enregistrés | 27.2 | 24.6 | 33.5 | 16.9 | 12.2 | 17.3 | 16.1 | .. |
| 19-23 | Produits pétroliers, chimiques, pharmaceutiques, caoutchouc, plastique, minéraux | 3 890.1 | 3 714.0 | 3 376.4 | 3 347.4 | 3 093.7 | 3 184.7 | 3 189.9 | .. |
| 19 | Cokéfaction et raffinage | 111.3 | 105.5 | 108.5 | 127.0 | 124.9 | 89.0 | 114.6 | .. |
| 20-21 | Industrie chimique et pharmaceutique | 2 699.0 | 2 595.1 | 2 233.7 | 2 243.1 | 1 942.6 | 1 968.6 | 1 992.9 | .. |
| 20 | Produits chimiques | 1 364.3 | 1 347.3 | 1 221.7 | 1 266.4 | 967.8 | 1 041.4 | 1 075.8 | .. |
| 21 | Préparations pharmaceutiques, chimiques (médicine) et d'herboristerie | 1 334.7 | 1 247.8 | 1 012.1 | 976.7 | 974.8 | 927.3 | 917.0 | .. |
| 22 | Produits en caoutchouc et en plastique | 869.7 | 796.6 | 799.4 | 784.3 | 813.7 | 914.3 | 864.9 | .. |
| 23 | Autres produits minéraux non métalliques | 210.0 | 216.8 | 234.7 | 193.0 | 212.5 | 212.8 | 217.6 | .. |
| 24-25 | Produits métalliques de base et ouvrages en métaux (sauf machines et matériel) | 705.5 | 735.7 | 1 053.7 | 880.6 | 1 049.5 | 1 071.3 | 1 078.0 | .. |
| 24 | Produits métallurgiques de base | 355.4 | 378.6 | 332.9 | 143.0 | 283.0 | 281.6 | 282.5 | .. |
| 25 | Ouvrages en métaux (sauf machines et matériel) | 350.1 | 357.1 | 720.8 | 737.7 | 766.5 | 789.7 | 795.5 | .. |
| 26-30 | Ordinateurs, articles électroniques et optiques ; machines et matériels de transport | 12 066.3 | 12 042.7 | 11 019.9 | 10 792.9 | 11 276.0 | 11 735.4 | 12 145.0 | .. |
| 26 | Ordinateurs, articles électroniques et optiques | 4 363.1 | 3 899.3 | 3 997.0 | 3 622.9 | 3 708.6 | 3 884.8 | 4 179.2 | .. |
| 27 | Matériels électriques | 933.7 | 843.0 | 993.4 | 743.4 | 753.5 | 766.2 | 752.1 | .. |
| 28 | Machines et équipements n.c.a. | 922.0 | 951.4 | 1 104.7 | 1 117.6 | 1 191.1 | 1 253.5 | 1 179.2 | .. |
| 29 | Automobiles, remorques et semi-remorques | 2 295.2 | 2 706.6 | 1 964.4 | 2 115.8 | 2 227.8 | 2 182.5 | 2 173.0 | .. |
| 30 | Autres matériels de transport | 3 552.3 | 3 642.4 | 2 960.4 | 3 193.3 | 3 395.0 | 3 648.3 | 3 861.7 | .. |
| 31-33 | Meubles ; réparation et installation de machines et de matériel | 403.5 | 511.9 | 620.8 | 510.1 | 653.0 | 709.0 | 707.4 | .. |
| 31 | Meubles | 10.5 | 7.2 | 22.6 | 21.4 | 20.3 | 20.1 | 21.0 | .. |
| 32 | Autres activités de fabrication | 251.4 | 265.7 | 258.3 | 261.6 | 320.8 | 334.9 | 349.2 | .. |
| 33 | Réparation et installation de machines et de matériel | 141.6 | 239.1 | 339.8 | 227.1 | 311.8 | 354.0 | 337.3 | .. |
| 35-39 | ÉLECTRICITÉ, GAZ, EAU ET TRAITEMENT DES DÉCHETS | 475.7 | 477.7 | 564.2 | 588.4 | 628.9 | 627.8 | 654.8 | .. |
| 35-36 | Production et distribution d'électricité, de gaz et de l'eau | 456.1 | 457.2 | 539.1 | 534.1 | 597.7 | 602.0 | 618.9 | .. |
| 37-39 | Assainissement, traitement des déchets et dépollution | 19.5 | 20.5 | 25.2 | 54.3 | 31.2 | 25.9 | 35.9 | .. |
| 41-43 | CONSTRUCTION | 99.2 | 104.6 | 188.1 | 193.8 | 150.0 | 167.8 | 167.1 | .. |
| 45-99 | TOTAL SERVICES | 11 702.0 | 12 175.8 | 13 703.8 | 15 018.3 | 15 868.9 | 16 177.9 | 16 179.5 | .. |
| 45-82 | Services du secteur des entreprises | 11 653.4 | 12 130.9 | 13 650.7 | 14 962.6 | 15 806.6 | 16 114.2 | 16 105.7 | .. |
| 45-47 | Commerce de gros et de détail ; réparations automobiles et motocycles | 787.9 | 715.2 | 1 193.1 | 1 430.4 | 1 717.1 | 1 763.1 | 1 870.1 | .. |
| 49-53 | Transport et entreposage | 53.9 | 56.2 | 87.1 | 41.4 | 56.3 | 53.8 | 52.4 | .. |
| 55-56 | Activités d'hébergement et de restauration | 0.1 | 0.1 | 3.3 | 3.8 | 0.4 | 4.0 | 4.8 | .. |
| 58-63 | Information et communication | 2 617.3 | 2 837.8 | 3 092.8 | 3 484.3 | 3 499.1 | 3 814.4 | 4 141.0 | .. |
| 58-60 | Édition, audiovisuel et diffusion | 816.3 | 910.0 | 849.5 | 954.4 | 917.7 | 1 034.6 | 1 127.3 | .. |
| 58 | Activités d'édition | 764.7 | 870.1 | 803.3 | 840.4 | 850.5 | 953.0 | 1 064.4 | .. |
| 59-60 | Activités audiovisuel et diffusion | 51.6 | 39.9 | 46.2 | 114.0 | 67.2 | 81.6 | 62.9 | .. |
| 59 | Production de films, vidéo, programmes de télévision et d'enregistrements | .. | .. | 42.4 | 99.9 | 57.5 | 72.6 | 56.5 | .. |
| 60 | Programmation et diffusion | .. | .. | 3.8 | 14.0 | 9.7 | 9.1 | 6.5 | .. |
| 61 | Télécommunications | 902.2 | 853.4 | 816.2 | 775.6 | 692.1 | 827.6 | 956.7 | .. |
| 62-63 | Technologies de l'information et informatique | 898.7 | 1 074.5 | 1 427.0 | 1 754.3 | 1 889.3 | 1 952.2 | 2 057.0 | .. |
| 62 | Programmation informatique ; conseils et activités connexes | 839.9 | 999.0 | 1 306.9 | 1 611.0 | 1 756.3 | 1 834.5 | 1 929.9 | .. |
| 63 | Services d'information | 58.8 | 75.5 | 120.1 | 143.3 | 133.0 | 117.7 | 127.1 | .. |
| 64-66 | Activités financières et d'assurances | 135.9 | 186.5 | 192.1 | 259.3 | 303.8 | 293.5 | 288.7 | .. |
| 68-82 | Activités immobilières ; professionnelles ; services administratifs et d'appui | 8 058.3 | 8 335.0 | 9 082.2 | 9 746.0 | 10 229.8 | 10 185.3 | 9 748.7 | .. |
| 68 | Activités immobilières | 0.0 | .. | 1.1 | 2.5 | 4.2 | 2.1 | 1.5 | .. |
| 69-75x72 | Activités professionnelles, scientifiques et techniques, R-D scientifique exclu | 3 979.7 | 4 168.4 | 4 500.5 | 5 299.2 | 5 833.9 | 5 744.4 | 5 420.6 | .. |
| 72 | Recherche scientifique et développement | 3 986.4 | 4 117.3 | 4 124.7 | 4 316.0 | 4 232.9 | 4 254.0 | 4 099.0 | .. |
| 77-82 | Activités de services administratifs et d'appui | 92.1 | 48.3 | 455.9 | 128.2 | 158.9 | 184.8 | 226.8 | .. |
| 84-99 | Services collectifs, sociaux et personnels | 48.6 | 44.9 | 53.1 | 55.7 | 62.3 | 63.7 | 73.8 | .. |
| 84-85 | Administration publique et défense ; sécurité sociale obligatoire et éducation | 7.6 | 9.6 | 8.1 | 5.5 | 4.5 | 4.4 | 5.4 | .. |
| 86-88 | Santé humaine et action sociale | 4.8 | 2.7 | 5.9 | 12.1 | 16.5 | 17.4 | 22.9 | .. |
| 90-93 | Arts, spectacles et loisirs | 0.2 | 4.3 | 2.4 | 1.4 | 4.0 | 6.7 | 7.5 | .. |
| 94-99 | Autres services ; ménages-employeurs ; organismes extra-territoriaux | 35.9 | 28.3 | 36.8 | 36.7 | 37.3 | 35.2 | 38.0 | .. |

.. Non disponible

*Note :* Voir les métadonnées détaillées sur : http://metalinks.oecd.org/anberd/20170419/1355.
  Informations sur les données concernant Israël : http://oe.cd/israel-disclaimer.
*Responsabilité :* http://oe.cd/disclaimer

# FRANCE

## Dépenses de R-D dans l'industrie par groupe de produits, prix courants
### CITI Rév. 4

*Millions USD PPP*

| | | 2007 | 2008 | 2009 | 2010 | 2011 | 2012 | 2013 | 2014 |
|---|---|---|---|---|---|---|---|---|---|
| | **TOTAL ENTREPRISES** | **27 812.6** | **29 211.9** | **30 659.8** | **32 184.0** | **34 290.4** | **35 581.4** | **37 868.7** | .. |
| 01-03 | **AGRICULTURE, SYLVICULTURE ET PÊCHE** | **392.6** | **416.9** | **459.4** | **477.1** | **496.5** | **532.2** | **625.0** | .. |
| 05-09 | **ACTIVITÉS EXTRACTIVES** | **195.4** | **190.9** | **266.3** | **270.6** | **281.2** | **295.3** | **298.1** | .. |
| 10-33 | **ACTIVITÉS DE FABRICATION** | **23 152.6** | **23 887.7** | **24 301.9** | **24 663.6** | **26 216.5** | **26 762.7** | **27 943.7** | .. |
| 10-12 | Produits alimentaires, boissons et tabac | 596.8 | 629.1 | 666.2 | 726.4 | 721.6 | 734.8 | 812.7 | .. |
| 13-15 | Textiles, habillement, cuir et articles de cuir | 189.6 | 200.3 | 162.8 | 194.4 | 166.2 | 149.4 | 173.0 | .. |
| 13 | Textiles | 131.0 | 106.4 | 91.6 | 103.8 | 92.9 | 80.1 | 88.9 | .. |
| 14 | Articles d'habillement | 50.3 | 78.8 | 57.7 | 74.7 | 66.3 | 61.7 | 74.4 | .. |
| 15 | Cuir et articles de cuir | 8.3 | 15.1 | 13.5 | 15.9 | 7.0 | 7.6 | 9.7 | .. |
| 16-18 | Bois, papier, imprimerie et reproduction de supports enregistrés | 108.6 | 102.4 | 95.9 | 92.3 | 116.8 | 123.2 | 125.2 | .. |
| 16 | Bois et articles en bois, sauf meubles | 31.8 | 25.7 | 34.9 | 32.6 | 34.3 | 35.4 | 34.4 | .. |
| 17 | Papier et articles en papier | 58.5 | 67.7 | 53.2 | 53.7 | 73.7 | 75.3 | 78.6 | .. |
| 18 | Imprimerie et reproduction de supports enregistrés | 18.3 | 9.0 | 7.9 | 6.0 | 8.8 | 12.3 | 12.2 | .. |
| 19-23 | Produits pétroliers, chimiques, pharmaceutiques, caoutchouc, plastique, minéraux | 6 894.0 | 6 955.8 | 7 013.1 | 6 958.7 | 7 076.0 | 7 239.4 | 7 717.4 | .. |
| 19 | Cokéfaction et raffinage | 245.4 | 233.0 | 249.7 | 261.0 | 255.9 | 238.4 | 277.3 | .. |
| 20-21 | Industrie chimique et pharmaceutique | 5 550.5 | 5 596.6 | 5 618.3 | 5 530.7 | 5 565.1 | 5 649.9 | 6 025.7 | .. |
| 20 | Produits chimiques | 1 625.6 | 1 638.6 | 1 684.0 | 1 753.8 | 1 831.9 | 1 940.2 | 2 187.4 | .. |
| 21 | Préparations pharmaceutiques, chimiques (médicine) et d'herboristerie | 3 925.0 | 3 958.0 | 3 934.3 | 3 776.9 | 3 733.2 | 3 709.7 | 3 838.3 | .. |
| 22 | Produits en caoutchouc et en plastique | 778.8 | 783.2 | 768.5 | 814.9 | 887.7 | 979.6 | 993.6 | .. |
| 23 | Autres produits minéraux non métalliques | 319.2 | 343.0 | 376.5 | 352.2 | 367.3 | 371.4 | 420.8 | .. |
| 24-25 | Produits métalliques de base et ouvrages en métaux (sauf machines et matériel) | 999.5 | 1 051.4 | 1 090.7 | 1 216.3 | 1 295.3 | 1 295.2 | 1 349.1 | .. |
| 24 | Produits métallurgiques de base | 403.5 | 450.1 | 413.4 | 468.2 | 503.5 | 462.0 | 484.6 | .. |
| 25 | Ouvrages en métaux (sauf machines et matériel) | 596.0 | 601.3 | 677.3 | 748.1 | 791.9 | 833.1 | 864.5 | .. |
| 26-30 | Ordinateurs, articles électroniques et optiques ; machines et matériels de transport | 14 025.9 | 14 600.0 | 14 843.9 | 15 031.0 | 16 321.0 | 16 722.7 | 17 254.6 | .. |
| 26 | Ordinateurs, articles électroniques et optiques | 4 536.6 | 4 335.2 | 4 582.5 | 4 558.4 | 4 586.2 | 4 781.8 | 5 067.4 | .. |
| 27 | Matériels électriques | 912.4 | 853.2 | 1 008.1 | 1 036.0 | 1 141.1 | 1 179.1 | 1 257.5 | .. |
| 28 | Machines et équipements n.c.a. | 951.9 | 1 047.4 | 1 063.0 | 1 112.0 | 1 214.9 | 1 302.3 | 1 365.1 | .. |
| 29 | Automobiles, remorques et semi-remorques | 4 446.2 | 4 945.0 | 4 964.7 | 4 944.9 | 5 592.0 | 5 324.8 | 4 881.6 | .. |
| 30 | Autres matériels de transport | 3 178.6 | 3 419.2 | 3 225.6 | 3 379.7 | 3 786.8 | 4 134.8 | 4 683.1 | .. |
| 31-33 | Meubles ; réparation et installation de machines et de matériel | 338.5 | 348.8 | 429.3 | 444.4 | 519.7 | 498.2 | 511.5 | .. |
| 31 | Meubles | .. | .. | .. | 19.8 | 28.2 | 23.1 | 27.5 | .. |
| 32 | Autres activités de fabrication | 327.3 | 335.4 | 361.8 | 424.6 | 491.5 | 475.1 | 484.0 | .. |
| 33 | Réparation et installation de machines et de matériel | .. | .. | .. | 0.0 | 0.0 | 0.0 | 0.0 | .. |
| 35-39 | **ÉLECTRICITÉ, GAZ, EAU ET TRAITEMENT DES DÉCHETS** | **534.7** | **537.0** | **619.2** | **613.8** | **697.5** | **710.4** | **770.2** | .. |
| 35-36 | Production et distribution d'électricité, de gaz et de l'eau | 459.0 | 479.3 | 555.0 | 575.3 | 652.6 | 664.2 | 717.5 | .. |
| 37-39 | Assainissement, traitement des déchets et dépollution | 75.6 | 57.7 | 64.2 | 38.6 | 44.9 | 46.2 | 52.8 | .. |
| 41-43 | **CONSTRUCTION** | **110.2** | **90.3** | **108.7** | **103.6** | **128.3** | **138.2** | **128.4** | .. |
| 45-99 | **TOTAL SERVICES** | **3 427.2** | **4 089.0** | **4 904.3** | **6 055.2** | **6 470.4** | **7 142.6** | **8 090.2** | .. |
| 45-82 | **Services du secteur des entreprises** | **3 409.5** | **4 061.3** | **4 882.5** | **6 028.8** | **6 434.9** | **7 084.8** | **8 015.6** | .. |
| 45-47 | Commerce de gros et de détail ; réparations automobiles et motocycles | 0.0 | 0.0 | 0.0 | 0.0 | 0.0 | 0.0 | 0.0 | .. |
| 49-53 | Transport et entreposage | 39.8 | 35.4 | 49.5 | 52.6 | 72.4 | 63.8 | 62.3 | .. |
| 55-56 | Activités d'hébergement et de restauration | 0.0 | 0.0 | 0.0 | 0.0 | 0.0 | 0.0 | 0.0 | .. |
| 58-63 | Information et communication | 2 366.8 | 3 038.3 | 3 479.7 | 4 085.6 | 4 233.4 | 4 523.6 | 5 019.7 | .. |
| 58-60 | Édition, audiovisuel et diffusion | 490.2 | 702.3 | 862.7 | 1 057.0 | 1 063.4 | 1 132.3 | 1 303.2 | .. |
| 58 | Activités d'édition | 458.5 | 643.5 | 776.6 | 899.1 | 956.2 | 1 007.5 | 1 202.8 | .. |
| 59-60 | Activités audiovisuel et diffusion | 31.7 | 58.8 | 86.1 | 157.8 | 107.2 | 125.0 | 100.4 | .. |
| 59 | Production de films, vidéo, programmes de télévision et d'enregistrements | .. | 36.7 | 35.4 | 94.7 | 53.9 | 67.6 | 51.5 | .. |
| 60 | Programmation et diffusion | .. | 22.1 | 50.8 | 63.2 | 53.3 | 57.3 | 48.7 | .. |
| 61 | Télécommunications | 902.0 | 963.6 | 929.0 | 945.5 | 959.7 | 1 097.4 | 1 216.4 | .. |
| 62-63 | Technologies de l'information et informatique | 974.6 | 1 372.4 | 1 688.0 | 2 083.1 | 2 210.3 | 2 294.0 | 2 500.0 | .. |
| 62 | Programmation informatique ; conseils et activités connexes | 933.9 | 1 338.3 | 1 570.6 | 1 928.0 | 2 020.0 | 2 133.1 | 2 326.5 | .. |
| 63 | Services d'information | 40.7 | 34.1 | 117.4 | 155.1 | 190.3 | 160.8 | 173.5 | .. |
| 64-66 | **Activités financières et d'assurances** | **74.9** | **156.2** | **195.5** | **202.2** | **231.9** | **235.8** | **246.5** | .. |
| 68-82 | **Activités immobilières ; professionnelles ; services administratifs et d'appui** | **927.7** | **831.2** | **1 157.8** | **1 688.5** | **1 897.2** | **2 261.4** | **2 687.1** | .. |
| 68 | Activités immobilières | 0.0 | 0.0 | 0.0 | 0.0 | 0.0 | 0.0 | 0.0 | .. |
| 69-75x72 | Activités professionnelles, scientifiques et techniques, R-D scientifique exclu | 796.4 | 578.6 | 786.9 | 1 162.7 | 1 275.4 | 1 486.6 | 1 819.1 | .. |
| 72 | Recherche scientifique et développement | 68.2 | 184.3 | 298.2 | 406.8 | 501.8 | 621.6 | 699.7 | .. |
| 77-82 | Activités de services administratifs et d'appui | 63.1 | 68.3 | 72.7 | 118.9 | 119.9 | 153.3 | 168.3 | .. |
| 84-99 | **Services collectifs, sociaux et personnels** | **17.6** | **27.7** | **21.8** | **26.4** | **35.5** | **57.8** | **74.6** | .. |
| 84-85 | Administration publique et défense ; sécurité sociale obligatoire et éducation | .. | 2.1 | 3.8 | 1.2 | 3.1 | 4.3 | 4.1 | .. |
| 86-88 | Santé humaine et action sociale | 9.6 | 21.8 | 15.4 | 20.7 | 23.1 | 30.1 | 37.0 | .. |
| 90-93 | Arts, spectacles et loisirs | .. | 3.8 | 0.8 | 1.2 | 2.5 | 3.6 | 7.3 | .. |
| 94-99 | Autres services ; ménages-employeurs ; organismes extra-territoriaux | 0.0 | 0.1 | 1.9 | 3.2 | 6.8 | 19.8 | 26.3 | .. |

.. Non disponible

*Note* : Voir les métadonnées détaillées sur : http://metalinks.oecd.org/anberd/20170419/1355.
  Informations sur les données concernant Israël : http://oe.cd/israel-disclaimer.
*Responsabilité* : http://oe.cd/disclaimer

# FRANCE

## Dépenses de R-D dans l'industrie par groupe de produits, prix constants
### CITI Rév. 4

2010 PPP USD

| | | 2007 | 2008 | 2009 | 2010 | 2011 | 2012 | 2013 | 2014 |
|---|---|---|---|---|---|---|---|---|---|
| | **TOTAL ENTREPRISES** | 30 056.8 | 30 554.5 | 31 312.7 | 32 184.0 | 33 504.3 | 34 488.0 | 34 981.6 | .. |
| 01-03 | **AGRICULTURE, SYLVICULTURE ET PÊCHE** | 424.2 | 436.0 | 469.2 | 477.1 | 485.1 | 515.8 | 577.3 | .. |
| 05-09 | **ACTIVITÉS EXTRACTIVES** | 211.2 | 199.7 | 271.9 | 270.6 | 274.7 | 286.2 | 275.3 | .. |
| 10-33 | **ACTIVITÉS DE FABRICATION** | 25 020.8 | 24 985.7 | 24 819.4 | 24 663.6 | 25 615.5 | 25 940.3 | 25 813.3 | .. |
| 10-12 | Produits alimentaires, boissons et tabac | 644.9 | 658.0 | 680.4 | 726.4 | 705.0 | 712.2 | 750.7 | .. |
| 13-15 | Textiles, habillement, cuir et articles de cuir | 204.9 | 209.5 | 166.2 | 194.4 | 162.3 | 144.8 | 159.8 | .. |
| 13 | Textiles | 141.6 | 111.3 | 93.5 | 103.8 | 90.8 | 77.6 | 82.1 | .. |
| 14 | Articles d'habillement | 54.3 | 82.4 | 58.9 | 74.7 | 64.8 | 59.8 | 68.7 | .. |
| 15 | Cuir et articles de cuir | 9.0 | 15.8 | 13.8 | 15.9 | 6.8 | 7.3 | 9.0 | .. |
| 16-18 | Bois, papier, imprimerie et reproduction de supports enregistrés | 117.4 | 107.1 | 97.9 | 92.3 | 114.1 | 119.4 | 115.6 | .. |
| 16 | Bois et articles en bois, sauf meubles | 34.4 | 26.9 | 35.6 | 32.6 | 33.5 | 34.3 | 31.8 | .. |
| 17 | Papier et articles en papier | 63.2 | 70.8 | 54.3 | 53.7 | 72.0 | 73.0 | 72.6 | .. |
| 18 | Imprimerie et reproduction de supports enregistrés | 19.8 | 9.4 | 8.0 | 6.0 | 8.6 | 11.9 | 11.3 | .. |
| 19-23 | Produits pétroliers, chimiques, pharmaceutiques, caoutchouc, plastique, minéraux | 7 450.2 | 7 275.5 | 7 162.4 | 6 958.7 | 6 913.8 | 7 016.9 | 7 129.0 | .. |
| 19 | Cokéfaction et raffinage | 265.3 | 243.7 | 255.0 | 261.0 | 250.0 | 231.1 | 256.2 | .. |
| 20-21 | Industrie chimique et pharmaceutique | 5 998.4 | 5 853.8 | 5 738.0 | 5 530.7 | 5 437.5 | 5 476.3 | 5 566.3 | .. |
| 20 | Produits chimiques | 1 756.7 | 1 713.9 | 1 719.8 | 1 753.8 | 1 789.9 | 1 880.6 | 2 020.7 | .. |
| 21 | Préparations pharmaceutiques, chimiques (médicine) et d'herboristerie | 4 241.7 | 4 139.9 | 4 018.1 | 3 776.9 | 3 647.6 | 3 595.7 | 3 545.7 | .. |
| 22 | Produits en caoutchouc et en plastique | 841.6 | 819.2 | 784.9 | 814.9 | 867.4 | 949.5 | 917.8 | .. |
| 23 | Autres produits minéraux non métalliques | 345.0 | 358.8 | 384.6 | 352.2 | 358.9 | 360.0 | 388.7 | .. |
| 24-25 | Produits métalliques de base et ouvrages en métaux (sauf machines et matériel) | 1 080.2 | 1 099.7 | 1 114.0 | 1 216.3 | 1 265.6 | 1 255.4 | 1 246.2 | .. |
| 24 | Produits métallurgiques de base | 436.1 | 470.8 | 422.2 | 468.2 | 491.9 | 447.8 | 447.7 | .. |
| 25 | Ouvrages en métaux (sauf machines et matériel) | 644.1 | 628.9 | 691.7 | 748.1 | 773.7 | 807.5 | 798.6 | .. |
| 26-30 | Ordinateurs, articles électroniques et optiques ; machines et matériels de transport | 15 157.4 | 15 271.1 | 15 159.9 | 15 031.0 | 15 946.9 | 16 208.8 | 15 939.1 | .. |
| 26 | Ordinateurs, articles électroniques et optiques | 4 902.7 | 4 534.4 | 4 680.1 | 4 558.4 | 4 481.1 | 4 634.9 | 4 681.1 | .. |
| 27 | Matériels électriques | 986.0 | 892.4 | 1 029.5 | 1 036.0 | 1 114.9 | 1 142.8 | 1 161.6 | .. |
| 28 | Machines et équipements n.c.a. | 1 028.7 | 1 095.6 | 1 085.6 | 1 112.0 | 1 187.1 | 1 262.2 | 1 261.1 | .. |
| 29 | Automobiles, remorques et semi-remorques | 4 805.0 | 5 172.3 | 5 070.4 | 4 944.9 | 5 463.8 | 5 161.1 | 4 509.4 | .. |
| 30 | Autres matériels de transport | 3 435.0 | 3 576.4 | 3 294.3 | 3 379.7 | 3 700.0 | 4 007.7 | 4 326.1 | .. |
| 31-33 | Meubles ; réparation et installation de machines et de matériel | 365.8 | 364.8 | 438.5 | 444.4 | 507.8 | 482.9 | 472.5 | .. |
| 31 | Meubles | .. | .. | .. | 19.8 | 27.6 | 22.4 | 25.4 | .. |
| 32 | Autres activités de fabrication | 353.7 | 350.9 | 369.5 | 424.6 | 480.2 | 460.5 | 447.1 | .. |
| 33 | Réparation et installation de machines et de matériel | .. | .. | .. | 0.0 | 0.0 | 0.0 | 0.0 | .. |
| 35-39 | **ÉLECTRICITÉ, GAZ, EAU ET TRAITEMENT DES DÉCHETS** | 577.8 | 561.7 | 632.4 | 613.8 | 681.5 | 688.6 | 711.5 | .. |
| 35-36 | Production et distribution d'électricité, de gaz et de l'eau | 496.1 | 501.3 | 566.8 | 575.3 | 637.6 | 643.8 | 662.8 | .. |
| 37-39 | Assainissement, traitement des déchets et dépollution | 81.7 | 60.4 | 65.6 | 38.6 | 43.9 | 44.8 | 48.8 | .. |
| 41-43 | **CONSTRUCTION** | 119.1 | 94.4 | 111.0 | 103.6 | 125.3 | 134.0 | 118.6 | .. |
| 45-99 | **TOTAL SERVICES** | 3 703.7 | 4 277.0 | 5 008.7 | 6 055.2 | 6 322.1 | 6 923.1 | 7 473.4 | .. |
| 45-82 | **Services du secteur des entreprises** | 3 684.7 | 4 248.0 | 4 986.4 | 6 028.8 | 6 287.4 | 6 867.1 | 7 404.5 | .. |
| 45-47 | **Commerce de gros et de détail ; réparations automobiles et motocycles** | 0.0 | 0.0 | 0.0 | 0.0 | 0.0 | 0.0 | 0.0 | .. |
| 49-53 | **Transport et entreposage** | 43.0 | 37.1 | 50.6 | 52.6 | 70.7 | 61.9 | 57.5 | .. |
| 55-56 | **Activités d'hébergement et de restauration** | 0.0 | 0.0 | 0.0 | 0.0 | 0.0 | 0.0 | 0.0 | .. |
| 58-63 | **Information et communication** | 2 557.8 | 3 177.9 | 3 553.8 | 4 085.6 | 4 136.4 | 4 384.6 | 4 637.0 | .. |
| 58-60 | Édition, audiovisuel et diffusion | 529.8 | 734.6 | 881.1 | 1 057.0 | 1 039.0 | 1 097.5 | 1 203.9 | .. |
| 58 | Activités d'édition | 495.5 | 673.1 | 793.1 | 899.1 | 934.3 | 976.5 | 1 111.1 | .. |
| 59-60 | Activités audiovisuel et diffusion | 34.3 | 61.5 | 88.0 | 157.8 | 104.7 | 121.1 | 92.7 | .. |
| 59 | Production de films, vidéo, programmes de télévision et d'enregistrements | .. | 38.4 | 36.1 | 94.7 | 52.6 | 65.6 | 47.6 | .. |
| 60 | Programmation et diffusion | .. | 23.1 | 51.9 | 63.2 | 52.1 | 55.6 | 45.0 | .. |
| 61 | Télécommunications | 974.8 | 1 007.9 | 948.7 | 945.5 | 937.7 | 1 063.6 | 1 123.7 | .. |
| 62-63 | Technologies de l'information et informatique | 1 053.2 | 1 435.5 | 1 724.0 | 2 083.1 | 2 159.6 | 2 223.5 | 2 309.4 | .. |
| 62 | Programmation informatique ; conseils et activités connexes | 1 009.3 | 1 399.8 | 1 604.1 | 1 928.0 | 1 973.7 | 2 067.6 | 2 149.2 | .. |
| 63 | Services d'information | 43.9 | 35.6 | 119.9 | 155.1 | 186.0 | 155.9 | 160.3 | .. |
| 64-66 | **Activités financières et d'assurances** | 81.0 | 163.4 | 199.6 | 202.2 | 226.6 | 228.6 | 227.7 | .. |
| 68-82 | **Activités immobilières ; professionnelles ; services administratifs et d'appui** | 1 002.6 | 869.4 | 1 182.4 | 1 688.5 | 1 853.7 | 2 191.9 | 2 482.2 | .. |
| 68 | Activités immobilières | 0.0 | 0.0 | 0.0 | 0.0 | 0.0 | 0.0 | 0.0 | .. |
| 69-75x72 | Activités professionnelles, scientifiques et techniques, R-D scientifique exclu | 860.6 | 605.2 | 803.6 | 1 162.7 | 1 246.2 | 1 440.9 | 1 680.4 | .. |
| 72 | Recherche scientifique et développement | 73.8 | 192.8 | 304.6 | 406.8 | 490.3 | 602.5 | 646.4 | .. |
| 77-82 | Activités de services administratifs et d'appui | 68.2 | 71.4 | 74.2 | 118.9 | 117.2 | 148.6 | 155.5 | .. |
| 84-99 | **Services collectifs, sociaux et personnels** | 19.1 | 29.0 | 22.3 | 26.4 | 34.7 | 56.0 | 68.9 | .. |
| 84-85 | Administration publique et défense ; sécurité sociale obligatoire et éducation | .. | 2.2 | 3.9 | 1.2 | 3.0 | 4.2 | 3.8 | .. |
| 86-88 | Santé humaine et action sociale | 10.4 | 22.8 | 15.7 | 20.7 | 22.5 | 29.2 | 34.2 | .. |
| 90-93 | Arts, spectacles et loisirs | .. | 3.9 | 0.8 | 1.2 | 2.5 | 3.4 | 6.7 | .. |
| 94-99 | Autres services ; ménages-employeurs ; organismes extra-territoriaux | 0.0 | 0.1 | 1.9 | 3.2 | 6.7 | 19.2 | 24.3 | .. |

.. Non disponible

*Note* : Voir les métadonnées détaillées sur : http://metalinks.oecd.org/anberd/20170419/1355.
   Informations sur les données concernant Israël : http://oe.cd/israel-disclaimer.
*Responsabilité* : http://oe.cd/disclaimer

# ALLEMAGNE

## Dépenses de R-D dans l'industrie par activité principale de l'entreprise, prix courants
### CITI Rév. 4

*Millions USD PPP*

| | | 2007 | 2008 | 2009 | 2010 | 2011 | 2012 | 2013 | 2014 |
|---|---|---|---|---|---|---|---|---|---|
| | **TOTAL ENTREPRISES** | 51 326.1 | 56 159.1 | 55 887.4 | 58 402.0 | 64 758.0 | 68 327.0 | 69 199.4 | 74 351.7 |
| 01-03 | **AGRICULTURE, SYLVICULTURE ET PÊCHE** | 112.4 | 120.7 | 162.0 | 177.1 | 159.9 | 175.7 | 185.8 | 178.6 |
| 05-09 | **ACTIVITÉS EXTRACTIVES** | 33.3 | 34.3 | 16.7 | 15.3 | 12.7 | 13.6 | 19.9 | 16.2 |
| 10-33 | **ACTIVITÉS DE FABRICATION** | 45 243.8 | 49 704.4 | 47 785.3 | 50 078.6 | 55 447.2 | 58 854.9 | 59 488.0 | 64 549.6 |
| 10-12 | Produits alimentaires, boissons et tabac | 378.6 | 335.0 | 392.5 | 408.9 | 390.5 | 400.0 | 406.5 | 415.4 |
| 13-15 | Textiles, habillement, cuir et articles de cuir | 158.4 | 163.6 | 155.9 | 154.3 | 151.1 | 155.4 | 146.0 | 150.0 |
| 13 | Textiles | 112.8 | 116.4 | 87.3 | 84.6 | 78.7 | 81.8 | 72.6 | 72.3 |
| 14 | Articles d'habillement | 39.1 | 40.5 | 61.7 | 62.7 | 65.4 | 66.3 | 66.1 | 70.3 |
| 15 | Cuir et articles de cuir | 6.4 | 6.7 | 6.9 | 7.1 | 7.0 | 7.2 | 7.2 | 7.4 |
| 16-18 | Bois, papier, imprimerie et reproduction de supports enregistrés | 215.5 | 221.2 | 217.4 | 258.9 | 231.6 | 218.4 | 293.2 | 291.9 |
| 16 | Bois et articles en bois, sauf meubles | 24.2 | 24.7 | 24.8 | 28.5 | 28.7 | 25.2 | 25.7 | 25.4 |
| 17 | Papier et articles en papier | 72.5 | 74.6 | 79.0 | 92.1 | 77.7 | 73.8 | 130.3 | 134.1 |
| 18 | Imprimerie et reproduction de supports enregistrés | 118.8 | 121.9 | 113.6 | 138.3 | 125.3 | 119.4 | 137.2 | 132.4 |
| 19-23 | Produits pétroliers, chimiques, pharmaceutiques, caoutchouc, plastique, minéraux | 9 136.7 | 9 604.6 | 10 272.0 | 10 040.9 | 11 011.9 | 11 337.5 | 11 338.6 | 11 868.2 |
| 19 | Cokéfaction et raffinage | 104.7 | 107.3 | 114.8 | 110.9 | 119.6 | 121.9 | 121.0 | 155.1 |
| 20-21 | Industrie chimique et pharmaceutique | 7 698.3 | 8 093.8 | 8 756.6 | 8 538.1 | 9 339.5 | 9 638.4 | 9 587.5 | 9 996.7 |
| 20 | Produits chimiques | 3 748.5 | 3 932.1 | 3 947.4 | 3 887.7 | 4 179.7 | 4 440.5 | 4 323.3 | 4 733.6 |
| 21 | Préparations pharmaceutiques, chimiques (médicine) et d'herboristerie | 3 949.8 | 4 161.7 | 4 809.2 | 4 650.4 | 5 159.8 | 5 197.9 | 5 264.2 | 5 263.1 |
| 22 | Produits en caoutchouc et en plastique | 1 035.3 | 1 079.1 | 1 045.7 | 1 036.9 | 1 196.1 | 1 214.4 | 1 253.0 | 1 322.2 |
| 23 | Autres produits minéraux non métalliques | 298.4 | 324.4 | 355.0 | 355.0 | 356.8 | 362.8 | 377.1 | 394.1 |
| 24-25 | Produits métalliques de base et ouvrages en métaux (sauf machines et matériel) | 1 288.9 | 1 389.4 | 1 489.3 | 1 500.2 | 1 574.8 | 1 644.5 | 1 644.9 | 1 675.8 |
| 24 | Produits métallurgiques de base | 446.5 | 485.3 | 610.9 | 613.5 | 654.5 | 688.1 | 684.6 | 697.5 |
| 25 | Ouvrages en métaux (sauf machines et matériel) | 842.4 | 904.2 | 878.4 | 886.7 | 920.3 | 956.4 | 960.4 | 978.2 |
| 26-30 | Ordinateurs, articles électroniques et optiques ; machines et matériels de transport | 32 987.0 | 36 882.0 | 33 976.1 | 36 416.5 | 40 548.1 | 43 633.5 | 44 007.0 | 48 364.8 |
| 26 | Ordinateurs, articles électroniques et optiques | 7 250.7 | 7 892.1 | 7 178.5 | 7 460.4 | 8 321.4 | 9 389.4 | 9 484.6 | 9 792.5 |
| 27 | Matériels électriques | 1 676.2 | 1 822.9 | 1 645.9 | 1 673.4 | 2 030.7 | 2 200.5 | 2 751.8 | 2 833.0 |
| 28 | Machines et équipements n.c.a. | 5 263.9 | 5 693.3 | 5 552.9 | 5 721.0 | 6 215.6 | 6 583.2 | 6 960.7 | 7 371.2 |
| 29 | Automobiles, remorques et semi-remorques | 16 308.0 | 18 629.7 | 17 060.2 | 18 432.8 | 20 681.6 | 22 052.6 | 22 203.0 | 25 656.6 |
| 30 | Autres matériels de transport | 2 488.2 | 2 844.2 | 2 538.4 | 3 128.9 | 3 298.8 | 3 408.0 | 2 606.8 | 2 698.4 |
| 31-33 | Meubles ; réparation et installation de machines et de matériel | 1 078.7 | 1 108.6 | 1 282.0 | 1 298.9 | 1 539.2 | 1 465.7 | 1 651.8 | 1 783.5 |
| 31 | Meubles | 147.9 | 119.1 | 63.1 | 65.2 | 52.9 | 50.7 | 48.3 | 50.9 |
| 32 | Autres activités de fabrication | 448.7 | 466.0 | 539.8 | 548.6 | 697.3 | 667.3 | 786.7 | 843.5 |
| 33 | Réparation et installation de machines et de matériel | 482.1 | 523.5 | 679.2 | 685.1 | 789.0 | 747.8 | 816.7 | 889.1 |
| 35-39 | **ÉLECTRICITÉ, GAZ, EAU ET TRAITEMENT DES DÉCHETS** | 148.1 | 156.6 | 267.1 | 244.4 | 250.3 | 236.4 | 269.4 | 255.0 |
| 35-36 | Production et distribution d'électricité, de gaz et de l'eau | 140.5 | 149.3 | 258.0 | 235.8 | 235.4 | 224.3 | 251.8 | 238.1 |
| 37-39 | Assainissement, traitement des déchets et dépollution | 7.6 | 7.3 | 9.1 | 8.6 | 14.8 | 12.1 | 17.6 | 17.0 |
| 41-43 | **CONSTRUCTION** | 68.9 | 67.8 | 85.2 | 95.2 | 83.4 | 89.7 | 103.3 | 104.4 |
| 45-99 | **TOTAL SERVICES** | 5 719.7 | 6 075.4 | 7 571.2 | 7 791.4 | 8 804.6 | 8 956.7 | 9 133.1 | 9 248.0 |
| 45-82 | Services du secteur des entreprises | .. | 6 074.8 | 7 549.7 | 7 771.4 | 8 773.6 | 8 925.3 | 9 095.8 | 9 211.3 |
| 45-47 | Commerce de gros et de détail ; réparations automobiles et motocycles | 189.5 | 201.1 | 251.6 | 278.9 | 331.7 | 360.2 | 333.9 | 334.9 |
| 49-53 | Transport et entreposage | .. | 75.1 | 71.3 | 79.0 | 137.7 | 156.0 | 118.3 | 124.1 |
| 55-56 | Activités d'hébergement et de restauration | 0.4 | 0.4 | 0.4 | 0.5 | 0.5 | 0.5 | 0.3 | 0.3 |
| 58-63 | Information et communication | 2 202.2 | 2 335.6 | 3 165.5 | 3 300.0 | 3 790.4 | 4 033.4 | 4 095.7 | 4 212.3 |
| 58-60 | Édition, audiovisuel et diffusion | 22.2 | 22.9 | 47.2 | 46.9 | 53.5 | 53.4 | 34.5 | 35.2 |
| 58 | Activités d'édition | .. | .. | .. | .. | .. | .. | .. | .. |
| 59-60 | Activités audiovisuel et diffusion | .. | .. | .. | .. | .. | .. | .. | .. |
| 59 | Production de films, vidéo, programmes de télévision et d'enregistrements | .. | .. | .. | .. | .. | .. | .. | .. |
| 60 | Programmation et diffusion | .. | .. | .. | .. | .. | .. | .. | .. |
| 61 | Télécommunications | 228.5 | 233.4 | 703.2 | 750.0 | 723.8 | 789.0 | 483.2 | 497.1 |
| 62-63 | Technologies de l'information et informatique | 1 951.5 | 2 079.2 | 2 415.1 | 2 503.0 | 3 013.0 | 3 189.7 | 3 578.0 | 3 680.0 |
| 62 | Programmation informatique ; conseils et activités connexes | 1 874.3 | 1 996.0 | 2 347.0 | 2 436.1 | 2 893.6 | 3 065.2 | 3 452.1 | 3 551.2 |
| 63 | Services d'information | 77.2 | 83.3 | 68.1 | 67.0 | 119.4 | 124.5 | 126.0 | 128.8 |
| 64-66 | **Activités financières et d'assurances** | 249.9 | 268.2 | 413.0 | 289.3 | 330.8 | 336.9 | 375.0 | 414.3 |
| 68-82 | **Activités immobilières ; professionnelles ; services administratifs et d'appui** | 3 004.4 | 3 194.5 | 3 647.9 | 3 823.4 | 4 182.6 | 4 038.3 | 4 172.5 | 4 125.5 |
| 68 | Activités immobilières | .. | 0.0 | 0.7 | 0.6 | 1.0 | 1.1 | 0.9 | 0.9 |
| 69-75x72 | Activités professionnelles, scientifiques et techniques, R-D scientifique exclu | 1 075.8 | 1 142.7 | 1 635.3 | 1 702.1 | 1 967.2 | 1 837.5 | 1 958.3 | 1 813.5 |
| 72 | Recherche scientifique et développement | 1 685.5 | 1 795.6 | 1 970.0 | 2 074.8 | 2 168.8 | 2 150.7 | 2 176.6 | 2 274.4 |
| 77-82 | Activités de services administratifs et d'appui | 243.1 | 256.2 | 41.8 | 45.9 | 45.6 | 49.0 | 36.7 | 36.7 |
| 84-99 | Services collectifs, sociaux et personnels | .. | 0.6 | 21.5 | 20.0 | 30.9 | 31.4 | 37.3 | 36.7 |
| 84-85 | Administration publique et défense ; sécurité sociale obligatoire et éducation | .. | .. | .. | .. | .. | 2.8 | 2.8 | 3.5 | 3.3 |
| 86-88 | Santé humaine et action sociale | .. | .. | .. | .. | 4.6 | 4.7 | 8.1 | 8.2 |
| 90-93 | Arts, spectacles et loisirs | .. | .. | .. | .. | 1.6 | 1.7 | 4.5 | 4.4 |
| 94-99 | Autres services ; ménages-employeurs ; organismes extra-territoriaux | .. | .. | .. | .. | 21.9 | 22.2 | 21.2 | 20.7 |

.. Non disponible

*Note* : Voir les métadonnées détaillées sur : http://metalinks.oecd.org/anberd/20170419/1355.
Informations sur les données concernant Israël : http://oe.cd/israel-disclaimer.
*Responsabilité* : http://oe.cd/disclaimer

# ALLEMAGNE

## Dépenses de R-D dans l'industrie par activité principale de l'entreprise, prix constants
### CITI Rév. 4

2010 PPP USD

| | | 2007 | 2008 | 2009 | 2010 | 2011 | 2012 | 2013 | 2014 |
|---|---|---|---|---|---|---|---|---|---|
| | **TOTAL ENTREPRISES** | 55 369.2 | 58 786.2 | 56 770.6 | 58 402.0 | 62 891.1 | 65 226.8 | 63 703.3 | 66 563.3 |
| 01-03 | **AGRICULTURE, SYLVICULTURE ET PÊCHE** | 121.2 | 126.3 | 164.5 | 177.1 | 155.3 | 167.7 | 171.0 | 159.9 |
| 05-09 | **ACTIVITÉS EXTRACTIVES** | 35.9 | 35.9 | 16.9 | 15.3 | 12.3 | 13.0 | 18.3 | 14.5 |
| 10-33 | **ACTIVITÉS DE FABRICATION** | 48 807.7 | 52 029.5 | 48 540.4 | 50 078.6 | 53 848.7 | 56 184.0 | 54 763.1 | 57 788.0 |
| 10-12 | Produits alimentaires, boissons et tabac | 408.4 | 350.6 | 398.7 | 408.9 | 379.2 | 381.9 | 374.3 | 371.8 |
| 13-15 | Textiles, habillement, cuir et articles de cuir | 170.9 | 171.2 | 158.4 | 154.3 | 146.8 | 148.3 | 134.4 | 134.3 |
| 13 | Textiles | 121.7 | 121.9 | 88.7 | 84.6 | 76.5 | 78.1 | 66.8 | 64.7 |
| 14 | Articles d'habillement | 42.2 | 42.4 | 62.7 | 62.7 | 63.5 | 63.3 | 60.9 | 62.9 |
| 15 | Cuir et articles de cuir | 6.9 | 7.0 | 7.0 | 7.1 | 6.8 | 6.9 | 6.7 | 6.7 |
| 16-18 | Bois, papier, imprimerie et reproduction de supports enregistrés | 232.5 | 231.6 | 220.8 | 258.9 | 225.0 | 208.4 | 270.0 | 261.4 |
| 16 | Bois et articles en bois, sauf meubles | 26.1 | 25.9 | 25.2 | 28.5 | 27.8 | 24.0 | 23.7 | 22.8 |
| 17 | Papier et articles en papier | 78.2 | 78.1 | 80.2 | 92.1 | 75.5 | 70.5 | 120.0 | 120.1 |
| 18 | Imprimerie et reproduction de supports enregistrés | 128.1 | 127.6 | 115.4 | 138.3 | 121.7 | 114.0 | 126.3 | 118.5 |
| 19-23 | Produits pétroliers, chimiques, pharmaceutiques, caoutchouc, plastique, minéraux | 9 856.4 | 10 053.9 | 10 434.4 | 10 040.9 | 10 694.4 | 10 823.1 | 10 438.0 | 10 625.0 |
| 19 | Cokéfaction et raffinage | 113.0 | 112.3 | 116.6 | 110.9 | 116.1 | 116.4 | 111.4 | 138.9 |
| 20-21 | Industrie chimique et pharmaceutique | 8 304.7 | 8 472.5 | 8 895.0 | 8 538.1 | 9 070.2 | 9 201.1 | 8 826.0 | 8 949.6 |
| 20 | Produits chimiques | 4 043.8 | 4 116.0 | 4 009.7 | 3 887.7 | 4 059.2 | 4 239.1 | 3 979.9 | 4 237.8 |
| 21 | Préparations pharmaceutiques, chimiques (médicine) et d'herboristerie | 4 261.0 | 4 356.4 | 4 885.2 | 4 650.4 | 5 011.0 | 4 962.0 | 4 846.1 | 4 711.8 |
| 22 | Produits en caoutchouc et en plastique | 1 116.8 | 1 129.6 | 1 062.2 | 1 036.9 | 1 161.6 | 1 159.3 | 1 153.4 | 1 183.7 |
| 23 | Autres produits minéraux non métalliques | 321.9 | 339.5 | 360.6 | 355.0 | 346.5 | 346.3 | 347.1 | 352.8 |
| 24-25 | Produits métalliques de base et ouvrages en métaux (sauf machines et matériel) | 1 390.5 | 1 454.4 | 1 512.8 | 1 500.2 | 1 529.4 | 1 569.9 | 1 514.3 | 1 500.2 |
| 24 | Produits métallurgiques de base | 481.7 | 508.0 | 620.6 | 613.5 | 635.6 | 656.9 | 630.2 | 624.4 |
| 25 | Ouvrages en métaux (sauf machines et matériel) | 908.8 | 946.5 | 892.3 | 886.7 | 893.8 | 913.0 | 884.1 | 875.8 |
| 26-30 | Ordinateurs, articles électroniques et optiques ; machines et matériels de transport | 35 585.5 | 38 607.3 | 34 513.0 | 36 416.5 | 39 379.2 | 41 653.8 | 40 511.7 | 43 298.6 |
| 26 | Ordinateurs, articles électroniques et optiques | 7 821.9 | 8 261.3 | 7 292.0 | 7 460.4 | 8 081.5 | 8 963.4 | 8 731.8 | 8 766.7 |
| 27 | Matériels électriques | 1 808.2 | 1 908.2 | 1 672.0 | 1 673.4 | 1 972.2 | 2 100.6 | 2 533.2 | 2 536.3 |
| 28 | Machines et équipements n.c.a. | 5 678.6 | 5 959.6 | 5 640.7 | 5 721.0 | 6 036.4 | 6 284.5 | 6 407.9 | 6 599.0 |
| 29 | Automobiles, remorques et semi-remorques | 17 592.6 | 19 501.2 | 17 329.8 | 18 432.8 | 20 085.4 | 21 052.0 | 20 439.5 | 22 969.0 |
| 30 | Autres matériels de transport | 2 684.2 | 2 977.3 | 2 578.5 | 3 128.9 | 3 203.7 | 3 253.3 | 2 399.8 | 2 415.7 |
| 31-33 | Meubles ; réparation et installation de machines et de matériel | 1 163.6 | 1 160.5 | 1 302.3 | 1 298.9 | 1 494.8 | 1 399.2 | 1 520.6 | 1 596.7 |
| 31 | Meubles | 159.5 | 124.7 | 64.1 | 65.2 | 51.3 | 48.4 | 44.5 | 45.5 |
| 32 | Autres activités de fabrication | 484.0 | 487.8 | 548.3 | 548.6 | 677.2 | 637.0 | 724.2 | 755.1 |
| 33 | Réparation et installation de machines et de matériel | 520.1 | 548.0 | 689.9 | 685.1 | 766.2 | 713.9 | 751.8 | 796.0 |
| 35-39 | **ÉLECTRICITÉ, GAZ, EAU ET TRAITEMENT DES DÉCHETS** | 159.8 | 164.0 | 271.3 | 244.4 | 243.1 | 225.7 | 248.0 | 228.3 |
| 35-36 | Production et distribution d'électricité, de gaz et de l'eau | 151.6 | 156.3 | 262.1 | 235.8 | 228.7 | 214.1 | 231.8 | 213.1 |
| 37-39 | Assainissement, traitement des déchets et dépollution | 8.2 | 7.7 | 9.3 | 8.6 | 14.4 | 11.5 | 16.2 | 15.2 |
| 41-43 | **CONSTRUCTION** | 74.4 | 70.9 | 86.5 | 95.2 | 81.0 | 85.6 | 95.1 | 93.4 |
| 45-99 | **TOTAL SERVICES** | 6 170.2 | 6 359.6 | 7 690.8 | 7 791.4 | 8 550.7 | 8 550.3 | 8 407.7 | 8 279.2 |
| 45-82 | Services du secteur des entreprises | .. | 6 359.0 | 7 669.0 | 7 771.4 | 8 520.7 | 8 520.3 | 8 373.3 | 8 246.4 |
| 45-47 | Commerce de gros et de détail ; réparations automobiles et motocycles | 204.4 | 210.5 | 255.5 | 278.9 | 322.1 | 343.9 | 307.4 | 299.8 |
| 49-53 | Transport et entreposage | .. | 78.6 | 72.5 | 79.0 | 133.7 | 148.9 | 108.9 | 111.1 |
| 55-56 | Activités d'hébergement et de restauration | 0.4 | 0.4 | 0.4 | 0.5 | 0.5 | 0.5 | 0.2 | 0.2 |
| 58-63 | Information et communication | 2 375.6 | 2 444.8 | 3 215.5 | 3 300.0 | 3 681.1 | 3 850.4 | 3 770.4 | 3 771.1 |
| 58-60 | Édition, audiovisuel et diffusion | 23.9 | 24.0 | 47.9 | 46.9 | 52.0 | 50.9 | 31.8 | 31.5 |
| 58 | Activités d'édition | .. | .. | .. | .. | .. | .. | .. | .. |
| 59-60 | Activités audiovisuel et diffusion | .. | .. | .. | .. | .. | .. | .. | .. |
| 59 | Production de films, vidéo, programmes de télévision et d'enregistrements | .. | .. | .. | .. | .. | .. | .. | .. |
| 60 | Programmation et diffusion | .. | .. | .. | .. | .. | .. | .. | .. |
| 61 | Télécommunications | 246.5 | 244.3 | 714.3 | 750.0 | 702.9 | 753.2 | 444.8 | 445.1 |
| 62-63 | Technologies de l'information et informatique | 2 105.2 | 2 176.5 | 2 453.3 | 2 503.0 | 2 926.2 | 3 045.0 | 3 293.8 | 3 294.5 |
| 62 | Programmation informatique ; conseils et activités connexes | 2 022.0 | 2 089.3 | 2 384.1 | 2 436.1 | 2 810.2 | 2 926.9 | 3 177.9 | 3 179.2 |
| 63 | Services d'information | 83.2 | 87.1 | 69.2 | 67.0 | 116.0 | 118.2 | 116.0 | 115.3 |
| 64-66 | Activités financières et d'assurances | 269.6 | 280.7 | 419.6 | 289.3 | 321.2 | 321.6 | 345.2 | 370.9 |
| 68-82 | Activités immobilières ; professionnelles ; services administratifs et d'appui | 3 241.0 | 3 344.0 | 3 705.5 | 3 823.4 | 4 062.0 | 3 855.0 | 3 841.1 | 3 693.3 |
| 68 | Activités immobilières | 0.0 | 0.0 | 0.8 | 0.6 | 1.0 | 1.0 | 0.8 | 0.8 |
| 69-75x72 | Activités professionnelles, scientifiques et techniques, R-D scientifique exclu | 1 160.5 | 1 196.2 | 1 661.2 | 1 702.1 | 1 910.5 | 1 754.2 | 1 802.8 | 1 623.5 |
| 72 | Recherche scientifique et développement | 1 818.3 | 1 879.6 | 2 001.1 | 2 074.8 | 2 106.3 | 2 053.1 | 2 003.8 | 2 036.1 |
| 77-82 | Activités de services administratifs et d'appui | 262.2 | 268.2 | 42.5 | 45.9 | 44.3 | 46.8 | 33.8 | 32.8 |
| 84-99 | Services collectifs, sociaux et personnels | .. | 0.6 | 21.8 | 20.0 | 30.0 | 30.0 | 34.4 | 32.8 |
| 84-85 | Administration publique et défense ; sécurité sociale obligatoire et éducation | .. | .. | .. | .. | 2.7 | 2.7 | 3.2 | 2.9 |
| 86-88 | Santé humaine et action sociale | .. | .. | .. | .. | 4.4 | 4.5 | 7.5 | 7.4 |
| 90-93 | Arts, spectacles et loisirs | .. | .. | .. | .. | 1.6 | 1.6 | 4.2 | 4.0 |
| 94-99 | Autres services ; ménages-employeurs ; organismes extra-territoriaux | .. | .. | .. | .. | 21.3 | 21.2 | 19.5 | 18.6 |

.. Non disponible

*Note* : Voir les métadonnées détaillées sur : http://metalinks.oecd.org/anberd/20170419/1355.
Informations sur les données concernant Israël : http://oe.cd/israel-disclaimer.
*Responsabilité* : http://oe.cd/disclaimer

# HONGRIE

## Dépenses de R-D dans l'industrie par activité principale de l'entreprise, prix courants
### CITI Rév. 4

*Millions USD PPP*

| | | 2007 | 2008 | 2009 | 2010 | 2011 | 2012 | 2013 | 2014 |
|---|---|---|---|---|---|---|---|---|---|
| | **TOTAL ENTREPRISES** | **921.2** | **1 069.0** | **1 342.6** | **1 470.5** | **1 690.4** | **1 899.9** | **2 335.9** | **2 451.5** |
| 01-03 | **AGRICULTURE, SYLVICULTURE ET PÊCHE** | **18.5** | **19.4** | **25.0** | **28.8** | **32.0** | **43.5** | **52.5** | **55.9** |
| 05-09 | **ACTIVITÉS EXTRACTIVES** | **0.0** | **0.0** | **0.0** | **0.0** | **0.0** | **2.3** | **1.1** | **1.5** |
| 10-33 | **ACTIVITÉS DE FABRICATION** | **675.8** | **781.6** | **913.7** | **956.0** | **1 049.8** | **1 191.6** | **1 325.0** | **1 262.0** |
| 10-12 | Produits alimentaires, boissons et tabac | 13.6 | 12.9 | 23.1 | 29.6 | 36.2 | 36.5 | 42.7 | 25.4 |
| 13-15 | Textiles, habillement, cuir et articles de cuir | 0.8 | 0.4 | 0.5 | 0.3 | 0.2 | 0.6 | 7.5 | 4.6 |
| 13 | Textiles | .. | .. | .. | .. | .. | .. | 2.4 | .. |
| 14 | Articles d'habillement | .. | .. | .. | .. | .. | .. | 0.8 | 0.7 |
| 15 | Cuir et articles de cuir | .. | .. | .. | .. | .. | .. | 4.2 | .. |
| 16-18 | Bois, papier, imprimerie et reproduction de supports enregistrés | 4.8 | 5.6 | 9.1 | 8.6 | 9.5 | 12.2 | 31.3 | 29.3 |
| 16 | Bois et articles en bois, sauf meubles | 0.2 | 0.7 | 1.4 | 1.0 | 2.0 | 0.5 | 4.6 | 2.0 |
| 17 | Papier et articles en papier | 1.1 | 0.5 | 0.6 | 2.7 | 4.6 | 5.5 | 22.1 | 3.5 |
| 18 | Imprimerie et reproduction de supports enregistrés | 3.5 | 4.4 | 7.1 | 4.9 | 2.9 | 6.1 | 4.7 | 23.8 |
| 19-23 | Produits pétroliers, chimiques, pharmaceutiques, caoutchouc, plastique, minéraux | 361.5 | 440.3 | 490.5 | 497.3 | 498.2 | 561.2 | 552.5 | 567.3 |
| 19 | Cokéfaction et raffinage | 17.9 | 24.6 | 26.1 | 12.1 | 13.7 | 14.5 | 11.2 | 10.9 |
| 20-21 | Industrie chimique et pharmaceutique | 331.4 | 403.4 | 443.0 | 466.9 | 460.3 | 511.6 | 513.4 | 524.2 |
| 20 | Produits chimiques | 19.9 | 23.1 | 28.6 | 24.4 | 26.2 | 18.2 | 32.8 | 18.0 |
| 21 | Préparations pharmaceutiques, chimiques (médicine) et d'herboristerie | 311.4 | 380.3 | 414.4 | 442.5 | 434.1 | 493.4 | 480.6 | 506.2 |
| 22 | Produits en caoutchouc et en plastique | 9.5 | 9.6 | 18.2 | 12.2 | 17.3 | 19.0 | 20.8 | 25.3 |
| 23 | Autres produits minéraux non métalliques | 2.7 | 2.7 | 3.1 | 6.2 | 6.8 | 16.2 | 7.1 | 6.9 |
| 24-25 | Produits métalliques de base et ouvrages en métaux (sauf machines et matériel) | 8.3 | 10.9 | 16.8 | 16.1 | 20.3 | 51.0 | 47.4 | 57.3 |
| 24 | Produits métallurgiques de base | 3.9 | 5.5 | 7.3 | 8.0 | 4.9 | 6.2 | 9.2 | 14.1 |
| 25 | Ouvrages en métaux (sauf machines et matériel) | 4.5 | 5.3 | 9.6 | 8.1 | 15.4 | 44.8 | 38.2 | 43.3 |
| 26-30 | Ordinateurs, articles électroniques et optiques ; machines et matériels de transport | 283.1 | 293.3 | 345.8 | 367.5 | 445.4 | 478.1 | 570.1 | 515.8 |
| 26 | Ordinateurs, articles électroniques et optiques | 99.3 | 78.1 | 123.8 | 116.1 | 149.2 | 129.4 | 129.8 | 51.2 |
| 27 | Matériels électriques | 37.5 | 42.0 | 46.7 | 41.9 | 48.8 | 45.7 | 66.1 | 65.5 |
| 28 | Machines et équipements n.c.a. | 39.4 | 37.7 | 30.9 | 65.1 | 88.4 | 113.3 | 127.3 | 131.3 |
| 29 | Automobiles, remorques et semi-remorques | 105.8 | 134.1 | 133.7 | 142.5 | 157.2 | 187.6 | 244.8 | 255.2 |
| 30 | Autres matériels de transport | 1.0 | 1.4 | 10.7 | 1.9 | 1.7 | 2.1 | 2.0 | 12.6 |
| 31-33 | Meubles ; réparation et installation de machines et de matériel | 3.6 | 18.3 | 27.9 | 36.5 | 40.1 | 52.0 | 73.6 | 62.3 |
| 31 | Meubles | 0.4 | 0.2 | 0.6 | 1.1 | 3.3 | 3.4 | 13.5 | 5.3 |
| 32 | Autres activités de fabrication | 0.4 | 10.1 | 11.8 | 18.9 | 24.2 | 28.0 | 28.8 | 40.9 |
| 33 | Réparation et installation de machines et de matériel | 2.9 | 8.0 | 15.5 | 16.5 | 12.6 | 20.5 | 31.3 | 16.2 |
| 35-39 | **ÉLECTRICITÉ, GAZ, EAU ET TRAITEMENT DES DÉCHETS** | **5.9** | **7.3** | **9.9** | **7.9** | **6.5** | **4.9** | **18.2** | **12.5** |
| 35-36 | Production et distribution d'électricité, de gaz et de l'eau | 2.5 | 1.7 | 2.2 | 3.5 | 2.9 | 2.7 | 3.8 | 6.2 |
| 37-39 | Assainissement, traitement des déchets et dépollution | 3.4 | 5.6 | 7.7 | 4.4 | 3.6 | 2.2 | 14.4 | 6.3 |
| 41-43 | **CONSTRUCTION** | **1.7** | **3.0** | **9.9** | **5.9** | **8.2** | **8.5** | **23.5** | **21.4** |
| 45-99 | **TOTAL SERVICES** | **219.3** | **257.7** | **383.9** | **472.0** | **593.8** | **649.2** | **915.6** | **1 098.2** |
| 45-82 | **Services du secteur des entreprises** | **205.6** | **235.3** | **355.1** | **434.4** | **553.1** | **598.2** | **868.9** | **1 043.6** |
| 45-47 | Commerce de gros et de détail ; réparations automobiles et motocycles | 114.7 | 78.3 | 89.7 | 189.4 | 268.2 | 223.8 | 307.3 | 361.9 |
| 49-53 | Transport et entreposage | 1.5 | 1.7 | 1.8 | 0.2 | 1.8 | 4.3 | 11.8 | 9.2 |
| 55-56 | Activités d'hébergement et de restauration | 0.1 | 0.3 | 0.2 | 0.0 | .. | .. | .. | 2.0 |
| 58-63 | Information et communication | 32.7 | 76.2 | 148.8 | 109.8 | 134.6 | 255.7 | 368.7 | 502.4 |
| 58-60 | Édition, audiovisuel et diffusion | 5.6 | 3.9 | 8.9 | 11.9 | 13.8 | 20.6 | 30.2 | 30.2 |
| 58 | Activités d'édition | 5.6 | 3.5 | 8.2 | 9.9 | 13.0 | 20.6 | .. | .. |
| 59-60 | Activités audiovisuel et diffusion | 0.0 | 0.4 | 0.7 | 2.0 | 0.8 | 0.0 | .. | .. |
| 59 | Production de films, vidéo, programmes de télévision et d'enregistrements | .. | .. | .. | .. | .. | .. | .. | .. |
| 60 | Programmation et diffusion | .. | .. | .. | .. | .. | .. | .. | .. |
| 61 | Télécommunications | 2.8 | 3.0 | 3.7 | 1.6 | 3.6 | 4.3 | 10.9 | 91.8 |
| 62-63 | Technologies de l'information et informatique | 24.3 | 69.4 | 136.2 | 96.3 | 117.2 | 230.8 | 327.6 | 380.4 |
| 62 | Programmation informatique ; conseils et activités connexes | 23.3 | 68.6 | 131.5 | 93.3 | 113.8 | 220.1 | 303.7 | 354.4 |
| 63 | Services d'information | 1.0 | 0.8 | 4.7 | 3.1 | 3.4 | 10.7 | 23.9 | 25.9 |
| 64-66 | **Activités financières et d'assurances** | **1.9** | **2.4** | **0.9** | **2.7** | **..** | **..** | **..** | **2.2** |
| 68-82 | **Activités immobilières ; professionnelles ; services administratifs et d'appui** | **54.7** | **76.5** | **113.7** | **132.3** | **143.9** | **109.5** | **178.3** | **165.9** |
| 68 | Activités immobilières | 1.5 | 3.1 | 6.6 | 2.9 | 5.4 | 3.8 | 10.1 | 15.2 |
| 69-75x72 | Activités professionnelles, scientifiques et techniques, R-D scientifique exclu | 35.2 | 66.7 | 101.1 | 106.4 | 129.4 | 99.1 | 139.9 | 122.7 |
| 72 | Recherche scientifique et développement | 10.9 | 3.7 | 2.0 | 18.3 | 3.1 | 1.7 | 18.7 | 8.2 |
| 77-82 | Activités de services administratifs et d'appui | 7.1 | 3.0 | 4.0 | 4.6 | 6.1 | 4.9 | 9.7 | 19.9 |
| 84-99 | **Services collectifs, sociaux et personnels** | **13.8** | **22.3** | **28.8** | **37.6** | **40.7** | **51.0** | **46.7** | **54.6** |
| 84-85 | Administration publique et défense ; sécurité sociale obligatoire et éducation | 1.4 | 0.9 | 1.2 | 1.2 | 0.7 | 7.2 | 5.0 | 7.8 |
| 86-88 | Santé humaine et action sociale | 11.0 | 18.5 | 22.7 | 29.8 | 31.1 | 37.1 | 29.3 | 36.3 |
| 90-93 | Arts, spectacles et loisirs | 0.3 | 0.8 | 0.6 | 0.6 | 1.2 | 1.6 | 2.2 | 2.4 |
| 94-99 | Autres services ; ménages-employeurs ; organismes extra-territoriaux | 1.0 | 2.2 | 4.4 | 5.9 | 7.6 | 5.0 | 10.3 | 8.0 |

.. Non disponible

*Note* : Voir les métadonnées détaillées sur : http://metalinks.oecd.org/anberd/20170419/1355.
  Informations sur les données concernant Israël : http://oe.cd/israel-disclaimer.

*Responsabilité* : http://oe.cd/disclaimer

# HONGRIE

## Dépenses de R-D dans l'industrie par activité principale de l'entreprise, prix constants
### CITI Rév. 4

*2010 PPP USD*

| | | 2007 | 2008 | 2009 | 2010 | 2011 | 2012 | 2013 | 2014 |
|---|---|---|---|---|---|---|---|---|---|
| | **TOTAL ENTREPRISES** | 1 094.4 | 1 180.5 | 1 388.3 | 1 470.5 | 1 628.9 | 1 789.6 | 2 124.6 | 2 223.4 |
| 01-03 | **AGRICULTURE, SYLVICULTURE ET PÊCHE** | 21.9 | 21.4 | 25.9 | 28.8 | 30.9 | 40.9 | 47.8 | 50.7 |
| 05-09 | **ACTIVITÉS EXTRACTIVES** | 0.0 | 0.0 | 0.0 | 0.0 | 0.0 | 2.2 | 1.0 | 1.4 |
| 10-33 | **ACTIVITÉS DE FABRICATION** | 802.9 | 863.1 | 944.9 | 956.0 | 1 011.6 | 1 122.4 | 1 205.1 | 1 144.6 |
| 10-12 | Produits alimentaires, boissons et tabac | 16.1 | 14.2 | 23.9 | 29.6 | 34.9 | 34.4 | 38.9 | 23.1 |
| 13-15 | Textiles, habillement, cuir et articles de cuir | 1.0 | 0.4 | 0.5 | 0.3 | 0.2 | 0.6 | 6.8 | 4.2 |
| 13 | Textiles | .. | .. | .. | .. | .. | .. | 2.2 | .. |
| 14 | Articles d'habillement | .. | .. | .. | .. | .. | .. | 0.7 | 0.6 |
| 15 | Cuir et articles de cuir | .. | .. | .. | .. | .. | .. | 3.8 | .. |
| 16-18 | Bois, papier, imprimerie et reproduction de supports enregistrés | 5.8 | 6.2 | 9.4 | 8.6 | 9.2 | 11.5 | 28.5 | 26.6 |
| 16 | Bois et articles en bois, sauf meubles | 0.3 | 0.8 | 1.4 | 1.0 | 1.9 | 0.5 | 4.2 | 1.8 |
| 17 | Papier et articles en papier | 1.3 | 0.6 | 0.7 | 2.7 | 4.4 | 5.2 | 20.1 | 3.1 |
| 18 | Imprimerie et reproduction de supports enregistrés | 4.2 | 4.8 | 7.4 | 4.9 | 2.8 | 5.8 | 4.2 | 21.6 |
| 19-23 | Produits pétroliers, chimiques, pharmaceutiques, caoutchouc, plastique, minéraux | 429.5 | 486.2 | 507.2 | 497.3 | 480.0 | 528.6 | 502.5 | 514.5 |
| 19 | Cokéfaction et raffinage | 21.3 | 27.2 | 27.0 | 12.1 | 13.2 | 13.6 | 10.2 | 9.9 |
| 20-21 | Industrie chimique et pharmaceutique | 393.7 | 445.4 | 458.1 | 466.9 | 443.6 | 481.9 | 467.0 | 475.4 |
| 20 | Produits chimiques | 23.7 | 25.5 | 29.6 | 24.4 | 25.3 | 17.1 | 29.9 | 16.3 |
| 21 | Préparations pharmaceutiques, chimiques (médicine) et d'herboristerie | 370.0 | 419.9 | 428.6 | 442.5 | 418.3 | 464.8 | 437.1 | 459.1 |
| 22 | Produits en caoutchouc et en plastique | 11.3 | 10.6 | 18.8 | 12.2 | 16.7 | 17.9 | 18.9 | 22.9 |
| 23 | Autres produits minéraux non métalliques | 3.2 | 3.0 | 3.2 | 6.2 | 6.6 | 15.2 | 6.5 | 6.3 |
| 24-25 | Produits métalliques de base et ouvrages en métaux (sauf machines et matériel) | 9.9 | 12.0 | 17.4 | 16.1 | 19.6 | 48.1 | 43.1 | 52.0 |
| 24 | Produits métallurgiques de base | 4.6 | 6.1 | 7.5 | 8.0 | 4.8 | 5.8 | 8.3 | 12.8 |
| 25 | Ouvrages en métaux (sauf machines et matériel) | 5.3 | 5.9 | 9.9 | 8.1 | 14.8 | 42.2 | 34.8 | 39.2 |
| 26-30 | Ordinateurs, articles électroniques et optiques ; machines et matériels de transport | 336.3 | 323.9 | 357.6 | 367.5 | 429.2 | 450.3 | 518.5 | 467.8 |
| 26 | Ordinateurs, articles électroniques et optiques | 118.0 | 86.2 | 128.0 | 116.1 | 143.8 | 121.8 | 118.1 | 46.5 |
| 27 | Matériels électriques | 44.5 | 46.4 | 48.3 | 41.9 | 47.0 | 43.1 | 60.1 | 59.4 |
| 28 | Machines et équipements n.c.a. | 46.8 | 41.7 | 32.0 | 65.1 | 85.2 | 106.7 | 115.8 | 119.1 |
| 29 | Automobiles, remorques et semi-remorques | 125.7 | 148.1 | 138.2 | 142.5 | 151.5 | 176.7 | 222.7 | 231.4 |
| 30 | Autres matériels de transport | 1.2 | 1.5 | 11.1 | 1.9 | 1.7 | 2.0 | 1.8 | 11.4 |
| 31-33 | Meubles ; réparation et installation de machines et de matériel | 4.3 | 20.2 | 28.9 | 36.5 | 38.6 | 49.0 | 66.9 | 56.5 |
| 31 | Meubles | 0.5 | 0.3 | 0.6 | 1.1 | 3.2 | 3.2 | 12.3 | 4.8 |
| 32 | Autres activités de fabrication | 0.5 | 11.1 | 12.2 | 18.9 | 23.3 | 26.4 | 26.2 | 37.1 |
| 33 | Réparation et installation de machines et de matériel | 3.4 | 8.8 | 16.0 | 16.5 | 12.1 | 19.3 | 28.5 | 14.7 |
| 35-39 | **ÉLECTRICITÉ, GAZ, EAU ET TRAITEMENT DES DÉCHETS** | 7.0 | 8.0 | 10.2 | 7.9 | 6.3 | 4.6 | 16.6 | 11.3 |
| 35-36 | Production et distribution d'électricité, de gaz et de l'eau | 3.0 | 1.8 | 2.3 | 3.5 | 2.8 | 2.5 | 3.5 | 5.6 |
| 37-39 | Assainissement, traitement des déchets et dépollution | 4.0 | 6.2 | 7.9 | 4.4 | 3.5 | 2.1 | 13.1 | 5.7 |
| 41-43 | **CONSTRUCTION** | 2.0 | 3.3 | 10.2 | 5.9 | 7.9 | 8.0 | 21.4 | 19.4 |
| 45-99 | **TOTAL SERVICES** | 260.6 | 284.5 | 397.0 | 472.0 | 572.2 | 611.5 | 832.8 | 996.0 |
| 45-82 | **Services du secteur des entreprises** | 244.2 | 259.9 | 367.2 | 434.4 | 533.0 | 563.5 | 790.3 | 946.5 |
| 45-47 | Commerce de gros et de détail ; réparations automobiles et motocycles | 136.2 | 86.5 | 92.8 | 189.4 | 258.5 | 210.8 | 279.5 | 328.2 |
| 49-53 | Transport et entreposage | 1.8 | 1.8 | 1.9 | 0.2 | 1.7 | 4.0 | 10.8 | 8.3 |
| 55-56 | Activités d'hébergement et de restauration | 0.1 | 0.3 | 0.2 | 0.0 | .. | .. | .. | 1.8 |
| 58-63 | Information et communication | 38.8 | 84.2 | 153.9 | 109.8 | 129.7 | 240.9 | 335.3 | 455.6 |
| 58-60 | Édition, audiovisuel et diffusion | 6.6 | 4.3 | 9.2 | 11.9 | 13.3 | 19.4 | 27.5 | 27.4 |
| 58 | Activités d'édition | 6.6 | 3.8 | 8.5 | 9.9 | 12.5 | 19.4 | .. | .. |
| 59-60 | Activités audiovisuel et diffusion | 0.0 | 0.5 | 0.7 | 2.0 | 0.8 | 0.0 | .. | .. |
| 59 | Production de films, vidéo, programmes de télévision et d'enregistrements | .. | .. | .. | .. | .. | .. | .. | .. |
| 60 | Programmation et diffusion | .. | .. | .. | .. | .. | .. | .. | .. |
| 61 | Télécommunications | 3.3 | 3.3 | 3.8 | 1.6 | 3.5 | 4.1 | 10.0 | 83.2 |
| 62-63 | Technologies de l'information et informatique | 28.9 | 76.6 | 140.9 | 96.3 | 113.0 | 217.4 | 297.9 | 345.0 |
| 62 | Programmation informatique ; conseils et activités connexes | 27.6 | 75.8 | 136.0 | 93.3 | 109.7 | 207.4 | 276.2 | 321.5 |
| 63 | Services d'information | 1.2 | 0.9 | 4.9 | 3.1 | 3.3 | 10.1 | 21.7 | 23.5 |
| 64-66 | **Activités financières et d'assurances** | 2.3 | 2.6 | 0.9 | 2.7 | .. | .. | .. | 2.0 |
| 68-82 | **Activités immobilières ; professionnelles ; services administratifs et d'appui** | 65.0 | 84.5 | 117.6 | 132.3 | 138.7 | 103.1 | 162.2 | 150.5 |
| 68 | Activités immobilières | 1.7 | 3.4 | 6.8 | 2.9 | 5.2 | 3.5 | 9.1 | 13.7 |
| 69-75x72 | Activités professionnelles, scientifiques et techniques, R-D scientifique exclu | 41.9 | 73.7 | 104.5 | 106.4 | 124.6 | 93.3 | 127.2 | 111.3 |
| 72 | Recherche scientifique et développement | 12.9 | 4.0 | 2.0 | 18.3 | 3.0 | 1.6 | 17.0 | 7.4 |
| 77-82 | Activités de services administratifs et d'appui | 8.4 | 3.3 | 4.2 | 4.6 | 5.9 | 4.7 | 8.8 | 18.1 |
| 84-99 | **Services collectifs, sociaux et personnels** | 16.4 | 24.6 | 29.8 | 37.6 | 39.2 | 48.0 | 42.5 | 49.5 |
| 84-85 | Administration publique et défense ; sécurité sociale obligatoire et éducation | 1.7 | 0.9 | 1.2 | 1.2 | 0.7 | 6.8 | 4.5 | 7.1 |
| 86-88 | Santé humaine et action sociale | 13.1 | 20.4 | 23.4 | 29.8 | 30.0 | 34.9 | 26.6 | 33.0 |
| 90-93 | Arts, spectacles et loisirs | 0.4 | 0.9 | 0.6 | 0.6 | 1.1 | 1.5 | 2.0 | 2.2 |
| 94-99 | Autres services ; ménages-employeurs ; organismes extra-territoriaux | 1.2 | 2.4 | 4.5 | 5.9 | 7.4 | 4.7 | 9.4 | 7.3 |

.. Non disponible

*Note* : Voir les métadonnées détaillées sur : http://metalinks.oecd.org/anberd/20170419/1355.
    Informations sur les données concernant Israël : http://oe.cd/israel-disclaimer.
*Responsabilité* : http://oe.cd/disclaimer

# ISRAËL

## Dépenses de R-D dans l'industrie par activité principale de l'entreprise, prix courants
### CITI Rév. 4

*Millions USD PPP*

| | | 2007 | 2008 | 2009 | 2010 | 2011 | 2012 | 2013 | 2014 |
|---|---|---|---|---|---|---|---|---|---|
| | **TOTAL ENTREPRISES** | 7 203.5 | 7 109.3 | 6 910.2 | 7 194.0 | 7 979.6 | 8 788.5 | 9 643.0 | 10 395.0 |
| 01-03 | **AGRICULTURE, SYLVICULTURE ET PÊCHE** | .. | .. | .. | .. | .. | .. | .. | .. |
| 05-09 | **ACTIVITÉS EXTRACTIVES** | .. | .. | .. | 3.5 | 3.3 | 5.8 | 6.5 | 6.6 |
| 10-33 | **ACTIVITÉS DE FABRICATION** | 2 491.4 | 2 201.1 | 1 989.5 | 2 171.1 | 2 396.1 | 2 372.1 | 2 581.5 | 2 512.0 |
| 10-12 | Produits alimentaires, boissons et tabac | 5.2 | 19.8 | 11.2 | 15.1 | 20.0 | 24.1 | 18.4 | 16.9 |
| 13-15 | Textiles, habillement, cuir et articles de cuir | 33.5 | 24.9 | 26.0 | 17.1 | 22.0 | 22.8 | 20.5 | 21.3 |
| 13 | Textiles | .. | .. | .. | .. | .. | .. | .. | .. |
| 14 | Articles d'habillement | .. | .. | .. | .. | .. | .. | .. | .. |
| 15 | Cuir et articles de cuir | .. | .. | .. | .. | .. | .. | .. | .. |
| 16-18 | Bois, papier, imprimerie et reproduction de supports enregistrés | .. | .. | .. | 5.0 | 3.4 | 3.5 | 3.2 | 1.3 |
| 16 | Bois et articles en bois, sauf meubles | .. | .. | .. | .. | .. | .. | .. | .. |
| 17 | Papier et articles en papier | .. | .. | .. | .. | .. | .. | .. | .. |
| 18 | Imprimerie et reproduction de supports enregistrés | .. | .. | .. | .. | .. | .. | .. | .. |
| 19-23 | Produits pétroliers, chimiques, pharmaceutiques, caoutchouc, plastique, minéraux | 414.3 | 382.4 | 422.9 | 416.3 | 375.6 | 401.0 | 495.1 | 410.0 |
| 19 | Cokéfaction et raffinage | .. | .. | .. | 64.2 | 45.9 | 66.0 | 64.9 | 77.2 |
| 20-21 | Industrie chimique et pharmaceutique | .. | .. | .. | .. | .. | .. | .. | .. |
| 20 | Produits chimiques | .. | .. | .. | .. | .. | .. | .. | .. |
| 21 | Préparations pharmaceutiques, chimiques (médicine) et d'herboristerie | .. | .. | .. | 313.9 | 283.2 | 286.2 | 382.4 | 285.8 |
| 22 | Produits en caoutchouc et en plastique | .. | .. | .. | .. | .. | .. | .. | .. |
| 23 | Autres produits minéraux non métalliques | .. | .. | .. | .. | .. | .. | .. | .. |
| 24-25 | Produits métalliques de base et ouvrages en métaux (sauf machines et matériel) | 67.9 | 51.2 | 62.4 | 42.7 | 89.5 | 53.9 | 53.9 | 52.6 |
| 24 | Produits métallurgiques de base | .. | .. | .. | .. | .. | .. | .. | .. |
| 25 | Ouvrages en métaux (sauf machines et matériel) | .. | .. | .. | .. | .. | .. | .. | .. |
| 26-30 | Ordinateurs, articles électroniques et optiques ; machines et matériels de transport | 1 970.5 | 1 722.9 | 1 467.0 | 1 654.9 | 1 861.1 | 1 839.0 | 1 960.7 | 1 983.7 |
| 26 | Ordinateurs, articles électroniques et optiques | 1 718.8 | 1 404.0 | 1 239.3 | 1 408.4 | 1 559.4 | 1 497.9 | 1 596.0 | 1 628.2 |
| 27 | Matériels électriques | .. | .. | .. | .. | .. | .. | 206.7 | 204.8 |
| 28 | Machines et équipements n.c.a. | .. | .. | .. | .. | .. | .. | 0.6 | 0.6 |
| 29 | Automobiles, remorques et semi-remorques | .. | .. | .. | .. | .. | .. | .. | .. |
| 30 | Autres matériels de transport | .. | .. | .. | .. | .. | .. | .. | .. |
| 31-33 | Meubles ; réparation et installation de machines et de matériel | .. | .. | .. | .. | .. | .. | .. | .. |
| 31 | Meubles | .. | .. | .. | .. | .. | .. | .. | .. |
| 32 | Autres activités de fabrication | .. | .. | .. | 20.0 | 24.5 | 27.7 | 29.7 | 26.3 |
| 33 | Réparation et installation de machines et de matériel | .. | .. | .. | .. | .. | .. | .. | .. |
| 35-39 | **ÉLECTRICITÉ, GAZ, EAU ET TRAITEMENT DES DÉCHETS** | 84.2 | 116.6 | 67.3 | 34.3 | 74.2 | 70.2 | 1.1 | 0.8 |
| 35-36 | Production et distribution d'électricité, de gaz et de l'eau | .. | .. | .. | .. | .. | .. | 0.7 | 0.5 |
| 37-39 | Assainissement, traitement des déchets et dépollution | .. | .. | .. | .. | .. | .. | 0.5 | 0.3 |
| 41-43 | **CONSTRUCTION** | .. | .. | .. | .. | .. | .. | 4.1 | 2.5 |
| 45-99 | **TOTAL SERVICES** | 4 627.8 | 4 791.6 | 4 853.5 | 4 985.1 | 5 506.0 | 6 340.3 | 7 049.7 | 7 873.3 |
| 45-82 | Services du secteur des entreprises | .. | .. | .. | 4 823.8 | 5 331.7 | 6 151.5 | 6 843.5 | 7 657.3 |
| 45-47 | Commerce de gros et de détail ; réparations automobiles et motocycles | .. | .. | .. | .. | .. | .. | 5.7 | 3.4 |
| 49-53 | Transport et entreposage | .. | .. | .. | 0.0 | 0.0 | 0.0 | 0.0 | 0.0 |
| 55-56 | Activités d'hébergement et de restauration | .. | .. | .. | 0.0 | 0.0 | 0.0 | 0.0 | 0.0 |
| 58-63 | Information et communication | 2 026.4 | 2 073.3 | 2 203.9 | 2 051.9 | 2 415.9 | 2 983.6 | 3 445.4 | 3 901.2 |
| 58-60 | Édition, audiovisuel et diffusion | .. | .. | .. | 21.3 | 25.1 | 31.0 | 35.8 | 44.8 |
| 58 | Activités d'édition | .. | .. | .. | .. | .. | .. | .. | .. |
| 59-60 | Activités audiovisuel et diffusion | .. | .. | .. | .. | .. | .. | .. | .. |
| 59 | Production de films, vidéo, programmes de télévision et d'enregistrements | .. | .. | .. | .. | .. | .. | .. | .. |
| 60 | Programmation et diffusion | .. | .. | .. | .. | .. | .. | .. | .. |
| 61 | Télécommunications | .. | .. | .. | .. | .. | .. | .. | .. |
| 62-63 | Technologies de l'information et informatique | .. | .. | .. | .. | .. | .. | .. | .. |
| 62 | Programmation informatique ; conseils et activités connexes | .. | .. | .. | .. | .. | .. | .. | .. |
| 63 | Services d'information | .. | .. | .. | 6.8 | 8.1 | 10.0 | 11.5 | 12.3 |
| 64-66 | **Activités financières et d'assurances** | .. | .. | .. | 3.0 | 6.4 | 5.1 | 23.5 | 17.7 |
| 68-82 | **Activités immobilières ; professionnelles ; services administratifs et d'appui** | .. | .. | .. | 2 768.9 | 2 909.4 | 3 162.7 | 3 369.0 | 3 735.0 |
| 68 | Activités immobilières | .. | .. | .. | 0.0 | 0.0 | 0.0 | 0.0 | 0.0 |
| 69-75x72 | Activités professionnelles, scientifiques et techniques, R-D scientifique exclu | .. | .. | .. | .. | .. | .. | .. | .. |
| 72 | Recherche scientifique et développement | 2 553.5 | 2 701.2 | 2 643.9 | 2 768.9 | 2 909.4 | 3 162.7 | 3 359.7 | 3 724.4 |
| 77-82 | Activités de services administratifs et d'appui | .. | .. | .. | .. | .. | .. | .. | .. |
| 84-99 | Services collectifs, sociaux et personnels | .. | .. | .. | 161.3 | 174.3 | 188.9 | 206.2 | 216.0 |
| 84-85 | Administration publique et défense ; sécurité sociale obligatoire et éducation | .. | .. | .. | .. | .. | .. | .. | .. |
| 86-88 | Santé humaine et action sociale | .. | .. | .. | .. | .. | .. | .. | .. |
| 90-93 | Arts, spectacles et loisirs | .. | .. | .. | .. | .. | .. | .. | .. |
| 94-99 | Autres services ; ménages-employeurs ; organismes extra-territoriaux | .. | .. | .. | .. | .. | .. | .. | .. |

.. Non disponible

*Note* : Voir les métadonnées détaillées sur : http://metalinks.oecd.org/anberd/20170419/1355.
   Informations sur les données concernant Israël : http://oe.cd/israel-disclaimer.
*Responsabilité* : http://oe.cd/disclaimer

# ISRAËL

## Dépenses de R-D dans l'industrie par activité principale de l'entreprise, prix constants
### CITI Rév. 4

*2010 PPP USD*

| | | 2007 | 2008 | 2009 | 2010 | 2011 | 2012 | 2013 | 2014 |
|---|---|---|---|---|---|---|---|---|---|
| | **TOTAL ENTREPRISES** | 7 273.9 | 7 287.2 | 6 994.6 | 7 194.0 | 7 779.1 | 8 279.9 | 8 626.5 | 9 222.4 |
| 01-03 | AGRICULTURE, SYLVICULTURE ET PÊCHE | .. | .. | .. | .. | .. | .. | .. | .. |
| 05-09 | ACTIVITÉS EXTRACTIVES | .. | .. | .. | 3.5 | 3.2 | 5.5 | 5.8 | 5.8 |
| 10-33 | ACTIVITÉS DE FABRICATION | 2 515.7 | 2 256.2 | 2 013.8 | 2 171.1 | 2 335.9 | 2 234.8 | 2 309.4 | 2 228.6 |
| 10-12 | Produits alimentaires, boissons et tabac | 5.2 | 20.3 | 11.3 | 15.1 | 19.5 | 22.7 | 16.5 | 15.0 |
| 13-15 | Textiles, habillement, cuir et articles de cuir | 33.7 | 25.5 | 26.3 | 17.1 | 21.4 | 21.5 | 18.3 | 18.9 |
| 13 | Textiles | .. | .. | .. | .. | .. | .. | .. | .. |
| 14 | Articles d'habillement | .. | .. | .. | .. | .. | .. | .. | .. |
| 15 | Cuir et articles de cuir | .. | .. | .. | .. | .. | .. | .. | .. |
| 16-18 | Bois, papier, imprimerie et reproduction de supports enregistrés | .. | .. | .. | 5.0 | 3.3 | 3.3 | 2.8 | 1.1 |
| 16 | Bois et articles en bois, sauf meubles | .. | .. | .. | .. | .. | .. | .. | .. |
| 17 | Papier et articles en papier | .. | .. | .. | .. | .. | .. | .. | .. |
| 18 | Imprimerie et reproduction de supports enregistrés | .. | .. | .. | .. | .. | .. | .. | .. |
| 19-23 | Produits pétroliers, chimiques, pharmaceutiques, caoutchouc, plastique, minéraux | 418.3 | 391.9 | 428.0 | 416.3 | 366.2 | 377.8 | 442.9 | 363.7 |
| 19 | Cokéfaction et raffinage | .. | .. | .. | 64.2 | 44.7 | 62.1 | 58.0 | 68.5 |
| 20-21 | Industrie chimique et pharmaceutique | .. | .. | .. | .. | .. | .. | .. | .. |
| 20 | Produits chimiques | .. | .. | .. | .. | .. | .. | .. | .. |
| 21 | Préparations pharmaceutiques, chimiques (médicine) et d'herboristerie | .. | .. | .. | 313.9 | 276.1 | 269.7 | 342.1 | 253.5 |
| 22 | Produits en caoutchouc et en plastique | .. | .. | .. | .. | .. | .. | .. | .. |
| 23 | Autres produits minéraux non métalliques | .. | .. | .. | .. | .. | .. | .. | .. |
| 24-25 | Produits métalliques de base et ouvrages en métaux (sauf machines et matériel) | 68.6 | 52.4 | 63.2 | 42.7 | 87.2 | 50.8 | 48.2 | 46.7 |
| 24 | Produits métallurgiques de base | .. | .. | .. | .. | .. | .. | .. | .. |
| 25 | Ouvrages en métaux (sauf machines et matériel) | .. | .. | .. | .. | .. | .. | .. | .. |
| 26-30 | Ordinateurs, articles électroniques et optiques ; machines et matériels de transport | 1 989.8 | 1 766.0 | 1 484.9 | 1 654.9 | 1 814.3 | 1 732.6 | 1 754.1 | 1 759.9 |
| 26 | Ordinateurs, articles électroniques et optiques | 1 735.6 | 1 439.2 | 1 254.5 | 1 408.4 | 1 520.2 | 1 411.2 | 1 427.7 | 1 444.5 |
| 27 | Matériels électriques | .. | .. | .. | .. | .. | .. | 184.9 | 181.7 |
| 28 | Machines et équipements n.c.a. | .. | .. | .. | .. | .. | .. | 0.6 | 0.6 |
| 29 | Automobiles, remorques et semi-remorques | .. | .. | .. | .. | .. | .. | .. | .. |
| 30 | Autres matériels de transport | .. | .. | .. | .. | .. | .. | .. | .. |
| 31-33 | Meubles ; réparation et installation de machines et de matériel | .. | .. | .. | .. | .. | .. | .. | .. |
| 31 | Meubles | .. | .. | .. | .. | .. | .. | .. | .. |
| 32 | Autres activités de fabrication | .. | .. | .. | 20.0 | 23.9 | 26.1 | 26.5 | 23.3 |
| 33 | Réparation et installation de machines et de matériel | .. | .. | .. | .. | .. | .. | .. | .. |
| 35-39 | ÉLECTRICITÉ, GAZ, EAU ET TRAITEMENT DES DÉCHETS | 84.8 | 119.5 | 68.1 | 34.3 | 72.3 | 66.0 | 1.0 | 0.7 |
| 35-36 | Production et distribution d'électricité, de gaz et de l'eau | .. | .. | .. | .. | .. | .. | 0.6 | 0.5 |
| 37-39 | Assainissement, traitement des déchets et dépollution | .. | .. | .. | .. | .. | .. | 0.4 | 0.2 |
| 41-43 | CONSTRUCTION | .. | .. | .. | .. | .. | .. | 3.7 | 2.2 |
| 45-99 | TOTAL SERVICES | 4 673.0 | 4 911.5 | 4 912.7 | 4 985.1 | 5 367.7 | 5 973.4 | 6 306.6 | 6 985.1 |
| 45-82 | Services du secteur des entreprises | .. | .. | .. | 4 823.8 | 5 197.8 | 5 795.5 | 6 122.2 | 6 793.5 |
| 45-47 | Commerce de gros et de détail ; réparations automobiles et motocycles | .. | .. | .. | .. | .. | .. | 5.1 | 3.0 |
| 49-53 | Transport et entreposage | .. | .. | .. | 0.0 | 0.0 | 0.0 | 0.0 | 0.0 |
| 55-56 | Activités d'hébergement et de restauration | .. | .. | .. | 0.0 | 0.0 | 0.0 | 0.0 | 0.0 |
| 58-63 | Information et communication | 2 046.2 | 2 125.2 | 2 230.8 | 2 051.9 | 2 355.2 | 2 811.0 | 3 082.2 | 3 461.1 |
| 58-60 | Édition, audiovisuel et diffusion | .. | .. | .. | 21.3 | 24.5 | 29.2 | 32.0 | 39.8 |
| 58 | Activités d'édition | .. | .. | .. | .. | .. | .. | .. | .. |
| 59-60 | Activités audiovisuel et diffusion | .. | .. | .. | .. | .. | .. | .. | .. |
| 59 | Production de films, vidéo, programmes de télévision et d'enregistrements | .. | .. | .. | .. | .. | .. | .. | .. |
| 60 | Programmation et diffusion | .. | .. | .. | .. | .. | .. | .. | .. |
| 61 | Télécommunications | .. | .. | .. | .. | .. | .. | .. | .. |
| 62-63 | Technologies de l'information et informatique | .. | .. | .. | .. | .. | .. | .. | .. |
| 62 | Programmation informatique ; conseils et activités connexes | .. | .. | .. | .. | .. | .. | .. | .. |
| 63 | Services d'information | .. | .. | .. | 6.8 | 7.9 | 9.4 | 10.3 | 10.9 |
| 64-66 | Activités financières et d'assurances | .. | .. | .. | 3.0 | 6.3 | 4.8 | 21.0 | 15.7 |
| 68-82 | Activités immobilières ; professionnelles ; services administratifs d'appui | .. | .. | .. | 2 768.9 | 2 836.3 | 2 979.7 | 3 013.9 | 3 313.7 |
| 68 | Activités immobilières | .. | .. | .. | 0.0 | 0.0 | 0.0 | 0.0 | 0.0 |
| 69-75x72 | Activités professionnelles, scientifiques et techniques, R-D scientifique exclu | .. | .. | .. | .. | .. | .. | .. | .. |
| 72 | Recherche scientifique et développement | 2 578.5 | 2 768.8 | 2 676.2 | 2 768.9 | 2 836.3 | 2 979.7 | 3 005.6 | 3 304.3 |
| 77-82 | Activités de services administratifs et d'appui | .. | .. | .. | .. | .. | .. | .. | .. |
| 84-99 | Services collectifs, sociaux et personnels | .. | .. | .. | 161.3 | 169.9 | 178.0 | 184.5 | 191.6 |
| 84-85 | Administration publique et défense ; sécurité sociale obligatoire et éducation | .. | .. | .. | .. | .. | .. | .. | .. |
| 86-88 | Santé humaine et action sociale | .. | .. | .. | .. | .. | .. | .. | .. |
| 90-93 | Arts, spectacles et loisirs | .. | .. | .. | .. | .. | .. | .. | .. |
| 94-99 | Autres services ; ménages-employeurs ; organismes extra-territoriaux | .. | .. | .. | .. | .. | .. | .. | .. |

.. Non disponible

*Note* : Voir les métadonnées détaillées sur : http://metalinks.oecd.org/anberd/20170419/1355.
   Informations sur les données concernant Israël : http://oe.cd/israel-disclaimer.
*Responsabilité* : http://oe.cd/disclaimer

# ITALIE

## Dépenses de R-D dans l'industrie par activité principale de l'entreprise, prix courants
### CITI Rév. 4

*Millions USD PPP*

| Code | Activité | 2007 | 2008 | 2009 | 2010 | 2011 | 2012 | 2013 | 2014 |
|---|---|---|---|---|---|---|---|---|---|
| | **TOTAL ENTREPRISES** | 11 665.5 | 12 981.2 | 13 289.7 | 13 709.0 | 14 268.5 | 14 854.5 | 15 585.0 | 16 807.0 |
| 01-03 | AGRICULTURE, SYLVICULTURE ET PÊCHE | 0.2 | 2.2 | 2.3 | 4.5 | 4.3 | 4.5 | 6.0 | 9.5 |
| 05-09 | ACTIVITÉS EXTRACTIVES | 161.3 | 224.2 | 214.2 | 97.1 | 82.6 | 83.3 | 80.0 | 72.5 |
| 10-33 | ACTIVITÉS DE FABRICATION | 8 114.3 | 9 236.1 | 9 256.8 | 9 820.0 | 10 501.7 | 11 035.4 | 11 239.1 | 11 894.6 |
| 10-12 | Produits alimentaires, boissons et tabac | 167.1 | 200.5 | 202.8 | 212.8 | 198.1 | 229.5 | 255.6 | 272.0 |
| 13-15 | Textiles, habillement, cuir et articles de cuir | 304.5 | 428.0 | 474.4 | 549.3 | 572.6 | 611.2 | 652.4 | 697.6 |
| 13 | Textiles | 103.9 | 95.2 | 117.6 | 149.7 | 131.9 | 137.3 | 150.3 | 172.4 |
| 14 | Articles d'habillement | 142.9 | 243.0 | 252.5 | 269.5 | 281.5 | 301.4 | 304.8 | 308.3 |
| 15 | Cuir et articles de cuir | 57.7 | 89.8 | 104.4 | 130.1 | 159.1 | 172.4 | 197.4 | 216.9 |
| 16-18 | Bois, papier, imprimerie et reproduction de supports enregistrés | 67.5 | 82.3 | 96.2 | 89.9 | 95.3 | 87.1 | 101.7 | 106.8 |
| 16 | Bois et articles en bois, sauf meubles | 11.1 | 18.1 | 21.2 | 18.1 | 17.9 | 18.3 | 18.5 | 18.5 |
| 17 | Papier et articles en papier | 45.7 | 48.0 | 57.8 | 57.5 | 63.7 | 56.7 | 69.5 | 70.2 |
| 18 | Imprimerie et reproduction de supports enregistrés | 10.7 | 16.2 | 17.3 | 14.3 | 13.7 | 12.0 | 13.7 | 18.2 |
| 19-23 | Produits pétroliers, chimiques, pharmaceutiques, caoutchouc, plastique, minéraux | 1 304.5 | 1 510.5 | 1 531.8 | 1 635.2 | 1 640.7 | 1 765.1 | 1 753.5 | 1 840.2 |
| 19 | Cokéfaction et raffinage | 14.2 | 16.3 | 6.9 | 11.9 | 16.6 | 16.4 | 18.3 | 23.6 |
| 20-21 | Industrie chimique et pharmaceutique | 922.5 | 1 066.6 | 1 131.3 | 1 192.8 | 1 208.9 | 1 244.3 | 1 233.6 | 1 221.6 |
| 20 | Produits chimiques | 402.5 | 454.0 | 438.7 | 470.8 | 446.6 | 472.8 | 494.7 | 525.0 |
| 21 | Préparations pharmaceutiques, chimiques (médicine) et d'herboristerie | 520.1 | 612.6 | 692.5 | 722.0 | 762.4 | 771.5 | 738.9 | 696.6 |
| 22 | Produits en caoutchouc et en plastique | 270.5 | 300.1 | 271.4 | 307.9 | 309.6 | 375.5 | 370.5 | 446.9 |
| 23 | Autres produits minéraux non métalliques | 97.3 | 127.5 | 122.3 | 122.6 | 105.6 | 128.8 | 131.1 | 148.0 |
| 24-25 | Produits métalliques de base et ouvrages en métaux (sauf machines et matériel) | 304.8 | 523.5 | 453.5 | 471.6 | 494.1 | 507.3 | 568.5 | 538.7 |
| 24 | Produits métallurgiques de base | 113.5 | 139.2 | 124.2 | 124.9 | 138.9 | 134.4 | 125.7 | 110.3 |
| 25 | Ouvrages en métaux (sauf machines et matériel) | 191.2 | 384.3 | 329.3 | 346.6 | 355.2 | 372.9 | 442.8 | 428.4 |
| 26-30 | Ordinateurs, articles électroniques et optiques ; machines et matériels de transport | 5 749.3 | 6 241.7 | 6 233.3 | 6 592.0 | 7 244.2 | 7 533.5 | 7 608.5 | 8 106.6 |
| 26 | Ordinateurs, articles électroniques et optiques | 1 558.3 | 1 528.5 | 1 651.5 | 1 787.0 | 1 902.8 | 1 828.9 | 1 758.9 | 1 783.8 |
| 27 | Matériels électriques | 352.5 | 484.1 | 494.6 | 562.8 | 607.1 | 631.0 | 655.7 | 635.9 |
| 28 | Machines et équipements n.c.a. | 1 099.6 | 1 355.6 | 1 402.6 | 1 377.9 | 1 539.2 | 1 731.5 | 1 862.1 | 1 990.4 |
| 29 | Automobiles, remorques et semi-remorques | 1 290.8 | 1 478.8 | 1 289.2 | 1 393.7 | 1 710.5 | 1 844.0 | 1 973.0 | 2 378.6 |
| 30 | Autres matériels de transport | 1 448.0 | 1 394.7 | 1 395.4 | 1 470.7 | 1 484.8 | 1 498.0 | 1 359.0 | 1 317.9 |
| 31-33 | Meubles ; réparation et installation de machines et de matériel | 216.7 | 249.6 | 264.7 | 269.3 | 256.6 | 301.8 | 298.4 | 332.6 |
| 31 | Meubles | 49.6 | 75.4 | 73.9 | 65.3 | 69.2 | 75.4 | 77.1 | 91.2 |
| 32 | Autres activités de fabrication | 91.6 | 95.6 | 98.9 | 116.8 | 118.9 | 146.3 | 129.2 | 147.7 |
| 33 | Réparation et installation de machines et de matériel | 75.5 | 78.6 | 91.9 | 87.2 | 68.5 | 80.1 | 92.0 | 93.6 |
| 35-39 | ÉLECTRICITÉ, GAZ, EAU ET TRAITEMENT DES DÉCHETS | 55.9 | 103.5 | 25.7 | 22.7 | 28.1 | 37.2 | 43.8 | 213.7 |
| 35-36 | Production et distribution d'électricité, de gaz et de l'eau | 50.0 | 96.0 | 15.4 | 15.2 | 20.6 | 28.0 | 36.4 | 195.7 |
| 37-39 | Assainissement, traitement des déchets et dépollution | 5.9 | 7.5 | 10.3 | 7.5 | 7.5 | 9.2 | 7.5 | 18.0 |
| 41-43 | CONSTRUCTION | 37.8 | 53.6 | 61.9 | 54.2 | 42.0 | 48.7 | 57.2 | 51.2 |
| 45-99 | **TOTAL SERVICES** | 3 296.1 | 3 361.6 | 3 728.8 | 3 710.5 | 3 609.7 | 3 645.4 | 4 158.9 | 4 565.4 |
| 45-82 | Services du secteur des entreprises | 3 240.0 | 3 293.8 | 3 635.8 | 3 620.5 | 3 500.0 | 3 477.1 | 3 917.1 | 4 306.5 |
| 45-47 | Commerce de gros et de détail ; réparations automobiles et motocycles | 312.4 | 361.1 | 372.8 | 395.1 | 336.9 | 365.2 | 434.8 | 484.2 |
| 49-53 | Transport et entreposage | 42.9 | 72.5 | 42.1 | 41.1 | 36.6 | 23.9 | 55.1 | 51.5 |
| 55-56 | Activités d'hébergement et de restauration | 1.9 | 2.2 | 2.9 | 4.4 | 3.8 | 3.2 | 2.4 | 3.0 |
| 58-63 | Information et communication | 1 124.1 | 1 408.5 | 1 673.1 | 1 612.0 | 1 489.9 | 1 515.3 | 1 766.3 | 1 676.0 |
| 58-60 | Édition, audiovisuel et diffusion | 76.9 | 17.4 | 18.2 | 17.0 | 16.3 | 23.7 | 21.3 | 26.6 |
| 58 | Activités d'édition | 66.5 | 4.3 | 5.2 | 6.0 | 5.9 | 15.1 | 12.2 | 17.7 |
| 59-60 | Activités audiovisuel et diffusion | 10.4 | 13.0 | 13.0 | 11.0 | 10.4 | 8.6 | 9.0 | 8.9 |
| 59 | Production de films, vidéo, programmes de télévision et d'enregistrements | .. | .. | .. | .. | .. | .. | .. | .. |
| 60 | Programmation et diffusion | .. | .. | .. | .. | .. | .. | .. | .. |
| 61 | Télécommunications | 570.0 | 1 107.3 | 1 295.0 | 1 238.3 | 1 090.8 | 1 088.2 | 578.4 | 424.8 |
| 62-63 | Technologies de l'information et informatique | 477.2 | 283.8 | 360.0 | 356.7 | 382.8 | 403.4 | 1 166.4 | 1 224.6 |
| 62 | Programmation informatique ; conseils et activités connexes | 464.4 | 268.1 | 332.0 | 328.8 | 346.8 | 362.2 | 662.5 | 1 170.8 |
| 63 | Services d'information | 12.8 | 15.7 | 27.9 | 28.0 | 36.0 | 41.2 | 503.9 | 53.8 |
| 64-66 | Activités financières et d'assurances | 170.0 | 204.0 | 240.3 | 253.1 | 188.4 | 229.4 | 253.5 | 305.7 |
| 68-82 | Activités immobilières ; professionnelles ; services administratifs et d'appui | 1 588.7 | 1 245.5 | 1 304.7 | 1 314.8 | 1 444.3 | 1 340.1 | 1 405.0 | 1 786.0 |
| 68 | Activités immobilières | 2.5 | 3.7 | 30.2 | 13.3 | 7.0 | 10.3 | 3.0 | 4.0 |
| 69-75x72 | Activités professionnelles, scientifiques et techniques, R-D scientifique exclu | 654.1 | 257.1 | 402.5 | 423.2 | 495.2 | 431.8 | 461.0 | 491.1 |
| 72 | Recherche scientifique et développement | 912.3 | 965.7 | 858.4 | 866.1 | 930.2 | 879.3 | 930.2 | 1 251.1 |
| 77-82 | Activités de services administratifs et d'appui | 19.9 | 19.0 | 13.5 | 12.1 | 12.0 | 18.6 | 10.9 | 39.8 |
| 84-99 | Services collectifs, sociaux et personnels | 56.0 | 67.9 | 93.1 | 90.1 | 109.7 | 168.4 | 241.8 | 259.0 |
| 84-85 | Administration publique et défense ; sécurité sociale obligatoire et éducation | 5.9 | 1.9 | 1.8 | 3.1 | 2.9 | 1.9 | 2.3 | 2.2 |
| 86-88 | Santé humaine et action sociale | 48.0 | 61.8 | 82.0 | 76.3 | 94.4 | 155.1 | 216.9 | 225.3 |
| 90-93 | Arts, spectacles et loisirs | 1.1 | 1.0 | 1.2 | 2.2 | 2.0 | 1.3 | 10.5 | 19.6 |
| 94-99 | Autres services ; ménages-employeurs ; organismes extra-territoriaux | 1.0 | 3.2 | 8.0 | 8.4 | 10.4 | 10.0 | 12.1 | 11.8 |

.. Non disponible

*Note* : Voir les métadonnées détaillées sur : http://metalinks.oecd.org/anberd/20170419/1355.
Informations sur les données concernant Israël : http://oe.cd/israel-disclaimer.

*Responsabilité* : http://oe.cd/disclaimer

# ITALIE

## Dépenses de R-D dans l'industrie par activité principale de l'entreprise, prix constants
### CITI Rév. 4

2010 PPP USD

| | | 2007 | 2008 | 2009 | 2010 | 2011 | 2012 | 2013 | 2014 |
|---|---|---|---|---|---|---|---|---|---|
| | **TOTAL ENTREPRISES** | 12 842.4 | 13 484.0 | 13 309.4 | 13 709.0 | 13 824.9 | 13 991.8 | 14 288.7 | 15 227.7 |
| 01-03 | AGRICULTURE, SYLVICULTURE ET PÊCHE | 0.3 | 2.3 | 2.3 | 4.5 | 4.2 | 4.3 | 5.5 | 8.6 |
| 05-09 | ACTIVITÉS EXTRACTIVES | 177.5 | 232.9 | 214.5 | 97.1 | 80.1 | 78.5 | 73.3 | 65.7 |
| 10-33 | ACTIVITÉS DE FABRICATION | 8 932.9 | 9 593.9 | 9 270.4 | 9 820.0 | 10 175.2 | 10 394.5 | 10 304.3 | 10 776.9 |
| 10-12 | Produits alimentaires, boissons et tabac | 183.9 | 208.2 | 203.1 | 212.8 | 191.9 | 216.2 | 234.4 | 246.5 |
| 13-15 | Textiles, habillement, cuir et articles de cuir | 335.2 | 444.6 | 475.1 | 549.3 | 554.8 | 575.7 | 598.2 | 632.1 |
| 13 | Textiles | 114.4 | 98.9 | 117.8 | 149.7 | 127.8 | 129.4 | 137.8 | 156.2 |
| 14 | Articles d'habillement | 157.3 | 252.4 | 252.8 | 269.5 | 272.8 | 283.9 | 279.4 | 279.4 |
| 15 | Cuir et articles de cuir | 63.6 | 93.3 | 104.5 | 130.1 | 154.1 | 162.4 | 181.0 | 196.5 |
| 16-18 | Bois, papier, imprimerie et reproduction de supports enregistrés | 74.3 | 85.5 | 96.3 | 89.9 | 92.3 | 82.0 | 93.2 | 96.8 |
| 16 | Bois et articles en bois, sauf meubles | 12.2 | 18.8 | 21.2 | 18.1 | 17.4 | 17.3 | 16.9 | 16.7 |
| 17 | Papier et articles en papier | 50.3 | 49.8 | 57.8 | 57.5 | 61.7 | 53.4 | 63.7 | 63.6 |
| 18 | Imprimerie et reproduction de supports enregistrés | 11.8 | 16.8 | 17.3 | 14.3 | 13.3 | 11.3 | 12.6 | 16.4 |
| 19-23 | Produits pétroliers, chimiques, pharmaceutiques, caoutchouc, plastique, minéraux | 1 436.1 | 1 569.0 | 1 534.1 | 1 635.2 | 1 589.7 | 1 662.6 | 1 607.7 | 1 667.2 |
| 19 | Cokéfaction et raffinage | 15.6 | 17.0 | 6.9 | 11.9 | 16.1 | 15.5 | 16.8 | 21.4 |
| 20-21 | Industrie chimique et pharmaceutique | 1 015.6 | 1 107.9 | 1 132.9 | 1 192.8 | 1 171.3 | 1 172.0 | 1 131.0 | 1 106.8 |
| 20 | Produits chimiques | 443.1 | 471.6 | 439.4 | 470.8 | 432.7 | 445.3 | 453.5 | 475.7 |
| 21 | Préparations pharmaceutiques, chimiques (médicine) et d'herboristerie | 572.5 | 636.3 | 693.5 | 722.0 | 738.7 | 726.7 | 677.4 | 631.2 |
| 22 | Produits en caoutchouc et en plastique | 297.7 | 311.7 | 271.8 | 307.9 | 300.0 | 353.7 | 339.7 | 404.9 |
| 23 | Autres produits minéraux non métalliques | 107.2 | 132.4 | 122.5 | 122.6 | 102.3 | 121.3 | 120.2 | 134.1 |
| 24-25 | Produits métalliques de base et ouvrages en métaux (sauf machines et matériel) | 335.5 | 543.8 | 454.2 | 471.6 | 478.8 | 477.8 | 521.2 | 488.1 |
| 24 | Produits métallurgiques de base | 125.0 | 144.6 | 124.4 | 124.9 | 134.6 | 126.6 | 115.3 | 100.0 |
| 25 | Ouvrages en métaux (sauf machines et matériel) | 210.5 | 399.2 | 329.8 | 346.6 | 344.2 | 351.2 | 406.0 | 388.1 |
| 26-30 | Ordinateurs, articles électroniques et optiques ; machines et matériels de transport | 6 329.3 | 6 483.5 | 6 242.5 | 6 592.0 | 7 019.0 | 7 095.9 | 6 975.7 | 7 344.8 |
| 26 | Ordinateurs, articles électroniques et optiques | 1 715.5 | 1 587.7 | 1 654.0 | 1 787.0 | 1 843.6 | 1 722.6 | 1 612.7 | 1 616.1 |
| 27 | Matériels électriques | 388.1 | 502.9 | 495.3 | 562.8 | 588.2 | 594.3 | 601.2 | 576.2 |
| 28 | Machines et équipements n.c.a. | 1 210.5 | 1 408.1 | 1 404.6 | 1 377.9 | 1 491.4 | 1 630.9 | 1 707.2 | 1 803.4 |
| 29 | Automobiles, remorques et semi-remorques | 1 421.1 | 1 536.0 | 1 291.1 | 1 393.7 | 1 657.3 | 1 736.2 | 1 808.9 | 2 155.1 |
| 30 | Autres matériels de transport | 1 594.1 | 1 448.7 | 1 397.5 | 1 470.7 | 1 438.6 | 1 411.0 | 1 246.0 | 1 194.0 |
| 31-33 | Meubles ; réparation et installation de machines et de matériel | 238.5 | 259.3 | 265.1 | 269.3 | 248.6 | 284.3 | 273.6 | 301.4 |
| 31 | Meubles | 54.6 | 78.3 | 74.0 | 65.3 | 67.0 | 71.0 | 70.7 | 82.7 |
| 32 | Autres activités de fabrication | 100.8 | 99.3 | 99.1 | 116.8 | 115.2 | 137.8 | 118.5 | 133.9 |
| 33 | Réparation et installation de machines et de matériel | 83.1 | 81.6 | 92.0 | 87.2 | 66.4 | 75.5 | 84.4 | 84.8 |
| 35-39 | ÉLECTRICITÉ, GAZ, EAU ET TRAITEMENT DES DÉCHETS | 61.5 | 107.5 | 25.7 | 22.7 | 27.2 | 35.0 | 40.2 | 193.6 |
| 35-36 | Production et distribution d'électricité, de gaz et de l'eau | 55.0 | 99.7 | 15.5 | 15.2 | 19.9 | 26.3 | 33.4 | 177.3 |
| 37-39 | Assainissement, traitement des déchets et dépollution | 6.5 | 7.8 | 10.3 | 7.5 | 7.3 | 8.7 | 6.8 | 16.3 |
| 41-43 | CONSTRUCTION | 41.6 | 55.7 | 62.0 | 54.2 | 40.7 | 45.9 | 52.4 | 46.4 |
| 45-99 | TOTAL SERVICES | 3 628.6 | 3 491.9 | 3 734.3 | 3 710.5 | 3 497.4 | 3 433.7 | 3 813.0 | 4 136.4 |
| 45-82 | Services du secteur des entreprises | 3 566.9 | 3 421.3 | 3 641.1 | 3 620.5 | 3 391.2 | 3 275.1 | 3 591.4 | 3 901.8 |
| 45-47 | Commerce de gros et de détail ; réparations automobiles et motocycles | 343.9 | 375.1 | 373.4 | 395.1 | 326.4 | 344.0 | 398.7 | 438.7 |
| 49-53 | Transport et entreposage | 47.3 | 75.3 | 42.1 | 41.1 | 35.5 | 22.5 | 50.5 | 46.7 |
| 55-56 | Activités d'hébergement et de restauration | 2.0 | 2.3 | 2.9 | 4.4 | 3.7 | 3.0 | 2.2 | 2.8 |
| 58-63 | Information et communication | 1 237.6 | 1 463.0 | 1 675.5 | 1 612.0 | 1 443.6 | 1 427.2 | 1 619.4 | 1 518.5 |
| 58-60 | Édition, audiovisuel et diffusion | 84.6 | 18.0 | 18.2 | 17.0 | 15.8 | 22.3 | 19.5 | 24.1 |
| 58 | Activités d'édition | 73.2 | 4.5 | 5.2 | 6.0 | 5.7 | 14.2 | 11.2 | 16.0 |
| 59-60 | Activités audiovisuel et diffusion | 11.4 | 13.5 | 13.0 | 11.0 | 10.1 | 8.1 | 8.2 | 8.1 |
| 59 | Production de films, vidéo, programmes de télévision et d'enregistrements | .. | .. | .. | .. | .. | .. | .. | .. |
| 60 | Programmation et diffusion | .. | .. | .. | .. | .. | .. | .. | .. |
| 61 | Télécommunications | 627.5 | 1 150.2 | 1 296.9 | 1 238.3 | 1 056.9 | 1 025.0 | 530.3 | 384.9 |
| 62-63 | Technologies de l'information et informatique | 525.4 | 294.8 | 360.5 | 356.7 | 370.9 | 379.9 | 1 069.4 | 1 109.5 |
| 62 | Programmation informatique ; conseils et activités connexes | 511.3 | 278.5 | 332.5 | 328.8 | 336.0 | 341.1 | 607.4 | 1 060.8 |
| 63 | Services d'information | 14.1 | 16.3 | 27.9 | 28.0 | 34.9 | 38.8 | 462.0 | 48.7 |
| 64-66 | Activités financières et d'assurances | 187.2 | 211.9 | 240.6 | 253.1 | 182.5 | 216.0 | 232.4 | 276.9 |
| 68-82 | Activités immobilières ; professionnelles ; services administratifs et d'appui | 1 749.0 | 1 293.8 | 1 306.6 | 1 314.8 | 1 399.4 | 1 262.2 | 1 288.2 | 1 618.2 |
| 68 | Activités immobilières | 2.7 | 3.0 | 30.3 | 13.3 | 6.8 | 9.7 | 2.7 | 3.6 |
| 69-75x72 | Activités professionnelles, scientifiques et techniques, R-D scientifique exclu | 720.0 | 267.1 | 403.1 | 423.2 | 479.8 | 406.8 | 422.7 | 445.0 |
| 72 | Recherche scientifique et développement | 1 004.3 | 1 003.1 | 859.7 | 866.1 | 901.2 | 828.3 | 852.8 | 1 133.6 |
| 77-82 | Activités de services administratifs et d'appui | 21.9 | 19.7 | 13.5 | 12.1 | 11.6 | 17.5 | 10.0 | 36.0 |
| 84-99 | Services collectifs, sociaux et personnels | 61.7 | 70.5 | 93.2 | 90.1 | 106.3 | 158.6 | 221.7 | 234.6 |
| 84-85 | Administration publique et défense ; sécurité sociale obligatoire et éducation | 6.5 | 2.0 | 1.8 | 3.1 | 2.8 | 1.8 | 2.1 | 2.0 |
| 86-88 | Santé humaine et action sociale | 52.8 | 64.2 | 82.2 | 76.3 | 91.4 | 146.1 | 198.9 | 204.1 |
| 90-93 | Arts, spectacles et loisirs | 1.2 | 1.1 | 1.2 | 2.2 | 1.9 | 1.3 | 9.6 | 17.8 |
| 94-99 | Autres services ; ménages-employeurs ; organismes extra-territoriaux | 1.1 | 3.3 | 8.1 | 8.4 | 10.1 | 9.4 | 11.1 | 10.7 |

.. Non disponible

*Note* : Voir les métadonnées détaillées sur : http://metalinks.oecd.org/anberd/20170419/1355.
Informations sur les données concernant Israël : http://oe.cd/israel-disclaimer.
*Responsabilité* : http://oe.cd/disclaimer

# ITALIE

## Dépenses de R-D dans l'industrie par groupe de produits, prix courants
### CITI Rév. 4

Millions USD PPP

| | | 2007 | 2008 | 2009 | 2010 | 2011 | 2012 | 2013 | 2014 |
|---|---|---|---|---|---|---|---|---|---|
| | **TOTAL ENTREPRISES** | .. | 12 981.2 | 13 289.7 | 13 709.0 | 14 268.5 | 14 854.5 | 15 585.0 | 16 807.0 |
| 01-03 | **AGRICULTURE, SYLVICULTURE ET PÊCHE** | .. | 151.7 | 106.6 | 86.6 | 119.3 | 130.4 | 130.9 | 156.9 |
| 05-09 | **ACTIVITÉS EXTRACTIVES** | .. | 262.3 | 228.6 | 54.6 | 47.3 | 50.2 | 82.7 | 53.4 |
| 10-33 | **ACTIVITÉS DE FABRICATION** | .. | 10 285.5 | 10 188.4 | 10 907.0 | 11 511.1 | 11 772.1 | 12 192.5 | 12 688.8 |
| 10-12 | Produits alimentaires, boissons et tabac | .. | 462.2 | 295.8 | 328.1 | 278.6 | 324.6 | 385.8 | 408.2 |
| 13-15 | Textiles, habillement, cuir et articles de cuir | .. | 585.0 | 591.5 | 701.6 | 736.0 | 785.0 | 940.0 | 1 407.5 |
| 13 | Textiles | .. | 210.9 | 232.7 | 283.9 | 269.5 | 296.1 | 354.0 | 690.3 |
| 14 | Articles d'habillement | .. | 285.2 | 251.6 | 275.4 | 295.4 | 310.7 | 328.5 | 457.4 |
| 15 | Cuir et articles de cuir | .. | 88.9 | 107.2 | 142.3 | 171.1 | 178.3 | 257.4 | 259.9 |
| 16-18 | Bois, papier, imprimerie et reproduction de supports enregistrés | .. | 184.1 | 173.9 | 164.8 | 171.3 | 171.2 | 209.7 | 316.8 |
| 16 | Bois et articles en bois, sauf meubles | .. | 67.5 | 59.8 | 47.6 | 46.0 | 53.6 | 64.6 | 75.5 |
| 17 | Papier et articles en papier | .. | 84.6 | 87.2 | 89.0 | 95.8 | 94.3 | 99.1 | 195.1 |
| 18 | Imprimerie et reproduction de supports enregistrés | .. | 32.0 | 26.9 | 28.2 | 29.5 | 23.3 | 46.0 | 46.1 |
| 19-23 | Produits pétroliers, chimiques, pharmaceutiques, caoutchouc, plastique, minéraux | .. | 1 926.4 | 2 049.3 | 2 235.5 | 2 291.9 | 2 281.3 | 2 229.7 | 2 337.2 |
| 19 | Cokéfaction et raffinage | .. | 19.8 | 94.1 | 126.1 | 130.2 | 115.5 | 128.6 | 56.9 |
| 20-21 | Industrie chimique et pharmaceutique | .. | 1 385.6 | 1 492.3 | 1 601.0 | 1 609.5 | 1 551.2 | 1 505.5 | 1 517.7 |
| 20 | Produits chimiques | .. | 396.8 | 455.8 | 492.8 | 439.0 | 455.2 | 534.5 | 545.1 |
| 21 | Préparations pharmaceutiques, chimiques (médicine) et d'herboristerie | .. | 988.8 | 1 036.5 | 1 108.2 | 1 170.4 | 1 096.0 | 971.0 | 972.6 |
| 22 | Produits en caoutchouc et en plastique | .. | 360.5 | 321.4 | 362.3 | 419.8 | 455.0 | 429.7 | 596.7 |
| 23 | Autres produits minéraux non métalliques | .. | 160.5 | 141.5 | 146.0 | 132.3 | 159.5 | 166.0 | 165.9 |
| 24-25 | Produits métalliques de base et ouvrages en métaux (sauf machines et matériel) | .. | 720.2 | 697.7 | 602.8 | 622.0 | 682.1 | 821.7 | 715.7 |
| 24 | Produits métallurgiques de base | .. | 247.7 | 251.2 | 265.6 | 280.5 | 321.9 | 424.8 | 323.8 |
| 25 | Ouvrages en métaux (sauf machines et matériel) | .. | 472.5 | 446.5 | 337.2 | 341.5 | 360.2 | 396.9 | 391.9 |
| 26-30 | Ordinateurs, articles électroniques et optiques ; machines et matériels de transport | .. | 6 237.0 | 6 236.7 | 6 723.0 | 7 262.2 | 7 371.9 | 7 439.2 | 7 298.9 |
| 26 | Ordinateurs, articles électroniques et optiques | .. | 1 797.5 | 1 870.8 | 1 969.4 | 2 031.3 | 1 983.3 | 1 966.2 | 2 001.3 |
| 27 | Matériels électriques | .. | 289.4 | 352.3 | 415.8 | 486.8 | 504.7 | 535.7 | 424.5 |
| 28 | Machines et équipements n.c.a. | .. | 904.9 | 1 005.6 | 952.4 | 1 069.6 | 1 172.6 | 1 225.7 | 1 350.0 |
| 29 | Automobiles, remorques et semi-remorques | .. | 1 699.1 | 1 674.1 | 1 929.4 | 2 140.7 | 2 246.7 | 2 235.4 | 2 566.2 |
| 30 | Autres matériels de transport | .. | 1 546.0 | 1 333.9 | 1 455.9 | 1 534.0 | 1 464.3 | 1 476.2 | 957.0 |
| 31-33 | Meubles ; réparation et installation de machines et de matériel | .. | 170.6 | 143.4 | 151.2 | 149.1 | 156.1 | 165.9 | 204.4 |
| 31 | Meubles | .. | 45.7 | 40.6 | 43.5 | 46.8 | 43.7 | 45.6 | 55.1 |
| 32 | Autres activités de fabrication | .. | 74.8 | 82.2 | 88.8 | 91.1 | 93.5 | 93.9 | 121.4 |
| 33 | Réparation et installation de machines et de matériel | .. | 50.1 | 20.6 | 18.9 | 11.2 | 18.9 | 26.3 | 27.9 |
| 35-39 | **ÉLECTRICITÉ, GAZ, EAU ET TRAITEMENT DES DÉCHETS** | .. | 233.9 | 329.1 | 319.2 | 328.6 | 303.1 | 305.7 | 432.8 |
| 35-36 | Production et distribution d'électricité, de gaz et de l'eau | .. | 196.1 | 289.9 | 268.1 | 277.7 | 258.6 | 264.9 | 382.7 |
| 37-39 | Assainissement, traitement des déchets et dépollution | .. | 37.8 | 39.2 | 51.1 | 50.9 | 44.4 | 40.9 | 50.1 |
| 41-43 | **CONSTRUCTION** | .. | 50.7 | 128.2 | 69.8 | 64.6 | 145.2 | 70.6 | 78.4 |
| 45-99 | **TOTAL SERVICES** | .. | 1 997.1 | 2 308.9 | 2 271.9 | 2 197.6 | 2 453.6 | 2 803.0 | 3 396.7 |
| 45-82 | **Services du secteur des entreprises** | .. | 1 244.0 | 1 427.6 | 1 479.1 | 2 021.4 | 2 209.9 | 2 524.3 | 3 145.3 |
| 45-47 | Commerce de gros et de détail ; réparations automobiles et motocycles | .. | 80.6 | 71.8 | 47.8 | 42.6 | 72.2 | 169.7 | 393.2 |
| 49-53 | Transport et entreposage | .. | 101.3 | 92.9 | 68.8 | 66.4 | 75.2 | 70.6 | 78.3 |
| 55-56 | Activités d'hébergement et de restauration | .. | 6.1 | 9.2 | 10.9 | 10.4 | 16.7 | 8.3 | 15.4 |
| 58-63 | Information et communication | .. | 711.1 | 835.8 | 931.6 | 1 494.0 | 1 539.6 | 1 626.2 | 1 847.4 |
| 58-60 | Édition, audiovisuel et diffusion | .. | 15.4 | 13.6 | 9.2 | 12.0 | 14.0 | 17.1 | 24.0 |
| 58 | Activités d'édition | .. | 0.0 | 0.0 | 0.0 | 0.0 | 0.0 | 0.0 | 0.0 |
| 59-60 | Activités audiovisuel et diffusion | .. | 15.4 | 13.6 | 9.2 | 12.0 | 14.0 | 17.1 | 24.0 |
| 59 | Production de films, vidéo, programmes de télévision et d'enregistrements | .. | 15.4 | 13.6 | 9.2 | 12.0 | 14.0 | 17.1 | 24.0 |
| 60 | Programmation et diffusion | .. | 0.0 | 0.0 | 0.0 | 0.0 | 0.0 | 0.0 | 0.0 |
| 61 | Télécommunications | .. | 297.7 | 416.7 | 523.7 | 1 050.9 | 1 084.5 | 1 010.7 | 1 135.0 |
| 62-63 | Technologies de l'information et informatique | .. | 398.0 | 405.5 | 398.7 | 431.0 | 441.1 | 598.4 | 688.4 |
| 62 | Programmation informatique ; conseils et activités connexes | .. | 372.7 | 382.2 | 372.6 | 406.9 | 414.9 | 554.0 | 616.4 |
| 63 | Services d'information | .. | 25.3 | 23.4 | 26.2 | 24.1 | 26.2 | 44.4 | 72.0 |
| 64-66 | **Activités financières et d'assurances** | .. | 213.5 | 253.8 | 273.7 | 216.4 | 271.2 | 315.8 | 364.3 |
| 68-82 | **Activités immobilières ; professionnelles ; services administratifs et d'appui** | .. | 131.3 | 164.1 | 146.3 | 191.5 | 235.0 | 333.8 | 446.7 |
| 68 | Activités immobilières | .. | 0.4 | 2.9 | 0.8 | 0.1 | 0.1 | 1.0 | 1.0 |
| 69-75x72 | Activités professionnelles, scientifiques et techniques, R-D scientifique exclu | .. | 125.7 | 158.8 | 142.3 | 188.6 | 231.5 | 329.2 | 441.9 |
| 72 | Recherche scientifique et développement | .. | 0.0 | 0.0 | 0.0 | 0.0 | 0.0 | 0.0 | 0.0 |
| 77-82 | Activités de services administratifs et d'appui | .. | 5.2 | 2.5 | 3.2 | 2.8 | 3.3 | 3.7 | 3.8 |
| 84-99 | **Services collectifs, sociaux et personnels** | .. | 753.1 | 881.3 | 792.8 | 176.2 | 243.7 | 278.7 | 251.4 |
| 84-85 | Administration publique et défense ; sécurité sociale obligatoire et éducation | .. | 27.6 | 32.8 | 42.6 | 44.6 | 51.8 | 51.7 | 42.0 |
| 86-88 | Santé humaine et action sociale | .. | 59.6 | 80.2 | 82.9 | 114.4 | 176.3 | 216.8 | 187.7 |
| 90-93 | Arts, spectacles et loisirs | .. | 0.6 | 2.7 | 3.1 | 0.5 | 3.7 | 1.9 | 5.6 |
| 94-99 | Autres services ; ménages-employeurs ; organismes extra-territoriaux | .. | 665.3 | 765.5 | 664.1 | 16.7 | 11.9 | 8.3 | 16.2 |

.. Non disponible

*Note :* Voir les métadonnées détaillées sur : http://metalinks.oecd.org/anberd/20170419/1355.
 Informations sur les données concernant Israël : http://oe.cd/israel-disclaimer.
*Responsabilité :* http://oe.cd/disclaimer

# ITALIE

## Dépenses de R-D dans l'industrie par groupe de produits, prix constants
### CITI Rév. 4

2010 PPP USD

| | | 2007 | 2008 | 2009 | 2010 | 2011 | 2012 | 2013 | 2014 |
|---|---|---|---|---|---|---|---|---|---|
| | **TOTAL ENTREPRISES** | .. | 13 484.0 | 13 309.4 | 13 709.0 | 13 824.9 | 13 991.8 | 14 288.7 | 15 227.7 |
| 01-03 | AGRICULTURE, SYLVICULTURE ET PÊCHE | .. | 157.6 | 106.7 | 86.6 | 115.6 | 122.8 | 120.0 | 142.1 |
| 05-09 | ACTIVITÉS EXTRACTIVES | .. | 272.5 | 228.9 | 54.6 | 45.8 | 47.2 | 75.8 | 48.4 |
| 10-33 | ACTIVITÉS DE FABRICATION | .. | 10 683.9 | 10 203.4 | 10 907.0 | 11 153.2 | 11 088.4 | 11 178.1 | 11 496.5 |
| 10-12 | Produits alimentaires, boissons et tabac | .. | 480.1 | 296.3 | 328.1 | 270.0 | 305.7 | 353.7 | 369.9 |
| 13-15 | Textiles, habillement, cuir et articles de cuir | .. | 607.7 | 592.4 | 701.6 | 713.1 | 739.4 | 861.8 | 1 275.3 |
| 13 | Textiles | .. | 219.1 | 233.1 | 283.9 | 261.2 | 278.9 | 324.6 | 625.4 |
| 14 | Articles d'habillement | .. | 296.2 | 251.9 | 275.4 | 286.2 | 292.6 | 301.2 | 414.4 |
| 15 | Cuir et articles de cuir | .. | 92.4 | 107.4 | 142.3 | 165.8 | 167.9 | 236.0 | 235.5 |
| 16-18 | Bois, papier, imprimerie et reproduction de supports enregistrés | .. | 191.3 | 174.2 | 164.8 | 166.0 | 161.2 | 192.3 | 287.0 |
| 16 | Bois et articles en bois, sauf meubles | .. | 70.1 | 59.9 | 47.6 | 44.6 | 50.5 | 59.2 | 68.5 |
| 17 | Papier et articles en papier | .. | 87.9 | 87.4 | 89.0 | 92.8 | 88.8 | 90.9 | 176.7 |
| 18 | Imprimerie et reproduction de supports enregistrés | .. | 33.3 | 26.9 | 28.2 | 28.6 | 21.9 | 42.2 | 41.8 |
| 19-23 | Produits pétroliers, chimiques, pharmaceutiques, caoutchouc, plastique, minéraux | .. | 2 001.0 | 2 052.3 | 2 235.5 | 2 220.6 | 2 148.8 | 2 044.3 | 2 117.6 |
| 19 | Cokéfaction et raffinage | .. | 20.5 | 94.2 | 126.1 | 126.2 | 108.8 | 117.9 | 51.5 |
| 20-21 | Industrie chimique et pharmaceutique | .. | 1 439.3 | 1 494.5 | 1 601.0 | 1 559.5 | 1 461.1 | 1 380.3 | 1 375.1 |
| 20 | Produits chimiques | .. | 412.2 | 456.4 | 492.8 | 425.4 | 428.8 | 490.0 | 493.9 |
| 21 | Préparations pharmaceutiques, chimiques (médicine) et d'herboristerie | .. | 1 027.1 | 1 038.0 | 1 108.2 | 1 134.1 | 1 032.3 | 890.3 | 881.2 |
| 22 | Produits en caoutchouc et en plastique | .. | 374.4 | 321.9 | 362.3 | 406.8 | 428.6 | 393.9 | 540.6 |
| 23 | Autres produits minéraux non métalliques | .. | 166.7 | 141.7 | 146.0 | 128.2 | 150.3 | 152.2 | 150.3 |
| 24-25 | Produits métalliques de base et ouvrages en métaux (sauf machines et matériel) | .. | 748.1 | 698.7 | 602.8 | 602.7 | 642.4 | 753.4 | 648.5 |
| 24 | Produits métallurgiques de base | .. | 257.3 | 251.5 | 265.6 | 271.8 | 303.2 | 389.4 | 293.4 |
| 25 | Ouvrages en métaux (sauf machines et matériel) | .. | 490.8 | 447.2 | 337.2 | 330.9 | 339.2 | 363.9 | 355.1 |
| 26-30 | Ordinateurs, articles électroniques et optiques ; machines et matériels de transport | .. | 6 478.6 | 6 245.9 | 6 723.0 | 7 036.4 | 6 943.7 | 6 820.5 | 6 613.1 |
| 26 | Ordinateurs, articles électroniques et optiques | .. | 1 867.1 | 1 873.5 | 1 969.4 | 1 968.1 | 1 868.1 | 1 802.7 | 1 813.2 |
| 27 | Matériels électriques | .. | 300.6 | 352.8 | 415.8 | 471.6 | 475.4 | 491.1 | 384.6 |
| 28 | Machines et équipements n.c.a. | .. | 940.0 | 1 007.1 | 952.4 | 1 036.4 | 1 104.5 | 1 123.8 | 1 223.1 |
| 29 | Automobiles, remorques et semi-remorques | .. | 1 764.9 | 1 676.6 | 1 929.4 | 2 074.1 | 2 116.2 | 2 049.5 | 2 325.1 |
| 30 | Autres matériels de transport | .. | 1 605.9 | 1 335.9 | 1 455.9 | 1 486.3 | 1 379.3 | 1 353.4 | 867.0 |
| 31-33 | Meubles ; réparation et installation de machines et de matériel | .. | 177.2 | 143.6 | 151.2 | 144.4 | 147.0 | 152.1 | 185.2 |
| 31 | Meubles | .. | 47.5 | 40.7 | 43.5 | 45.3 | 41.2 | 41.8 | 49.9 |
| 32 | Autres activités de fabrication | .. | 77.7 | 82.3 | 88.8 | 88.2 | 88.1 | 86.1 | 110.0 |
| 33 | Réparation et installation de machines et de matériel | .. | 52.1 | 20.7 | 18.9 | 10.9 | 17.8 | 24.1 | 25.3 |
| 35-39 | ÉLECTRICITÉ, GAZ, EAU ET TRAITEMENT DES DÉCHETS | .. | 243.0 | 329.5 | 319.2 | 318.4 | 285.4 | 280.3 | 392.2 |
| 35-36 | Production et distribution d'électricité, de gaz et de l'eau | .. | 203.7 | 290.3 | 268.1 | 269.1 | 243.6 | 242.8 | 346.8 |
| 37-39 | Assainissement, traitement des déchets et dépollution | .. | 39.2 | 39.3 | 51.1 | 49.3 | 41.8 | 37.5 | 45.4 |
| 41-43 | CONSTRUCTION | .. | 52.6 | 128.4 | 69.8 | 62.6 | 136.8 | 64.7 | 71.0 |
| 45-99 | **TOTAL SERVICES** | .. | 2 074.4 | 2 312.3 | 2 271.9 | 2 129.3 | 2 311.1 | 2 569.9 | 3 077.5 |
| 45-82 | Services du secteur des entreprises | .. | 1 292.2 | 1 429.7 | 1 479.1 | 1 958.5 | 2 081.5 | 2 314.4 | 2 849.7 |
| 45-47 | Commerce de gros et de détail ; réparations automobiles et motocycles | .. | 83.8 | 71.9 | 47.8 | 41.3 | 68.0 | 155.6 | 356.3 |
| 49-53 | Transport et entreposage | .. | 105.2 | 93.1 | 68.8 | 64.4 | 70.8 | 64.7 | 71.0 |
| 55-56 | Activités d'hébergement et de restauration | .. | 6.4 | 9.2 | 10.9 | 10.1 | 15.7 | 7.6 | 13.9 |
| 58-63 | Information et communication | .. | 738.7 | 837.1 | 931.6 | 1 447.6 | 1 450.2 | 1 490.9 | 1 673.8 |
| 58-60 | Édition, audiovisuel et diffusion | .. | 16.0 | 13.6 | 9.2 | 11.6 | 13.2 | 15.7 | 21.7 |
| 58 | Activités d'édition | .. | 0.0 | 0.0 | 0.0 | 0.0 | 0.0 | 0.0 | 0.0 |
| 59-60 | Activités audiovisuel et diffusion | .. | 16.0 | 13.6 | 9.2 | 11.6 | 13.2 | 15.7 | 21.7 |
| 59 | Production de films, vidéo, programmes de télévision et d'enregistrements | .. | 16.0 | 13.6 | 9.2 | 11.6 | 13.2 | 15.7 | 21.7 |
| 60 | Programmation et diffusion | .. | 0.0 | 0.0 | 0.0 | 0.0 | 0.0 | 0.0 | 0.0 |
| 61 | Télécommunications | .. | 309.2 | 417.3 | 523.7 | 1 018.2 | 1 021.5 | 926.6 | 1 028.4 |
| 62-63 | Technologies de l'information et informatique | .. | 413.4 | 406.1 | 398.7 | 417.6 | 415.5 | 548.6 | 623.7 |
| 62 | Programmation informatique ; conseils et activités connexes | .. | 387.2 | 382.7 | 372.6 | 394.2 | 390.8 | 507.9 | 558.5 |
| 63 | Services d'information | .. | 26.2 | 23.4 | 26.2 | 23.4 | 24.7 | 40.7 | 65.2 |
| 64-66 | Activités financières et d'assurances | .. | 221.7 | 254.1 | 273.7 | 209.7 | 255.5 | 289.5 | 330.1 |
| 68-82 | Activités immobilières ; professionnelles ; services administratifs et d'appui | .. | 136.4 | 164.3 | 146.3 | 185.6 | 221.3 | 306.1 | 404.7 |
| 68 | Activités immobilières | .. | 0.4 | 2.9 | 0.0 | 0.1 | 0.1 | 0.9 | 0.9 |
| 69-75x72 | Activités professionnelles, scientifiques et techniques, R-D scientifique exclu | .. | 130.6 | 159.0 | 142.3 | 182.8 | 218.1 | 301.8 | 400.4 |
| 72 | Recherche scientifique et développement | .. | 0.0 | 0.0 | 0.0 | 0.0 | 0.0 | 0.0 | 0.0 |
| 77-82 | Activités de services administratifs et d'appui | .. | 5.4 | 2.5 | 3.2 | 2.7 | 3.1 | 3.4 | 3.4 |
| 84-99 | Services collectifs, sociaux et personnels | .. | 782.3 | 882.6 | 792.8 | 170.7 | 229.5 | 255.5 | 227.8 |
| 84-85 | Administration publique et défense ; sécurité sociale obligatoire et éducation | .. | 28.6 | 32.9 | 42.6 | 43.2 | 48.8 | 47.4 | 38.0 |
| 86-88 | Santé humaine et action sociale | .. | 61.9 | 80.3 | 82.9 | 110.9 | 166.0 | 198.8 | 170.0 |
| 90-93 | Arts, spectacles et loisirs | .. | 0.7 | 2.7 | 3.1 | 0.5 | 3.5 | 1.7 | 5.1 |
| 94-99 | Autres services ; ménages-employeurs ; organismes extra-territoriaux | .. | 691.1 | 766.6 | 664.1 | 16.2 | 11.2 | 7.6 | 14.7 |

.. Non disponible

*Note* : Voir les métadonnées détaillées sur : http://metalinks.oecd.org/anberd/20170419/1355.
Informations sur les données concernant Israël : http://oe.cd/israel-disclaimer.
*Responsabilité* : http://oe.cd/disclaimer

# JAPON

## Dépenses de R-D dans l'industrie par activité principale de l'entreprise, prix courants
### CITI Rév. 4

*Millions USD PPP*

| | | 2007 | 2008 | 2009 | 2010 | 2011 | 2012 | 2013 | 2014 |
|---|---|---|---|---|---|---|---|---|---|
| | **TOTAL ENTREPRISES** | 114 968.2 | 116 687.8 | 103 760.1 | 107 581.3 | 114 204.6 | 116 716.3 | 125 340.2 | 132 644.8 |
| 01-03 | AGRICULTURE, SYLVICULTURE ET PÊCHE | 73.7 | 28.8 | 27.1 | 41.1 | 27.6 | 17.8 | 21.2 | 18.5 |
| 05-09 | **ACTIVITÉS EXTRACTIVES** | 191.5 | 109.0 | 136.0 | 89.6 | 30.3 | 29.0 | 43.1 | 36.8 |
| 10-33 | **ACTIVITÉS DE FABRICATION** | 101 245.2 | 101 699.3 | 90 381.0 | 93 748.1 | 100 352.8 | 102 653.6 | 111 213.5 | 114 766.1 |
| 10-12 | Produits alimentaires, boissons et tabac | 2 326.1 | 2 285.0 | 2 095.7 | 2 127.5 | 2 085.7 | 2 113.7 | 2 307.7 | 2 046.9 |
| 13-15 | Textiles, habillement, cuir et articles de cuir | 1 108.0 | 1 233.9 | 1 043.6 | 1 125.4 | 1 266.2 | 1 305.1 | 1 366.8 | 1 328.1 |
| 13 | Textiles | 1 022.9 | 1 154.9 | 977.6 | 1 050.5 | 1 191.3 | 1 240.0 | 1 298.0 | 1 251.9 |
| 14 | Articles d'habillement | 35.5 | 36.9 | 28.4 | 30.4 | 40.9 | 29.6 | 30.8 | 41.2 |
| 15 | Cuir et articles de cuir | 49.6 | 42.0 | 37.6 | 44.4 | 34.0 | 35.4 | 38.1 | 35.0 |
| 16-18 | Bois, papier, imprimerie et reproduction de supports enregistrés | 859.6 | 831.8 | 728.6 | 772.3 | 734.3 | 677.2 | 579.9 | 593.9 |
| 16 | Bois et articles en bois, sauf meubles | 104.4 | 85.5 | 67.0 | 81.8 | 86.0 | 101.3 | 91.6 | 83.8 |
| 17 | Papier et articles en papier | 380.4 | 374.3 | 335.7 | 377.6 | 319.8 | 240.5 | 203.4 | 283.7 |
| 18 | Imprimerie et reproduction de supports enregistrés | 374.8 | 372.0 | 325.9 | 312.9 | 328.5 | 335.4 | 284.9 | 226.4 |
| 19-23 | Produits pétroliers, chimiques, pharmaceutiques, caoutchouc, plastique, minéraux | 21 522.6 | 22 673.0 | 20 922.1 | 22 250.0 | 22 802.7 | 24 183.4 | 26 456.1 | 27 153.6 |
| 19 | Cokéfaction et raffinage | 479.0 | 510.7 | 440.8 | 468.1 | 447.7 | 440.0 | 462.6 | 410.9 |
| 20-21 | Industrie chimique et pharmaceutique | 17 255.0 | 18 156.8 | 16 873.9 | 18 093.4 | 18 371.2 | 19 688.5 | 21 617.6 | 21 954.7 |
| 20 | Produits chimiques | 6 833.1 | 7 068.8 | 6 538.9 | 6 663.4 | 6 925.1 | 7 162.5 | 7 425.8 | 7 355.6 |
| 21 | Préparations pharmaceutiques, chimiques (médicine) et d'herboristerie | 10 421.9 | 11 088.0 | 10 335.1 | 11 430.0 | 11 446.1 | 12 526.0 | 14 191.7 | 14 599.1 |
| 22 | Produits en caoutchouc et en plastique | 2 547.0 | 2 539.5 | 2 377.6 | 2 421.2 | 2 594.7 | 2 638.5 | 2 917.8 | 3 301.9 |
| 23 | Autres produits minéraux non métalliques | 1 241.6 | 1 466.0 | 1 229.7 | 1 267.3 | 1 389.0 | 1 416.3 | 1 458.2 | 1 486.2 |
| 24-25 | Produits métalliques de base et ouvrages en métaux (sauf machines et matériel) | 2 840.8 | 2 679.0 | 2 473.5 | 2 649.2 | 2 865.7 | 2 658.2 | 2 748.6 | 2 993.1 |
| 24 | Produits métallurgiques de base | 2 077.6 | 2 238.6 | 2 027.2 | 2 155.4 | 2 360.2 | 2 166.9 | 2 257.8 | 2 474.5 |
| 25 | Ouvrages en métaux (sauf machines et matériel) | 763.2 | 440.4 | 446.3 | 493.8 | 505.5 | 491.4 | 490.7 | 518.6 |
| 26-30 | Ordinateurs, articles électroniques et optiques ; machines et matériels de transport | 71 009.3 | 70 117.9 | 61 365.8 | 62 846.2 | 68 596.4 | 69 587.1 | 75 322.9 | 78 417.1 |
| 26 | Ordinateurs, articles électroniques et optiques | 32 713.9 | 32 229.4 | 27 327.2 | 26 265.9 | 29 244.8 | 28 387.1 | 28 762.9 | 28 188.8 |
| 27 | Matériels électriques | 3 548.4 | 3 428.5 | 2 967.4 | 3 410.2 | 3 221.7 | 3 267.6 | 3 469.0 | 3 449.3 |
| 28 | Machines et équipements n.c.a. | 9 725.3 | 9 766.2 | 9 457.7 | 9 537.0 | 10 211.0 | 10 414.6 | 12 320.2 | 12 516.8 |
| 29 | Automobiles, remorques et semi-remorques | 24 622.8 | 24 255.9 | 21 261.7 | 23 156.3 | 25 408.9 | 26 930.1 | 30 007.7 | 33 387.1 |
| 30 | Autres matériels de transport | 399.0 | 438.0 | 351.9 | 476.9 | 510.1 | 587.7 | 763.1 | 875.2 |
| 31-33 | Meubles ; réparation et installation de machines et de matériel | 1 578.8 | 1 878.6 | 1 751.6 | 1 977.6 | 2 002.0 | 2 128.9 | 2 431.4 | 2 233.2 |
| 31 | Meubles | 140.8 | 180.6 | 115.6 | 93.4 | 106.8 | 98.0 | 97.4 | 109.5 |
| 32 | Autres activités de fabrication | 1 438.0 | 1 698.0 | 1 636.1 | 1 884.2 | 1 895.2 | 2 030.9 | 2 334.0 | 2 123.7 |
| 33 | Réparation et installation de machines et de matériel | .. | .. | .. | .. | .. | .. | .. | .. |
| 35-39 | **ÉLECTRICITÉ, GAZ, EAU ET TRAITEMENT DES DÉCHETS** | 622.7 | 617.5 | 550.0 | 595.6 | 505.6 | 503.7 | 512.6 | 467.2 |
| 35-36 | Production et distribution d'électricité, de gaz et de l'eau | .. | .. | .. | .. | .. | .. | .. | .. |
| 37-39 | Assainissement, traitement des déchets et dépollution | .. | .. | .. | .. | .. | .. | .. | .. |
| 41-43 | **CONSTRUCTION** | 983.9 | 1 026.0 | 1 001.7 | 1 023.1 | 1 024.1 | 1 066.6 | 1 061.8 | 956.9 |
| 45-99 | **TOTAL SERVICES** | 11 851.2 | 13 207.1 | 11 664.4 | 12 083.8 | 12 264.2 | 12 445.6 | 12 488.0 | 16 399.4 |
| 45-82 | Services du secteur des entreprises | 11 851.2 | 13 207.1 | 11 664.4 | 12 083.8 | 12 264.2 | 12 445.6 | 12 488.0 | 16 399.4 |
| 45-47 | Commerce de gros et de détail ; réparations automobiles et motocycles | 269.1 | 361.3 | 385.1 | 360.6 | 313.1 | 463.2 | 489.2 | 645.1 |
| 49-53 | Transport et entreposage | 278.0 | 337.4 | 326.9 | 306.4 | 326.9 | 425.8 | 519.5 | 564.9 |
| 55-56 | Activités d'hébergement et de restauration | .. | .. | .. | .. | .. | .. | .. | .. |
| 58-63 | Information et communication | 4 096.8 | 5 096.9 | 4 598.5 | 4 838.4 | 5 237.9 | 5 181.1 | 4 589.8 | 6 721.0 |
| 58-60 | Édition, audiovisuel et diffusion | 115.8 | 126.4 | 110.2 | 102.9 | 8.7 | 9.5 | 18.9 | 16.4 |
| 58 | Activités d'édition | 13.7 | 22.2 | 8.5 | 6.7 | 4.6 | 6.3 | 8.6 | 9.4 |
| 59-60 | Activités audiovisuel et diffusion | 102.1 | 104.1 | 101.7 | 96.2 | 4.1 | 3.2 | 10.3 | 7.0 |
| 59 | Production de films, vidéo, programmes de télévision et d'enregistrements | 2.7 | 4.2 | 2.0 | 0.4 | 0.7 | 0.7 | 1.8 | 1.9 |
| 60 | Programmation et diffusion | 99.4 | 99.9 | 99.7 | 95.8 | 3.5 | 2.5 | 8.5 | 5.0 |
| 61 | Télécommunications | 2 059.4 | 2 800.8 | 2 283.3 | 2 277.2 | 2 779.8 | 2 832.9 | 2 766.0 | 3 708.6 |
| 62-63 | Technologies de l'information et informatique | 1 921.5 | 2 169.8 | 2 205.0 | 2 458.2 | 2 449.5 | 2 338.7 | 1 804.8 | 2 996.1 |
| 62 | Programmation informatique ; conseils et activités connexes | 1 564.2 | 1 893.5 | 1 921.5 | 2 179.3 | 2 142.3 | 2 093.0 | 1 592.9 | 2 701.7 |
| 63 | Services d'information | 357.3 | 276.2 | 283.6 | 278.9 | 307.1 | 245.7 | 211.8 | 294.4 |
| 64-66 | **Activités financières et d'assurances** | 14.6 | 21.0 | 19.5 | 22.8 | 30.5 | 17.6 | 21.6 | 32.0 |
| 68-82 | **Activités immobilières ; professionnelles ; services administratifs et d'appui** | 7 192.7 | 7 390.5 | 6 334.3 | 6 555.7 | 6 355.8 | 6 357.8 | 6 867.9 | 8 436.4 |
| 68 | Activités immobilières | .. | .. | .. | .. | .. | .. | .. | .. |
| 69-75x72 | Activités professionnelles, scientifiques et techniques, R-D scientifique exclu | 420.7 | 407.7 | 427.4 | 387.8 | 342.0 | 588.2 | 711.3 | 730.0 |
| 72 | Recherche scientifique et développement | 6 725.1 | 6 926.5 | 5 850.3 | 6 107.3 | 5 958.0 | 5 713.5 | 6 103.9 | 7 648.4 |
| 77-82 | Activités de services administratifs et d'appui | 46.9 | 56.3 | 56.7 | 60.6 | 55.7 | 56.1 | 52.7 | 58.1 |
| 84-99 | Services collectifs, sociaux et personnels | .. | .. | .. | .. | .. | .. | .. | .. |
| 84-85 | Administration publique et défense ; sécurité sociale obligatoire et éducation | .. | .. | .. | .. | .. | .. | .. | .. |
| 86-88 | Santé humaine et action sociale | .. | .. | .. | .. | .. | .. | .. | .. |
| 90-93 | Arts, spectacles et loisirs | .. | .. | .. | .. | .. | .. | .. | .. |
| 94-99 | Autres services ; ménages-employeurs ; organismes extra-territoriaux | .. | .. | .. | .. | .. | .. | .. | .. |

.. Non disponible

*Note* : Voir les métadonnées détaillées sur : http://metalinks.oecd.org/anberd/20170419/1355.
   Informations sur les données concernant Israël : http://oe.cd/israel-disclaimer.
*Responsabilité* : http://oe.cd/disclaimer

# JAPON

## Dépenses de R-D dans l'industrie par activité principale de l'entreprise, prix constants
### CITI Rév. 4

2010 PPP USD

| | | 2007 | 2008 | 2009 | 2010 | 2011 | 2012 | 2013 | 2014 |
|---|---|---|---|---|---|---|---|---|---|
| | **TOTAL ENTREPRISES** | 119 078.7 | 118 895.9 | 105 027.4 | 107 581.3 | 112 001.8 | 112 120.1 | 117 582.4 | 123 799.1 |
| 01-03 | AGRICULTURE, SYLVICULTURE ET PÊCHE | 76.4 | 29.4 | 27.4 | 41.1 | 27.1 | 17.1 | 19.9 | 17.3 |
| 05-09 | ACTIVITÉS EXTRACTIVES | 198.4 | 111.1 | 137.7 | 89.6 | 29.7 | 27.8 | 40.4 | 34.3 |
| 10-33 | ACTIVITÉS DE FABRICATION | 104 865.1 | 103 623.7 | 91 484.8 | 93 748.1 | 98 417.2 | 98 611.2 | 104 330.1 | 107 112.7 |
| 10-12 | Produits alimentaires, boissons et tabac | 2 409.3 | 2 328.3 | 2 121.3 | 2 127.5 | 2 045.4 | 2 030.4 | 2 164.9 | 1 910.4 |
| 13-15 | Textiles, habillement, cuir et articles de cuir | 1 147.6 | 1 257.2 | 1 056.3 | 1 125.4 | 1 241.8 | 1 253.7 | 1 282.2 | 1 239.5 |
| 13 | Textiles | 1 059.4 | 1 176.8 | 989.5 | 1 050.5 | 1 168.3 | 1 191.2 | 1 217.6 | 1 168.4 |
| 14 | Articles d'habillement | 36.8 | 37.6 | 28.7 | 30.4 | 40.1 | 28.5 | 28.9 | 38.5 |
| 15 | Cuir et articles de cuir | 51.4 | 42.8 | 38.1 | 44.4 | 33.3 | 34.0 | 35.7 | 32.7 |
| 16-18 | Bois, papier, imprimerie et reproduction de supports enregistrés | 890.4 | 847.6 | 737.5 | 772.3 | 720.1 | 650.5 | 544.0 | 554.3 |
| 16 | Bois et articles en bois, sauf meubles | 108.1 | 87.1 | 67.8 | 81.8 | 84.3 | 97.3 | 85.9 | 78.2 |
| 17 | Papier et articles en papier | 394.0 | 381.4 | 339.8 | 377.6 | 313.6 | 231.0 | 190.8 | 264.8 |
| 18 | Imprimerie et reproduction de supports enregistrés | 388.2 | 379.1 | 329.9 | 312.9 | 322.2 | 322.2 | 267.3 | 211.3 |
| 19-23 | Produits pétroliers, chimiques, pharmaceutiques, caoutchouc, plastique, minéraux | 22 292.1 | 23 102.1 | 21 177.7 | 22 250.0 | 22 362.8 | 23 231.1 | 24 818.7 | 25 342.8 |
| 19 | Cokéfaction et raffinage | 496.2 | 520.3 | 446.2 | 468.1 | 439.1 | 422.6 | 434.0 | 383.5 |
| 20-21 | Industrie chimique et pharmaceutique | 17 872.0 | 18 500.4 | 17 080.0 | 18 093.4 | 18 016.9 | 18 913.2 | 20 279.6 | 20 490.6 |
| 20 | Produits chimiques | 7 077.4 | 7 202.6 | 6 618.7 | 6 663.4 | 6 791.5 | 6 880.4 | 6 966.2 | 6 865.0 |
| 21 | Préparations pharmaceutiques, chimiques (médicine) et d'herboristerie | 10 794.5 | 11 297.9 | 10 461.3 | 11 430.0 | 11 225.3 | 12 032.7 | 13 313.4 | 13 625.6 |
| 22 | Produits en caoutchouc et en plastique | 2 638.0 | 2 587.6 | 2 406.7 | 2 421.2 | 2 544.7 | 2 534.8 | 2 737.2 | 3 081.7 |
| 23 | Autres produits minéraux non métalliques | 1 286.0 | 1 493.8 | 1 244.8 | 1 267.3 | 1 362.2 | 1 360.5 | 1 367.9 | 1 387.0 |
| 24-25 | Produits métalliques de base et ouvrages en métaux (sauf machines et matériel) | 2 942.3 | 2 729.7 | 2 503.7 | 2 649.2 | 2 810.4 | 2 553.6 | 2 578.5 | 2 793.5 |
| 24 | Produits métallurgiques de base | 2 151.8 | 2 281.0 | 2 052.0 | 2 155.4 | 2 314.7 | 2 081.6 | 2 118.1 | 2 309.5 |
| 25 | Ouvrages en métaux (sauf machines et matériel) | 790.5 | 448.7 | 451.7 | 493.8 | 495.7 | 472.0 | 460.4 | 484.0 |
| 26-30 | Ordinateurs, articles électroniques et optiques ; machines et matériels de transport | 73 548.2 | 71 444.8 | 62 115.3 | 62 846.2 | 67 273.5 | 66 846.8 | 70 660.9 | 73 187.7 |
| 26 | Ordinateurs, articles électroniques et optiques | 33 883.5 | 32 839.3 | 27 660.9 | 26 265.9 | 28 680.7 | 27 269.2 | 26 982.7 | 26 309.0 |
| 27 | Matériels électriques | 3 675.2 | 3 493.4 | 3 003.6 | 3 410.2 | 3 159.6 | 3 138.9 | 3 254.3 | 3 219.2 |
| 28 | Machines et équipements n.c.a. | 10 073.1 | 9 951.0 | 9 573.2 | 9 537.0 | 10 014.3 | 10 004.5 | 11 557.7 | 11 682.1 |
| 29 | Automobiles, remorques et semi-remorques | 25 503.1 | 24 714.9 | 21 521.4 | 23 156.3 | 24 918.8 | 25 869.6 | 28 150.4 | 31 160.6 |
| 30 | Autres matériels de transport | 413.3 | 446.3 | 356.2 | 476.9 | 500.2 | 564.5 | 715.8 | 816.8 |
| 31-33 | Meubles ; réparation et installation de machines et de matériel | 1 635.3 | 1 914.1 | 1 773.0 | 1 977.6 | 1 963.4 | 2 045.0 | 2 280.9 | 2 084.3 |
| 31 | Meubles | 145.9 | 184.0 | 117.0 | 93.4 | 104.7 | 94.1 | 91.4 | 102.2 |
| 32 | Autres activités de fabrication | 1 489.4 | 1 730.1 | 1 656.1 | 1 884.2 | 1 858.6 | 1 950.9 | 2 189.6 | 1 982.1 |
| 33 | Réparation et installation de machines et de matériel | .. | .. | .. | .. | .. | .. | .. | .. |
| 35-39 | ÉLECTRICITÉ, GAZ, EAU ET TRAITEMENT DES DÉCHETS | 645.0 | 629.1 | 556.7 | 595.6 | 495.9 | 483.9 | 480.9 | 436.0 |
| 35-36 | Production et distribution d'électricité, de gaz et de l'eau | .. | .. | .. | .. | .. | .. | .. | .. |
| 37-39 | Assainissement, traitement des déchets et dépollution | .. | .. | .. | .. | .. | .. | .. | .. |
| 41-43 | CONSTRUCTION | 1 019.0 | 1 045.5 | 1 014.0 | 1 023.1 | 1 004.3 | 1 024.6 | 996.1 | 893.1 |
| 45-99 | TOTAL SERVICES | 12 274.9 | 13 457.0 | 11 806.9 | 12 083.8 | 12 027.6 | 11 955.5 | 11 715.1 | 15 305.7 |
| 45-82 | Services du secteur des entreprises | 12 274.9 | 13 457.0 | 11 806.9 | 12 083.8 | 12 027.6 | 11 955.5 | 11 715.1 | 15 305.7 |
| 45-47 | Commerce de gros et de détail ; réparations automobiles et motocycles | 278.8 | 368.1 | 389.8 | 360.6 | 307.0 | 445.0 | 459.0 | 602.0 |
| 49-53 | Transport et entreposage | 287.9 | 343.8 | 330.9 | 306.4 | 320.6 | 409.1 | 487.3 | 527.2 |
| 55-56 | Activités d'hébergement et de restauration | .. | .. | .. | .. | .. | .. | .. | .. |
| 58-63 | Information et communication | 4 243.2 | 5 193.4 | 4 654.7 | 4 838.4 | 5 136.9 | 4 977.1 | 4 305.7 | 6 272.8 |
| 58-60 | Édition, audiovisuel et diffusion | 120.0 | 128.8 | 111.5 | 102.9 | 8.5 | 9.1 | 17.8 | 15.3 |
| 58 | Activités d'édition | 14.2 | 22.7 | 8.6 | 6.7 | 4.5 | 6.1 | 8.1 | 8.8 |
| 59-60 | Activités audiovisuel et diffusion | 105.8 | 106.1 | 103.0 | 96.2 | 4.1 | 3.0 | 9.7 | 6.5 |
| 59 | Production de films, vidéo, programmes de télévision et d'enregistrements | 2.8 | 4.3 | 2.1 | 0.4 | 0.6 | 0.6 | 1.7 | 1.8 |
| 60 | Programmation et diffusion | 103.0 | 101.8 | 100.9 | 95.8 | 3.4 | 2.4 | 8.0 | 4.7 |
| 61 | Télécommunications | 2 133.0 | 2 853.8 | 2 311.2 | 2 277.2 | 2 726.2 | 2 721.3 | 2 594.8 | 3 461.2 |
| 62-63 | Technologies de l'information et informatique | 1 990.2 | 2 210.8 | 2 231.9 | 2 458.2 | 2 402.2 | 2 246.6 | 1 693.1 | 2 796.3 |
| 62 | Programmation informatique ; conseils et activités connexes | 1 620.2 | 1 929.4 | 1 944.9 | 2 179.3 | 2 101.0 | 2 010.6 | 1 494.3 | 2 521.5 |
| 63 | Services d'information | 370.1 | 281.4 | 287.0 | 278.9 | 301.2 | 236.0 | 198.7 | 274.7 |
| 64-66 | Activités financières et d'assurances | 15.1 | 21.4 | 19.8 | 22.8 | 30.0 | 16.9 | 20.3 | 29.9 |
| 68-82 | Activités immobilières ; professionnelles ; services administratifs et d'appui | 7 449.9 | 7 530.3 | 6 411.7 | 6 555.7 | 6 233.2 | 6 107.5 | 6 442.8 | 7 873.8 |
| 68 | Activités immobilières | .. | .. | .. | .. | .. | .. | .. | .. |
| 69-75x72 | Activités professionnelles, scientifiques et techniques, R-D scientifique exclu | 435.7 | 415.4 | 432.7 | 387.8 | 335.4 | 565.0 | 667.3 | 681.3 |
| 72 | Recherche scientifique et développement | 6 965.5 | 7 057.6 | 5 921.7 | 6 107.3 | 5 843.1 | 5 488.5 | 5 726.1 | 7 138.3 |
| 77-82 | Activités de services administratifs et d'appui | 48.6 | 57.3 | 57.3 | 60.6 | 54.6 | 53.9 | 49.5 | 54.2 |
| 84-99 | Services collectifs, sociaux et personnels | .. | .. | .. | .. | .. | .. | .. | .. |
| 84-85 | Administration publique et défense ; sécurité sociale obligatoire et éducation | .. | .. | .. | .. | .. | .. | .. | .. |
| 86-88 | Santé humaine et action sociale | .. | .. | .. | .. | .. | .. | .. | .. |
| 90-93 | Arts, spectacles et loisirs | .. | .. | .. | .. | .. | .. | .. | .. |
| 94-99 | Autres services ; ménages-employeurs ; organismes extra-territoriaux | .. | .. | .. | .. | .. | .. | .. | .. |

.. Non disponible

*Note* : Voir les métadonnées détaillées sur : http://metalinks.oecd.org/anberd/20170419/1355.
Informations sur les données concernant Israël : http://oe.cd/israel-disclaimer.
*Responsabilité* : http://oe.cd/disclaimer

# CORÉE

## Dépenses de R-D dans l'industrie par activité principale de l'entreprise, prix courants
### CITI Rév. 4

*Millions USD PPP*

| | | 2007 | 2008 | 2009 | 2010 | 2011 | 2012 | 2013 | 2014 |
|---|---|---|---|---|---|---|---|---|---|
| | **TOTAL ENTREPRISES** | **30 985.1** | **33 090.8** | **34 150.3** | **39 025.0** | **44 680.5** | **50 559.8** | **53 679.2** | **57 272.0** |
| 01-03 | AGRICULTURE, SYLVICULTURE ET PÊCHE | 15.4 | 26.1 | 24.8 | 31.0 | 42.3 | 31.2 | 30.2 | 33.0 |
| 05-09 | ACTIVITÉS EXTRACTIVES | 8.5 | 7.8 | 17.5 | 22.4 | 25.7 | 41.1 | 29.2 | 23.3 |
| 10-33 | ACTIVITÉS DE FABRICATION | 27 700.6 | 29 270.6 | 29 504.9 | 34 188.0 | 39 112.9 | 44 404.0 | 47 562.0 | 50 923.5 |
| 10-12 | Produits alimentaires, boissons et tabac | 429.9 | 445.1 | 450.1 | 361.3 | 472.0 | 550.9 | 533.3 | 561.7 |
| 13-15 | Textiles, habillement, cuir et articles de cuir | 190.1 | 194.2 | 198.6 | 198.6 | 334.1 | 376.0 | 419.5 | 424.0 |
| 13 | Textiles | 94.2 | 94.6 | 90.1 | 97.1 | 142.2 | 135.5 | 142.8 | 148.5 |
| 14 | Articles d'habillement | 80.0 | 83.2 | 96.7 | 84.5 | 164.3 | 203.9 | 232.3 | 227.2 |
| 15 | Cuir et articles de cuir | 16.0 | 16.4 | 11.7 | 17.0 | 27.6 | 36.6 | 44.4 | 48.3 |
| 16-18 | Bois, papier, imprimerie et reproduction de supports enregistrés | 49.8 | 56.2 | 74.8 | 81.0 | 106.4 | 141.0 | 119.7 | 125.0 |
| 16 | Bois et articles en bois, sauf meubles | 7.4 | 7.4 | 8.0 | 7.8 | 18.8 | 15.1 | 15.5 | 15.1 |
| 17 | Papier et articles en papier | 18.4 | 22.6 | 36.7 | 42.4 | 55.6 | 88.2 | 63.6 | 67.4 |
| 18 | Imprimerie et reproduction de supports enregistrés | 24.0 | 26.2 | 30.0 | 30.8 | 31.9 | 37.7 | 40.6 | 42.5 |
| 19-23 | Produits pétroliers, chimiques, pharmaceutiques, caoutchouc, plastique, minéraux | 3 299.6 | 3 349.6 | 3 490.3 | 4 065.1 | 5 042.5 | 5 225.5 | 5 848.5 | 5 450.3 |
| 19 | Cokéfaction et raffinage | 196.2 | 147.5 | 166.5 | 274.4 | 395.4 | 317.7 | 336.0 | 273.9 |
| 20-21 | Industrie chimique et pharmaceutique | 2 433.5 | 2 465.2 | 2 600.2 | 2 940.3 | 3 739.1 | 3 893.4 | 4 311.5 | 4 018.4 |
| 20 | Produits chimiques | 1 658.6 | 1 657.7 | 1 763.9 | 2 062.4 | 2 729.0 | 2 671.6 | 3 063.2 | 2 729.2 |
| 21 | Préparations pharmaceutiques, chimiques (médicine) et d'herboristerie | 774.8 | 807.5 | 836.3 | 877.9 | 1 010.1 | 1 221.9 | 1 248.3 | 1 289.2 |
| 22 | Produits en caoutchouc et en plastique | 485.7 | 554.0 | 435.9 | 602.9 | 631.0 | 634.2 | 835.7 | 884.3 |
| 23 | Autres produits minéraux non métalliques | 184.2 | 182.9 | 287.6 | 247.6 | 277.1 | 380.1 | 365.4 | 273.7 |
| 24-25 | Produits métalliques de base et ouvrages en métaux (sauf machines et matériel) | 762.7 | 948.8 | 1 022.0 | 972.0 | 1 346.8 | 1 442.1 | 1 346.6 | 1 327.6 |
| 24 | Produits métallurgiques de base | 539.9 | 651.2 | 669.2 | 664.6 | 721.8 | 858.4 | 714.3 | 745.2 |
| 25 | Ouvrages en métaux (sauf machines et matériel) | 222.8 | 297.5 | 352.8 | 307.4 | 625.0 | 583.7 | 632.4 | 582.5 |
| 26-30 | Ordinateurs, articles électroniques et optiques ; machines et matériels de transport | 22 778.5 | 24 053.9 | 24 040.6 | 28 258.3 | 31 402.7 | 36 303.2 | 38 924.7 | 42 598.6 |
| 26 | Ordinateurs, articles électroniques et optiques | 14 396.0 | 16 114.4 | 16 252.0 | 19 631.5 | 21 873.9 | 25 237.8 | 27 731.1 | 30 450.7 |
| 27 | Matériels électriques | 758.7 | 867.8 | 932.7 | 992.7 | 1 076.2 | 1 265.4 | 1 190.7 | 1 279.7 |
| 28 | Machines et équipements n.c.a. | 1 950.6 | 1 996.0 | 1 943.1 | 2 184.9 | 2 413.7 | 3 184.4 | 3 072.3 | 3 244.1 |
| 29 | Automobiles, remorques et semi-remorques | 5 032.1 | 4 381.6 | 4 283.1 | 4 758.4 | 5 309.3 | 5 724.1 | 6 083.2 | 6 750.6 |
| 30 | Autres matériels de transport | 641.1 | 694.1 | 629.8 | 690.8 | 729.5 | 891.5 | 847.3 | 873.5 |
| 31-33 | Meubles ; réparation et installation de machines et de matériel | 190.0 | 222.9 | 228.5 | 251.7 | 408.6 | 365.2 | 369.7 | 436.1 |
| 31 | Meubles | 38.5 | 21.7 | 52.1 | 52.5 | 62.7 | 66.3 | 74.9 | 99.5 |
| 32 | Autres activités de fabrication | 151.5 | 201.2 | 176.4 | 199.2 | 345.9 | 298.9 | 294.9 | 336.6 |
| 33 | Réparation et installation de machines et de matériel | .. | .. | .. | .. | .. | .. | .. | .. |
| 35-39 | ÉLECTRICITÉ, GAZ, EAU ET TRAITEMENT DES DÉCHETS | 315.8 | 358.2 | 355.8 | 373.9 | 481.1 | 509.2 | 410.6 | 423.1 |
| 35-36 | Production et distribution d'électricité, de gaz et de l'eau | 313.5 | 329.3 | 330.8 | 349.8 | 444.1 | 476.5 | 372.1 | 383.4 |
| 37-39 | Assainissement, traitement des déchets et dépollution | 2.2 | 28.9 | 25.0 | 24.1 | 37.0 | 32.7 | 38.5 | 39.7 |
| 41-43 | CONSTRUCTION | 706.8 | 820.8 | 1 029.8 | 886.9 | 1 063.2 | 1 156.1 | 1 106.9 | 1 139.4 |
| 45-99 | TOTAL SERVICES | 2 238.0 | 2 607.3 | 3 217.6 | 3 522.9 | 3 955.3 | 4 418.3 | 4 540.3 | 4 729.7 |
| 45-82 | Services du secteur des entreprises | 2 196.0 | 2 591.1 | 3 188.6 | 3 490.7 | 3 912.0 | 4 379.9 | 4 500.2 | 4 687.3 |
| 45-47 | Commerce de gros et de détail ; réparations automobiles et motocycles | 105.8 | 173.0 | 563.1 | 641.8 | 719.9 | 788.8 | 815.4 | 859.3 |
| 49-53 | Transport et entreposage | 55.8 | 70.1 | 41.6 | 88.3 | 144.8 | 81.6 | 128.0 | 45.8 |
| 55-56 | Activités d'hébergement et de restauration | 0.9 | 3.0 | 9.8 | 1.0 | 7.7 | 1.4 | 10.0 | 8.8 |
| 58-63 | Information et communication | 1 405.2 | 1 644.6 | 1 592.5 | 1 827.2 | 1 978.6 | 2 378.6 | 2 251.7 | 2 461.3 |
| 58-60 | Édition, audiovisuel et diffusion | 814.5 | 972.0 | 1 018.3 | 1 131.6 | 1 111.1 | 1 559.1 | 1 438.8 | 1 629.7 |
| 58 | Activités d'édition | 789.5 | 945.5 | 988.1 | 1 095.7 | 1 079.0 | 1 527.5 | 1 398.7 | 1 590.8 |
| 59-60 | Activités audiovisuel et diffusion | 25.0 | 26.5 | 30.2 | 35.9 | 32.0 | 31.6 | 40.1 | 38.9 |
| 59 | Production de films, vidéo, programmes de télévision et d'enregistrements | 3.6 | 6.3 | 12.9 | 13.2 | 15.4 | 12.7 | 9.5 | 13.7 |
| 60 | Programmation et diffusion | 21.4 | 20.2 | 17.4 | 22.7 | 16.7 | 18.9 | 30.6 | 25.1 |
| 61 | Télécommunications | 422.9 | 482.2 | 340.7 | 412.8 | 402.6 | 452.1 | 469.0 | 493.3 |
| 62-63 | Technologies de l'information et informatique | 167.8 | 190.4 | 233.4 | 282.8 | 465.0 | 367.4 | 343.9 | 338.3 |
| 62 | Programmation informatique ; conseils et activités connexes | .. | 97.3 | 115.8 | 169.7 | 319.3 | 246.7 | 207.2 | 223.2 |
| 63 | Services d'information | .. | 93.1 | 117.7 | 113.1 | 145.7 | 120.7 | 136.7 | 115.0 |
| 64-66 | Activités financières et d'assurances | 0.5 | 0.1 | 2.0 | 1.6 | 1.2 | 2.1 | 2.0 | 5.2 |
| 68-82 | Activités immobilières ; professionnelles ; services administratifs et d'appui | 627.9 | 700.3 | 979.5 | 930.9 | 1 059.8 | 1 127.4 | 1 293.2 | 1 306.9 |
| 68 | Activités immobilières | 0.6 | 0.7 | 30.7 | 21.0 | 3.5 | 1.9 | 3.6 | 3.7 |
| 69-75x72 | Activités professionnelles, scientifiques et techniques, R-D scientifique exclu | 495.6 | 517.1 | 699.3 | 634.4 | 679.3 | 768.7 | 792.4 | 867.2 |
| 72 | Recherche scientifique et développement | 98.7 | 147.3 | 182.3 | 202.5 | 305.3 | 274.8 | 407.6 | 342.6 |
| 77-82 | Activités de services administratifs et d'appui | 33.0 | 35.2 | 67.2 | 73.0 | 71.7 | 82.0 | 91.6 | 93.3 |
| 84-99 | Services collectifs, sociaux et personnels | 42.0 | 16.2 | 29.0 | 32.3 | 43.3 | 38.4 | 40.1 | 42.4 |
| 84-85 | Administration publique et défense ; sécurité sociale obligatoire et éducation | 6.7 | 9.9 | 15.0 | 15.3 | 19.2 | 14.6 | 16.7 | 16.2 |
| 86-88 | Santé humaine et action sociale | 10.5 | 0.0 | 0.2 | 0.2 | 0.3 | 1.1 | 5.0 | 5.6 |
| 90-93 | Arts, spectacles et loisirs | 9.6 | 3.4 | 4.1 | 4.1 | 3.2 | 3.2 | 3.0 | 2.2 |
| 94-99 | Autres services ; ménages-employeurs ; organismes extra-territoriaux | 15.3 | 2.8 | 9.7 | 12.6 | 20.6 | 19.5 | 15.4 | 18.4 |

.. Non disponible

*Note* : Voir les métadonnées détaillées sur : http://metalinks.oecd.org/anberd/20170419/1355.
    Informations sur les données concernant Israël : http://oe.cd/israel-disclaimer.
*Responsabilité* : http://oe.cd/disclaimer

# CORÉE

## Dépenses de R-D dans l'industrie par activité principale de l'entreprise, prix constants
### CITI Rév. 4

2010 PPP USD

| | | 2007 | 2008 | 2009 | 2010 | 2011 | 2012 | 2013 | 2014 |
|---|---|---|---|---|---|---|---|---|---|
| | **TOTAL ENTREPRISES** | 31 223.1 | 33 039.7 | 34 567.4 | 39 025.0 | 44 716.9 | 50 096.2 | 53 507.2 | 56 951.4 |
| 01-03 | AGRICULTURE, SYLVICULTURE ET PÊCHE | 15.5 | 26.1 | 25.1 | 31.0 | 42.4 | 30.9 | 30.1 | 32.8 |
| 05-09 | ACTIVITÉS EXTRACTIVES | 8.6 | 7.8 | 17.7 | 22.4 | 25.7 | 40.7 | 29.1 | 23.2 |
| 10-33 | ACTIVITÉS DE FABRICATION | 27 913.3 | 29 225.3 | 29 865.3 | 34 188.0 | 39 144.9 | 43 996.8 | 47 409.6 | 50 638.4 |
| 10-12 | Produits alimentaires, boissons et tabac | 433.2 | 444.4 | 455.6 | 361.3 | 472.4 | 545.8 | 531.6 | 558.6 |
| 13-15 | Textiles, habillement, cuir et articles de cuir | 191.6 | 193.9 | 201.0 | 198.6 | 334.3 | 372.6 | 418.1 | 421.7 |
| 13 | Textiles | 95.0 | 94.4 | 91.2 | 97.1 | 142.3 | 134.2 | 142.4 | 147.7 |
| 14 | Articles d'habillement | 80.6 | 83.1 | 97.9 | 84.5 | 164.4 | 202.0 | 231.5 | 225.9 |
| 15 | Cuir et articles de cuir | 16.1 | 16.4 | 11.9 | 17.0 | 27.6 | 36.3 | 44.3 | 48.0 |
| 16-18 | Bois, papier, imprimerie et reproduction de supports enregistrés | 50.2 | 56.1 | 75.7 | 81.0 | 106.4 | 139.7 | 119.3 | 124.3 |
| 16 | Bois et articles en bois, sauf meubles | 7.4 | 7.3 | 8.1 | 7.8 | 18.8 | 15.0 | 15.4 | 15.0 |
| 17 | Papier et articles en papier | 18.6 | 22.6 | 37.2 | 42.4 | 55.7 | 87.3 | 63.4 | 67.1 |
| 18 | Imprimerie et reproduction de supports enregistrés | 24.2 | 26.2 | 30.4 | 30.8 | 32.0 | 37.4 | 40.4 | 42.2 |
| 19-23 | Produits pétroliers, chimiques, pharmaceutiques, caoutchouc, plastique, minéraux | 3 324.9 | 3 344.4 | 3 532.9 | 4 065.1 | 5 046.6 | 5 177.6 | 5 829.8 | 5 419.8 |
| 19 | Cokéfaction et raffinage | 197.7 | 147.2 | 168.5 | 274.4 | 395.7 | 314.8 | 334.9 | 272.4 |
| 20-21 | Industrie chimique et pharmaceutique | 2 452.1 | 2 461.4 | 2 632.0 | 2 940.3 | 3 742.1 | 3 857.7 | 4 297.7 | 3 995.9 |
| 20 | Produits chimiques | 1 671.4 | 1 655.1 | 1 785.5 | 2 062.4 | 2 731.2 | 2 647.1 | 3 053.3 | 2 714.0 |
| 21 | Préparations pharmaceutiques, chimiques (médicine) et d'herboristerie | 780.8 | 806.3 | 846.5 | 877.9 | 1 010.9 | 1 210.7 | 1 244.3 | 1 282.0 |
| 22 | Produits en caoutchouc et en plastique | 489.5 | 553.2 | 441.3 | 602.9 | 631.5 | 628.4 | 833.0 | 879.4 |
| 23 | Autres produits minéraux non métalliques | 185.6 | 182.6 | 291.1 | 247.6 | 277.3 | 376.6 | 364.2 | 272.2 |
| 24-25 | Produits métalliques de base et ouvrages en métaux (sauf machines et matériel) | 768.6 | 947.3 | 1 034.5 | 972.0 | 1 347.9 | 1 428.9 | 1 342.3 | 1 320.2 |
| 24 | Produits métallurgiques de base | 544.0 | 650.2 | 677.4 | 664.6 | 722.4 | 850.6 | 712.0 | 741.0 |
| 25 | Ouvrages en métaux (sauf machines et matériel) | 224.5 | 297.1 | 357.1 | 307.4 | 625.5 | 578.4 | 630.4 | 579.2 |
| 26-30 | Ordinateurs, articles électroniques et optiques ; machines et matériels de transport | 22 953.4 | 24 016.7 | 24 334.2 | 28 258.3 | 31 428.3 | 35 970.3 | 38 799.9 | 42 360.1 |
| 26 | Ordinateurs, articles électroniques et optiques | 14 506.6 | 16 089.5 | 16 450.5 | 19 631.5 | 21 891.8 | 25 006.4 | 27 642.3 | 30 280.2 |
| 27 | Matériels électriques | 764.6 | 866.5 | 944.1 | 992.7 | 1 077.1 | 1 253.8 | 1 186.9 | 1 272.6 |
| 28 | Machines et équipements n.c.a. | 1 965.5 | 1 992.9 | 1 966.8 | 2 184.9 | 2 415.7 | 3 155.2 | 3 062.5 | 3 226.0 |
| 29 | Automobiles, remorques et semi-remorques | 5 070.8 | 4 374.8 | 4 335.4 | 4 758.4 | 5 313.7 | 5 671.6 | 6 063.7 | 6 712.8 |
| 30 | Autres matériels de transport | 646.0 | 693.0 | 637.5 | 690.8 | 730.1 | 883.3 | 844.6 | 868.6 |
| 31-33 | Meubles ; réparation et installation de machines et de matériel | 191.5 | 222.6 | 231.3 | 251.7 | 408.9 | 361.9 | 368.5 | 433.7 |
| 31 | Meubles | 38.8 | 21.7 | 52.7 | 52.5 | 62.7 | 65.7 | 74.6 | 98.9 |
| 32 | Autres activités de fabrication | 152.7 | 200.9 | 178.6 | 199.2 | 346.2 | 296.2 | 293.9 | 334.7 |
| 33 | Réparation et installation de machines et de matériel | .. | .. | .. | .. | .. | .. | .. | .. |
| 35-39 | ÉLECTRICITÉ, GAZ, EAU ET TRAITEMENT DES DÉCHETS | 318.2 | 357.7 | 360.1 | 373.9 | 481.5 | 504.5 | 409.3 | 420.7 |
| 35-36 | Production et distribution d'électricité, de gaz et de l'eau | 315.9 | 328.8 | 334.9 | 349.8 | 444.4 | 472.1 | 370.9 | 381.2 |
| 37-39 | Assainissement, traitement des déchets et dépollution | 2.3 | 28.8 | 25.3 | 24.1 | 37.0 | 32.4 | 38.4 | 39.5 |
| 41-43 | CONSTRUCTION | 712.2 | 819.6 | 1 042.4 | 886.9 | 1 064.0 | 1 145.5 | 1 103.4 | 1 133.0 |
| 45-99 | TOTAL SERVICES | 2 255.2 | 2 603.3 | 3 256.9 | 3 522.9 | 3 958.5 | 4 377.8 | 4 525.8 | 4 703.2 |
| 45-82 | Services du secteur des entreprises | 2 212.9 | 2 587.1 | 3 227.5 | 3 490.7 | 3 915.2 | 4 339.8 | 4 485.8 | 4 661.0 |
| 45-47 | Commerce de gros et de détail ; réparations automobiles et motocycles | 106.6 | 172.7 | 570.0 | 641.8 | 720.5 | 781.5 | 812.8 | 854.5 |
| 49-53 | Transport et entreposage | 56.2 | 70.0 | 42.1 | 88.3 | 144.9 | 80.9 | 127.5 | 45.6 |
| 55-56 | Activités d'hébergement et de restauration | 0.9 | 3.0 | 9.9 | 1.0 | 7.8 | 1.4 | 10.0 | 8.8 |
| 58-63 | Information et communication | 1 416.0 | 1 642.1 | 1 612.0 | 1 827.2 | 1 980.3 | 2 356.8 | 2 244.5 | 2 447.5 |
| 58-60 | Édition, audiovisuel et diffusion | 820.8 | 970.5 | 1 030.8 | 1 131.6 | 1 112.0 | 1 544.8 | 1 434.2 | 1 620.6 |
| 58 | Activités d'édition | 795.6 | 944.0 | 1 000.2 | 1 095.7 | 1 079.9 | 1 513.5 | 1 394.2 | 1 581.9 |
| 59-60 | Activités audiovisuel et diffusion | 25.2 | 26.5 | 30.6 | 35.9 | 32.1 | 31.3 | 40.0 | 38.7 |
| 59 | Production de films, vidéo, programmes de télévision et d'enregistrements | 3.6 | 6.3 | 13.0 | 13.2 | 15.4 | 12.5 | 9.5 | 13.7 |
| 60 | Programmation et diffusion | 21.6 | 20.2 | 17.6 | 22.7 | 16.7 | 18.8 | 30.5 | 25.0 |
| 61 | Télécommunications | 426.2 | 481.5 | 344.9 | 412.8 | 402.9 | 448.0 | 467.5 | 490.5 |
| 62-63 | Technologies de l'information et informatique | 169.0 | 190.1 | 236.3 | 282.8 | 465.4 | 364.0 | 342.8 | 336.4 |
| 62 | Programmation informatique ; conseils et activités connexes | .. | 97.1 | 117.2 | 169.7 | 319.6 | 244.4 | 206.5 | 222.0 |
| 63 | Services d'information | .. | 93.0 | 119.1 | 113.1 | 145.8 | 119.6 | 136.3 | 114.4 |
| 64-66 | Activités financières et d'assurances | 0.5 | 0.1 | 2.0 | 1.6 | 1.2 | 2.1 | 2.0 | 5.1 |
| 68-82 | Activités immobilières ; professionnelles ; services administratifs et d'appui | 632.7 | 699.2 | 991.5 | 930.9 | 1 060.6 | 1 117.1 | 1 289.0 | 1 299.6 |
| 68 | Activités immobilières | 0.6 | 0.7 | 31.1 | 21.0 | 3.5 | 1.8 | 1.6 | 3.7 |
| 69-75x72 | Activités professionnelles, scientifiques et techniques, R-D scientifique exclu | 499.4 | 516.3 | 707.9 | 634.4 | 679.9 | 761.7 | 789.9 | 862.3 |
| 72 | Recherche scientifique et développement | 99.5 | 147.1 | 184.5 | 202.5 | 305.6 | 272.2 | 406.3 | 340.7 |
| 77-82 | Activités de services administratifs et d'appui | 33.3 | 35.1 | 68.0 | 73.0 | 71.7 | 81.3 | 91.3 | 92.8 |
| 84-99 | Services collectifs, sociaux et personnels | 42.3 | 16.2 | 29.4 | 32.3 | 43.4 | 38.0 | 40.0 | 42.2 |
| 84-85 | Administration publique et défense ; sécurité sociale obligatoire et éducation | 6.7 | 9.9 | 15.2 | 15.3 | 19.2 | 14.5 | 16.6 | 16.2 |
| 86-88 | Santé humaine et action sociale | 10.5 | 0.0 | 0.3 | 0.2 | 0.3 | 1.1 | 5.0 | 5.6 |
| 90-93 | Arts, spectacles et loisirs | 9.6 | 3.4 | 4.1 | 4.1 | 3.2 | 3.1 | 3.0 | 2.2 |
| 94-99 | Autres services ; ménages-employeurs ; organismes extra-territoriaux | 15.5 | 2.8 | 9.8 | 12.6 | 20.6 | 19.3 | 15.4 | 18.3 |

.. Non disponible

Note : Voir les métadonnées détaillées sur : http://metalinks.oecd.org/anberd/20170419/1355.
   Informations sur les données concernant Israël : http://oe.cd/israel-disclaimer.
Responsabilité : http://oe.cd/disclaimer

# MEXIQUE

## Dépenses de R-D dans l'industrie par activité principale de l'entreprise, prix courants
### CITI Rév. 4

Millions USD PPP

| Code | Activité | 2007 | 2008 | 2009 | 2010 | 2011 | 2012 | 2013 | 2014 |
|---|---|---|---|---|---|---|---|---|---|
| | **TOTAL ENTREPRISES** | 2 717.9 | 2 547.4 | 2 878.8 | 3 274.2 | 3 410.3 | 2 909.8 | 3 215.6 | 3 549.4 |
| 01-03 | AGRICULTURE, SYLVICULTURE ET PÊCHE | 0.0 | 5.1 | 18.6 | 0.0 | 0.0 | 0.0 | 0.0 | 0.0 |
| 05-09 | ACTIVITÉS EXTRACTIVES | 16.3 | 80.5 | 93.9 | 36.4 | 50.9 | 6.0 | 28.3 | 31.2 |
| 10-33 | ACTIVITÉS DE FABRICATION | 1 883.2 | 1 964.5 | 2 130.4 | 1 751.2 | 2 000.3 | 1 322.7 | 1 737.5 | 1 917.9 |
| 10-12 | Produits alimentaires, boissons et tabac | 297.2 | 182.5 | 256.5 | 149.7 | 173.1 | 150.6 | 203.6 | 224.8 |
| 13-15 | Textiles, habillement, cuir et articles de cuir | 128.1 | 32.5 | 110.3 | 41.4 | 41.6 | 24.7 | 28.0 | 30.9 |
| 13 | Textiles | 63.9 | 26.8 | 99.3 | 19.8 | 22.6 | 24.3 | 27.6 | 30.5 |
| 14 | Articles d'habillement | 54.0 | 0.7 | 1.3 | 1.8 | 0.0 | 0.3 | 0.3 | 0.3 |
| 15 | Cuir et articles de cuir | 10.2 | 5.0 | 9.6 | 19.8 | 19.1 | 0.1 | 0.1 | 0.1 |
| 16-18 | Bois, papier, imprimerie et reproduction de supports enregistrés | 20.0 | 49.4 | 31.4 | 21.7 | 22.3 | 25.1 | 31.3 | 34.5 |
| 16 | Bois et articles en bois, sauf meubles | 0.9 | 3.5 | 2.7 | 4.9 | 4.8 | 3.1 | 6.6 | 7.3 |
| 17 | Papier et articles en papier | 9.6 | 45.7 | 27.1 | 16.2 | 17.2 | 16.4 | 21.5 | 23.8 |
| 18 | Imprimerie et reproduction de supports enregistrés | 9.5 | 0.3 | 1.5 | 0.6 | 0.2 | 5.6 | 3.2 | 3.5 |
| 19-23 | Produits pétroliers, chimiques, pharmaceutiques, caoutchouc, plastique, minéraux | 566.3 | 570.1 | 498.6 | 683.3 | 795.2 | 314.4 | 413.7 | 456.6 |
| 19 | Cokéfaction et raffinage | 62.7 | 9.3 | 9.3 | 10.2 | 13.5 | 8.8 | 11.3 | 12.5 |
| 20-21 | Industrie chimique et pharmaceutique | 373.7 | 470.5 | 420.2 | 616.6 | 721.5 | 243.7 | 334.5 | 369.2 |
| 20 | Produits chimiques | 214.3 | 288.7 | 223.2 | 115.5 | 137.3 | 75.7 | 88.3 | 97.5 |
| 21 | Préparations pharmaceutiques, chimiques (médicine) et d'herboristerie | 159.5 | 181.8 | 197.0 | 501.1 | 584.2 | 167.9 | 246.2 | 271.7 |
| 22 | Produits en caoutchouc et en plastique | 70.6 | 16.6 | 37.9 | 30.6 | 39.1 | 12.8 | 19.6 | 21.6 |
| 23 | Autres produits minéraux non métalliques | 59.2 | 73.7 | 31.2 | 25.9 | 21.1 | 49.1 | 48.2 | 53.2 |
| 24-25 | Produits métalliques de base et ouvrages en métaux (sauf machines et matériel) | 372.7 | 359.2 | 288.8 | 269.4 | 278.5 | 169.3 | 139.6 | 154.1 |
| 24 | Produits métallurgiques de base | 178.1 | 194.5 | 155.8 | 72.1 | 105.6 | 26.4 | 32.2 | 35.5 |
| 25 | Ouvrages en métaux (sauf machines et matériel) | 194.6 | 164.7 | 133.1 | 197.3 | 173.0 | 142.9 | 107.5 | 118.6 |
| 26-30 | Ordinateurs, articles électroniques et optiques ; machines et matériels de transport | 490.4 | 762.9 | 939.3 | 585.0 | 687.9 | 636.1 | 917.2 | 1 012.4 |
| 26 | Ordinateurs, articles électroniques et optiques | 66.0 | 54.6 | 61.7 | 26.1 | 29.9 | 80.8 | 94.4 | 104.2 |
| 27 | Matériels électriques | 87.1 | 181.1 | 218.5 | 189.4 | 213.8 | 163.5 | 270.5 | 298.5 |
| 28 | Machines et équipements n.c.a. | 61.4 | 93.3 | 164.3 | 77.9 | 68.2 | 40.6 | 58.7 | 64.8 |
| 29 | Automobiles, remorques et semi-remorques | 270.5 | 421.7 | 474.3 | 273.3 | 348.6 | 330.8 | 466.0 | 514.3 |
| 30 | Autres matériels de transport | 5.4 | 12.2 | 20.5 | 18.3 | 27.4 | 20.4 | 27.6 | 30.4 |
| 31-33 | Meubles ; réparation et installation de machines et de matériel | 8.5 | 7.8 | 5.4 | 0.7 | 1.7 | 2.4 | 4.1 | 4.6 |
| 31 | Meubles | 0.0 | 2.2 | 0.8 | 0.5 | 1.5 | 0.1 | 0.0 | 0.0 |
| 32 | Autres activités de fabrication | 8.5 | 5.6 | 4.6 | 0.1 | 0.1 | 2.3 | 4.1 | 4.5 |
| 33 | Réparation et installation de machines et de matériel | .. | .. | .. | .. | .. | .. | .. | .. |
| 35-39 | ÉLECTRICITÉ, GAZ, EAU ET TRAITEMENT DES DÉCHETS | 12.1 | 13.0 | 13.5 | 0.0 | 0.0 | 10.4 | 17.2 | 18.9 |
| 35-36 | Production et distribution d'électricité, de gaz et de l'eau | .. | .. | .. | .. | .. | .. | .. | .. |
| 37-39 | Assainissement, traitement des déchets et dépollution | .. | .. | .. | .. | .. | .. | .. | .. |
| 41-43 | CONSTRUCTION | 5.6 | 6.4 | 8.7 | 104.5 | 1.6 | 6.3 | 12.3 | 13.5 |
| 45-99 | **TOTAL SERVICES** | 800.7 | 478.1 | 613.7 | 1 382.1 | 1 357.6 | 1 564.4 | 1 420.4 | 1 567.8 |
| 45-82 | Services du secteur des entreprises | 213.1 | 148.9 | 199.8 | 1 026.0 | 967.0 | 1 035.1 | 830.8 | 917.0 |
| 45-47 | Commerce de gros et de détail ; réparations automobiles et motocycles | 0.0 | 0.0 | 0.0 | 0.0 | 0.0 | 0.0 | 0.0 | 0.0 |
| 49-53 | Transport et entreposage | 0.5 | 13.5 | 17.1 | .. | .. | .. | .. | .. |
| 55-56 | Activités d'hébergement et de restauration | 0.0 | 0.6 | 0.0 | 0.5 | 0.6 | 1.1 | 1.8 | 2.0 |
| 58-63 | Information et communication | 58.7 | 36.8 | 68.0 | 454.1 | 449.9 | 478.3 | 262.7 | 290.0 |
| 58-60 | Édition, audiovisuel et diffusion | .. | .. | .. | .. | .. | .. | .. | .. |
| 58 | Activités d'édition | .. | .. | .. | .. | .. | .. | .. | .. |
| 59-60 | Activités audiovisuel et diffusion | .. | .. | .. | .. | .. | .. | .. | .. |
| 59 | Production de films, vidéo, programmes de télévision et d'enregistrements | .. | .. | .. | .. | .. | .. | .. | .. |
| 60 | Programmation et diffusion | .. | .. | .. | .. | .. | .. | .. | .. |
| 61 | Télécommunications | .. | .. | .. | .. | .. | .. | .. | .. |
| 62-63 | Technologies de l'information et informatique | .. | .. | .. | .. | .. | .. | .. | .. |
| 62 | Programmation informatique ; conseils et activités connexes | .. | .. | .. | .. | .. | .. | .. | .. |
| 63 | Services d'information | .. | .. | .. | .. | .. | .. | .. | .. |
| 64-66 | Activités financières et d'assurances | 112.0 | 34.9 | 51.3 | 136.5 | 145.2 | 427.7 | 245.7 | 271.2 |
| 68-82 | Activités immobilières ; professionnelles ; services administratifs et d'appui | 42.0 | 63.1 | 63.5 | .. | .. | .. | .. | .. |
| 68 | Activités immobilières | .. | .. | .. | .. | .. | .. | .. | .. |
| 69-75x72 | Activités professionnelles, scientifiques et techniques, R-D scientifique exclu | .. | .. | .. | .. | .. | .. | .. | .. |
| 72 | Recherche scientifique et développement | 40.3 | 63.1 | 63.5 | 419.7 | 362.6 | 90.5 | 115.4 | 127.3 |
| 77-82 | Activités de services administratifs et d'appui | .. | .. | .. | .. | .. | .. | .. | .. |
| 84-99 | Services collectifs, sociaux et personnels | 587.5 | 329.2 | 413.8 | 356.0 | 390.6 | 529.3 | 589.6 | 650.8 |
| 84-85 | Administration publique et défense ; sécurité sociale obligatoire et éducation | .. | .. | .. | .. | .. | .. | .. | .. |
| 86-88 | Santé humaine et action sociale | .. | .. | .. | .. | .. | .. | .. | .. |
| 90-93 | Arts, spectacles et loisirs | .. | .. | .. | .. | .. | .. | .. | .. |
| 94-99 | Autres services ; ménages-employeurs ; organismes extra-territoriaux | .. | .. | .. | .. | .. | .. | .. | .. |

.. Non disponible

Note : Voir les métadonnées détaillées sur : http://metalinks.oecd.org/anberd/20170419/1355.
    Informations sur les données concernant Israël : http://oe.cd/israel-disclaimer.
Responsabilité : http://oe.cd/disclaimer

# MEXIQUE

## Dépenses de R-D dans l'industrie par activité principale de l'entreprise, prix constants
### CITI Rév. 4

2010 PPP USD

| Code | | 2007 | 2008 | 2009 | 2010 | 2011 | 2012 | 2013 | 2014 |
|---|---|---|---|---|---|---|---|---|---|
| | **TOTAL ENTREPRISES** | 2 983.5 | 2 680.5 | 2 913.9 | 3 274.2 | 3 238.7 | 2 742.2 | 2 989.9 | 3 198.8 |
| 01-03 | **AGRICULTURE, SYLVICULTURE ET PÊCHE** | 0.0 | 5.4 | 18.9 | 0.0 | 0.0 | 0.0 | 0.0 | 0.0 |
| 05-09 | **ACTIVITÉS EXTRACTIVES** | 17.9 | 84.7 | 95.0 | 36.4 | 48.3 | 5.6 | 26.3 | 28.1 |
| 10-33 | **ACTIVITÉS DE FABRICATION** | 2 067.3 | 2 067.1 | 2 156.4 | 1 751.2 | 1 899.6 | 1 246.5 | 1 615.6 | 1 728.5 |
| 10-12 | Produits alimentaires, boissons et tabac | 326.2 | 192.0 | 259.7 | 149.7 | 164.4 | 141.9 | 189.4 | 202.6 |
| 13-15 | Textiles, habillement, cuir et articles de cuir | 140.7 | 34.2 | 111.6 | 41.4 | 39.5 | 23.3 | 26.0 | 27.9 |
| 13 | Textiles | 70.1 | 28.2 | 100.5 | 19.8 | 21.4 | 22.9 | 25.7 | 27.5 |
| 14 | Articles d'habillement | 59.3 | 0.8 | 1.3 | 1.8 | 0.0 | 0.3 | 0.3 | 0.3 |
| 15 | Cuir et articles de cuir | 11.2 | 5.3 | 9.7 | 19.8 | 18.1 | 0.1 | 0.1 | 0.1 |
| 16-18 | Bois, papier, imprimerie et reproduction de supports enregistrés | 22.0 | 52.0 | 31.8 | 21.7 | 21.2 | 23.7 | 29.1 | 31.1 |
| 16 | Bois et articles en bois, sauf meubles | 1.0 | 3.6 | 2.7 | 4.9 | 4.6 | 2.9 | 6.1 | 6.5 |
| 17 | Papier et articles en papier | 10.5 | 48.1 | 27.5 | 16.2 | 16.3 | 15.5 | 20.0 | 21.4 |
| 18 | Imprimerie et reproduction de supports enregistrés | 10.5 | 0.3 | 1.5 | 0.6 | 0.2 | 5.3 | 3.0 | 3.2 |
| 19-23 | Produits pétroliers, chimiques, pharmaceutiques, caoutchouc, plastique, minéraux | 621.6 | 599.9 | 504.7 | 683.3 | 755.2 | 296.3 | 384.7 | 411.5 |
| 19 | Cokéfaction et raffinage | 68.8 | 9.8 | 9.4 | 10.2 | 12.8 | 8.3 | 10.6 | 11.3 |
| 20-21 | Industrie chimique et pharmaceutique | 410.3 | 495.1 | 425.3 | 616.6 | 685.2 | 229.6 | 311.0 | 332.8 |
| 20 | Produits chimiques | 235.2 | 303.8 | 226.0 | 115.5 | 130.4 | 71.4 | 82.1 | 87.9 |
| 21 | Préparations pharmaceutiques, chimiques (médicine) et d'herboristerie | 175.0 | 191.3 | 199.4 | 501.1 | 554.8 | 158.3 | 228.9 | 244.9 |
| 22 | Produits en caoutchouc et en plastique | 77.5 | 17.5 | 38.4 | 30.6 | 37.1 | 12.1 | 18.2 | 19.5 |
| 23 | Autres produits minéraux non métalliques | 65.0 | 77.5 | 31.6 | 25.9 | 20.0 | 46.3 | 44.9 | 48.0 |
| 24-25 | Produits métalliques de base et ouvrages en métaux (sauf machines et matériel) | 409.1 | 377.9 | 292.4 | 269.4 | 264.5 | 159.6 | 129.8 | 138.9 |
| 24 | Produits métallurgiques de base | 195.5 | 204.7 | 157.7 | 72.1 | 100.3 | 24.9 | 29.9 | 32.0 |
| 25 | Ouvrages en métaux (sauf machines et matériel) | 213.7 | 173.3 | 134.7 | 197.3 | 164.3 | 134.7 | 99.9 | 106.9 |
| 26-30 | Ordinateurs, articles électroniques et optiques ; machines et matériels de transport | 538.4 | 802.8 | 950.8 | 585.0 | 653.3 | 599.5 | 852.8 | 912.4 |
| 26 | Ordinateurs, articles électroniques et optiques | 72.5 | 57.5 | 62.5 | 26.1 | 28.4 | 76.1 | 87.8 | 93.9 |
| 27 | Matériels électriques | 95.6 | 190.6 | 221.1 | 189.4 | 203.0 | 154.1 | 251.5 | 269.1 |
| 28 | Machines et équipements n.c.a. | 67.4 | 98.2 | 166.3 | 77.9 | 64.8 | 38.3 | 54.6 | 58.4 |
| 29 | Automobiles, remorques et semi-remorques | 296.9 | 443.7 | 480.1 | 273.3 | 331.0 | 311.8 | 433.3 | 463.5 |
| 30 | Autres matériels de transport | 5.9 | 12.8 | 20.7 | 18.3 | 26.0 | 19.2 | 25.6 | 27.4 |
| 31-33 | Meubles ; réparation et installation de machines et de matériel | 9.3 | 8.3 | 5.5 | 0.7 | 1.6 | 2.3 | 3.8 | 4.1 |
| 31 | Meubles | 0.0 | 2.3 | 0.8 | 0.5 | 1.5 | 0.1 | 0.0 | 0.0 |
| 32 | Autres activités de fabrication | 9.3 | 5.9 | 4.7 | 0.1 | 0.1 | 2.2 | 3.8 | 4.1 |
| 33 | Réparation et installation de machines et de matériel | .. | .. | .. | .. | .. | .. | .. | .. |
| 35-39 | **ÉLECTRICITÉ, GAZ, EAU ET TRAITEMENT DES DÉCHETS** | 13.3 | 13.7 | 13.7 | 0.0 | 0.0 | 9.8 | 16.0 | 17.1 |
| 35-36 | Production et distribution d'électricité, de gaz et de l'eau | .. | .. | .. | .. | .. | .. | .. | .. |
| 37-39 | Assainissement, traitement des déchets et dépollution | .. | .. | .. | .. | .. | .. | .. | .. |
| 41-43 | **CONSTRUCTION** | 6.1 | 6.7 | 8.8 | 104.5 | 1.5 | 5.9 | 11.4 | 12.2 |
| 45-99 | **TOTAL SERVICES** | 878.9 | 503.0 | 621.2 | 1 382.1 | 1 289.3 | 1 474.3 | 1 320.7 | 1 413.0 |
| 45-82 | Services du secteur des entreprises | 234.0 | 156.6 | 202.3 | 1 026.0 | 918.3 | 975.5 | 772.4 | 826.4 |
| 45-47 | Commerce de gros et de détail ; réparations automobiles et motocycles | 0.0 | 0.0 | 0.0 | 0.0 | 0.0 | 0.0 | 0.0 | 0.0 |
| 49-53 | Transport et entreposage | 0.6 | 14.2 | 17.3 | .. | .. | .. | .. | .. |
| 55-56 | Activités d'hébergement et de restauration | 0.0 | 0.7 | 0.0 | 0.5 | 0.5 | 1.0 | 1.7 | 1.8 |
| 58-63 | Information et communication | 64.4 | 38.7 | 68.8 | 454.1 | 427.2 | 450.7 | 244.3 | 261.3 |
| 58-60 | Édition, audiovisuel et diffusion | .. | .. | .. | .. | .. | .. | .. | .. |
| 58 | Activités d'édition | .. | .. | .. | .. | .. | .. | .. | .. |
| 59-60 | Activités audiovisuel et diffusion | .. | .. | .. | .. | .. | .. | .. | .. |
| 59 | Production de films, vidéo, programmes de télévision et d'enregistrements | .. | .. | .. | .. | .. | .. | .. | .. |
| 60 | Programmation et diffusion | .. | .. | .. | .. | .. | .. | .. | .. |
| 61 | Télécommunications | .. | .. | .. | .. | .. | .. | .. | .. |
| 62-63 | Technologies de l'information et informatique | .. | .. | .. | .. | .. | .. | .. | .. |
| 62 | Programmation informatique ; conseils et activités connexes | .. | .. | .. | .. | .. | .. | .. | .. |
| 63 | Services d'information | .. | .. | .. | .. | .. | .. | .. | .. |
| 64-66 | Activités financières et d'assurances | 122.9 | 36.8 | 51.9 | 136.5 | 137.9 | 403.1 | 228.5 | 244.4 |
| 68-82 | Activités immobilières ; professionnelles ; services administratifs et d'appui | 46.1 | 66.4 | 64.2 | .. | .. | .. | .. | .. |
| 68 | Activités immobilières | .. | .. | .. | .. | .. | .. | .. | .. |
| 69-75x72 | Activités professionnelles, scientifiques et techniques, R-D scientifique exclu | .. | .. | .. | .. | .. | .. | .. | .. |
| 72 | Recherche scientifique et développement | 44.2 | 66.4 | 64.2 | 419.7 | 344.3 | 85.3 | 107.3 | 114.8 |
| 77-82 | Activités de services administratifs et d'appui | .. | .. | .. | .. | .. | .. | .. | .. |
| 84-99 | Services collectifs, sociaux et personnels | 645.0 | 346.4 | 418.9 | 356.0 | 370.9 | 498.8 | 548.2 | 586.5 |
| 84-85 | Administration publique et défense ; sécurité sociale obligatoire et éducation | .. | .. | .. | .. | .. | .. | .. | .. |
| 86-88 | Santé humaine et action sociale | .. | .. | .. | .. | .. | .. | .. | .. |
| 90-93 | Arts, spectacles et loisirs | .. | .. | .. | .. | .. | .. | .. | .. |
| 94-99 | Autres services ; ménages-employeurs ; organismes extra-territoriaux | .. | .. | .. | .. | .. | .. | .. | .. |

.. Non disponible

*Note* : Voir les métadonnées détaillées sur : http://metalinks.oecd.org/anberd/20170419/1355.
    Informations sur les données concernant Israël : http://oe.cd/israel-disclaimer.
*Responsabilité* : http://oe.cd/disclaimer

# PAYS-BAS

## Dépenses de R-D dans l'industrie par activité principale de l'entreprise, prix courants
### CITI Rév. 4

*Millions USD PPP*

| Code | Activité | 2007 | 2008 | 2009 | 2010 | 2011 | 2012 | 2013 | 2014 |
|---|---|---|---|---|---|---|---|---|---|
| | TOTAL ENTREPRISES | .. | 6 208.0 | 5 783.1 | 6 121.1 | 8 278.9 | 8 585.1 | 8 896.9 | 9 275.6 |
| 01-03 | AGRICULTURE, SYLVICULTURE ET PÊCHE | .. | 75.5 | 77.9 | 96.2 | 210.7 | 173.7 | 175.9 | 214.6 |
| 05-09 | ACTIVITÉS EXTRACTIVES | .. | .. | .. | .. | 34.9 | 70.7 | 72.6 | 85.9 |
| 10-33 | ACTIVITÉS DE FABRICATION | .. | 4 432.8 | 4 195.7 | 4 153.8 | 4 708.0 | 4 911.0 | 5 201.1 | 5 476.5 |
| 10-12 | Produits alimentaires, boissons et tabac | .. | 294.9 | 325.7 | 388.3 | 456.5 | 483.7 | 490.2 | 469.3 |
| 13-15 | Textiles, habillement, cuir et articles de cuir | .. | 16.5 | 15.3 | 15.2 | 14.2 | 23.4 | 23.8 | 22.5 |
| 13 | Textiles | .. | 14.2 | 13.0 | 12.9 | 13.0 | 19.3 | 16.9 | 16.9 |
| 14 | Articles d'habillement | .. | 0.0 | 0.0 | 0.0 | 0.6 | 0.5 | 1.0 | 1.2 |
| 15 | Cuir et articles de cuir | .. | 2.4 | 2.4 | 1.2 | 0.7 | 3.7 | 5.9 | 4.5 |
| 16-18 | Bois, papier, imprimerie et reproduction de supports enregistrés | .. | 34.2 | 35.4 | 24.6 | 25.6 | 29.8 | 29.0 | 39.3 |
| 16 | Bois et articles en bois, sauf meubles | .. | 2.4 | 1.2 | 4.7 | 2.3 | 3.5 | 2.1 | 3.0 |
| 17 | Papier et articles en papier | .. | 27.1 | 28.3 | 17.6 | 6.9 | 18.2 | 20.4 | 28.3 |
| 18 | Imprimerie et reproduction de supports enregistrés | .. | 4.7 | 5.9 | 2.3 | 16.3 | 8.1 | 6.5 | 8.0 |
| 19-23 | Produits pétroliers, chimiques, pharmaceutiques, caoutchouc, plastique, minéraux | .. | 1 601.8 | 1 540.2 | 1 330.3 | 1 325.0 | 1 363.0 | 1 388.5 | 1 409.7 |
| 19 | Cokéfaction et raffinage | .. | 17.7 | 3.5 | 16.4 | 128.9 | 282.7 | 295.8 | 314.2 |
| 20-21 | Industrie chimique et pharmaceutique | .. | 1 513.4 | 1 465.8 | 1 251.7 | 1 048.6 | 948.7 | 961.7 | 984.9 |
| 20 | Produits chimiques | .. | 986.1 | 984.3 | 803.6 | 664.1 | 630.7 | 656.2 | 665.3 |
| 21 | Préparations pharmaceutiques, chimiques (médicine) et d'herboristerie | .. | 527.3 | 481.5 | 448.1 | 384.5 | 318.0 | 305.5 | 319.6 |
| 22 | Produits en caoutchouc et en plastique | .. | 47.2 | 48.4 | 43.4 | 117.4 | 102.5 | 107.0 | 89.8 |
| 23 | Autres produits minéraux non métalliques | .. | 23.6 | 22.4 | 18.8 | 30.0 | 29.1 | 23.9 | 20.8 |
| 24-25 | Produits métalliques de base et ouvrages en métaux (sauf machines et matériel) | .. | 156.6 | 145.4 | 164.6 | 188.9 | 173.8 | 207.0 | 187.2 |
| 24 | Produits métallurgiques de base | .. | 77.5 | 71.0 | 84.8 | 95.2 | 90.1 | 100.8 | 83.1 |
| 25 | Ouvrages en métaux (sauf machines et matériel) | .. | 79.0 | 74.4 | 79.8 | 93.8 | 83.7 | 106.2 | 104.1 |
| 26-30 | Ordinateurs, articles électroniques et optiques ; machines et matériels de transport | .. | 2 057.1 | 1 847.0 | 2 172.5 | 2 538.5 | 2 751.1 | 2 980.1 | 3 254.2 |
| 26 | Ordinateurs, articles électroniques et optiques | .. | 506.0 | 469.7 | 658.1 | 697.1 | 742.5 | 818.9 | 856.3 |
| 27 | Matériels électriques | .. | 678.2 | 657.4 | 502.1 | 576.2 | 580.8 | 652.1 | 581.8 |
| 28 | Machines et équipements n.c.a. | .. | 745.5 | 607.8 | 855.2 | 979.1 | 1 136.3 | 1 197.4 | 1 501.3 |
| 29 | Automobiles, remorques et semi-remorques | .. | 86.1 | 73.2 | 83.3 | 170.4 | 168.9 | 183.1 | 188.7 |
| 30 | Autres matériels de transport | .. | 41.3 | 40.1 | 72.7 | 115.7 | 122.7 | 128.7 | 126.1 |
| 31-33 | Meubles ; réparation et installation de machines et de matériel | .. | 271.6 | 286.6 | 58.3 | 159.2 | 86.2 | 82.5 | 94.4 |
| 31 | Meubles | .. | 13.0 | 11.8 | 11.7 | 105.3 | 14.7 | 8.1 | 14.2 |
| 32 | Autres activités de fabrication | .. | 238.3 | 256.1 | 24.3 | 26.6 | 37.6 | 35.6 | 32.5 |
| 33 | Réparation et installation de machines et de matériel | .. | 20.4 | 18.7 | 22.3 | 27.3 | 33.9 | 38.9 | 47.8 |
| 35-39 | ÉLECTRICITÉ, GAZ, EAU ET TRAITEMENT DES DÉCHETS | .. | .. | .. | .. | 49.1 | 37.9 | 27.3 | 51.6 |
| 35-36 | Production et distribution d'électricité, de gaz et de l'eau | .. | .. | .. | .. | 25.7 | 18.9 | 14.4 | 27.3 |
| 37-39 | Assainissement, traitement des déchets et dépollution | .. | .. | .. | .. | 23.4 | 18.9 | 12.8 | 24.3 |
| 41-43 | CONSTRUCTION | .. | 27.1 | 38.9 | 63.3 | 124.2 | 158.9 | 133.6 | 139.6 |
| 45-99 | TOTAL SERVICES | .. | .. | .. | .. | 3 152.1 | 3 232.9 | 3 286.5 | 3 307.4 |
| 45-82 | Services du secteur des entreprises | .. | 1 539.3 | 1 341.9 | 1 739.7 | 3 138.2 | 3 196.8 | 3 250.0 | 3 277.6 |
| 45-47 | Commerce de gros et de détail ; réparations automobiles et motocycles | .. | 222.9 | 218.3 | 393.0 | 465.5 | 513.6 | 495.7 | 523.2 |
| 49-53 | Transport et entreposage | .. | 23.6 | 46.0 | 19.9 | 140.7 | 142.1 | 122.1 | 131.0 |
| 55-56 | Activités d'hébergement et de restauration | .. | 0.0 | 0.0 | 0.0 | 13.1 | 2.7 | 2.2 | 1.6 |
| 58-63 | Information et communication | .. | 370.4 | 413.1 | 674.5 | 944.7 | 929.2 | 926.4 | 1 004.8 |
| 58-60 | Édition, audiovisuel et diffusion | .. | 29.5 | 26.0 | 7.0 | 28.8 | 34.6 | 24.8 | 31.8 |
| 58 | Activités d'édition | .. | .. | .. | .. | 17.6 | 20.2 | 16.6 | .. |
| 59-60 | Activités audiovisuel et diffusion | .. | .. | .. | .. | 11.3 | 14.4 | 8.2 | .. |
| 59 | Production de films, vidéo, programmes de télévision et d'enregistrements | .. | .. | .. | .. | 9.3 | 14.1 | 7.9 | .. |
| 60 | Programmation et diffusion | .. | .. | .. | .. | 2.0 | 0.3 | 0.3 | .. |
| 61 | Télécommunications | .. | 18.9 | 18.9 | 61.0 | 76.1 | 61.4 | 38.9 | 60.4 |
| 62-63 | Technologies de l'information et informatique | .. | 322.0 | 368.2 | 607.6 | 839.7 | 833.1 | 862.7 | 912.6 |
| 62 | Programmation informatique ; conseils et activités connexes | .. | 320.8 | 368.2 | 583.0 | 769.3 | 794.7 | 815.4 | 833.6 |
| 63 | Services d'information | .. | 1.2 | 0.0 | 24.6 | 70.4 | 38.4 | 47.4 | 79.0 |
| 64-66 | Activités financières et d'assurances | .. | 299.6 | 23.6 | 29.3 | 240.7 | 329.0 | 322.1 | 244.9 |
| 68-82 | Activités immobilières ; professionnelles ; services administratifs et d'appui | .. | 622.8 | 640.9 | 621.7 | 1 333.5 | 1 280.2 | 1 381.3 | 1 372.1 |
| 68 | Activités immobilières | .. | 22.4 | 0.0 | 0.0 | 8.1 | 5.1 | 5.9 | 7.4 |
| 69-75x72 | Activités professionnelles, scientifiques et techniques, R-D scientifique exclu | .. | 227.7 | 174.7 | 272.2 | 756.2 | 633.4 | 622.4 | 587.8 |
| 72 | Recherche scientifique et développement | .. | 362.1 | 440.2 | 330.8 | 453.3 | 537.5 | 604.1 | 629.5 |
| 77-82 | Activités de services administratifs et d'appui | .. | 10.6 | 26.0 | 18.8 | 115.8 | 104.2 | 149.0 | 147.4 |
| 84-99 | Services collectifs, sociaux et personnels | .. | .. | .. | .. | 13.9 | 36.1 | 36.5 | 29.9 |
| 84-85 | Administration publique et défense ; sécurité sociale obligatoire et éducation | .. | .. | .. | .. | .. | .. | .. | .. |
| 86-88 | Santé humaine et action sociale | .. | .. | .. | .. | .. | .. | .. | .. |
| 90-93 | Arts, spectacles et loisirs | .. | .. | .. | .. | .. | .. | .. | .. |
| 94-99 | Autres services ; ménages-employeurs ; organismes extra-territoriaux | .. | .. | .. | .. | .. | .. | .. | .. |

.. Non disponible

*Note* : Voir les métadonnées détaillées sur : http://metalinks.oecd.org/anberd/20170419/1355.
   Informations sur les données concernant Israël : http://oe.cd/israel-disclaimer.
*Responsabilité* : http://oe.cd/disclaimer

# PAYS-BAS

## Dépenses de R-D dans l'industrie par activité principale de l'entreprise, prix constants
### CITI Rév. 4

*2010 PPP USD*

| | | 2007 | 2008 | 2009 | 2010 | 2011 | 2012 | 2013 | 2014 |
|---|---|---|---|---|---|---|---|---|---|
| | **TOTAL ENTREPRISES** | .. | 6 251.1 | 5 796.8 | 6 121.1 | 8 108.2 | 8 174.7 | 8 083.9 | 8 457.1 |
| 01-03 | **AGRICULTURE, SYLVICULTURE ET PÊCHE** | .. | 76.0 | 78.1 | 96.2 | 206.4 | 165.4 | 159.8 | 195.7 |
| 05-09 | **ACTIVITÉS EXTRACTIVES** | .. | .. | .. | .. | 34.2 | 67.3 | 66.0 | 78.3 |
| 10-33 | **ACTIVITÉS DE FABRICATION** | .. | 4 463.5 | 4 205.6 | 4 153.8 | 4 610.8 | 4 676.3 | 4 725.8 | 4 993.2 |
| 10-12 | Produits alimentaires, boissons et tabac | .. | 296.9 | 326.5 | 388.3 | 447.1 | 460.6 | 445.4 | 427.9 |
| 13-15 | Textiles, habillement, cuir et articles de cuir | .. | 16.6 | 15.4 | 15.2 | 14.0 | 22.3 | 21.6 | 20.5 |
| 13 | Textiles | .. | 14.3 | 13.0 | 12.9 | 12.7 | 18.4 | 15.3 | 15.4 |
| 14 | Articles d'habillement | .. | 0.0 | 0.0 | 0.0 | 0.5 | 0.4 | 0.9 | 1.1 |
| 15 | Cuir et articles de cuir | .. | 2.4 | 2.4 | 1.2 | 0.7 | 3.5 | 5.3 | 4.1 |
| 16-18 | Bois, papier, imprimerie et reproduction de supports enregistrés | .. | 34.4 | 35.5 | 24.6 | 25.0 | 28.4 | 26.3 | 35.8 |
| 16 | Bois et articles en bois, sauf meubles | .. | 2.4 | 1.2 | 4.7 | 2.3 | 3.3 | 1.9 | 2.7 |
| 17 | Papier et articles en papier | .. | 27.3 | 28.4 | 17.6 | 6.8 | 17.3 | 18.5 | 25.8 |
| 18 | Imprimerie et reproduction de supports enregistrés | .. | 4.8 | 5.9 | 2.3 | 16.0 | 7.8 | 5.9 | 7.2 |
| 19-23 | Produits pétroliers, chimiques, pharmaceutiques, caoutchouc, plastique, minéraux | .. | 1 613.0 | 1 543.8 | 1 330.3 | 1 297.7 | 1 297.8 | 1 261.6 | 1 285.3 |
| 19 | Cokéfaction et raffinage | .. | 17.8 | 3.5 | 16.4 | 126.3 | 269.2 | 268.8 | 286.5 |
| 20-21 | Industrie chimique et pharmaceutique | .. | 1 523.9 | 1 469.3 | 1 251.7 | 1 027.0 | 903.4 | 873.8 | 898.0 |
| 20 | Produits chimiques | .. | 993.0 | 986.6 | 803.6 | 650.4 | 600.6 | 596.2 | 606.6 |
| 21 | Préparations pharmaceutiques, chimiques (médicine) et d'herboristerie | .. | 530.9 | 482.7 | 448.1 | 376.6 | 302.8 | 277.6 | 291.4 |
| 22 | Produits en caoutchouc et en plastique | .. | 47.5 | 48.5 | 43.4 | 115.0 | 97.6 | 97.2 | 81.8 |
| 23 | Autres produits minéraux non métalliques | .. | 23.8 | 22.5 | 18.8 | 29.4 | 27.7 | 21.7 | 19.0 |
| 24-25 | Produits métalliques de base et ouvrages en métaux (sauf machines et matériel) | .. | 157.6 | 145.7 | 164.6 | 185.0 | 165.5 | 188.1 | 170.7 |
| 24 | Produits métallurgiques de base | .. | 78.1 | 71.2 | 84.8 | 93.2 | 85.8 | 91.6 | 75.7 |
| 25 | Ouvrages en métaux (sauf machines et matériel) | .. | 79.6 | 74.5 | 79.8 | 91.8 | 79.7 | 96.5 | 95.0 |
| 26-30 | Ordinateurs, articles électroniques et optiques ; machines et matériels de transport | .. | 2 071.4 | 1 851.4 | 2 172.5 | 2 486.1 | 2 619.6 | 2 707.8 | 2 967.0 |
| 26 | Ordinateurs, articles électroniques et optiques | .. | 509.5 | 470.8 | 658.1 | 682.7 | 707.0 | 744.1 | 780.7 |
| 27 | Matériels électriques | .. | 683.0 | 658.9 | 502.1 | 564.3 | 553.0 | 592.5 | 530.5 |
| 28 | Machines et équipements n.c.a. | .. | 750.7 | 609.3 | 855.2 | 958.9 | 1 081.9 | 1 087.9 | 1 368.8 |
| 29 | Automobiles, remorques et semi-remorques | .. | 86.7 | 73.3 | 83.3 | 166.8 | 160.8 | 166.4 | 172.0 |
| 30 | Autres matériels de transport | .. | 41.6 | 40.2 | 72.7 | 113.3 | 116.8 | 116.9 | 115.0 |
| 31-33 | Meubles ; réparation et installation de machines et de matériel | .. | 273.5 | 287.3 | 58.3 | 155.9 | 82.1 | 75.0 | 86.1 |
| 31 | Meubles | .. | 13.1 | 11.8 | 11.7 | 103.2 | 14.0 | 7.4 | 12.9 |
| 32 | Autres activités de fabrication | .. | 239.9 | 256.7 | 24.3 | 26.0 | 35.8 | 32.3 | 29.6 |
| 33 | Réparation et installation de machines et de matériel | .. | 20.5 | 18.7 | 22.3 | 26.7 | 32.3 | 35.3 | 43.6 |
| 35-39 | **ÉLECTRICITÉ, GAZ, EAU ET TRAITEMENT DES DÉCHETS** | .. | .. | .. | .. | 48.1 | 36.0 | 24.8 | 47.0 |
| 35-36 | Production et distribution d'électricité, de gaz et de l'eau | .. | .. | .. | .. | 25.2 | 18.0 | 13.1 | 24.9 |
| 37-39 | Assainissement, traitement des déchets et dépollution | .. | .. | .. | .. | 22.9 | 18.0 | 11.7 | 22.2 |
| 41-43 | **CONSTRUCTION** | .. | 27.3 | 39.0 | 63.3 | 121.6 | 151.3 | 121.4 | 127.3 |
| 45-99 | **TOTAL SERVICES** | .. | .. | .. | .. | 3 087.1 | 3 078.4 | 2 986.1 | 3 015.5 |
| 45-82 | **Services du secteur des entreprises** | .. | 1 550.0 | 1 345.1 | 1 739.7 | 3 073.5 | 3 044.0 | 2 953.0 | 2 988.3 |
| 45-47 | Commerce de gros et de détail ; réparations automobiles et motocycles | .. | 224.5 | 218.9 | 393.0 | 455.9 | 489.0 | 450.4 | 477.1 |
| 49-53 | Transport et entreposage | .. | 23.8 | 46.1 | 19.9 | 137.8 | 135.3 | 111.0 | 119.4 |
| 55-56 | Activités d'hébergement et de restauration | .. | 0.0 | 0.0 | 0.0 | 12.8 | 2.6 | 2.0 | 1.4 |
| 58-63 | Information et communication | .. | 373.0 | 414.1 | 674.5 | 925.2 | 884.7 | 841.7 | 916.2 |
| 58-60 | Édition, audiovisuel et diffusion | .. | 29.7 | 26.0 | 7.0 | 28.2 | 33.0 | 22.5 | 29.0 |
| 58 | Activités d'édition | .. | .. | .. | .. | 17.2 | 19.2 | 15.0 | .. |
| 59-60 | Activités audiovisuel et diffusion | .. | .. | .. | .. | 11.0 | 13.7 | 7.5 | .. |
| 59 | Production de films, vidéo, programmes de télévision et d'enregistrements | .. | .. | .. | .. | 9.1 | 13.4 | 7.2 | .. |
| 60 | Programmation et diffusion | .. | .. | .. | .. | 2.0 | 0.3 | 0.3 | .. |
| 61 | Télécommunications | .. | 19.0 | 18.9 | 61.0 | 74.6 | 58.5 | 35.4 | 55.1 |
| 62-63 | Technologies de l'information et informatique | .. | 324.3 | 369.1 | 607.6 | 822.4 | 793.3 | 783.9 | 832.1 |
| 62 | Programmation informatique ; conseils et activités connexes | .. | 323.1 | 369.1 | 583.0 | 753.4 | 756.7 | 740.9 | 760.0 |
| 63 | Services d'information | .. | 1.2 | 0.0 | 24.6 | 68.9 | 36.6 | 43.0 | 72.0 |
| 64-66 | **Activités financières et d'assurances** | .. | 301.7 | 23.7 | 29.3 | 235.8 | 313.3 | 292.7 | 223.3 |
| 68-82 | **Activités immobilières ; professionnelles ; services administratifs et d'appui** | .. | 627.1 | 642.4 | 621.7 | 1 306.0 | 1 219.0 | 1 255.1 | 1 251.0 |
| 68 | Activités immobilières | .. | 22.6 | 0.0 | 0.0 | 8.0 | 4.8 | 5.4 | 6.7 |
| 69-75x72 | Activités professionnelles, scientifiques et techniques, R-D scientifique exclu | .. | 229.2 | 175.1 | 272.2 | 740.6 | 603.3 | 565.5 | 536.0 |
| 72 | Recherche scientifique et développement | .. | 364.6 | 441.3 | 330.8 | 444.0 | 511.8 | 548.9 | 574.0 |
| 77-82 | Activités de services administratifs et d'appui | .. | 10.7 | 26.0 | 18.8 | 113.4 | 99.3 | 135.4 | 134.4 |
| 84-99 | **Services collectifs, sociaux et personnels** | .. | .. | .. | .. | 13.6 | 34.4 | 33.1 | 27.2 |
| 84-85 | Administration publique et défense ; sécurité sociale obligatoire et éducation | .. | .. | .. | .. | .. | .. | .. | .. |
| 86-88 | Santé humaine et action sociale | .. | .. | .. | .. | .. | .. | .. | .. |
| 90-93 | Arts, spectacles et loisirs | .. | .. | .. | .. | .. | .. | .. | .. |
| 94-99 | Autres services ; ménages-employeurs ; organismes extra-territoriaux | .. | .. | .. | .. | .. | .. | .. | .. |

.. Non disponible

*Note* : Voir les métadonnées détaillées sur : http://metalinks.oecd.org/anberd/20170419/1355.
Informations sur les données concernant Israël : http://oe.cd/israel-disclaimer.
*Responsabilité* : http://oe.cd/disclaimer

# NOUVELLE-ZÉLANDE

## Dépenses de R-D dans l'industrie par activité principale de l'entreprise, prix courants
### CITI Rév. 4

*Millions USD PPP*

| | | 2007 | 2008 | 2009 | 2010 | 2011 | 2012 | 2013 | 2014 |
|---|---|---|---|---|---|---|---|---|---|
| | **TOTAL ENTREPRISES** | 613.2 | .. | 690.9 | .. | 802.9 | .. | 861.9 | .. |
| 01-03 | **AGRICULTURE, SYLVICULTURE ET PÊCHE** | 47.8 | .. | 49.6 | .. | 84.1 | .. | 63.6 | .. |
| 05-09 | **ACTIVITÉS EXTRACTIVES** | .. | .. | .. | .. | .. | .. | .. | .. |
| 10-33 | **ACTIVITÉS DE FABRICATION** | 293.6 | .. | 312.1 | .. | 360.7 | .. | 361.1 | .. |
| 10-12 | Produits alimentaires, boissons et tabac | 67.8 | .. | 55.1 | .. | 76.7 | .. | 60.9 | .. |
| 13-15 | Textiles, habillement, cuir et articles de cuir | 4.7 | .. | 5.4 | .. | 4.7 | .. | 7.6 | .. |
| 13 | Textiles | .. | .. | .. | .. | .. | .. | .. | .. |
| 14 | Articles d'habillement | .. | .. | .. | .. | .. | .. | .. | .. |
| 15 | Cuir et articles de cuir | .. | .. | .. | .. | .. | .. | .. | .. |
| 16-18 | Bois, papier, imprimerie et reproduction de supports enregistrés | .. | .. | .. | .. | .. | .. | .. | .. |
| 16 | Bois et articles en bois, sauf meubles | .. | .. | .. | .. | .. | .. | .. | .. |
| 17 | Papier et articles en papier | .. | .. | .. | .. | .. | .. | .. | .. |
| 18 | Imprimerie et reproduction de supports enregistrés | .. | .. | .. | .. | .. | .. | .. | .. |
| 19-23 | Produits pétroliers, chimiques, pharmaceutiques, caoutchouc, plastique, minéraux | 68.4 | .. | 51.0 | .. | 51.1 | .. | 65.7 | .. |
| 19 | Cokéfaction et raffinage | .. | .. | .. | .. | .. | .. | .. | .. |
| 20-21 | Industrie chimique et pharmaceutique | .. | .. | .. | .. | .. | .. | .. | .. |
| 20 | Produits chimiques | .. | .. | .. | .. | .. | .. | .. | .. |
| 21 | Préparations pharmaceutiques, chimiques (médicine) et d'herboristerie | .. | .. | .. | .. | .. | .. | .. | .. |
| 22 | Produits en caoutchouc et en plastique | .. | .. | .. | .. | .. | .. | .. | .. |
| 23 | Autres produits minéraux non métalliques | 2.7 | .. | 2.0 | .. | 2.7 | .. | 1.4 | .. |
| 24-25 | Produits métalliques de base et ouvrages en métaux (sauf machines et matériel) | 12.6 | .. | 22.4 | .. | 20.9 | .. | 19.4 | .. |
| 24 | Produits métallurgiques de base | .. | .. | .. | .. | .. | .. | .. | .. |
| 25 | Ouvrages en métaux (sauf machines et matériel) | .. | .. | .. | .. | .. | .. | .. | .. |
| 26-30 | Ordinateurs, articles électroniques et optiques ; machines et matériels de transport | 116.9 | .. | 147.6 | .. | 177.7 | .. | 179.2 | .. |
| 26 | Ordinateurs, articles électroniques et optiques | .. | .. | .. | .. | .. | .. | .. | .. |
| 27 | Matériels électriques | .. | .. | .. | .. | .. | .. | .. | .. |
| 28 | Machines et équipements n.c.a. | .. | .. | .. | .. | .. | .. | .. | .. |
| 29 | Automobiles, remorques et semi-remorques | .. | .. | .. | .. | .. | .. | .. | .. |
| 30 | Autres matériels de transport | .. | .. | .. | .. | .. | .. | .. | .. |
| 31-33 | Meubles ; réparation et installation de machines et de matériel | .. | .. | .. | .. | .. | .. | .. | .. |
| 31 | Meubles | .. | .. | .. | .. | .. | .. | .. | .. |
| 32 | Autres activités de fabrication | .. | .. | .. | .. | .. | .. | .. | .. |
| 33 | Réparation et installation de machines et de matériel | .. | .. | .. | .. | .. | .. | .. | .. |
| 35-39 | **ÉLECTRICITÉ, GAZ, EAU ET TRAITEMENT DES DÉCHETS** | .. | .. | .. | .. | .. | .. | .. | .. |
| 35-36 | Production et distribution d'électricité, de gaz et de l'eau | .. | .. | .. | .. | .. | .. | .. | .. |
| 37-39 | Assainissement, traitement des déchets et dépollution | .. | .. | .. | .. | .. | .. | .. | .. |
| 41-43 | **CONSTRUCTION** | .. | .. | .. | .. | .. | .. | .. | .. |
| 45-99 | **TOTAL SERVICES** | 271.7 | .. | 329.1 | .. | 358.0 | .. | 437.2 | .. |
| 45-82 | Services du secteur des entreprises | .. | .. | .. | .. | .. | .. | .. | .. |
| 45-47 | Commerce de gros et de détail ; réparations automobiles et motocycles | 40.5 | .. | 38.1 | .. | 59.9 | .. | 66.4 | .. |
| 49-53 | Transport et entreposage | .. | .. | .. | .. | .. | .. | .. | .. |
| 55-56 | Activités d'hébergement et de restauration | .. | .. | .. | .. | .. | .. | .. | .. |
| 58-63 | Information et communication | .. | .. | .. | .. | .. | .. | .. | .. |
| 58-60 | Édition, audiovisuel et diffusion | .. | .. | .. | .. | .. | .. | .. | .. |
| 58 | Activités d'édition | .. | .. | .. | .. | .. | .. | .. | .. |
| 59-60 | Activités audiovisuel et diffusion | .. | .. | .. | .. | .. | .. | .. | .. |
| 59 | Production de films, vidéo, programmes de télévision et d'enregistrements | .. | .. | .. | .. | .. | .. | .. | .. |
| 60 | Programmation et diffusion | .. | .. | .. | .. | .. | .. | .. | .. |
| 61 | Télécommunications | .. | .. | .. | .. | .. | .. | .. | .. |
| 62-63 | Technologies de l'information et informatique | 108.3 | .. | 136.0 | .. | 148.7 | .. | 215.1 | .. |
| 62 | Programmation informatique ; conseils et activités connexes | .. | .. | .. | .. | .. | .. | .. | .. |
| 63 | Services d'information | .. | .. | .. | .. | .. | .. | .. | .. |
| 64-66 | **Activités financières et d'assurances** | .. | .. | .. | .. | .. | .. | .. | .. |
| 68-82 | **Activités immobilières ; professionnelles ; services administratifs et d'appui** | .. | .. | .. | .. | .. | .. | .. | .. |
| 68 | Activités immobilières | .. | .. | .. | .. | .. | .. | .. | .. |
| 69-75x72 | Activités professionnelles, scientifiques et techniques, R-D scientifique exclu | .. | .. | .. | .. | .. | .. | .. | .. |
| 72 | Recherche scientifique et développement | 38.5 | .. | 34.7 | .. | 34.3 | .. | 39.4 | .. |
| 77-82 | Activités de services administratifs et d'appui | .. | .. | .. | .. | .. | .. | .. | .. |
| 84-99 | Services collectifs, sociaux et personnels | .. | .. | .. | .. | .. | .. | .. | .. |
| 84-85 | Administration publique et défense ; sécurité sociale obligatoire et éducation | .. | .. | .. | .. | .. | .. | .. | .. |
| 86-88 | Santé humaine et action sociale | .. | .. | .. | .. | .. | .. | .. | .. |
| 90-93 | Arts, spectacles et loisirs | .. | .. | .. | .. | .. | .. | .. | .. |
| 94-99 | Autres services ; ménages-employeurs ; organismes extra-territoriaux | .. | .. | .. | .. | .. | .. | .. | .. |

.. Non disponible

Note : Voir les métadonnées détaillées sur : http://metalinks.oecd.org/anberd/20170419/1355.
  Informations sur les données concernant Israël : http://oe.cd/israel-disclaimer.
*Responsabilité* : http://oe.cd/disclaimer

# NOUVELLE-ZÉLANDE

## Dépenses de R-D dans l'industrie par activité principale de l'entreprise, prix constants
### CITI Rév. 4

2010 PPP USD

| | | 2007 | 2008 | 2009 | 2010 | 2011 | 2012 | 2013 | 2014 |
|---|---|---|---|---|---|---|---|---|---|
| | **TOTAL ENTREPRISES** | 663.3 | .. | 704.7 | .. | 781.5 | .. | 781.1 | .. |
| 01-03 | AGRICULTURE, SYLVICULTURE ET PÊCHE | 51.7 | .. | 50.6 | .. | 81.9 | .. | 57.7 | .. |
| 05-09 | ACTIVITÉS EXTRACTIVES | .. | .. | .. | .. | .. | .. | .. | .. |
| 10-33 | ACTIVITÉS DE FABRICATION | 317.6 | .. | 318.4 | .. | 351.1 | .. | 327.2 | .. |
| 10-12 | Produits alimentaires, boissons et tabac | 73.3 | .. | 56.2 | .. | 74.7 | .. | 55.2 | .. |
| 13-15 | Textiles, habillement, cuir et articles de cuir | 5.0 | .. | 5.5 | .. | 4.6 | .. | 6.9 | .. |
| 13 | Textiles | .. | .. | .. | .. | .. | .. | .. | .. |
| 14 | Articles d'habillement | .. | .. | .. | .. | .. | .. | .. | .. |
| 15 | Cuir et articles de cuir | .. | .. | .. | .. | .. | .. | .. | .. |
| 16-18 | Bois, papier, imprimerie et reproduction de supports enregistrés | .. | .. | .. | .. | .. | .. | .. | .. |
| 16 | Bois et articles en bois, sauf meubles | .. | .. | .. | .. | .. | .. | .. | .. |
| 17 | Papier et articles en papier | .. | .. | .. | .. | .. | .. | .. | .. |
| 18 | Imprimerie et reproduction de supports enregistrés | .. | .. | .. | .. | .. | .. | .. | .. |
| 19-23 | Produits pétroliers, chimiques, pharmaceutiques, caoutchouc, plastique, minéraux | 74.0 | .. | 52.0 | .. | 49.8 | .. | 59.6 | .. |
| 19 | Cokéfaction et raffinage | .. | .. | .. | .. | .. | .. | .. | .. |
| 20-21 | Industrie chimique et pharmaceutique | .. | .. | .. | .. | .. | .. | .. | .. |
| 20 | Produits chimiques | .. | .. | .. | .. | .. | .. | .. | .. |
| 21 | Préparations pharmaceutiques, chimiques (médicine) et d'herboristerie | .. | .. | .. | .. | .. | .. | .. | .. |
| 22 | Produits en caoutchouc et en plastique | .. | .. | .. | .. | .. | .. | .. | .. |
| 23 | Autres produits minéraux non métalliques | 2.9 | .. | 2.1 | .. | 2.6 | .. | 1.3 | .. |
| 24-25 | Produits métalliques de base et ouvrages en métaux (sauf machines et matériel) | 13.7 | .. | 22.9 | .. | 20.3 | .. | 17.6 | .. |
| 24 | Produits métallurgiques de base | .. | .. | .. | .. | .. | .. | .. | .. |
| 25 | Ouvrages en métaux (sauf machines et matériel) | .. | .. | .. | .. | .. | .. | .. | .. |
| 26-30 | Ordinateurs, articles électroniques et optiques ; machines et matériels de transport | 126.5 | .. | 150.5 | .. | 172.9 | .. | 162.4 | .. |
| 26 | Ordinateurs, articles électroniques et optiques | .. | .. | .. | .. | .. | .. | .. | .. |
| 27 | Matériels électriques | .. | .. | .. | .. | .. | .. | .. | .. |
| 28 | Machines et équipements n.c.a. | .. | .. | .. | .. | .. | .. | .. | .. |
| 29 | Automobiles, remorques et semi-remorques | .. | .. | .. | .. | .. | .. | .. | .. |
| 30 | Autres matériels de transport | .. | .. | .. | .. | .. | .. | .. | .. |
| 31-33 | Meubles ; réparation et installation de machines et de matériel | .. | .. | .. | .. | .. | .. | .. | .. |
| 31 | Meubles | .. | .. | .. | .. | .. | .. | .. | .. |
| 32 | Autres activités de fabrication | .. | .. | .. | .. | .. | .. | .. | .. |
| 33 | Réparation et installation de machines et de matériel | .. | .. | .. | .. | .. | .. | .. | .. |
| 35-39 | ÉLECTRICITÉ, GAZ, EAU ET TRAITEMENT DES DÉCHETS | .. | .. | .. | .. | .. | .. | .. | .. |
| 35-36 | Production et distribution d'électricité, de gaz et de l'eau | .. | .. | .. | .. | .. | .. | .. | .. |
| 37-39 | Assainissement, traitement des déchets et dépollution | .. | .. | .. | .. | .. | .. | .. | .. |
| 41-43 | CONSTRUCTION | .. | .. | .. | .. | .. | .. | .. | .. |
| 45-99 | TOTAL SERVICES | 293.9 | .. | 335.7 | .. | 348.5 | .. | 396.2 | .. |
| 45-82 | Services du secteur des entreprises | .. | .. | .. | .. | .. | .. | .. | .. |
| 45-47 | Commerce de gros et de détail ; réparations automobiles et motocycles | 43.8 | .. | 38.8 | .. | 58.3 | .. | 60.2 | .. |
| 49-53 | Transport et entreposage | .. | .. | .. | .. | .. | .. | .. | .. |
| 55-56 | Activités d'hébergement et de restauration | .. | .. | .. | .. | .. | .. | .. | .. |
| 58-63 | Information et communication | .. | .. | .. | .. | .. | .. | .. | .. |
| 58-60 | Édition, audiovisuel et diffusion | .. | .. | .. | .. | .. | .. | .. | .. |
| 58 | Activités d'édition | .. | .. | .. | .. | .. | .. | .. | .. |
| 59-60 | Activités audiovisuel et diffusion | .. | .. | .. | .. | .. | .. | .. | .. |
| 59 | Production de films, vidéo, programmes de télévision et d'enregistrements | .. | .. | .. | .. | .. | .. | .. | .. |
| 60 | Programmation et diffusion | .. | .. | .. | .. | .. | .. | .. | .. |
| 61 | Télécommunications | .. | .. | .. | .. | .. | .. | .. | .. |
| 62-63 | Technologies de l'information et informatique | 117.1 | .. | 138.7 | .. | 144.8 | .. | 195.0 | .. |
| 62 | Programmation informatique ; conseils et activités connexes | .. | .. | .. | .. | .. | .. | .. | .. |
| 63 | Services d'information | .. | .. | .. | .. | .. | .. | .. | .. |
| 64-66 | Activités financières et d'assurances | .. | .. | .. | .. | .. | .. | .. | .. |
| 68-82 | Activités immobilières ; professionnelles ; services administratifs et d'appui | .. | .. | .. | .. | .. | .. | .. | .. |
| 68 | Activités immobilières | .. | .. | .. | .. | .. | .. | .. | .. |
| 69-75x72 | Activités professionnelles, scientifiques et techniques, R-D scientifique exclu | .. | .. | .. | .. | .. | .. | .. | .. |
| 72 | Recherche scientifique et développement | 41.7 | .. | 35.4 | .. | 33.4 | .. | 35.7 | .. |
| 77-82 | Activités de services administratifs et d'appui | .. | .. | .. | .. | .. | .. | .. | .. |
| 84-99 | Services collectifs, sociaux et personnels | .. | .. | .. | .. | .. | .. | .. | .. |
| 84-85 | Administration publique et défense ; sécurité sociale obligatoire et éducation | .. | .. | .. | .. | .. | .. | .. | .. |
| 86-88 | Santé humaine et action sociale | .. | .. | .. | .. | .. | .. | .. | .. |
| 90-93 | Arts, spectacles et loisirs | .. | .. | .. | .. | .. | .. | .. | .. |
| 94-99 | Autres services ; ménages-employeurs ; organismes extra-territoriaux | .. | .. | .. | .. | .. | .. | .. | .. |

.. Non disponible

*Note* : Voir les métadonnées détaillées sur : http://metalinks.oecd.org/anberd/20170419/1355.
    Informations sur les données concernant Israël : http://oe.cd/israel-disclaimer.
*Responsabilité* : http://oe.cd/disclaimer

# NORVÈGE

## Dépenses de R-D dans l'industrie par activité principale de l'entreprise, prix courants
### CITI Rév. 4

*Millions USD PPP*

| Code | Activité | 2007 | 2008 | 2009 | 2010 | 2011 | 2012 | 2013 | 2014 |
|---|---|---|---|---|---|---|---|---|---|
| | **TOTAL ENTREPRISES** | 2 162.2 | 2 432.4 | 2 381.0 | 2 398.7 | 2 610.4 | 2 779.1 | 2 952.5 | 3 110.9 |
| 01-03 | **AGRICULTURE, SYLVICULTURE ET PÊCHE** | 50.9 | 77.0 | 79.6 | 83.5 | 82.0 | 92.4 | 96.1 | 104.2 |
| 05-09 | **ACTIVITÉS EXTRACTIVES** | 211.0 | 219.9 | 222.9 | 229.3 | 226.1 | 280.4 | 333.5 | 308.3 |
| 10-33 | **ACTIVITÉS DE FABRICATION** | 941.4 | 1 017.9 | 962.0 | 865.3 | 967.8 | 1 000.7 | 1 039.8 | 1 076.1 |
| 10-12 | Produits alimentaires, boissons et tabac | 87.1 | 102.7 | 104.4 | 90.2 | 90.7 | 95.8 | 93.7 | 104.5 |
| 13-15 | Textiles, habillement, cuir et articles de cuir | 8.3 | 9.5 | 11.4 | 8.9 | 13.5 | 9.7 | 8.8 | 7.6 |
| 13 | Textiles | 4.7 | 5.3 | 6.2 | 5.0 | 7.9 | 6.5 | 6.3 | 6.0 |
| 14 | Articles d'habillement | 3.2 | 3.7 | .. | .. | .. | .. | .. | .. |
| 15 | Cuir et articles de cuir | 0.3 | 0.6 | .. | .. | .. | .. | .. | .. |
| 16-18 | Bois, papier, imprimerie et reproduction de supports enregistrés | 32.1 | 33.4 | 37.9 | 37.0 | 37.1 | 40.0 | 39.3 | 31.9 |
| 16 | Bois et articles en bois, sauf meubles | 11.3 | 9.4 | 12.8 | 15.8 | 9.9 | 19.3 | 19.9 | 10.5 |
| 17 | Papier et articles en papier | 17.8 | 19.0 | 20.1 | 17.5 | 24.5 | 17.3 | 15.7 | 17.3 |
| 18 | Imprimerie et reproduction de supports enregistrés | 3.0 | 5.0 | 4.9 | 3.7 | 2.8 | 3.4 | 3.7 | 4.0 |
| 19-23 | Produits pétroliers, chimiques, pharmaceutiques, caoutchouc, plastique, minéraux | 193.9 | 216.5 | 205.1 | 190.5 | 218.6 | 187.3 | 190.6 | 184.2 |
| 19 | Cokéfaction et raffinage | .. | .. | .. | .. | .. | .. | .. | .. |
| 20-21 | Industrie chimique et pharmaceutique | .. | .. | .. | .. | .. | .. | .. | .. |
| 20 | Produits chimiques | .. | .. | .. | .. | .. | .. | .. | .. |
| 21 | Préparations pharmaceutiques, chimiques (médicine) et d'herboristerie | 57.4 | 57.4 | 52.1 | 55.4 | 80.9 | 45.3 | 44.5 | 37.0 |
| 22 | Produits en caoutchouc et en plastique | 10.9 | 12.0 | 9.1 | 12.9 | 11.3 | 15.6 | 17.6 | 16.6 |
| 23 | Autres produits minéraux non métalliques | 13.0 | 11.9 | 10.8 | 11.9 | 15.0 | 14.2 | 14.6 | 14.8 |
| 24-25 | Produits métalliques de base et ouvrages en métaux (sauf machines et matériel) | 109.9 | 111.7 | 117.1 | 128.3 | 139.9 | 165.2 | 167.7 | 171.9 |
| 24 | Produits métallurgiques de base | 47.8 | 47.3 | 40.5 | 38.3 | 28.1 | 37.0 | 38.3 | 35.6 |
| 25 | Ouvrages en métaux (sauf machines et matériel) | 62.1 | 64.5 | 76.6 | 89.9 | 111.8 | 128.2 | 129.4 | 136.3 |
| 26-30 | Ordinateurs, articles électroniques et optiques ; machines et matériels de transport | 463.7 | 493.8 | 436.9 | 363.0 | 409.3 | 444.8 | 479.1 | 517.9 |
| 26 | Ordinateurs, articles électroniques et optiques | 205.8 | 214.1 | 211.0 | 171.4 | 188.6 | 188.1 | 187.2 | 200.1 |
| 27 | Matériels électriques | 46.7 | 42.9 | 45.3 | 40.0 | 42.2 | 47.0 | 52.8 | 61.3 |
| 28 | Machines et équipements n.c.a. | 102.4 | 120.4 | 89.0 | 84.8 | 102.5 | 114.9 | 141.5 | 153.0 |
| 29 | Automobiles, remorques et semi-remorques | 55.0 | 51.0 | 35.1 | 19.3 | 28.9 | 30.9 | 33.9 | 35.9 |
| 30 | Autres matériels de transport | 53.9 | 65.4 | 56.5 | 47.5 | 47.0 | 63.9 | 63.7 | 67.6 |
| 31-33 | Meubles ; réparation et installation de machines et de matériel | 46.4 | 50.2 | 49.3 | 47.4 | 58.7 | 57.8 | 60.6 | 57.9 |
| 31 | Meubles | .. | 10.1 | 11.3 | 13.7 | 13.4 | 15.2 | 17.6 | 18.0 |
| 32 | Autres activités de fabrication | .. | 19.4 | 18.1 | 17.7 | 28.0 | 21.3 | 20.4 | 19.0 |
| 33 | Réparation et installation de machines et de matériel | .. | 20.6 | 19.8 | 16.0 | 17.3 | 21.3 | 22.6 | 20.9 |
| 35-39 | **ÉLECTRICITÉ, GAZ, EAU ET TRAITEMENT DES DÉCHETS** | 27.7 | 36.8 | 44.7 | 49.8 | 51.8 | 56.0 | 56.6 | 54.1 |
| 35-36 | Production et distribution d'électricité, de gaz et de l'eau | .. | 33.2 | 42.0 | 41.8 | 45.8 | 46.8 | 48.0 | 44.9 |
| 37-39 | Assainissement, traitement des déchets et dépollution | .. | 3.6 | 2.8 | 8.1 | 5.9 | 9.2 | 8.7 | 9.2 |
| 41-43 | **CONSTRUCTION** | 46.4 | 64.5 | 58.8 | 73.3 | 63.7 | 82.2 | 56.9 | 45.6 |
| 45-99 | **TOTAL SERVICES** | 884.8 | 1 016.2 | 1 013.0 | 1 097.5 | 1 219.1 | 1 267.4 | 1 369.5 | 1 522.7 |
| 45-82 | **Services du secteur des entreprises** | 884.8 | 1 016.2 | 1 013.0 | 1 097.5 | 1 219.1 | 1 267.4 | 1 369.5 | 1 522.7 |
| 45-47 | Commerce de gros et de détail ; réparations automobiles et motocycles | 67.5 | 60.3 | 67.4 | 49.4 | 63.0 | 58.1 | 75.9 | 85.7 |
| 49-53 | Transport et entreposage | 12.4 | 16.6 | 17.9 | 21.8 | 22.9 | 30.1 | 29.2 | 36.3 |
| 55-56 | Activités d'hébergement et de restauration | .. | .. | .. | .. | .. | .. | .. | .. |
| 58-63 | Information et communication | 434.9 | 480.2 | 490.7 | 528.3 | 569.8 | 634.1 | 691.6 | 725.0 |
| 58-60 | Édition, audiovisuel et diffusion | .. | 146.8 | 150.5 | 158.8 | 165.6 | 160.9 | 158.6 | 209.7 |
| 58 | Activités d'édition | .. | 146.5 | 148.3 | 157.7 | 164.4 | 159.3 | 155.4 | 206.4 |
| 59-60 | Activités audiovisuel et diffusion | .. | 0.3 | 2.2 | 1.1 | 1.2 | 1.6 | 3.2 | 3.4 |
| 59 | Production de films, vidéo, programmes de télévision et d'enregistrements | .. | .. | .. | 1.0 | .. | .. | .. | .. |
| 60 | Programmation et diffusion | .. | .. | .. | 0.1 | .. | .. | .. | .. |
| 61 | Télécommunications | 68.2 | 76.1 | 92.6 | 92.9 | 82.9 | 84.6 | 85.1 | 88.6 |
| 62-63 | Technologies de l'information et informatique | .. | 257.2 | 247.6 | 276.6 | 321.3 | 388.6 | 447.9 | 426.8 |
| 62 | Programmation informatique ; conseils et activités connexes | .. | 245.1 | 236.1 | 263.5 | 306.6 | 357.0 | 420.8 | 394.9 |
| 63 | Services d'information | .. | 12.1 | 11.5 | 13.1 | 14.6 | 31.6 | 27.0 | 31.8 |
| 64-66 | Activités financières et d'assurances | 108.2 | 118.8 | 112.8 | 114.0 | 148.3 | 141.1 | 153.8 | 153.3 |
| 68-82 | Activités immobilières ; professionnelles ; services administratifs et d'appui | 261.7 | 340.4 | 324.2 | 384.1 | 415.1 | 404.0 | 419.0 | 522.3 |
| 68 | Activités immobilières | .. | 0.0 | 0.0 | 0.0 | 0.0 | 0.0 | 0.0 | 0.0 |
| 69-75x72 | Activités professionnelles, scientifiques et techniques, R-D scientifique exclu | .. | 284.1 | 266.6 | 318.5 | 339.8 | 321.0 | 346.9 | 445.4 |
| 72 | Recherche scientifique et développement | 38.0 | 42.0 | 36.2 | 49.8 | 47.2 | 66.2 | 56.0 | 65.2 |
| 77-82 | Activités de services administratifs et d'appui | .. | 14.4 | 21.5 | 15.8 | 28.1 | 16.8 | 16.1 | 11.8 |
| 84-99 | Services collectifs, sociaux et personnels | .. | .. | .. | .. | .. | .. | .. | .. |
| 84-85 | Administration publique et défense ; sécurité sociale obligatoire et éducation | .. | .. | .. | .. | .. | .. | .. | .. |
| 86-88 | Santé humaine et action sociale | .. | .. | .. | .. | .. | .. | .. | .. |
| 90-93 | Arts, spectacles et loisirs | .. | .. | .. | .. | .. | .. | .. | .. |
| 94-99 | Autres services ; ménages-employeurs ; organismes extra-territoriaux | .. | .. | .. | .. | .. | .. | .. | .. |

.. Non disponible

*Note* : Voir les métadonnées détaillées sur : http://metalinks.oecd.org/anberd/20170419/1355.
Informations sur les données concernant Israël : http://oe.cd/israel-disclaimer.

*Responsabilité* : http://oe.cd/disclaimer

# NORVÈGE

## Dépenses de R-D dans l'industrie par activité principale de l'entreprise, prix constants
### CITI Rév. 4

2010 PPP USD

| Code | | 2007 | 2008 | 2009 | 2010 | 2011 | 2012 | 2013 | 2014 |
|---|---|---|---|---|---|---|---|---|---|
| | TOTAL ENTREPRISES | 2 361.2 | 2 513.4 | 2 449.5 | 2 398.7 | 2 519.0 | 2 602.9 | 2 689.0 | 2 853.0 |
| 01-03 | AGRICULTURE, SYLVICULTURE ET PÊCHE | 55.5 | 79.6 | 81.9 | 83.5 | 79.1 | 86.5 | 87.5 | 95.5 |
| 05-09 | ACTIVITÉS EXTRACTIVES | 230.4 | 227.2 | 229.3 | 229.3 | 218.2 | 262.7 | 303.8 | 282.8 |
| 10-33 | ACTIVITÉS DE FABRICATION | 1 028.0 | 1 051.9 | 989.7 | 865.3 | 933.9 | 937.2 | 947.0 | 986.9 |
| 10-12 | Produits alimentaires, boissons et tabac | 95.1 | 106.1 | 107.4 | 90.2 | 87.5 | 89.8 | 85.3 | 95.9 |
| 13-15 | Textiles, habillement, cuir et articles de cuir | 9.1 | 9.8 | 11.8 | 8.9 | 13.0 | 9.1 | 8.0 | 7.0 |
| 13 | Textiles | 5.2 | 5.4 | 6.4 | 5.0 | 7.6 | 6.1 | 5.8 | 5.5 |
| 14 | Articles d'habillement | 3.5 | 3.8 | .. | .. | .. | .. | .. | .. |
| 15 | Cuir et articles de cuir | 0.4 | 0.6 | .. | .. | .. | .. | .. | .. |
| 16-18 | Bois, papier, imprimerie et reproduction de supports enregistrés | 35.0 | 34.6 | 38.9 | 37.0 | 35.8 | 37.4 | 35.8 | 29.2 |
| 16 | Bois et articles en bois, sauf meubles | 12.3 | 9.8 | 13.2 | 15.8 | 9.5 | 18.1 | 18.1 | 9.7 |
| 17 | Papier et articles en papier | 19.4 | 19.6 | 20.7 | 17.5 | 23.6 | 16.2 | 14.3 | 15.9 |
| 18 | Imprimerie et reproduction de supports enregistrés | 3.3 | 5.2 | 5.0 | 3.7 | 2.7 | 3.2 | 3.3 | 3.7 |
| 19-23 | Produits pétroliers, chimiques, pharmaceutiques, caoutchouc, plastique, minéraux | 211.7 | 223.7 | 211.0 | 190.5 | 210.9 | 175.4 | 173.6 | 169.0 |
| 19 | Cokéfaction et raffinage | .. | .. | .. | .. | .. | .. | .. | .. |
| 20-21 | Industrie chimique et pharmaceutique | .. | .. | .. | .. | .. | .. | .. | .. |
| 20 | Produits chimiques | .. | .. | .. | .. | .. | .. | .. | .. |
| 21 | Préparations pharmaceutiques, chimiques (médicine) et d'herboristerie | 62.7 | 59.3 | 53.6 | 55.4 | 78.1 | 42.4 | 40.5 | 34.0 |
| 22 | Produits en caoutchouc et en plastique | 11.9 | 12.4 | 9.3 | 12.9 | 10.9 | 14.6 | 16.0 | 15.3 |
| 23 | Autres produits minéraux non métalliques | 14.2 | 12.3 | 11.1 | 11.9 | 14.5 | 13.3 | 13.3 | 13.6 |
| 24-25 | Produits métalliques de base et ouvrages en métaux (sauf machines et matériel) | 120.0 | 115.5 | 120.5 | 128.3 | 135.0 | 154.7 | 152.7 | 157.7 |
| 24 | Produits métallurgiques de base | 52.2 | 48.8 | 41.7 | 38.3 | 27.2 | 34.7 | 34.9 | 32.6 |
| 25 | Ouvrages en métaux (sauf machines et matériel) | 67.8 | 66.6 | 78.8 | 89.9 | 107.9 | 120.0 | 117.9 | 125.0 |
| 26-30 | Ordinateurs, articles électroniques et optiques ; machines et matériels de transport | 506.4 | 510.3 | 449.4 | 363.0 | 394.9 | 416.6 | 436.3 | 475.0 |
| 26 | Ordinateurs, articles électroniques et optiques | 224.7 | 221.2 | 217.0 | 171.4 | 182.0 | 176.1 | 170.5 | 183.5 |
| 27 | Matériels électriques | 50.9 | 44.3 | 46.6 | 40.0 | 40.8 | 44.1 | 48.1 | 56.2 |
| 28 | Machines et équipements n.c.a. | 111.8 | 124.4 | 91.6 | 84.8 | 98.9 | 107.6 | 128.8 | 140.4 |
| 29 | Automobiles, remorques et semi-remorques | 60.0 | 52.7 | 36.1 | 19.3 | 27.9 | 28.9 | 30.8 | 33.0 |
| 30 | Autres matériels de transport | 58.8 | 67.5 | 58.1 | 47.5 | 45.4 | 59.8 | 58.0 | 62.0 |
| 31-33 | Meubles ; réparation et installation de machines et de matériel | 50.7 | 51.9 | 50.7 | 47.4 | 56.6 | 54.2 | 55.2 | 53.1 |
| 31 | Meubles | .. | 10.5 | 11.6 | 13.7 | 12.9 | 14.2 | 16.1 | 16.5 |
| 32 | Autres activités de fabrication | .. | 20.1 | 18.6 | 17.7 | 27.0 | 20.0 | 18.6 | 17.4 |
| 33 | Réparation et installation de machines et de matériel | .. | 21.3 | 20.4 | 16.0 | 16.7 | 20.0 | 20.6 | 19.2 |
| 35-39 | ÉLECTRICITÉ, GAZ, EAU ET TRAITEMENT DES DÉCHETS | 30.3 | 38.0 | 46.0 | 49.8 | 49.9 | 52.4 | 51.6 | 49.6 |
| 35-36 | Production et distribution d'électricité, de gaz et de l'eau | .. | 34.3 | 43.2 | 41.8 | 44.2 | 43.8 | 43.7 | 41.2 |
| 37-39 | Assainissement, traitement des déchets et dépollution | .. | 3.8 | 2.8 | 8.1 | 5.7 | 8.6 | 7.9 | 8.5 |
| 41-43 | CONSTRUCTION | 50.7 | 66.6 | 60.5 | 73.3 | 61.5 | 77.0 | 51.9 | 41.8 |
| 45-99 | TOTAL SERVICES | 966.2 | 1 050.1 | 1 042.1 | 1 097.5 | 1 176.4 | 1 187.1 | 1 247.3 | 1 396.4 |
| 45-82 | Services du secteur des entreprises | 966.2 | 1 050.1 | 1 042.1 | 1 097.5 | 1 176.4 | 1 187.1 | 1 247.3 | 1 396.4 |
| 45-47 | Commerce de gros et de détail ; réparations automobiles et motocycles | 73.7 | 62.3 | 69.3 | 49.4 | 60.8 | 54.4 | 69.1 | 78.6 |
| 49-53 | Transport et entreposage | 13.5 | 17.1 | 18.4 | 21.8 | 22.1 | 28.2 | 26.6 | 33.3 |
| 55-56 | Activités d'hébergement et de restauration | .. | .. | .. | .. | .. | .. | .. | .. |
| 58-63 | Information et communication | 474.9 | 496.2 | 504.8 | 528.3 | 549.9 | 593.9 | 629.8 | 664.9 |
| 58-60 | Édition, audiovisuel et diffusion | .. | 151.7 | 154.8 | 158.8 | 159.8 | 150.7 | 144.5 | 192.3 |
| 58 | Activités d'édition | .. | 151.4 | 152.6 | 157.7 | 158.6 | 149.2 | 141.6 | 189.3 |
| 59-60 | Activités audiovisuel et diffusion | .. | 0.3 | 2.3 | 1.1 | 1.2 | 1.5 | 2.9 | 3.1 |
| 59 | Production de films, vidéo, programmes de télévision et d'enregistrements | .. | .. | .. | .. | 1.0 | .. | .. | .. |
| 60 | Programmation et diffusion | .. | .. | .. | .. | 0.1 | .. | .. | .. |
| 61 | Télécommunications | 74.4 | 78.7 | 95.2 | 92.9 | 80.0 | 79.2 | 77.5 | 81.2 |
| 62-63 | Technologies de l'information et informatique | .. | 265.8 | 254.7 | 276.6 | 310.0 | 364.0 | 407.9 | 391.4 |
| 62 | Programmation informatique ; conseils et activités connexes | .. | 253.3 | 242.9 | 263.5 | 295.9 | 334.3 | 383.3 | 362.2 |
| 63 | Services d'information | .. | 12.5 | 11.8 | 13.1 | 14.1 | 29.6 | 24.6 | 29.2 |
| 64-66 | Activités financières et d'assurances | 118.2 | 122.7 | 116.1 | 114.0 | 143.1 | 132.1 | 140.1 | 140.6 |
| 68-82 | Activités immobilières ; professionnelles ; services administratifs et d'appui | 285.8 | 351.8 | 333.6 | 384.1 | 400.6 | 378.4 | 381.6 | 479.0 |
| 68 | Activités immobilières | .. | 0.0 | 0.0 | 0.0 | 0.0 | 0.0 | 0.0 | 0.0 |
| 69-75x72 | Activités professionnelles, scientifiques et techniques, R-D scientifique exclu | .. | 293.6 | 274.3 | 318.5 | 327.9 | 300.7 | 315.9 | 408.5 |
| 72 | Recherche scientifique et développement | 41.5 | 43.4 | 37.2 | 49.8 | 45.5 | 62.0 | 51.0 | 59.8 |
| 77-82 | Activités de services administratifs et d'appui | .. | 14.8 | 22.1 | 15.8 | 27.1 | 15.8 | 14.7 | 10.8 |
| 84-99 | Services collectifs, sociaux et personnels | .. | .. | .. | .. | .. | .. | .. | .. |
| 84-85 | Administration publique et défense ; sécurité sociale obligatoire et éducation | .. | .. | .. | .. | .. | .. | .. | .. |
| 86-88 | Santé humaine et action sociale | .. | .. | .. | .. | .. | .. | .. | .. |
| 90-93 | Arts, spectacles et loisirs | .. | .. | .. | .. | .. | .. | .. | .. |
| 94-99 | Autres services ; ménages-employeurs ; organismes extra-territoriaux | .. | .. | .. | .. | .. | .. | .. | .. |

.. Non disponible

*Note* : Voir les métadonnées détaillées sur : http://metalinks.oecd.org/anberd/20170419/1355.
    Informations sur les données concernant Israël : http://oe.cd/israel-disclaimer.
*Responsabilité* : http://oe.cd/disclaimer

# POLOGNE

## Dépenses de R-D dans l'industrie par activité principale de l'entreprise, prix courants
### CITI Rév. 4

*Millions USD PPP*

| | | 2007 | 2008 | 2009 | 2010 | 2011 | 2012 | 2013 | 2014 |
|---|---|---|---|---|---|---|---|---|---|
| | **TOTAL ENTREPRISES** | 1 091.2 | 1 293.9 | 1 384.5 | 1 539.6 | 1 954.9 | 2 973.6 | 3 573.6 | 4 283.7 |
| 01-03 | AGRICULTURE, SYLVICULTURE ET PÊCHE | 5.4 | 9.6 | 11.0 | 12.2 | 15.0 | 18.5 | 17.7 | 19.3 |
| 05-09 | ACTIVITÉS EXTRACTIVES | 0.4 | 0.4 | 0.5 | 0.6 | 10.5 | 122.3 | 149.7 | 64.8 |
| 10-33 | ACTIVITÉS DE FABRICATION | 548.2 | 617.8 | 803.8 | 783.7 | 960.9 | 1 429.5 | 1 574.4 | 1 954.2 |
| 10-12 | Produits alimentaires, boissons et tabac | 51.2 | 49.3 | 94.5 | 58.6 | 35.4 | 33.3 | 79.4 | 233.0 |
| 13-15 | Textiles, habillement, cuir et articles de cuir | 12.8 | 12.9 | 6.4 | 8.1 | 9.1 | 12.6 | 14.8 | 21.4 |
| 13 | Textiles | 11.7 | 12.1 | 5.4 | 6.3 | 7.5 | 7.6 | 12.3 | 18.0 |
| 14 | Articles d'habillement | 0.9 | 0.6 | 0.6 | 1.0 | 1.1 | 3.7 | 2.0 | 2.7 |
| 15 | Cuir et articles de cuir | 0.1 | 0.2 | 0.4 | 0.8 | 0.5 | 1.3 | 0.5 | 0.7 |
| 16-18 | Bois, papier, imprimerie et reproduction de supports enregistrés | 8.9 | 7.4 | 11.4 | 17.5 | 19.5 | 24.7 | 40.2 | 30.0 |
| 16 | Bois et articles en bois, sauf meubles | 2.0 | 3.4 | 3.7 | 4.3 | 6.3 | 8.7 | 13.0 | 7.3 |
| 17 | Papier et articles en papier | .. | .. | .. | .. | 8.3 | 3.2 | 3.6 | 10.5 |
| 18 | Imprimerie et reproduction de supports enregistrés | .. | .. | .. | .. | 4.9 | 12.7 | 23.6 | 12.2 |
| 19-23 | Produits pétroliers, chimiques, pharmaceutiques, caoutchouc, plastique, minéraux | 140.0 | 173.8 | 153.3 | 203.6 | 240.9 | 322.0 | 322.7 | 362.3 |
| 19 | Cokéfaction et raffinage | 1.1 | 3.0 | 3.1 | 2.8 | 2.4 | 5.0 | 10.4 | 6.2 |
| 20-21 | Industrie chimique et pharmaceutique | 94.5 | 145.9 | 121.6 | 142.0 | 162.9 | 222.9 | 227.8 | 233.6 |
| 20 | Produits chimiques | 27.5 | 44.7 | 36.4 | 55.8 | 70.1 | 78.7 | 104.9 | 82.2 |
| 21 | Préparations pharmaceutiques, chimiques (médicine) et d'herboristerie | 67.0 | 101.2 | 85.3 | 86.2 | 92.9 | 144.1 | 122.9 | 151.5 |
| 22 | Produits en caoutchouc et en plastique | 35.2 | 16.7 | 10.3 | 33.9 | 57.1 | 62.2 | 57.8 | 88.5 |
| 23 | Autres produits minéraux non métalliques | 9.2 | 8.1 | 18.3 | 24.9 | 18.4 | 31.9 | 26.7 | 34.0 |
| 24-25 | Produits métalliques de base et ouvrages en métaux (sauf machines et matériel) | 36.1 | 44.6 | 50.0 | 72.8 | 119.1 | 174.3 | 213.1 | 248.7 |
| 24 | Produits métallurgiques de base | 8.5 | 11.2 | 16.9 | 26.7 | 16.3 | 19.5 | 16.9 | 85.7 |
| 25 | Ouvrages en métaux (sauf machines et matériel) | 27.6 | 33.4 | 33.2 | 46.1 | 102.8 | 154.7 | 196.2 | 163.0 |
| 26-30 | Ordinateurs, articles électroniques et optiques ; machines et matériels de transport | 247.2 | 274.4 | 416.5 | 373.7 | 480.0 | 751.2 | 831.4 | 963.5 |
| 26 | Ordinateurs, articles électroniques et optiques | 33.8 | 41.6 | 48.4 | 84.4 | 74.0 | 89.0 | 84.6 | 95.1 |
| 27 | Matériels électriques | 80.3 | 62.5 | 73.5 | 108.2 | 118.7 | 264.3 | 186.9 | 166.8 |
| 28 | Machines et équipements n.c.a. | 46.9 | 61.4 | 67.8 | 68.3 | 95.5 | 160.7 | 123.7 | 174.4 |
| 29 | Automobiles, remorques et semi-remorques | 54.7 | 77.8 | 185.8 | 50.3 | 101.2 | 125.8 | 310.6 | 390.6 |
| 30 | Autres matériels de transport | 31.4 | 30.9 | 41.0 | 62.4 | 90.4 | 111.3 | 125.6 | 136.5 |
| 31-33 | Meubles ; réparation et installation de machines et de matériel | 52.0 | 55.3 | 71.7 | 49.3 | 57.1 | 111.3 | 72.8 | 95.2 |
| 31 | Meubles | 33.0 | 14.1 | 17.7 | 3.9 | 11.8 | 31.6 | 26.9 | 29.2 |
| 32 | Autres activités de fabrication | 7.2 | 13.5 | 19.1 | 13.9 | 17.3 | 36.8 | 24.7 | 31.1 |
| 33 | Réparation et installation de machines et de matériel | 11.8 | 27.6 | 34.9 | 31.5 | 28.0 | 43.0 | 21.3 | 34.9 |
| 35-39 | ÉLECTRICITÉ, GAZ, EAU ET TRAITEMENT DES DÉCHETS | 2.0 | 1.8 | 19.9 | 4.6 | 12.2 | 40.0 | 110.7 | 72.6 |
| 35-36 | Production et distribution d'électricité, de gaz et de l'eau | .. | .. | .. | .. | .. | .. | 69.4 | 23.1 |
| 37-39 | Assainissement, traitement des déchets et dépollution | .. | .. | .. | .. | .. | .. | 41.3 | 49.5 |
| 41-43 | **CONSTRUCTION** | 5.8 | 3.8 | 7.4 | 10.4 | 31.3 | 30.4 | 72.0 | 31.9 |
| 45-99 | **TOTAL SERVICES** | 529.4 | 660.5 | 541.8 | 728.1 | 925.0 | 1 332.8 | 1 649.2 | 2 140.9 |
| 45-82 | Services du secteur des entreprises | 520.7 | 642.6 | 539.2 | 709.4 | 895.2 | 1 320.1 | 1 633.1 | 2 121.5 |
| 45-47 | Commerce de gros et de détail ; réparations automobiles et motocycles | 17.3 | 60.8 | 70.9 | 74.0 | 127.7 | 209.8 | 289.0 | 327.0 |
| 49-53 | Transport et entreposage | .. | .. | .. | .. | .. | .. | .. | .. |
| 55-56 | Activités d'hébergement et de restauration | .. | .. | .. | .. | .. | .. | .. | .. |
| 58-63 | Information et communication | 100.9 | 121.0 | 179.6 | 380.9 | 514.4 | 604.9 | 682.4 | 811.6 |
| 58-60 | Édition, audiovisuel et diffusion | .. | .. | .. | .. | 100.5 | 27.8 | 28.6 | 40.0 |
| 58 | Activités d'édition | .. | .. | .. | .. | .. | .. | 27.4 | 38.7 |
| 59-60 | Activités audiovisuel et diffusion | .. | .. | .. | .. | .. | .. | 1.2 | 1.3 |
| 59 | Production de films, vidéo, programmes de télévision et d'enregistrements | .. | .. | .. | .. | .. | .. | .. | .. |
| 60 | Programmation et diffusion | .. | .. | .. | .. | .. | .. | .. | .. |
| 61 | Télécommunications | .. | .. | .. | .. | .. | .. | .. | .. |
| 62-63 | Technologies de l'information et informatique | .. | .. | .. | .. | .. | .. | .. | .. |
| 62 | Programmation informatique ; conseils et activités connexes | 24.1 | .. | 72.2 | 179.1 | 231.8 | 369.6 | 409.0 | 447.7 |
| 63 | Services d'information | .. | .. | .. | .. | .. | .. | .. | .. |
| 64-66 | **Activités financières et d'assurances** | 19.6 | 20.1 | 20.6 | 8.4 | 5.9 | 18.3 | 46.3 | 129.1 |
| 68-82 | **Activités immobilières ; professionnelles ; services administratifs et d'appui** | 381.4 | 434.5 | 266.2 | 245.2 | 233.2 | 483.2 | 596.9 | 838.1 |
| 68 | Activités immobilières | 0.0 | 0.0 | 0.0 | 0.0 | 0.0 | 28.9 | 42.4 | 35.8 |
| 69-75x72 | Activités professionnelles, scientifiques et techniques, R-D scientifique exclu | 8.6 | 4.1 | 13.0 | 18.7 | 30.3 | 122.3 | 107.6 | 234.5 |
| 72 | Recherche scientifique et développement | 372.9 | 430.4 | 253.2 | 226.5 | 202.7 | 327.7 | 440.1 | 558.0 |
| 77-82 | Activités de services administratifs et d'appui | 0.0 | 0.0 | 0.0 | 0.0 | 0.3 | 4.3 | 6.8 | 9.7 |
| 84-99 | Services collectifs, sociaux et personnels | 8.7 | 17.9 | 2.6 | 18.7 | 29.9 | 12.7 | 16.1 | 19.4 |
| 84-85 | Administration publique et défense ; sécurité sociale obligatoire et éducation | .. | .. | .. | .. | 0.7 | 0.7 | 0.9 | 1.4 |
| 86-88 | Santé humaine et action sociale | .. | 12.1 | .. | .. | 21.1 | 10.5 | 8.8 | 10.6 |
| 90-93 | Arts, spectacles et loisirs | .. | .. | .. | .. | 6.9 | 0.3 | 0.3 | 0.7 |
| 94-99 | Autres services ; ménages-employeurs ; organismes extra-territoriaux | .. | 4.6 | .. | 0.9 | 1.2 | 1.2 | 6.1 | 6.7 |

.. Non disponible

*Note* : Voir les métadonnées détaillées sur : http://metalinks.oecd.org/anberd/20170419/1355.
Informations sur les données concernant Israël : http://oe.cd/israel-disclaimer.
*Responsabilité* : http://oe.cd/disclaimer

# POLOGNE

## Dépenses de R-D dans l'industrie par activité principale de l'entreprise, prix constants
### CITI Rév. 4

2010 PPP USD

| Code | Activité | 2007 | 2008 | 2009 | 2010 | 2011 | 2012 | 2013 | 2014 |
|---|---|---|---|---|---|---|---|---|---|
| | **TOTAL ENTREPRISES** | **1 232.2** | **1 395.9** | **1 458.6** | **1 539.6** | **1 893.7** | **2 806.2** | **3 295.8** | **3 926.4** |
| 01-03 | **AGRICULTURE, SYLVICULTURE ET PÊCHE** | **6.1** | **10.4** | **11.6** | **12.2** | **14.6** | **17.5** | **16.3** | **17.7** |
| 05-09 | **ACTIVITÉS EXTRACTIVES** | **0.4** | **0.5** | **0.5** | **0.6** | **10.1** | **115.4** | **138.1** | **59.4** |
| 10-33 | **ACTIVITÉS DE FABRICATION** | **619.1** | **666.5** | **846.8** | **783.7** | **930.8** | **1 349.0** | **1 452.0** | **1 791.2** |
| 10-12 | Produits alimentaires, boissons et tabac | 57.8 | 53.2 | 99.6 | 58.6 | 34.3 | 31.5 | 73.2 | 213.6 |
| 13-15 | Textiles, habillement, cuir et articles de cuir | 14.4 | 13.9 | 6.7 | 8.1 | 8.8 | 11.9 | 13.6 | 19.7 |
| 13 | Textiles | 13.3 | 13.0 | 5.7 | 6.3 | 7.3 | 7.1 | 11.3 | 16.5 |
| 14 | Articles d'habillement | 1.0 | 0.7 | 0.6 | 1.0 | 1.0 | 3.5 | 1.8 | 2.5 |
| 15 | Cuir et articles de cuir | 0.1 | 0.3 | 0.4 | 0.8 | 0.5 | 1.3 | 0.5 | 0.6 |
| 16-18 | Bois, papier, imprimerie et reproduction de supports enregistrés | 10.1 | 8.0 | 12.0 | 17.5 | 18.9 | 23.3 | 37.1 | 27.5 |
| 16 | Bois et articles en bois, sauf meubles | 2.3 | 3.6 | 3.9 | 4.3 | 6.1 | 8.2 | 12.0 | 6.7 |
| 17 | Papier et articles en papier | .. | .. | .. | .. | 8.0 | 3.0 | 3.3 | 9.6 |
| 18 | Imprimerie et reproduction de supports enregistrés | .. | .. | .. | .. | 4.7 | 12.0 | 21.8 | 11.2 |
| 19-23 | Produits pétroliers, chimiques, pharmaceutiques, caoutchouc, plastique, minéraux | 158.1 | 187.4 | 161.5 | 203.6 | 233.3 | 303.8 | 297.6 | 332.1 |
| 19 | Cokéfaction et raffinage | 1.2 | 3.2 | 3.3 | 2.8 | 2.3 | 4.7 | 9.6 | 5.7 |
| 20-21 | Industrie chimique et pharmaceutique | 106.7 | 157.4 | 128.2 | 142.0 | 157.8 | 210.3 | 210.1 | 214.1 |
| 20 | Produits chimiques | 31.1 | 48.3 | 38.3 | 55.8 | 67.9 | 74.3 | 96.7 | 75.3 |
| 21 | Préparations pharmaceutiques, chimiques (médicine) et d'herboristerie | 75.6 | 109.2 | 89.8 | 86.2 | 90.0 | 136.0 | 113.4 | 138.8 |
| 22 | Produits en caoutchouc et en plastique | 39.7 | 18.0 | 10.8 | 33.9 | 55.3 | 58.7 | 53.3 | 81.1 |
| 23 | Autres produits minéraux non métalliques | 10.4 | 8.8 | 19.2 | 24.9 | 17.9 | 30.1 | 24.6 | 31.2 |
| 24-25 | Produits métalliques de base et ouvrages en métaux (sauf machines et matériel) | 40.8 | 48.1 | 52.7 | 72.8 | 115.4 | 164.4 | 196.6 | 228.0 |
| 24 | Produits métallurgiques de base | 9.6 | 12.1 | 17.8 | 26.7 | 15.8 | 18.4 | 15.6 | 78.6 |
| 25 | Ouvrages en métaux (sauf machines et matériel) | 31.2 | 36.0 | 34.9 | 46.1 | 99.6 | 146.0 | 180.9 | 149.4 |
| 26-30 | Ordinateurs, articles électroniques et optiques ; machines et matériels de transport | 279.1 | 296.0 | 438.6 | 373.7 | 464.9 | 708.9 | 766.7 | 883.2 |
| 26 | Ordinateurs, articles électroniques et optiques | 38.2 | 44.9 | 51.0 | 84.4 | 71.7 | 84.0 | 78.0 | 87.2 |
| 27 | Matériels électriques | 90.7 | 67.5 | 77.5 | 108.2 | 115.0 | 249.5 | 172.4 | 152.9 |
| 28 | Machines et équipements n.c.a. | 53.0 | 66.2 | 71.4 | 68.3 | 92.5 | 151.6 | 114.0 | 159.9 |
| 29 | Automobiles, remorques et semi-remorques | 61.8 | 84.0 | 195.7 | 50.3 | 98.0 | 118.7 | 286.5 | 358.0 |
| 30 | Autres matériels de transport | 35.5 | 33.4 | 43.2 | 62.4 | 87.6 | 105.0 | 115.8 | 125.1 |
| 31-33 | Meubles ; réparation et installation de machines et de matériel | 58.7 | 59.6 | 75.6 | 49.3 | 55.3 | 105.1 | 67.2 | 87.3 |
| 31 | Meubles | 37.3 | 15.2 | 18.6 | 3.9 | 11.5 | 29.8 | 24.8 | 26.7 |
| 32 | Autres activités de fabrication | 8.2 | 14.6 | 20.1 | 13.9 | 16.7 | 34.7 | 22.7 | 28.5 |
| 33 | Réparation et installation de machines et de matériel | 13.3 | 29.8 | 36.8 | 31.5 | 27.2 | 40.6 | 19.6 | 32.0 |
| 35-39 | **ÉLECTRICITÉ, GAZ, EAU ET TRAITEMENT DES DÉCHETS** | **2.3** | **1.9** | **20.9** | **4.6** | **11.8** | **37.8** | **102.1** | **66.5** |
| 35-36 | Production et distribution d'électricité, de gaz et de l'eau | .. | .. | .. | .. | .. | .. | 64.0 | 21.2 |
| 37-39 | Assainissement, traitement des déchets et dépollution | .. | .. | .. | .. | .. | .. | 38.1 | 45.4 |
| 41-43 | **CONSTRUCTION** | **6.5** | **4.1** | **7.8** | **10.4** | **30.3** | **28.7** | **66.4** | **29.2** |
| 45-99 | **TOTAL SERVICES** | **597.9** | **712.6** | **570.8** | **728.1** | **896.1** | **1 257.8** | **1 521.0** | **1 962.3** |
| 45-82 | **Services du secteur des entreprises** | **588.0** | **693.3** | **568.1** | **709.4** | **867.2** | **1 245.8** | **1 506.1** | **1 944.6** |
| 45-47 | Commerce de gros et de détail ; réparations automobiles et motocycles | 19.6 | 65.6 | 74.7 | 74.0 | 123.7 | 198.0 | 266.5 | 299.7 |
| 49-53 | Transport et entreposage | .. | .. | .. | .. | .. | .. | .. | .. |
| 55-56 | Activités d'hébergement et de restauration | .. | .. | .. | .. | .. | .. | .. | .. |
| 58-63 | Information et communication | 113.9 | 130.6 | 189.2 | 380.9 | 498.3 | 570.8 | 629.3 | 743.9 |
| 58-60 | Édition, audiovisuel et diffusion | .. | .. | .. | .. | 97.4 | 26.3 | 26.4 | 36.6 |
| 58 | Activités d'édition | .. | .. | .. | .. | .. | .. | 25.3 | 35.4 |
| 59-60 | Activités audiovisuel et diffusion | .. | .. | .. | .. | .. | .. | 1.2 | 1.1 |
| 59 | Production de films, vidéo, programmes de télévision et d'enregistrements | .. | .. | .. | .. | .. | .. | .. | .. |
| 60 | Programmation et diffusion | .. | .. | .. | .. | .. | .. | .. | .. |
| 61 | Télécommunications | .. | .. | .. | .. | .. | .. | .. | .. |
| 62-63 | Technologies de l'information et informatique | .. | .. | .. | .. | .. | .. | .. | .. |
| 62 | Programmation informatique ; conseils et activités connexes | 27.3 | .. | 76.0 | 179.1 | 224.6 | 348.8 | 377.2 | 410.4 |
| 63 | Services d'information | .. | .. | .. | .. | .. | .. | .. | .. |
| 64-66 | **Activités financières et d'assurances** | **22.1** | **21.7** | **21.7** | **8.4** | **5.8** | **17.3** | **42.7** | **118.3** |
| 68-82 | **Activités immobilières ; professionnelles ; services administratifs et d'appui** | **430.7** | **468.7** | **280.5** | **245.2** | **225.9** | **456.0** | **550.5** | **768.2** |
| 68 | Activités immobilières | 0.0 | 0.0 | 0.0 | 0.0 | 0.0 | 27.3 | 39.1 | 32.8 |
| 69-75x72 | Activités professionnelles, scientifiques et techniques, R-D scientifique exclu | 9.7 | 4.4 | 13.7 | 18.7 | 29.3 | 115.4 | 99.3 | 214.9 |
| 72 | Recherche scientifique et développement | 421.1 | 464.3 | 266.7 | 226.5 | 196.3 | 309.2 | 405.9 | 511.5 |
| 77-82 | Activités de services administratifs et d'appui | 0.0 | 0.0 | 0.0 | 0.0 | 0.3 | 4.0 | 6.2 | 8.9 |
| 84-99 | **Services collectifs, sociaux et personnels** | **9.8** | **19.3** | **2.7** | **18.7** | **28.9** | **12.0** | **14.8** | **17.8** |
| 84-85 | Administration publique et défense ; sécurité sociale obligatoire et éducation | .. | .. | .. | .. | 0.7 | 0.6 | 0.8 | 1.3 |
| 86-88 | Santé humaine et action sociale | .. | 13.1 | .. | .. | 20.4 | 9.9 | 8.1 | 9.7 |
| 90-93 | Arts, spectacles et loisirs | .. | .. | .. | .. | 6.7 | 0.3 | 0.3 | 0.7 |
| 94-99 | Autres services ; ménages-employeurs ; organismes extra-territoriaux | .. | 4.9 | .. | 0.9 | 1.1 | 1.2 | 5.7 | 6.2 |

.. Non disponible

*Note* : Voir les métadonnées détaillées sur : http://metalinks.oecd.org/anberd/20170419/1355.
Informations sur les données concernant Israël : http://oe.cd/israel-disclaimer.
*Responsabilité* : http://oe.cd/disclaimer

# PORTUGAL

## Dépenses de R-D dans l'industrie par activité principale de l'entreprise, prix courants
### CITI Rév. 4

*Millions USD PPP*

| | | 2007 | 2008 | 2009 | 2010 | 2011 | 2012 | 2013 | 2014 |
|---|---|---|---|---|---|---|---|---|---|
| | **TOTAL ENTREPRISES** | 1 560.6 | 2 035.8 | 2 092.5 | 2 035.9 | 1 952.1 | 1 905.1 | 1 840.1 | 1 794.9 |
| 01-03 | **AGRICULTURE, SYLVICULTURE ET PÊCHE** | 0.6 | 2.8 | 2.9 | 2.4 | 4.6 | 7.9 | 11.7 | 7.9 |
| 05-09 | **ACTIVITÉS EXTRACTIVES** | 1.3 | 7.9 | 4.9 | 4.9 | 6.4 | 4.4 | 6.5 | 5.9 |
| 10-33 | **ACTIVITÉS DE FABRICATION** | 561.6 | 717.5 | 677.9 | 663.1 | 692.7 | 781.3 | 727.9 | 744.6 |
| 10-12 | Produits alimentaires, boissons et tabac | 76.9 | 85.1 | 74.0 | 75.5 | 66.4 | 117.3 | 101.1 | 97.2 |
| 13-15 | Textiles, habillement, cuir et articles de cuir | 28.2 | 28.8 | 31.3 | 33.2 | 33.2 | 38.4 | 39.0 | 44.1 |
| 13 | Textiles | 16.7 | 20.8 | 19.4 | 22.3 | 20.0 | 23.0 | 19.0 | 23.4 |
| 14 | Articles d'habillement | 8.9 | 4.5 | 5.5 | 4.8 | 5.0 | 5.8 | 4.4 | 5.7 |
| 15 | Cuir et articles de cuir | 2.6 | 3.5 | 6.4 | 6.1 | 8.3 | 9.6 | 15.6 | 15.0 |
| 16-18 | Bois, papier, imprimerie et reproduction de supports enregistrés | 24.9 | 46.1 | 34.8 | 40.7 | 54.8 | 58.9 | 61.7 | 56.6 |
| 16 | Bois et articles en bois, sauf meubles | 17.9 | 16.5 | 13.7 | 11.0 | 15.3 | 16.0 | 14.5 | 15.1 |
| 17 | Papier et articles en papier | 6.1 | 11.8 | 4.8 | 12.8 | 21.1 | 25.7 | 26.4 | 19.5 |
| 18 | Imprimerie et reproduction de supports enregistrés | 0.9 | 17.8 | 16.3 | 16.9 | 18.4 | 17.1 | 20.8 | 22.1 |
| 19-23 | Produits pétroliers, chimiques, pharmaceutiques, caoutchouc, plastique, minéraux | 186.5 | 231.8 | 234.0 | 253.6 | 259.7 | 297.8 | 269.7 | 259.7 |
| 19 | Cokéfaction et raffinage | 9.0 | 10.5 | 16.1 | 11.8 | 8.7 | 7.1 | 5.8 | 3.7 |
| 20-21 | Industrie chimique et pharmaceutique | 117.1 | 161.2 | 139.2 | 173.7 | 169.4 | 188.6 | 187.0 | 172.1 |
| 20 | Produits chimiques | 24.5 | 26.0 | 30.7 | 48.4 | 29.1 | 40.8 | 41.9 | 42.0 |
| 21 | Préparations pharmaceutiques, chimiques (médicine) et d'herboristerie | 92.5 | 135.2 | 108.5 | 125.3 | 140.4 | 147.8 | 145.0 | 130.1 |
| 22 | Produits en caoutchouc et en plastique | 17.6 | 22.1 | 38.5 | 32.1 | 34.8 | 38.9 | 35.6 | 36.7 |
| 23 | Autres produits minéraux non métalliques | 42.7 | 38.1 | 40.3 | 36.0 | 46.8 | 63.1 | 41.4 | 47.1 |
| 24-25 | Produits métalliques de base et ouvrages en métaux (sauf machines et matériel) | 45.8 | 72.4 | 65.1 | 63.0 | 61.3 | 57.7 | 59.5 | 77.9 |
| 24 | Produits métallurgiques de base | 10.4 | 22.3 | 18.9 | 19.6 | 19.2 | 19.2 | 22.0 | 33.1 |
| 25 | Ouvrages en métaux (sauf machines et matériel) | 35.4 | 50.2 | 46.2 | 43.3 | 42.1 | 38.5 | 37.5 | 44.8 |
| 26-30 | Ordinateurs, articles électroniques et optiques ; machines et matériels de transport | 175.0 | 226.2 | 206.7 | 177.9 | 200.9 | 195.4 | 177.4 | 190.0 |
| 26 | Ordinateurs, articles électroniques et optiques | 44.6 | 46.9 | 33.4 | 31.1 | 42.5 | 43.0 | 41.0 | 49.9 |
| 27 | Matériels électriques | 31.9 | 39.1 | 43.1 | 54.8 | 70.8 | 62.9 | 60.0 | 52.8 |
| 28 | Machines et équipements n.c.a. | 18.9 | 24.7 | 23.3 | 22.1 | 25.8 | 34.6 | 31.7 | 32.6 |
| 29 | Automobiles, remorques et semi-remorques | 72.6 | 108.3 | 100.2 | 64.9 | 55.4 | 47.3 | 40.9 | 50.2 |
| 30 | Autres matériels de transport | 7.0 | 7.2 | 6.6 | 4.9 | 6.5 | 7.6 | 3.8 | 4.5 |
| 31-33 | Meubles ; réparation et installation de machines et de matériel | 24.3 | 26.9 | 32.0 | 19.3 | 16.4 | 15.8 | 19.5 | 19.1 |
| 31 | Meubles | 6.3 | 7.8 | 7.4 | 8.2 | 6.4 | 7.3 | 7.8 | 8.0 |
| 32 | Autres activités de fabrication | 3.5 | 4.1 | 6.3 | 4.6 | 4.9 | 4.1 | 4.7 | 3.0 |
| 33 | Réparation et installation de machines et de matériel | 14.4 | 15.0 | 18.3 | 6.4 | 5.0 | 4.4 | 7.0 | 8.1 |
| 35-39 | **ÉLECTRICITÉ, GAZ, EAU ET TRAITEMENT DES DÉCHETS** | 68.0 | 130.8 | 116.4 | 90.2 | 24.3 | 33.9 | 17.0 | 16.2 |
| 35-36 | Production et distribution d'électricité, de gaz et de l'eau | 61.2 | 121.7 | 109.5 | 84.7 | 17.8 | 15.2 | 9.1 | 8.8 |
| 37-39 | Assainissement, traitement des déchets et dépollution | 6.8 | 9.0 | 6.9 | 5.5 | 6.5 | 18.7 | 7.9 | 7.3 |
| 41-43 | **CONSTRUCTION** | 9.2 | 12.2 | 23.8 | 15.6 | 16.6 | 8.5 | 13.2 | 14.1 |
| 45-99 | **TOTAL SERVICES** | 919.9 | 1 164.7 | 1 266.6 | 1 259.8 | 1 207.6 | 1 069.1 | 1 063.8 | 1 006.2 |
| 45-82 | Services du secteur des entreprises | 910.5 | 1 151.2 | 1 245.2 | 1 227.4 | 1 183.6 | 1 046.5 | 1 040.1 | 975.5 |
| 45-47 | Commerce de gros et de détail ; réparations automobiles et motocycles | 32.4 | 49.1 | 49.6 | 141.5 | 138.1 | 129.0 | 81.5 | 96.2 |
| 49-53 | Transport et entreposage | 79.8 | 79.8 | 58.8 | 46.4 | 41.7 | 19.4 | 23.1 | 23.2 |
| 55-56 | Activités d'hébergement et de restauration | 0.0 | 0.0 | 0.0 | 0.0 | 0.3 | 0.2 | 0.1 | 0.1 |
| 58-63 | Information et communication | 348.8 | 460.8 | 594.8 | 531.6 | 532.4 | 449.1 | 412.7 | 337.5 |
| 58-60 | Édition, audiovisuel et diffusion | 25.3 | 30.1 | 37.1 | 37.9 | 29.4 | 25.7 | 23.6 | 26.7 |
| 58 | Activités d'édition | 14.3 | 26.9 | 30.2 | 32.0 | 22.6 | 19.6 | 22.3 | .. |
| 59-60 | Activités audiovisuel et diffusion | 11.0 | 3.2 | 6.9 | 5.9 | 6.9 | 6.0 | 1.3 | .. |
| 59 | Production de films, vidéo, programmes de télévision et d'enregistrements | .. | .. | .. | 0.5 | 0.2 | 0.5 | 0.1 | .. |
| 60 | Programmation et diffusion | .. | .. | .. | 5.4 | 6.7 | 5.6 | 1.2 | .. |
| 61 | Télécommunications | 184.7 | 234.8 | 347.4 | 294.0 | 339.1 | 225.2 | 184.1 | 86.1 |
| 62-63 | Technologies de l'information et informatique | 138.8 | 195.9 | 210.3 | 199.7 | 163.9 | 198.2 | 204.9 | 224.7 |
| 62 | Programmation informatique ; conseils et activités connexes | 134.8 | 189.0 | 204.5 | 194.5 | 158.6 | 188.9 | 197.3 | 216.1 |
| 63 | Services d'information | 4.0 | 6.9 | 5.8 | 5.2 | 5.2 | 9.3 | 7.6 | 8.6 |
| 64-66 | Activités financières et d'assurances | 273.0 | 334.0 | 258.5 | 274.5 | 244.1 | 246.6 | 272.2 | 259.2 |
| 68-82 | Activités immobilières ; professionnelles ; services administratifs et d'appui | 176.5 | 227.4 | 283.3 | 233.3 | 227.0 | 202.1 | 250.5 | 259.3 |
| 68 | Activités immobilières | 0.0 | 0.0 | 0.0 | 0.0 | 0.0 | 0.0 | 0.0 | 0.0 |
| 69-75x72 | Activités professionnelles, scientifiques et techniques, R-D scientifique exclu | 124.2 | 180.0 | 220.6 | 168.5 | 138.1 | 95.2 | 97.5 | 89.8 |
| 72 | Recherche scientifique et développement | 31.1 | 36.7 | 43.8 | 50.1 | 73.4 | 89.0 | 137.0 | 149.1 |
| 77-82 | Activités de services administratifs et d'appui | 21.2 | 10.7 | 18.9 | 14.7 | 15.5 | 17.9 | 15.9 | 20.4 |
| 84-99 | Services collectifs, sociaux et personnels | 9.4 | 13.4 | 21.4 | 32.4 | 24.0 | 22.6 | 23.7 | 30.7 |
| 84-85 | Administration publique et défense ; sécurité sociale obligatoire et éducation | 0.9 | 0.8 | 2.3 | 2.2 | 2.2 | 1.5 | 4.0 | 3.9 |
| 86-88 | Santé humaine et action sociale | 2.4 | 2.7 | 3.9 | 5.0 | 7.3 | 6.9 | 7.7 | 8.2 |
| 90-93 | Arts, spectacles et loisirs | 0.2 | 0.8 | 1.1 | 0.5 | 1.1 | 0.6 | 3.8 | 1.4 |
| 94-99 | Autres services ; ménages-employeurs ; organismes extra-territoriaux | 5.8 | 9.1 | 14.1 | 24.8 | 13.3 | 13.6 | 8.2 | 17.2 |

.. Non disponible

*Note* : Voir les métadonnées détaillées sur : http://metalinks.oecd.org/anberd/20170419/1355.
  Informations sur les données concernant Israël : http://oe.cd/israel-disclaimer.
*Responsabilité* : http://oe.cd/disclaimer

# PORTUGAL

## Dépenses de R-D dans l'industrie par activité principale de l'entreprise, prix constants
### CITI Rév. 4

2010 PPP USD

| Code | Activité | 2007 | 2008 | 2009 | 2010 | 2011 | 2012 | 2013 | 2014 |
|---|---|---|---|---|---|---|---|---|---|
| | **TOTAL ENTREPRISES** | 1 682.3 | 2 118.6 | 2 121.5 | 2 035.9 | 1 960.9 | 1 866.8 | 1 698.1 | 1 627.4 |
| 01-03 | **AGRICULTURE, SYLVICULTURE ET PÊCHE** | 0.6 | 2.9 | 2.9 | 2.4 | 4.6 | 7.7 | 10.8 | 7.1 |
| 05-09 | **ACTIVITÉS EXTRACTIVES** | 1.4 | 8.3 | 4.9 | 4.9 | 6.4 | 4.3 | 6.0 | 5.4 |
| 10-33 | **ACTIVITÉS DE FABRICATION** | 605.4 | 746.6 | 687.3 | 663.1 | 695.8 | 765.6 | 671.8 | 675.1 |
| 10-12 | Produits alimentaires, boissons et tabac | 82.8 | 88.6 | 75.1 | 75.5 | 66.7 | 115.0 | 93.3 | 88.1 |
| 13-15 | Textiles, habillement, cuir et articles de cuir | 30.4 | 30.0 | 31.7 | 33.2 | 33.4 | 37.6 | 36.0 | 40.0 |
| 13 | Textiles | 18.0 | 21.7 | 19.7 | 22.3 | 20.1 | 22.5 | 17.5 | 21.2 |
| 14 | Articles d'habillement | 9.6 | 4.6 | 5.5 | 4.8 | 5.0 | 5.7 | 4.1 | 5.2 |
| 15 | Cuir et articles de cuir | 2.8 | 3.7 | 6.5 | 6.1 | 8.3 | 9.4 | 14.4 | 13.6 |
| 16-18 | Bois, papier, imprimerie et reproduction de supports enregistrés | 26.9 | 48.0 | 35.2 | 40.7 | 55.1 | 57.7 | 56.9 | 51.3 |
| 16 | Bois et articles en bois, sauf meubles | 19.3 | 17.1 | 13.9 | 11.0 | 15.4 | 15.7 | 13.4 | 13.7 |
| 17 | Papier et articles en papier | 6.6 | 12.3 | 4.8 | 12.8 | 21.2 | 25.2 | 24.3 | 17.6 |
| 18 | Imprimerie et reproduction de supports enregistrés | 0.9 | 18.5 | 16.5 | 16.9 | 18.5 | 16.8 | 19.2 | 20.0 |
| 19-23 | Produits pétroliers, chimiques, pharmaceutiques, caoutchouc, plastique, minéraux | 201.0 | 241.3 | 237.3 | 253.6 | 260.8 | 291.8 | 248.9 | 235.5 |
| 19 | Cokéfaction et raffinage | 9.8 | 10.9 | 16.3 | 11.8 | 8.7 | 7.0 | 5.3 | 3.4 |
| 20-21 | Industrie chimique et pharmaceutique | 126.2 | 167.8 | 141.1 | 173.7 | 170.2 | 184.8 | 172.6 | 156.1 |
| 20 | Produits chimiques | 26.4 | 27.1 | 31.1 | 48.4 | 29.2 | 40.0 | 38.7 | 38.1 |
| 21 | Préparations pharmaceutiques, chimiques (médicine) et d'herboristerie | 99.8 | 140.7 | 110.0 | 125.3 | 141.0 | 144.9 | 133.8 | 118.0 |
| 22 | Produits en caoutchouc et en plastique | 19.0 | 23.0 | 39.0 | 32.1 | 35.0 | 38.2 | 32.9 | 33.3 |
| 23 | Autres produits minéraux non métalliques | 46.1 | 39.6 | 40.8 | 36.0 | 47.0 | 61.8 | 38.2 | 42.7 |
| 24-25 | Produits métalliques de base et ouvrages en métaux (sauf machines et matériel) | 49.4 | 75.4 | 66.0 | 63.0 | 61.6 | 56.6 | 54.9 | 70.6 |
| 24 | Produits métallurgiques de base | 11.2 | 23.2 | 19.2 | 19.6 | 19.3 | 18.8 | 20.3 | 30.0 |
| 25 | Ouvrages en métaux (sauf machines et matériel) | 38.2 | 52.2 | 46.8 | 43.3 | 42.3 | 37.7 | 34.6 | 40.6 |
| 26-30 | Ordinateurs, articles électroniques et optiques ; machines et matériels de transport | 188.7 | 235.4 | 209.6 | 177.9 | 201.9 | 191.5 | 163.8 | 172.3 |
| 26 | Ordinateurs, articles électroniques et optiques | 48.1 | 48.8 | 33.9 | 31.1 | 42.7 | 42.2 | 37.8 | 45.2 |
| 27 | Matériels électriques | 34.4 | 40.7 | 43.7 | 54.8 | 71.1 | 61.6 | 55.4 | 47.8 |
| 28 | Machines et équipements n.c.a. | 20.4 | 25.7 | 23.6 | 22.1 | 25.9 | 33.9 | 29.3 | 29.6 |
| 29 | Automobiles, remorques et semi-remorques | 78.2 | 112.7 | 101.6 | 64.9 | 55.6 | 46.4 | 37.8 | 45.5 |
| 30 | Autres matériels de transport | 7.5 | 7.5 | 6.7 | 4.9 | 6.5 | 7.4 | 3.5 | 4.1 |
| 31-33 | Meubles ; réparation et installation de machines et de matériel | 26.2 | 28.0 | 32.5 | 19.3 | 16.4 | 15.5 | 18.0 | 17.3 |
| 31 | Meubles | 6.8 | 8.1 | 7.5 | 8.2 | 6.4 | 7.2 | 7.2 | 7.2 |
| 32 | Autres activités de fabrication | 3.8 | 4.3 | 6.4 | 4.6 | 5.0 | 4.0 | 4.3 | 2.7 |
| 33 | Réparation et installation de machines et de matériel | 15.6 | 15.6 | 18.5 | 6.4 | 5.0 | 4.3 | 6.5 | 7.3 |
| 35-39 | **ÉLECTRICITÉ, GAZ, EAU ET TRAITEMENT DES DÉCHETS** | 73.3 | 136.1 | 118.0 | 90.2 | 24.4 | 33.2 | 15.7 | 14.7 |
| 35-36 | Production et distribution d'électricité, de gaz et de l'eau | 66.0 | 126.7 | 111.0 | 84.7 | 17.9 | 14.9 | 8.4 | 8.0 |
| 37-39 | Assainissement, traitement des déchets et dépollution | 7.3 | 9.4 | 7.0 | 5.5 | 6.5 | 18.3 | 7.2 | 6.7 |
| 41-43 | **CONSTRUCTION** | 10.0 | 12.7 | 24.2 | 15.6 | 16.7 | 8.3 | 12.1 | 12.8 |
| 45-99 | **TOTAL SERVICES** | 991.6 | 1 212.0 | 1 284.2 | 1 259.8 | 1 213.0 | 1 047.5 | 981.7 | 912.3 |
| 45-82 | Services du secteur des entreprises | 981.5 | 1 198.0 | 1 262.5 | 1 227.4 | 1 188.9 | 1 025.4 | 959.9 | 884.5 |
| 45-47 | Commerce de gros et de détail ; réparations automobiles et motocycles | 34.9 | 51.1 | 50.3 | 141.5 | 138.7 | 126.4 | 75.2 | 87.3 |
| 49-53 | Transport et entreposage | 86.0 | 83.0 | 59.6 | 46.4 | 41.9 | 19.0 | 21.3 | 21.0 |
| 55-56 | Activités d'hébergement et de restauration | 0.0 | 0.0 | 0.0 | 0.0 | 0.3 | 0.2 | 0.1 | 0.1 |
| 58-63 | Information et communication | 376.0 | 479.5 | 603.0 | 531.6 | 534.8 | 440.0 | 380.9 | 306.0 |
| 58-60 | Édition, audiovisuel et diffusion | 27.3 | 31.3 | 37.6 | 37.9 | 29.6 | 25.1 | 21.8 | 24.2 |
| 58 | Activités d'édition | 15.4 | 28.0 | 30.7 | 32.0 | 22.7 | 19.2 | 20.6 | .. |
| 59-60 | Activités audiovisuel et diffusion | 11.9 | 3.3 | 7.0 | 5.9 | 6.9 | 5.9 | 1.2 | .. |
| 59 | Production de films, vidéo, programmes de télévision et d'enregistrements | .. | .. | .. | 0.5 | 0.2 | 0.5 | 0.1 | .. |
| 60 | Programmation et diffusion | .. | .. | .. | 5.4 | 6.7 | 5.5 | 1.1 | .. |
| 61 | Télécommunications | 199.1 | 244.3 | 352.3 | 294.0 | 340.7 | 220.6 | 169.9 | 78.0 |
| 62-63 | Technologies de l'information et informatique | 149.6 | 203.9 | 213.2 | 199.7 | 164.6 | 194.3 | 189.1 | 203.7 |
| 62 | Programmation informatique ; conseils et activités connexes | 145.4 | 196.7 | 207.3 | 194.5 | 159.4 | 185.1 | 182.1 | 195.9 |
| 63 | Services d'information | 4.3 | 7.2 | 5.9 | 5.2 | 5.3 | 9.1 | 7.0 | 7.8 |
| 64-66 | Activités financières et d'assurances | 294.3 | 347.5 | 262.1 | 274.5 | 245.2 | 241.7 | 251.2 | 235.0 |
| 68-82 | Activités immobilières ; professionnelles ; services administratifs d'appui | 190.2 | 236.7 | 287.3 | 233.3 | 228.0 | 198.0 | 231.1 | 235.1 |
| 68 | Activités immobilières | 0.0 | 0.0 | 0.0 | 0.0 | 0.0 | 0.0 | 0.0 | 0.0 |
| 69-75x72 | Activités professionnelles, scientifiques et techniques, R-D scientifique exclu | 133.9 | 187.3 | 223.7 | 168.5 | 138.7 | 93.3 | 90.0 | 81.4 |
| 72 | Recherche scientifique et développement | 33.5 | 38.2 | 44.4 | 50.1 | 73.7 | 87.2 | 126.5 | 135.2 |
| 77-82 | Activités de services administratifs et d'appui | 22.9 | 11.2 | 19.2 | 14.7 | 15.6 | 17.6 | 14.7 | 18.5 |
| 84-99 | Services collectifs, sociaux et personnels | 10.1 | 14.0 | 21.7 | 32.4 | 24.1 | 22.1 | 21.8 | 27.8 |
| 84-85 | Administration publique et défense ; sécurité sociale obligatoire et éducation | 0.9 | 0.8 | 2.3 | 2.2 | 2.2 | 1.5 | 3.7 | 3.5 |
| 86-88 | Santé humaine et action sociale | 2.6 | 2.8 | 3.9 | 5.0 | 7.3 | 6.8 | 7.1 | 7.4 |
| 90-93 | Arts, spectacles et loisirs | 0.2 | 0.8 | 1.1 | 0.5 | 1.1 | 0.5 | 3.5 | 1.2 |
| 94-99 | Autres services ; ménages-employeurs ; organismes extra-territoriaux | 6.3 | 9.5 | 14.3 | 24.8 | 13.4 | 13.3 | 7.5 | 15.6 |

.. Non disponible

*Note* : Voir les métadonnées détaillées sur : http://metalinks.oecd.org/anberd/20170419/1355.
Informations sur les données concernant Israël : http://oe.cd/israel-disclaimer.
*Responsabilité* : http://oe.cd/disclaimer

# PORTUGAL

## Dépenses de R-D dans l'industrie par groupe de produits, prix courants
### CITI Rév. 4

*Millions USD PPP*

| | | 2007 | 2008 | 2009 | 2010 | 2011 | 2012 | 2013 | 2014 |
|---|---|---|---|---|---|---|---|---|---|
| | **TOTAL ENTREPRISES** | .. | 2 035.8 | 2 092.5 | 2 035.9 | 1 952.1 | 1 905.1 | 1 840.1 | 1 794.9 |
| 01-03 | **AGRICULTURE, SYLVICULTURE ET PÊCHE** | .. | 11.4 | 12.4 | 10.3 | 18.5 | 27.3 | 26.2 | 23.2 |
| 05-09 | **ACTIVITÉS EXTRACTIVES** | .. | 21.9 | 32.2 | 19.1 | 23.8 | 13.0 | 13.0 | 13.4 |
| 10-33 | **ACTIVITÉS DE FABRICATION** | .. | 787.9 | 723.3 | 741.7 | 752.5 | 844.8 | 804.9 | 842.6 |
| 10-12 | Produits alimentaires, boissons et tabac | | 81.5 | 71.5 | 75.8 | 63.8 | 109.0 | 89.7 | 91.0 |
| 13-15 | Textiles, habillement, cuir et articles de cuir | | 32.7 | 35.4 | 35.5 | 35.9 | 40.9 | 40.9 | 45.6 |
| 13 | Textiles | | 22.9 | 20.3 | 23.0 | 20.4 | 24.3 | 23.1 | 28.5 |
| 14 | Articles d'habillement | | 4.8 | 8.0 | 6.4 | 6.9 | 5.1 | 3.7 | 3.7 |
| 15 | Cuir et articles de cuir | | 5.0 | 7.1 | 6.1 | 8.6 | 11.5 | 14.1 | 13.3 |
| 16-18 | Bois, papier, imprimerie et reproduction de supports enregistrés | | 28.3 | 23.0 | 28.5 | 37.3 | 44.6 | 46.7 | 40.6 |
| 16 | Bois et articles en bois, sauf meubles | | 13.7 | 13.1 | 9.8 | 11.9 | 15.6 | 14.1 | 13.8 |
| 17 | Papier et articles en papier | | 12.6 | 9.6 | 18.3 | 25.3 | 28.2 | 31.9 | 25.8 |
| 18 | Imprimerie et reproduction de supports enregistrés | | 2.0 | 0.3 | 0.5 | 0.1 | 0.9 | 0.7 | 1.0 |
| 19-23 | Produits pétroliers, chimiques, pharmaceutiques, caoutchouc, plastique, minéraux | | 262.9 | 234.8 | 269.3 | 267.7 | 313.3 | 283.7 | 277.3 |
| 19 | Cokéfaction et raffinage | | 5.0 | 8.5 | 10.9 | 0.3 | 5.9 | 3.2 | 2.9 |
| 20-21 | Industrie chimique et pharmaceutique | | 193.6 | 162.2 | 199.9 | 195.4 | 215.4 | 208.5 | 199.7 |
| 20 | Produits chimiques | | 35.1 | 40.4 | 54.4 | 36.7 | 46.9 | 45.0 | 46.8 |
| 21 | Préparations pharmaceutiques, chimiques (médicine) et d'herboristerie | | 158.6 | 121.9 | 145.5 | 158.7 | 168.5 | 163.5 | 152.8 |
| 22 | Produits en caoutchouc et en plastique | | 24.6 | 31.3 | 21.7 | 26.2 | 26.5 | 27.8 | 28.4 |
| 23 | Autres produits minéraux non métalliques | | 39.6 | 32.8 | 36.8 | 45.7 | 65.5 | 44.2 | 46.3 |
| 24-25 | Produits métalliques de base et ouvrages en métaux (sauf machines et matériel) | | 59.7 | 58.4 | 55.1 | 54.8 | 49.8 | 54.0 | 69.2 |
| 24 | Produits métallurgiques de base | | 23.5 | 19.4 | 20.3 | 21.5 | 19.8 | 22.7 | 34.1 |
| 25 | Ouvrages en métaux (sauf machines et matériel) | | 36.2 | 39.1 | 34.8 | 33.3 | 30.0 | 31.3 | 35.1 |
| 26-30 | Ordinateurs, articles électroniques et optiques ; machines et matériels de transport | | 290.3 | 281.8 | 253.3 | 265.5 | 258.8 | 262.8 | 290.1 |
| 26 | Ordinateurs, articles électroniques et optiques | | 67.9 | 55.2 | 54.5 | 62.5 | 43.5 | 65.4 | 81.8 |
| 27 | Matériels électriques | | 60.5 | 46.2 | 68.6 | 61.3 | 53.9 | 56.9 | 55.0 |
| 28 | Machines et équipements n.c.a. | | 31.2 | 45.4 | 33.7 | 44.9 | 45.6 | 40.8 | 44.3 |
| 29 | Automobiles, remorques et semi-remorques | | 111.9 | 122.5 | 83.6 | 77.2 | 90.1 | 75.2 | 83.5 |
| 30 | Autres matériels de transport | | 18.8 | 12.6 | 12.9 | 19.6 | 25.8 | 24.5 | 25.5 |
| 31-33 | Meubles ; réparation et installation de machines et de matériel | | 32.6 | 18.4 | 24.1 | 27.4 | 28.4 | 27.1 | 28.7 |
| 31 | Meubles | | 3.9 | 6.7 | 8.0 | 5.8 | 7.1 | 8.2 | 8.0 |
| 32 | Autres activités de fabrication | | 10.4 | 9.7 | 12.3 | 16.6 | 14.7 | 12.2 | 14.2 |
| 33 | Réparation et installation de machines et de matériel | | 18.2 | 2.0 | 3.8 | 5.0 | 6.5 | 6.6 | 6.6 |
| 35-39 | **ÉLECTRICITÉ, GAZ, EAU ET TRAITEMENT DES DÉCHETS** | | 131.9 | 134.7 | 98.3 | 31.9 | 38.4 | 21.4 | 23.8 |
| 35-36 | Production et distribution d'électricité, de gaz et de l'eau | | 125.0 | 121.9 | 90.4 | 18.8 | 15.0 | 8.2 | 10.7 |
| 37-39 | Assainissement, traitement des déchets et dépollution | | 6.9 | 12.7 | 7.9 | 13.1 | 23.3 | 13.2 | 13.1 |
| 41-43 | **CONSTRUCTION** | .. | 18.4 | 40.3 | 15.9 | 13.7 | 7.5 | 12.7 | 13.3 |
| 45-99 | **TOTAL SERVICES** | .. | 1 064.3 | 1 149.7 | 1 150.6 | 1 111.7 | 974.0 | 961.9 | 878.7 |
| 45-82 | **Services du secteur des entreprises** | .. | 1 055.9 | 1 130.2 | 1 134.5 | 1 098.6 | 963.9 | 942.6 | 844.6 |
| 45-47 | Commerce de gros et de détail ; réparations automobiles et motocycles | | 37.9 | 53.1 | 62.4 | 57.5 | 71.7 | 69.8 | 78.0 |
| 49-53 | Transport et entreposage | | 36.7 | 29.1 | 45.4 | 34.2 | 12.3 | 17.7 | 16.6 |
| 55-56 | Activités d'hébergement et de restauration | | 0.0 | 0.0 | 0.0 | 0.9 | 6.2 | 6.2 | 1.4 |
| 58-63 | Information et communication | | 627.3 | 705.4 | 678.8 | 702.2 | 605.0 | 543.7 | 462.3 |
| 58-60 | Édition, audiovisuel et diffusion | | 85.6 | 67.6 | 96.5 | 75.7 | 90.0 | 112.1 | 104.5 |
| 58 | Activités d'édition | | .. | 63.9 | 94.0 | 70.6 | 87.1 | 110.0 | 104.1 |
| 59-60 | Activités audiovisuel et diffusion | | .. | 3.7 | 2.5 | 5.1 | 2.9 | 2.0 | 0.4 |
| 59 | Production de films, vidéo, programmes de télévision et d'enregistrements | | .. | .. | .. | 2.1 | 0.8 | 0.8 | 0.4 |
| 60 | Programmation et diffusion | | .. | .. | .. | 3.0 | 2.1 | 1.3 | 0.0 |
| 61 | Télécommunications | | 317.0 | 428.5 | 390.1 | 447.6 | 328.3 | 248.7 | 147.2 |
| 62-63 | Technologies de l'information et informatique | | 224.7 | 209.3 | 192.2 | 178.9 | 186.7 | 183.0 | 210.6 |
| 62 | Programmation informatique ; conseils et activités connexes | | 196.0 | 187.8 | 172.1 | 131.6 | 157.5 | 157.1 | 182.9 |
| 63 | Services d'information | | 28.7 | 21.5 | 20.1 | 47.4 | 29.3 | 25.9 | 27.7 |
| 64-66 | **Activités financières et d'assurances** | | 254.1 | 207.6 | 180.4 | 146.7 | 148.9 | 151.8 | 135.4 |
| 68-82 | **Activités immobilières ; professionnelles ; services administratifs et d'appui** | .. | 100.0 | 135.1 | 167.5 | 157.1 | 119.7 | 153.5 | 151.1 |
| 68 | Activités immobilières | | 0.0 | 2.0 | 1.5 | 1.3 | 0.9 | 1.6 | 1.9 |
| 69-75x72 | Activités professionnelles, scientifiques et techniques, R-D scientifique exclu | | 63.9 | 94.8 | 126.1 | 118.2 | 73.2 | 83.1 | 72.7 |
| 72 | Recherche scientifique et développement | | 32.2 | 36.3 | 36.9 | 33.2 | 38.6 | 61.0 | 69.8 |
| 77-82 | Activités de services administratifs et d'appui | | 3.8 | 2.0 | 3.0 | 4.4 | 7.0 | 7.7 | 6.6 |
| 84-99 | **Services collectifs, sociaux et personnels** | | 8.3 | 19.4 | 16.1 | 13.1 | 10.2 | 19.3 | 34.1 |
| 84-85 | Administration publique et défense ; sécurité sociale obligatoire et éducation | | 2.8 | 0.1 | 0.3 | 0.6 | 1.2 | 1.4 | 1.9 |
| 86-88 | Santé humaine et action sociale | | 3.4 | 12.1 | 5.6 | 10.2 | 7.9 | 14.2 | 27.6 |
| 90-93 | Arts, spectacles et loisirs | | 0.5 | 0.4 | 0.5 | 0.6 | 0.5 | 0.6 | 1.4 |
| 94-99 | Autres services ; ménages-employeurs ; organismes extra-territoriaux | | 1.5 | 6.8 | 9.7 | 1.7 | 0.6 | 3.1 | 3.2 |

.. Non disponible

*Note* : Voir les métadonnées détaillées sur : http://metalinks.oecd.org/anberd/20170419/1355.
Informations sur les données concernant Israël : http://oe.cd/israel-disclaimer.
*Responsabilité* : http://oe.cd/disclaimer

# PORTUGAL

## Dépenses de R-D dans l'industrie par groupe de produits, prix constants
### CITI Rév. 4

*2010 PPP USD*

| | | 2007 | 2008 | 2009 | 2010 | 2011 | 2012 | 2013 | 2014 |
|---|---|---|---|---|---|---|---|---|---|
| | **TOTAL ENTREPRISES** | .. | 2 118.6 | 2 121.5 | 2 035.9 | 1 960.9 | 1 866.8 | 1 698.1 | 1 627.4 |
| 01-03 | **AGRICULTURE, SYLVICULTURE ET PÊCHE** | .. | 11.8 | 12.6 | 10.3 | 18.6 | 26.8 | 24.2 | 21.1 |
| 05-09 | **ACTIVITÉS EXTRACTIVES** | .. | 22.8 | 32.7 | 19.1 | 23.9 | 12.8 | 12.0 | 12.1 |
| 10-33 | **ACTIVITÉS DE FABRICATION** | .. | 820.0 | 733.3 | 741.7 | 755.9 | 827.8 | 742.8 | 763.9 |
| 10-12 | Produits alimentaires, boissons et tabac | .. | 84.8 | 72.5 | 75.8 | 64.1 | 106.8 | 82.8 | 82.5 |
| 13-15 | Textiles, habillement, cuir et articles de cuir | .. | 34.0 | 35.9 | 35.5 | 36.0 | 40.1 | 37.7 | 41.3 |
| 13 | Textiles | .. | 23.8 | 20.6 | 23.0 | 20.5 | 23.8 | 21.3 | 25.9 |
| 14 | Articles d'habillement | .. | 5.0 | 8.1 | 6.4 | 6.9 | 5.0 | 3.4 | 3.4 |
| 15 | Cuir et articles de cuir | .. | 5.2 | 7.2 | 6.1 | 8.6 | 11.2 | 13.0 | 12.1 |
| 16-18 | Bois, papier, imprimerie et reproduction de supports enregistrés | .. | 29.5 | 23.3 | 28.5 | 37.5 | 43.7 | 43.1 | 36.8 |
| 16 | Bois et articles en bois, sauf meubles | .. | 14.3 | 13.3 | 9.8 | 12.0 | 15.3 | 13.0 | 12.5 |
| 17 | Papier et articles en papier | .. | 13.2 | 9.7 | 18.3 | 25.4 | 27.6 | 29.4 | 23.4 |
| 18 | Imprimerie et reproduction de supports enregistrés | .. | 2.1 | 0.3 | 0.5 | 0.1 | 0.9 | 0.6 | 0.9 |
| 19-23 | Produits pétroliers, chimiques, pharmaceutiques, caoutchouc, plastique, minéraux | .. | 273.6 | 238.1 | 269.3 | 268.9 | 307.0 | 261.8 | 251.4 |
| 19 | Cokéfaction et raffinage | .. | 5.2 | 8.7 | 10.9 | 0.3 | 5.8 | 2.9 | 2.7 |
| 20-21 | Industrie chimique et pharmaceutique | .. | 201.5 | 164.5 | 199.9 | 196.3 | 211.1 | 192.4 | 181.0 |
| 20 | Produits chimiques | .. | 36.5 | 40.9 | 54.4 | 36.9 | 46.0 | 41.5 | 42.5 |
| 21 | Préparations pharmaceutiques, chimiques (médicine) et d'herboristerie | .. | 165.0 | 123.5 | 145.5 | 159.5 | 165.1 | 150.9 | 138.6 |
| 22 | Produits en caoutchouc et en plastique | .. | 25.6 | 31.7 | 21.7 | 26.3 | 26.0 | 25.7 | 25.7 |
| 23 | Autres produits minéraux non métalliques | .. | 41.2 | 33.2 | 36.8 | 46.0 | 64.1 | 40.8 | 42.0 |
| 24-25 | Produits métalliques de base et ouvrages en métaux (sauf machines et matériel) | .. | 62.1 | 59.2 | 55.1 | 55.1 | 48.8 | 49.8 | 62.7 |
| 24 | Produits métallurgiques de base | .. | 24.5 | 19.6 | 20.3 | 21.6 | 19.4 | 20.9 | 31.0 |
| 25 | Ouvrages en métaux (sauf machines et matériel) | .. | 37.7 | 39.6 | 34.8 | 33.4 | 29.4 | 28.9 | 31.8 |
| 26-30 | Ordinateurs, articles électroniques et optiques ; machines et matériels de transport | .. | 302.1 | 285.7 | 253.3 | 266.7 | 253.6 | 242.5 | 263.0 |
| 26 | Ordinateurs, articles électroniques et optiques | .. | 70.6 | 55.9 | 54.5 | 62.8 | 42.6 | 60.4 | 74.2 |
| 27 | Matériels électriques | .. | 63.0 | 46.8 | 68.6 | 61.6 | 52.8 | 52.5 | 49.9 |
| 28 | Machines et équipements n.c.a. | .. | 32.4 | 46.0 | 33.7 | 45.1 | 44.7 | 37.7 | 40.2 |
| 29 | Automobiles, remorques et semi-remorques | .. | 116.4 | 124.2 | 83.6 | 77.6 | 88.2 | 69.4 | 75.7 |
| 30 | Autres matériels de transport | .. | 19.6 | 12.8 | 12.9 | 19.7 | 25.2 | 22.6 | 23.1 |
| 31-33 | Meubles ; réparation et installation de machines et de matériel | .. | 33.9 | 18.6 | 24.1 | 27.5 | 27.9 | 25.0 | 26.1 |
| 31 | Meubles | .. | 4.1 | 6.8 | 8.0 | 5.8 | 7.0 | 7.6 | 7.2 |
| 32 | Autres activités de fabrication | .. | 10.8 | 9.8 | 12.3 | 16.7 | 14.4 | 11.3 | 12.9 |
| 33 | Réparation et installation de machines et de matériel | .. | 19.0 | 2.0 | 3.8 | 5.0 | 6.4 | 6.1 | 6.0 |
| 35-39 | **ÉLECTRICITÉ, GAZ, EAU ET TRAITEMENT DES DÉCHETS** | .. | 137.3 | 136.5 | 98.3 | 32.1 | 37.6 | 19.7 | 21.6 |
| 35-36 | Production et distribution d'électricité, de gaz et de l'eau | .. | 130.1 | 123.6 | 90.4 | 18.9 | 14.7 | 7.5 | 9.7 |
| 37-39 | Assainissement, traitement des déchets et dépollution | .. | 7.2 | 12.9 | 7.9 | 13.1 | 22.9 | 12.2 | 11.8 |
| 41-43 | **CONSTRUCTION** | .. | 19.2 | 40.8 | 15.9 | 13.8 | 7.4 | 11.7 | 12.0 |
| 45-99 | **TOTAL SERVICES** | .. | 1 107.5 | 1 165.6 | 1 150.6 | 1 116.7 | 954.4 | 887.7 | 796.7 |
| 45-82 | **Services du secteur des entreprises** | .. | 1 098.9 | 1 145.9 | 1 134.5 | 1 103.6 | 944.5 | 869.9 | 765.8 |
| 45-47 | Commerce de gros et de détail ; réparations automobiles et motocycles | .. | 39.4 | 53.8 | 62.4 | 57.8 | 70.3 | 64.4 | 70.7 |
| 49-53 | Transport et entreposage | .. | 38.2 | 29.5 | 45.4 | 34.3 | 12.1 | 16.3 | 15.0 |
| 55-56 | Activités d'hébergement et de restauration | .. | 0.0 | 0.0 | 0.0 | 0.9 | 6.0 | 5.7 | 1.2 |
| 58-63 | Information et communication | .. | 652.8 | 715.2 | 678.8 | 705.4 | 592.8 | 501.8 | 419.1 |
| 58-60 | Édition, audiovisuel et diffusion | .. | 89.1 | 68.5 | 96.5 | 76.0 | 88.2 | 103.4 | 94.7 |
| 58 | Activités d'édition | .. | .. | 64.7 | 94.0 | 70.9 | 85.3 | 101.6 | 94.4 |
| 59-60 | Activités audiovisuel et diffusion | .. | .. | 3.8 | 2.5 | 5.2 | 2.9 | 1.9 | 0.3 |
| 59 | Production de films, vidéo, programmes de télévision et d'enregistrements | .. | .. | .. | .. | 2.2 | 0.8 | 0.7 | 0.3 |
| 60 | Programmation et diffusion | .. | .. | .. | .. | 3.0 | 2.1 | 1.2 | 0.0 |
| 61 | Télécommunications | .. | 329.9 | 434.5 | 390.1 | 449.6 | 321.7 | 229.5 | 133.4 |
| 62-63 | Technologies de l'information et informatique | .. | 233.8 | 212.2 | 192.2 | 179.7 | 183.0 | 168.8 | 190.9 |
| 62 | Programmation informatique ; conseils et activités connexes | .. | 204.0 | 190.4 | 172.1 | 132.2 | 154.3 | 145.0 | 165.8 |
| 63 | Services d'information | .. | 29.8 | 21.8 | 20.1 | 47.6 | 28.7 | 23.9 | 25.1 |
| 64-66 | **Activités financières et d'assurances** | .. | 264.4 | 210.5 | 180.4 | 147.4 | 145.9 | 140.1 | 122.7 |
| 68-82 | **Activités immobilières ; professionnelles ; services administratifs et d'appui** | .. | 104.1 | 137.0 | 167.5 | 157.8 | 117.3 | 141.6 | 137.0 |
| 68 | Activités immobilières | .. | 0.0 | 2.1 | 1.5 | 1.3 | 0.9 | 1.5 | 1.7 |
| 69-75x72 | Activités professionnelles, scientifiques et techniques, R-D scientifique exclu | .. | 66.5 | 96.1 | 126.1 | 118.7 | 71.7 | 76.7 | 66.0 |
| 72 | Recherche scientifique et développement | .. | 33.5 | 36.8 | 36.9 | 33.4 | 37.8 | 56.3 | 63.3 |
| 77-82 | Activités de services administratifs et d'appui | .. | 4.0 | 2.0 | 3.0 | 4.4 | 6.9 | 7.1 | 6.0 |
| 84-99 | Services collectifs, sociaux et personnels | .. | 8.7 | 19.7 | 16.1 | 13.1 | 10.0 | 17.8 | 30.9 |
| 84-85 | Administration publique et défense ; sécurité sociale obligatoire et éducation | .. | 3.0 | 0.1 | 0.3 | 0.6 | 1.2 | 1.3 | 1.7 |
| 86-88 | Santé humaine et action sociale | .. | 3.6 | 12.3 | 5.6 | 10.3 | 7.8 | 13.1 | 25.0 |
| 90-93 | Arts, spectacles et loisirs | .. | 0.6 | 0.4 | 0.5 | 0.6 | 0.4 | 0.6 | 1.3 |
| 94-99 | Autres services ; ménages-employeurs ; organismes extra-territoriaux | .. | 1.6 | 6.9 | 9.7 | 1.7 | 0.6 | 2.8 | 2.9 |

.. Non disponible

*Note* : Voir les métadonnées détaillées sur : http://metalinks.oecd.org/anberd/20170419/1355.
  Informations sur les données concernant Israël : http://oe.cd/israel-disclaimer.
*Responsabilité* : http://oe.cd/disclaimer

# RÉPUBLIQUE SLOVAQUE

## Dépenses de R-D dans l'industrie par activité principale de l'entreprise, prix courants
### CITI Rév. 4

*Millions USD PPP*

| | | 2007 | 2008 | 2009 | 2010 | 2011 | 2012 | 2013 | 2014 |
|---|---|---|---|---|---|---|---|---|---|
| | **TOTAL ENTREPRISES** | 201.6 | 252.5 | 241.5 | 349.7 | 343.9 | 479.6 | 576.0 | 511.2 |
| 01-03 | **AGRICULTURE, SYLVICULTURE ET PÊCHE** | 2.7 | 2.8 | 2.5 | 2.4 | 2.9 | 1.9 | 1.5 | 1.3 |
| 05-09 | **ACTIVITÉS EXTRACTIVES** | 0.0 | 0.0 | 0.0 | 0.0 | 0.0 | 0.0 | 0.0 | 0.0 |
| 10-33 | **ACTIVITÉS DE FABRICATION** | 99.0 | 158.0 | 162.6 | 241.9 | 210.0 | 257.7 | 330.8 | 344.3 |
| 10-12 | Produits alimentaires, boissons et tabac | 1.5 | 1.8 | 1.8 | 3.4 | 2.3 | 2.3 | 1.4 | 1.9 |
| 13-15 | Textiles, habillement, cuir et articles de cuir | .. | .. | .. | .. | .. | 2.5 | 0.9 | 0.5 |
| 13 | Textiles | .. | .. | .. | .. | .. | .. | .. | .. |
| 14 | Articles d'habillement | .. | .. | .. | .. | .. | .. | .. | .. |
| 15 | Cuir et articles de cuir | .. | .. | .. | .. | .. | .. | .. | .. |
| 16-18 | Bois, papier, imprimerie et reproduction de supports enregistrés | .. | .. | .. | .. | .. | .. | .. | .. |
| 16 | Bois et articles en bois, sauf meubles | .. | .. | .. | .. | .. | .. | .. | .. |
| 17 | Papier et articles en papier | .. | .. | .. | .. | .. | .. | .. | .. |
| 18 | Imprimerie et reproduction de supports enregistrés | .. | .. | .. | .. | .. | .. | .. | .. |
| 19-23 | Produits pétroliers, chimiques, pharmaceutiques, caoutchouc, plastique, minéraux | .. | .. | .. | .. | .. | .. | 50.1 | 57.5 |
| 19 | Cokéfaction et raffinage | .. | .. | .. | .. | .. | .. | 6.8 | 6.3 |
| 20-21 | Industrie chimique et pharmaceutique | .. | .. | .. | 29.6 | 32.4 | 24.4 | 14.1 | 14.9 |
| 20 | Produits chimiques | 4.5 | 6.1 | 6.2 | 7.2 | 7.1 | 5.8 | 9.9 | 6.1 |
| 21 | Préparations pharmaceutiques, chimiques (médicine) et d'herboristerie | .. | .. | .. | 22.3 | 25.3 | 18.6 | 4.2 | 8.7 |
| 22 | Produits en caoutchouc et en plastique | 13.4 | 15.4 | 17.9 | 16.2 | 11.4 | 20.3 | 28.3 | 33.1 |
| 23 | Autres produits minéraux non métalliques | 5.0 | 3.2 | 1.5 | 1.7 | 2.1 | 2.4 | 0.8 | 3.3 |
| 24-25 | Produits métalliques de base et ouvrages en métaux (sauf machines et matériel) | 14.9 | 20.1 | 18.3 | 26.0 | 13.9 | 17.4 | 11.2 | 10.3 |
| 24 | Produits métallurgiques de base | 10.0 | 9.6 | 8.6 | 7.5 | 7.2 | 7.3 | 6.7 | 6.0 |
| 25 | Ouvrages en métaux (sauf machines et matériel) | 4.8 | 10.5 | 9.7 | 18.5 | 6.7 | 10.2 | 4.5 | 4.3 |
| 26-30 | Ordinateurs, articles électroniques et optiques ; machines et matériels de transport | 37.8 | 67.3 | 74.8 | 140.0 | 123.7 | 163.4 | 252.2 | 259.0 |
| 26 | Ordinateurs, articles électroniques et optiques | 14.3 | 3.4 | 2.2 | 4.6 | 5.5 | 7.2 | 7.8 | 7.2 |
| 27 | Matériels électriques | 5.1 | 36.7 | 11.6 | 34.3 | 35.3 | 34.5 | 23.8 | 35.9 |
| 28 | Machines et équipements n.c.a. | 15.0 | 14.9 | 11.1 | 20.8 | 25.6 | 30.1 | 29.4 | 31.4 |
| 29 | Automobiles, remorques et semi-remorques | 2.6 | 9.3 | 38.1 | 65.8 | 47.6 | 79.4 | 173.6 | 153.7 |
| 30 | Autres matériels de transport | 0.8 | 2.9 | 11.9 | 14.5 | 9.6 | 12.3 | 17.6 | 30.8 |
| 31-33 | Meubles ; réparation et installation de machines et de matériel | .. | 25.1 | 25.0 | 20.0 | .. | .. | .. | .. |
| 31 | Meubles | 0.0 | 0.0 | 0.0 | 0.0 | 0.0 | 0.0 | 0.0 | 0.0 |
| 32 | Autres activités de fabrication | 3.3 | 3.7 | 3.2 | 3.1 | .. | .. | .. | .. |
| 33 | Réparation et installation de machines et de matériel | .. | 21.2 | 21.7 | 17.2 | 16.5 | 16.4 | .. | .. |
| 35-39 | **ÉLECTRICITÉ, GAZ, EAU ET TRAITEMENT DES DÉCHETS** | 0.0 | 0.0 | 0.0 | 0.0 | 0.0 | 0.0 | 0.0 | 0.0 |
| 35-36 | Production et distribution d'électricité, de gaz et de l'eau | .. | .. | .. | .. | .. | .. | .. | .. |
| 37-39 | Assainissement, traitement des déchets et dépollution | .. | .. | .. | .. | .. | .. | .. | .. |
| 41-43 | **CONSTRUCTION** | .. | .. | 0.4 | 1.2 | 1.1 | 2.4 | 2.5 | .. |
| 45-99 | **TOTAL SERVICES** | 100.1 | 90.7 | 76.0 | 102.4 | 126.9 | 211.6 | 230.7 | .. |
| 45-82 | Services du secteur des entreprises | 98.5 | 89.9 | 75.1 | 101.4 | 124.9 | 212.4 | 237.6 | 163.2 |
| 45-47 | Commerce de gros et de détail ; réparations automobiles et motocycles | 0.0 | 0.0 | 0.0 | 2.2 | 2.5 | 0.6 | 10.3 | 7.1 |
| 49-53 | Transport et entreposage | .. | .. | .. | .. | .. | .. | .. | .. |
| 55-56 | Activités d'hébergement et de restauration | 0.0 | 0.0 | 0.0 | 0.0 | 0.0 | 0.0 | 0.0 | 0.0 |
| 58-63 | Information et communication | 4.1 | 3.9 | 3.7 | 10.7 | 11.7 | 61.2 | 64.8 | 65.7 |
| 58-60 | Édition, audiovisuel et diffusion | .. | .. | .. | .. | .. | .. | .. | .. |
| 58 | Activités d'édition | .. | .. | .. | .. | .. | .. | .. | .. |
| 59-60 | Activités audiovisuel et diffusion | .. | .. | .. | .. | .. | .. | .. | .. |
| 59 | Production de films, vidéo, programmes de télévision et d'enregistrements | .. | .. | .. | .. | .. | .. | .. | .. |
| 60 | Programmation et diffusion | .. | .. | .. | .. | .. | .. | .. | .. |
| 61 | Télécommunications | .. | .. | .. | .. | .. | .. | .. | .. |
| 62-63 | Technologies de l'information et informatique | 4.1 | 3.0 | 3.0 | 9.9 | .. | .. | .. | .. |
| 62 | Programmation informatique ; conseils et activités connexes | 2.9 | 3.0 | 3.0 | 9.1 | 9.6 | 59.2 | 62.0 | 64.5 |
| 63 | Services d'information | .. | 0.0 | 0.0 | 0.7 | .. | .. | .. | .. |
| 64-66 | Activités financières et d'assurances | .. | .. | .. | .. | .. | 63.5 | .. | .. |
| 68-82 | Activités immobilières ; professionnelles ; services administratifs et d'appui | 93.4 | 83.1 | 68.5 | 85.1 | 70.9 | 78.2 | 84.0 | 83.6 |
| 68 | Activités immobilières | 0.0 | 0.0 | 0.0 | 0.0 | 0.0 | 0.0 | 0.0 | 0.0 |
| 69-75x72 | Activités professionnelles, scientifiques et techniques, R-D scientifique exclu | 13.6 | 7.6 | 4.1 | 12.9 | 17.4 | 23.8 | 31.5 | 29.8 |
| 72 | Recherche scientifique et développement | 77.3 | 72.9 | 61.4 | 70.4 | 51.1 | 53.4 | 52.2 | 52.5 |
| 77-82 | Activités de services administratifs et d'appui | 1.0 | 1.7 | 2.5 | 3.3 | 4.2 | 3.3 | 4.1 | 4.9 |
| 84-99 | Services collectifs, sociaux et personnels | 0.0 | 0.0 | 0.9 | 2.8 | 4.9 | 5.1 | 3.4 | .. |
| 84-85 | Administration publique et défense ; sécurité sociale obligatoire et éducation | .. | .. | .. | .. | .. | .. | .. | .. |
| 86-88 | Santé humaine et action sociale | .. | .. | .. | .. | .. | 1.6 | 0.9 | 0.4 |
| 90-93 | Arts, spectacles et loisirs | .. | .. | .. | .. | .. | .. | .. | .. |
| 94-99 | Autres services ; ménages-employeurs ; organismes extra-territoriaux | .. | .. | .. | .. | .. | .. | .. | .. |

.. Non disponible

*Note* : Voir les métadonnées détaillées sur : http://metalinks.oecd.org/anberd/20170419/1355.
Informations sur les données concernant Israël : http://oe.cd/israel-disclaimer.
*Responsabilité* : http://oe.cd/disclaimer

# RÉPUBLIQUE SLOVAQUE

## Dépenses de R-D dans l'industrie par activité principale de l'entreprise, prix constants
CITI Rév. 4

*2010 PPP USD*

| Code | | 2007 | 2008 | 2009 | 2010 | 2011 | 2012 | 2013 | 2014 |
|---|---|---|---|---|---|---|---|---|---|
| | **TOTAL ENTREPRISES** | 227.8 | 268.9 | 249.4 | 349.7 | 341.9 | 469.1 | 545.0 | 476.6 |
| 01-03 | AGRICULTURE, SYLVICULTURE ET PÊCHE | 3.1 | 3.0 | 2.6 | 2.4 | 2.9 | 1.9 | 1.5 | 1.2 |
| 05-09 | ACTIVITÉS EXTRACTIVES | 0.0 | 0.0 | 0.0 | 0.0 | 0.0 | 0.0 | 0.0 | 0.0 |
| 10-33 | ACTIVITÉS DE FABRICATION | 111.8 | 168.2 | 167.9 | 241.9 | 208.7 | 252.0 | 313.0 | 321.0 |
| 10-12 | Produits alimentaires, boissons et tabac | 1.7 | 1.9 | 1.9 | 3.4 | 2.3 | 2.3 | 1.3 | 1.8 |
| 13-15 | Textiles, habillement, cuir et articles de cuir | .. | .. | .. | .. | .. | 2.4 | 0.9 | 0.5 |
| 13 | Textiles | .. | .. | .. | .. | .. | .. | .. | .. |
| 14 | Articles d'habillement | .. | .. | .. | .. | .. | .. | .. | .. |
| 15 | Cuir et articles de cuir | .. | .. | .. | .. | .. | .. | .. | .. |
| 16-18 | Bois, papier, imprimerie et reproduction de supports enregistrés | .. | .. | .. | .. | .. | .. | .. | .. |
| 16 | Bois et articles en bois, sauf meubles | .. | .. | .. | .. | .. | .. | .. | .. |
| 17 | Papier et articles en papier | .. | .. | .. | .. | .. | .. | .. | .. |
| 18 | Imprimerie et reproduction de supports enregistrés | .. | .. | .. | .. | .. | .. | .. | .. |
| 19-23 | Produits pétroliers, chimiques, pharmaceutiques, caoutchouc, plastique, minéraux | .. | .. | .. | .. | .. | .. | 47.4 | 53.6 |
| 19 | Cokéfaction et raffinage | .. | .. | .. | .. | .. | .. | 6.4 | 5.8 |
| 20-21 | Industrie chimique et pharmaceutique | .. | .. | .. | 29.6 | 32.2 | 23.8 | 13.3 | 13.8 |
| 20 | Produits chimiques | 5.1 | 6.5 | 6.4 | 7.2 | 7.0 | 5.6 | 9.3 | 5.7 |
| 21 | Préparations pharmaceutiques, chimiques (médicine) et d'herboristerie | .. | .. | .. | 22.3 | 25.1 | 18.2 | 4.0 | 8.1 |
| 22 | Produits en caoutchouc et en plastique | 15.1 | 16.4 | 18.5 | 16.2 | 11.4 | 19.8 | 26.8 | 30.8 |
| 23 | Autres produits minéraux non métalliques | 5.6 | 3.4 | 1.5 | 1.7 | 2.1 | 2.4 | 0.8 | 3.0 |
| 24-25 | Produits métalliques de base et ouvrages en métaux (sauf machines et matériel) | 16.8 | 21.4 | 18.9 | 26.0 | 13.8 | 17.0 | 10.6 | 9.6 |
| 24 | Produits métallurgiques de base | 11.3 | 10.2 | 8.9 | 7.5 | 7.1 | 7.1 | 6.3 | 5.6 |
| 25 | Ouvrages en métaux (sauf machines et matériel) | 5.5 | 11.2 | 10.0 | 18.5 | 6.7 | 9.9 | 4.3 | 4.0 |
| 26-30 | Ordinateurs, articles électroniques et optiques ; machines et matériels de transport | 42.7 | 71.7 | 77.3 | 140.0 | 123.0 | 159.8 | 238.6 | 241.5 |
| 26 | Ordinateurs, articles électroniques et optiques | 16.1 | 3.7 | 2.3 | 4.6 | 5.5 | 7.0 | 7.4 | 6.8 |
| 27 | Matériels électriques | 5.7 | 39.1 | 12.0 | 34.3 | 35.1 | 33.7 | 22.5 | 33.5 |
| 28 | Machines et équipements n.c.a. | 17.0 | 15.9 | 11.4 | 20.8 | 25.5 | 29.4 | 27.8 | 29.3 |
| 29 | Automobiles, remorques et semi-remorques | 3.0 | 9.9 | 39.3 | 65.8 | 47.3 | 77.7 | 164.3 | 143.3 |
| 30 | Autres matériels de transport | 0.9 | 3.1 | 12.3 | 14.5 | 9.6 | 12.0 | 16.6 | 28.7 |
| 31-33 | Meubles ; réparation et installation de machines et de matériel | .. | 26.0 | 25.8 | 20.0 | .. | .. | .. | .. |
| 31 | Meubles | 0.0 | 0.0 | 0.0 | 0.0 | 0.0 | 0.0 | 0.0 | 0.0 |
| 32 | Autres activités de fabrication | 3.7 | 3.9 | 3.3 | 3.1 | .. | .. | .. | .. |
| 33 | Réparation et installation de machines et de matériel | .. | 22.6 | 22.4 | 17.2 | 16.4 | 16.0 | .. | .. |
| 35-39 | ÉLECTRICITÉ, GAZ, EAU ET TRAITEMENT DES DÉCHETS | 0.0 | 0.0 | 0.0 | 0.0 | 0.0 | 0.0 | 0.0 | 0.0 |
| 35-36 | Production et distribution d'électricité, de gaz et de l'eau | .. | .. | .. | .. | .. | .. | .. | .. |
| 37-39 | Assainissement, traitement des déchets et dépollution | .. | .. | .. | .. | .. | .. | .. | .. |
| 41-43 | CONSTRUCTION | .. | .. | 0.4 | 1.2 | 1.1 | 2.3 | 2.3 | .. |
| 45-99 | TOTAL SERVICES | 109.3 | 94.1 | 78.5 | 102.4 | 126.9 | 209.1 | 224.2 | .. |
| 45-82 | Services du secteur des entreprises | 111.3 | 95.8 | 77.6 | 101.4 | 124.2 | 207.7 | 224.8 | 152.2 |
| 45-47 | Commerce de gros et de détail ; réparations automobiles et motocycles | 0.0 | 0.0 | 0.0 | 2.2 | 2.5 | 0.6 | 9.7 | 6.6 |
| 49-53 | Transport et entreposage | .. | .. | .. | .. | .. | .. | .. | .. |
| 55-56 | Activités d'hébergement et de restauration | 0.0 | 0.0 | 0.0 | 0.0 | 0.0 | 0.0 | 0.0 | 0.0 |
| 58-63 | Information et communication | 4.6 | 4.1 | 3.8 | 10.7 | 11.7 | 59.9 | 61.4 | 61.3 |
| 58-60 | Édition, audiovisuel et diffusion | .. | .. | .. | .. | .. | .. | .. | .. |
| 58 | Activités d'édition | .. | .. | .. | .. | .. | .. | .. | .. |
| 59-60 | Activités audiovisuel et diffusion | .. | .. | .. | .. | .. | .. | .. | .. |
| 59 | Production de films, vidéo, programmes de télévision et d'enregistrements | .. | .. | .. | .. | .. | .. | .. | .. |
| 60 | Programmation et diffusion | .. | .. | .. | .. | .. | .. | .. | .. |
| 61 | Télécommunications | .. | .. | .. | .. | .. | .. | .. | .. |
| 62-63 | Technologies de l'information et informatique | 4.6 | 3.2 | 3.1 | 9.9 | .. | .. | .. | .. |
| 62 | Programmation informatique ; conseils et activités connexes | 3.3 | 3.2 | 3.1 | 9.1 | 9.6 | 57.9 | 58.7 | 60.1 |
| 63 | Services d'information | .. | .. | 0.0 | 0.0 | 0.7 | .. | .. | .. |
| 64-66 | Activités financières et d'assurances | .. | .. | .. | .. | .. | 62.1 | .. | .. |
| 68-82 | Activités immobilières ; professionnelles ; services administratifs et d'appui | 102.0 | 86.1 | 69.0 | 85.1 | 70.9 | 77.3 | 81.6 | 79.8 |
| 68 | Activités immobilières | 0.0 | 0.0 | 0.0 | 0.0 | 0.0 | 0.0 | 0.0 | 0.0 |
| 69-75x72 | Activités professionnelles, scientifiques et techniques, R-D scientifique exclu | 15.3 | 8.1 | 4.3 | 12.9 | 17.2 | 23.3 | 29.8 | 27.8 |
| 72 | Recherche scientifique et développement | 87.4 | 77.7 | 63.4 | 70.4 | 50.8 | 52.2 | 49.4 | 48.9 |
| 77-82 | Activités de services administratifs et d'appui | 1.2 | 1.9 | 2.6 | 3.3 | 4.1 | 3.2 | 3.9 | 4.6 |
| 84-99 | Services collectifs, sociaux et personnels | 0.0 | 0.0 | 0.9 | 2.8 | 4.9 | 5.1 | 3.3 | .. |
| 84-85 | Administration publique et défense ; sécurité sociale obligatoire et éducation | .. | .. | .. | .. | .. | .. | .. | .. |
| 86-88 | Santé humaine et action sociale | .. | .. | .. | .. | .. | 1.6 | 0.8 | 0.4 |
| 90-93 | Arts, spectacles et loisirs | .. | .. | .. | .. | .. | .. | .. | .. |
| 94-99 | Autres services ; ménages-employeurs ; organismes extra-territoriaux | .. | .. | .. | .. | .. | .. | .. | .. |

.. Non disponible

*Note* : Voir les métadonnées détaillées sur : http://metalinks.oecd.org/anberd/20170419/1355.
  Informations sur les données concernant Israël : http://oe.cd/israel-disclaimer.
*Responsabilité* : http://oe.cd/disclaimer

# SLOVÉNIE

## Dépenses de R-D dans l'industrie par activité principale de l'entreprise, prix courants
### CITI Rév. 4

*Millions USD PPP*

| | | 2007 | 2008 | 2009 | 2010 | 2011 | 2012 | 2013 | 2014 |
|---|---|---|---|---|---|---|---|---|---|
| | **TOTAL ENTREPRISES** | **474.4** | **628.4** | **658.3** | **794.4** | **1 058.5** | **1 158.7** | **1 213.0** | **1 179.7** |
| 01-03 | **AGRICULTURE, SYLVICULTURE ET PÊCHE** | **0.0** | **0.0** | **0.4** | **0.4** | **0.8** | **1.0** | **0.4** | **0.6** |
| 05-09 | **ACTIVITÉS EXTRACTIVES** | **3.6** | **5.5** | **8.5** | **8.3** | **9.6** | **7.7** | **7.9** | **5.8** |
| 10-33 | **ACTIVITÉS DE FABRICATION** | **425.2** | **535.9** | **540.8** | **642.2** | **762.9** | **813.4** | **875.4** | **823.5** |
| 10-12 | Produits alimentaires, boissons et tabac | 1.7 | 2.4 | 2.4 | 2.8 | 6.3 | 7.1 | 11.8 | 11.2 |
| 13-15 | Textiles, habillement, cuir et articles de cuir | 11.8 | 7.4 | 9.9 | 10.7 | 10.8 | 13.9 | 14.1 | 11.8 |
| 13 | Textiles | 8.5 | 5.6 | 6.4 | 8.4 | 8.9 | 10.2 | 10.2 | 6.8 |
| 14 | Articles d'habillement | 1.4 | 0.7 | 0.7 | 0.3 | 0.4 | 2.3 | 2.4 | 2.2 |
| 15 | Cuir et articles de cuir | 1.9 | 1.1 | 2.8 | 1.9 | 1.6 | 1.4 | 1.5 | 2.8 |
| 16-18 | Bois, papier, imprimerie et reproduction de supports enregistrés | 0.5 | 5.6 | 8.9 | 9.6 | 7.0 | 17.4 | 25.9 | 8.9 |
| 16 | Bois et articles en bois, sauf meubles | 0.0 | 1.3 | 1.9 | 2.4 | 2.9 | 14.0 | 22.2 | 4.0 |
| 17 | Papier et articles en papier | 0.0 | 3.0 | 4.4 | 5.4 | 3.0 | 2.2 | 2.5 | 3.1 |
| 18 | Imprimerie et reproduction de supports enregistrés | 0.5 | 1.4 | 2.7 | 1.8 | 1.2 | 1.2 | 1.3 | 1.7 |
| 19-23 | Produits pétroliers, chimiques, pharmaceutiques, caoutchouc, plastique, minéraux | 208.5 | 257.8 | 251.5 | 309.1 | 322.7 | 336.2 | 350.5 | 355.1 |
| 19 | Cokéfaction et raffinage | 0.1 | 0.0 | 0.0 | 0.0 | 0.0 | 0.0 | 0.0 | 0.0 |
| 20-21 | Industrie chimique et pharmaceutique | 196.3 | 240.5 | 234.2 | 288.8 | 301.5 | 310.2 | 309.9 | 318.8 |
| 20 | Produits chimiques | 20.7 | 22.4 | 24.4 | 36.7 | 38.1 | 38.4 | 36.6 | 39.9 |
| 21 | Préparations pharmaceutiques, chimiques (médicine) et d'herboristerie | 175.6 | 218.1 | 209.8 | 252.1 | 263.4 | 271.8 | 273.3 | 279.0 |
| 22 | Produits en caoutchouc et en plastique | 8.9 | 10.6 | 13.0 | 15.4 | 16.5 | 16.4 | 16.2 | 23.8 |
| 23 | Autres produits minéraux non métalliques | 3.3 | 6.6 | 4.2 | 4.9 | 4.7 | 9.6 | 24.4 | 12.4 |
| 24-25 | Produits métalliques de base et ouvrages en métaux (sauf machines et matériel) | 25.6 | 32.0 | 34.7 | 48.1 | 59.0 | 74.4 | 71.2 | 68.0 |
| 24 | Produits métallurgiques de base | 4.3 | 11.4 | 10.8 | 13.8 | 15.0 | 10.4 | 16.4 | 17.1 |
| 25 | Ouvrages en métaux (sauf machines et matériel) | 21.4 | 20.6 | 23.9 | 34.3 | 44.0 | 64.0 | 54.8 | 50.9 |
| 26-30 | Ordinateurs, articles électroniques et optiques ; machines et matériels de transport | 162.1 | 214.8 | 220.6 | 245.5 | 333.3 | 338.0 | 377.8 | 344.6 |
| 26 | Ordinateurs, articles électroniques et optiques | 70.3 | 76.4 | 68.8 | 69.3 | 77.3 | 80.3 | 98.0 | 83.8 |
| 27 | Matériels électriques | 36.6 | 51.1 | 66.7 | 77.1 | 112.6 | 104.9 | 153.5 | 138.8 |
| 28 | Machines et équipements n.c.a. | 22.1 | 25.8 | 26.3 | 34.6 | 54.6 | 26.5 | 33.3 | 34.7 |
| 29 | Automobiles, remorques et semi-remorques | 29.2 | 57.0 | 52.6 | 54.0 | 79.1 | 123.3 | 84.0 | 84.2 |
| 30 | Autres matériels de transport | 3.8 | 4.5 | 6.3 | 10.5 | 9.7 | 3.0 | 9.0 | 3.2 |
| 31-33 | Meubles ; réparation et installation de machines et de matériel | 15.0 | 15.9 | 12.8 | 16.4 | 23.8 | 26.5 | 24.1 | 23.8 |
| 31 | Meubles | .. | 1.1 | 1.9 | 4.1 | 4.5 | 5.9 | 3.1 | 2.8 |
| 32 | Autres activités de fabrication | .. | 4.4 | 5.8 | 6.9 | 12.2 | 17.2 | 11.6 | 12.1 |
| 33 | Réparation et installation de machines et de matériel | .. | 10.4 | 5.1 | 5.4 | 7.1 | 3.3 | 9.4 | 8.9 |
| 35-39 | **ÉLECTRICITÉ, GAZ, EAU ET TRAITEMENT DES DÉCHETS** | **0.0** | **0.6** | **2.3** | **2.0** | **5.9** | **8.7** | **12.9** | **11.4** |
| 35-36 | Production et distribution d'électricité, de gaz et de l'eau | .. | 0.6 | 2.2 | 1.9 | 4.7 | 6.7 | 9.8 | 7.1 |
| 37-39 | Assainissement, traitement des déchets et dépollution | .. | 0.1 | 0.1 | 0.1 | 1.1 | 2.0 | 3.1 | 4.3 |
| 41-43 | **CONSTRUCTION** | **0.2** | **0.6** | **0.3** | **0.8** | **2.4** | **2.5** | **3.3** | **3.8** |
| 45-99 | **TOTAL SERVICES** | **45.3** | **85.8** | **106.0** | **140.6** | **276.8** | **325.3** | **313.2** | **334.6** |
| 45-82 | **Services du secteur des entreprises** | **45.2** | **85.1** | **105.3** | **139.2** | **271.0** | **318.0** | **308.0** | **330.6** |
| 45-47 | Commerce de gros et de détail ; réparations automobiles et motocycles | 1.4 | 3.1 | 10.6 | 9.3 | 9.9 | 9.7 | 12.5 | 15.8 |
| 49-53 | Transport et entreposage | 0.2 | 0.1 | 2.1 | 2.4 | 3.3 | 1.3 | 0.3 | 0.3 |
| 55-56 | Activités d'hébergement et de restauration | 0.0 | 0.0 | 0.0 | 0.0 | 0.0 | 0.0 | 0.0 | 0.1 |
| 58-63 | Information et communication | 13.1 | 29.7 | 36.5 | 43.7 | 77.7 | 78.7 | 71.5 | 91.3 |
| 58-60 | Édition, audiovisuel et diffusion | .. | 4.0 | 2.7 | 1.7 | 6.3 | 21.7 | 6.6 | 6.0 |
| 58 | Activités d'édition | .. | 4.0 | 2.7 | 1.7 | 6.2 | 6.5 | 6.6 | 6.0 |
| 59-60 | Activités audiovisuel et diffusion | .. | 0.0 | 0.0 | 0.0 | 0.1 | 15.1 | 0.0 | 0.0 |
| 59 | Production de films, vidéo, programmes de télévision et d'enregistrements | .. | 0.0 | 0.0 | 0.0 | 0.1 | 0.0 | 0.0 | 0.0 |
| 60 | Programmation et diffusion | .. | 0.0 | 0.0 | 0.0 | 0.0 | 15.1 | 0.0 | 0.0 |
| 61 | Télécommunications | .. | 1.5 | 3.1 | 7.5 | 7.3 | 4.4 | 3.5 | 12.4 |
| 62-63 | Technologies de l'information et informatique | 11.1 | 24.1 | 30.7 | 34.5 | 64.2 | 52.6 | 61.4 | 72.9 |
| 62 | Programmation informatique ; conseils et activités connexes | .. | 21.7 | 29.7 | 31.2 | 59.9 | 47.5 | 57.2 | 66.5 |
| 63 | Services d'information | .. | 2.4 | 1.0 | 3.2 | 4.3 | 5.1 | 4.2 | 6.4 |
| 64-66 | **Activités financières et d'assurances** | **0.3** | **0.9** | **1.0** | **2.3** | **19.9** | **11.8** | **16.9** | **6.7** |
| 68-82 | **Activités immobilières ; professionnelles ; services administratifs et d'appui** | **30.2** | **51.3** | **55.0** | **81.5** | **160.1** | **216.5** | **206.8** | **216.4** |
| 68 | Activités immobilières | .. | 0.0 | 0.0 | 0.0 | 0.0 | 0.1 | 1.1 | 1.5 |
| 69-75x72 | Activités professionnelles, scientifiques et techniques, R-D scientifique exclu | .. | 35.2 | 40.1 | 42.1 | 70.1 | 69.7 | 80.7 | 62.8 |
| 72 | Recherche scientifique et développement | 10.1 | 14.1 | 12.9 | 38.7 | 89.9 | 146.7 | 123.6 | 151.0 |
| 77-82 | Activités de services administratifs et d'appui | .. | 2.0 | 2.1 | 0.7 | 0.1 | 0.1 | 1.4 | 1.0 |
| 84-99 | **Services collectifs, sociaux et personnels** | **0.2** | **0.7** | **0.8** | **1.4** | **5.8** | **7.2** | **5.2** | **4.0** |
| 84-85 | Administration publique et défense ; sécurité sociale obligatoire et éducation | .. | 0.1 | 0.1 | 0.5 | 1.2 | 1.8 | 1.4 | 1.4 |
| 86-88 | Santé humaine et action sociale | .. | 0.6 | 0.6 | 0.9 | 2.7 | 2.3 | 0.9 | 0.7 |
| 90-93 | Arts, spectacles et loisirs | .. | 0.0 | 0.0 | 0.0 | 0.1 | 0.2 | 0.7 | 0.3 |
| 94-99 | Autres services ; ménages-employeurs ; organismes extra-territoriaux | .. | 0.0 | 0.0 | 0.0 | 1.8 | 2.9 | 2.3 | 1.7 |

.. Non disponible

*Note* : Voir les métadonnées détaillées sur : http://metalinks.oecd.org/anberd/20170419/1355.
  Informations sur les données concernant Israël : http://oe.cd/israel-disclaimer.
*Responsabilité* : http://oe.cd/disclaimer

# SLOVÉNIE

## Dépenses de R-D dans l'industrie par activité principale de l'entreprise, prix constants
### CITI Rév. 4

2010 PPP USD

| | | 2007 | 2008 | 2009 | 2010 | 2011 | 2012 | 2013 | 2014 |
|---|---|---|---|---|---|---|---|---|---|
| | **TOTAL ENTREPRISES** | **503.0** | **640.1** | **660.0** | **794.4** | **1 025.8** | **1 089.0** | **1 098.9** | **1 048.9** |
| 01-03 | **AGRICULTURE, SYLVICULTURE ET PÊCHE** | **0.0** | **0.0** | **0.4** | **0.4** | **0.8** | **1.0** | **0.4** | **0.5** |
| 05-09 | **ACTIVITÉS EXTRACTIVES** | **3.8** | **5.6** | **8.5** | **8.3** | **9.3** | **7.3** | **7.2** | **5.2** |
| 10-33 | **ACTIVITÉS DE FABRICATION** | **450.9** | **545.8** | **542.2** | **642.2** | **739.4** | **764.5** | **793.0** | **732.1** |
| 10-12 | Produits alimentaires, boissons et tabac | 1.8 | 2.4 | 2.4 | 2.8 | 6.1 | 6.6 | 10.7 | 10.0 |
| 13-15 | Textiles, habillement, cuir et articles de cuir | 12.5 | 7.5 | 9.9 | 10.7 | 10.4 | 13.1 | 12.8 | 10.5 |
| 13 | Textiles | 9.1 | 5.7 | 6.5 | 8.4 | 8.6 | 9.5 | 9.2 | 6.1 |
| 14 | Articles d'habillement | 1.5 | 0.7 | 0.7 | 0.3 | 0.3 | 2.2 | 2.1 | 1.9 |
| 15 | Cuir et articles de cuir | 2.0 | 1.2 | 2.8 | 1.9 | 1.5 | 1.4 | 1.4 | 2.5 |
| 16-18 | Bois, papier, imprimerie et reproduction de supports enregistrés | 0.5 | 5.7 | 8.9 | 9.6 | 6.8 | 16.4 | 23.5 | 7.9 |
| 16 | Bois et articles en bois, sauf meubles | 0.0 | 1.3 | 1.9 | 2.4 | 2.8 | 13.2 | 20.1 | 3.6 |
| 17 | Papier et articles en papier | 0.0 | 3.0 | 4.4 | 5.4 | 2.9 | 2.0 | 2.2 | 2.8 |
| 18 | Imprimerie et reproduction de supports enregistrés | 0.5 | 1.4 | 2.7 | 1.8 | 1.1 | 1.1 | 1.1 | 1.5 |
| 19-23 | Produits pétroliers, chimiques, pharmaceutiques, caoutchouc, plastique, minéraux | 221.1 | 262.6 | 252.1 | 309.1 | 312.7 | 316.0 | 317.5 | 315.7 |
| 19 | Cokéfaction et raffinage | 0.1 | 0.0 | 0.0 | 0.0 | 0.0 | 0.0 | 0.0 | 0.0 |
| 20-21 | Industrie chimique et pharmaceutique | 208.1 | 245.0 | 234.8 | 288.8 | 292.2 | 291.6 | 280.7 | 283.5 |
| 20 | Produits chimiques | 21.9 | 22.8 | 24.5 | 36.7 | 37.0 | 36.1 | 33.1 | 35.4 |
| 21 | Préparations pharmaceutiques, chimiques (médicine) et d'herboristerie | 186.2 | 222.2 | 210.3 | 252.1 | 255.2 | 255.5 | 247.6 | 248.0 |
| 22 | Produits en caoutchouc et en plastique | 9.4 | 10.8 | 13.0 | 15.4 | 16.0 | 15.4 | 14.7 | 21.2 |
| 23 | Autres produits minéraux non métalliques | 3.5 | 6.7 | 4.2 | 4.9 | 4.5 | 9.0 | 22.1 | 11.0 |
| 24-25 | Produits métalliques de base et ouvrages en métaux (sauf machines et matériel) | 27.2 | 32.6 | 34.8 | 48.1 | 57.2 | 69.9 | 64.5 | 60.5 |
| 24 | Produits métallurgiques de base | 4.5 | 11.6 | 10.8 | 13.8 | 14.6 | 9.8 | 14.8 | 15.2 |
| 25 | Ouvrages en métaux (sauf machines et matériel) | 22.7 | 21.0 | 23.9 | 34.3 | 42.7 | 60.2 | 49.7 | 45.2 |
| 26-30 | Ordinateurs, articles électroniques et optiques ; machines et matériels de transport | 171.9 | 218.8 | 221.2 | 245.5 | 323.0 | 317.6 | 342.3 | 306.4 |
| 26 | Ordinateurs, articles électroniques et optiques | 74.5 | 77.8 | 69.0 | 69.3 | 74.9 | 75.4 | 88.7 | 74.5 |
| 27 | Matériels électriques | 38.8 | 52.1 | 66.9 | 77.1 | 109.1 | 98.6 | 139.1 | 123.4 |
| 28 | Machines et équipements n.c.a. | 23.5 | 26.3 | 26.4 | 34.6 | 53.0 | 24.9 | 30.2 | 30.9 |
| 29 | Automobiles, remorques et semi-remorques | 31.0 | 58.1 | 52.7 | 54.0 | 76.7 | 115.8 | 76.1 | 74.8 |
| 30 | Autres matériels de transport | 4.0 | 4.6 | 6.3 | 10.5 | 9.4 | 2.9 | 8.1 | 2.8 |
| 31-33 | Meubles ; réparation et installation de machines et de matériel | 15.9 | 16.2 | 12.9 | 16.4 | 23.1 | 24.9 | 21.8 | 21.2 |
| 31 | Meubles | .. | 1.1 | 1.9 | 4.1 | 4.4 | 5.6 | 2.8 | 2.5 |
| 32 | Autres activités de fabrication | .. | 4.5 | 5.9 | 6.9 | 11.8 | 16.2 | 10.5 | 10.8 |
| 33 | Réparation et installation de machines et de matériel | .. | 10.6 | 5.1 | 5.4 | 6.9 | 3.1 | 8.5 | 7.9 |
| 35-39 | **ÉLECTRICITÉ, GAZ, EAU ET TRAITEMENT DES DÉCHETS** | **0.0** | **0.6** | **2.3** | **2.0** | **5.7** | **8.2** | **11.6** | **10.1** |
| 35-36 | Production et distribution d'électricité, de gaz et de l'eau | .. | 0.6 | 2.2 | 1.9 | 4.6 | 6.3 | 8.9 | 6.3 |
| 37-39 | Assainissement, traitement des déchets et dépollution | .. | 0.1 | 0.1 | 0.1 | 1.1 | 1.9 | 2.8 | 3.8 |
| 41-43 | **CONSTRUCTION** | **0.2** | **0.6** | **0.3** | **0.8** | **2.3** | **2.4** | **2.9** | **3.4** |
| 45-99 | **TOTAL SERVICES** | **48.1** | **87.4** | **106.3** | **140.6** | **268.3** | **305.7** | **283.8** | **297.5** |
| 45-82 | **Services du secteur des entreprises** | **47.9** | **86.7** | **105.5** | **139.2** | **262.6** | **298.9** | **279.0** | **293.9** |
| 45-47 | Commerce de gros et de détail ; réparations automobiles et motocycles | 1.5 | 3.2 | 10.6 | 9.3 | 9.6 | 9.1 | 11.3 | 14.0 |
| 49-53 | Transport et entreposage | 0.2 | 0.1 | 2.1 | 2.4 | 3.2 | 1.2 | 0.3 | 0.3 |
| 55-56 | Activités d'hébergement et de restauration | 0.0 | 0.0 | 0.0 | 0.0 | 0.0 | 0.0 | 0.0 | 0.1 |
| 58-63 | Information et communication | 13.9 | 30.2 | 36.6 | 43.7 | 75.3 | 74.0 | 64.8 | 81.2 |
| 58-60 | Édition, audiovisuel et diffusion | .. | 4.1 | 2.7 | 1.7 | 6.1 | 20.4 | 6.0 | 5.3 |
| 58 | Activités d'édition | .. | 4.1 | 2.7 | 1.7 | 6.0 | 6.1 | 6.0 | 5.3 |
| 59-60 | Activités audiovisuel et diffusion | .. | 0.0 | 0.0 | 0.0 | 0.1 | 14.2 | 0.0 | 0.0 |
| 59 | Production de films, vidéo, programmes de télévision et d'enregistrements | .. | 0.0 | 0.0 | 0.0 | 0.1 | 0.0 | 0.0 | 0.0 |
| 60 | Programmation et diffusion | .. | 0.0 | 0.0 | 0.0 | 0.0 | 14.2 | 0.0 | 0.0 |
| 61 | Télécommunications | .. | 1.6 | 3.1 | 7.5 | 7.1 | 4.1 | 3.2 | 11.1 |
| 62-63 | Technologies de l'information et informatique | 11.8 | 24.5 | 30.7 | 34.5 | 62.2 | 49.5 | 55.7 | 64.8 |
| 62 | Programmation informatique ; conseils et activités connexes | .. | 22.1 | 29.7 | 31.2 | 58.1 | 44.7 | 51.9 | 59.1 |
| 63 | Services d'information | .. | 2.5 | 1.0 | 3.2 | 4.1 | 4.8 | 3.8 | 5.7 |
| 64-66 | **Activités financières et d'assurances** | **0.3** | **0.9** | **1.0** | **2.3** | **19.3** | **11.1** | **15.3** | **6.0** |
| 68-82 | **Activités immobilières ; professionnelles ; services administratifs d'appui** | **32.0** | **52.3** | **55.2** | **81.5** | **155.2** | **203.5** | **187.3** | **192.4** |
| 68 | Activités immobilières | .. | 0.0 | 0.0 | 0.0 | 0.0 | 0.1 | 1.0 | 1.4 |
| 69-75x72 | Activités professionnelles, scientifiques et techniques, R-D scientifique exclu | .. | 35.8 | 40.2 | 42.1 | 68.0 | 65.5 | 73.1 | 55.9 |
| 72 | Recherche scientifique et développement | 10.7 | 14.4 | 12.9 | 38.7 | 87.1 | 137.9 | 111.9 | 134.3 |
| 77-82 | Activités de services administratifs et d'appui | .. | 2.0 | 2.1 | 0.7 | 0.1 | 0.1 | 1.3 | 0.9 |
| 84-99 | **Services collectifs, sociaux et personnels** | **0.2** | **0.7** | **0.8** | **1.4** | **5.7** | **6.8** | **4.7** | **3.6** |
| 84-85 | Administration publique et défense ; sécurité sociale obligatoire et éducation | .. | 0.1 | 0.1 | 0.5 | 1.2 | 1.7 | 1.3 | 1.2 |
| 86-88 | Santé humaine et action sociale | .. | 0.6 | 0.6 | 0.9 | 2.6 | 2.2 | 0.8 | 0.6 |
| 90-93 | Arts, spectacles et loisirs | .. | 0.0 | 0.0 | 0.0 | 0.1 | 0.2 | 0.6 | 0.3 |
| 94-99 | Autres services ; ménages-employeurs ; organismes extra-territoriaux | .. | 0.0 | 0.0 | 0.0 | 1.8 | 2.7 | 2.1 | 1.5 |

.. Non disponible

*Note* : Voir les métadonnées détaillées sur : http://metalinks.oecd.org/anberd/20170419/1355.
  Informations sur les données concernant Israël : http://oe.cd/israel-disclaimer.
*Responsabilité* : http://oe.cd/disclaimer

# ESPAGNE

## Dépenses de R-D dans l'industrie par activité principale de l'entreprise, prix courants
### CITI Rév. 4

*Millions USD PPP*

| Code | Activité | 2007 | 2008 | 2009 | 2010 | 2011 | 2012 | 2013 | 2014 |
|---|---|---|---|---|---|---|---|---|---|
| | TOTAL ENTREPRISES | 10 163.4 | 11 122.7 | 10 542.8 | 10 345.4 | 10 357.2 | 10 208.0 | 10 244.0 | 10 243.9 |
| 01-03 | AGRICULTURE, SYLVICULTURE ET PÊCHE | 154.0 | 125.1 | 102.6 | 143.1 | 136.5 | 138.5 | 146.4 | 155.2 |
| 05-09 | ACTIVITÉS EXTRACTIVES | 188.3 | 36.2 | 25.0 | 27.9 | 39.3 | 33.0 | 28.5 | 23.5 |
| 10-33 | ACTIVITÉS DE FABRICATION | 5 638.4 | 5 760.6 | 5 637.6 | 5 616.3 | 5 769.0 | 5 591.2 | 5 648.4 | 5 755.7 |
| 10-12 | Produits alimentaires, boissons et tabac | 333.6 | 348.2 | 326.0 | 302.9 | 312.2 | 328.0 | 337.6 | 338.8 |
| 13-15 | Textiles, habillement, cuir et articles de cuir | 171.3 | 170.4 | 140.6 | 135.2 | 131.8 | 151.7 | 163.3 | 228.8 |
| 13 | Textiles | 82.4 | 69.1 | 52.8 | 53.6 | 53.6 | 52.1 | 49.9 | 55.2 |
| 14 | Articles d'habillement | 64.2 | 71.8 | 62.0 | 53.5 | 52.5 | 75.9 | 88.6 | 145.2 |
| 15 | Cuir et articles de cuir | 24.8 | 29.5 | 25.7 | 28.1 | 25.7 | 23.7 | 24.8 | 28.4 |
| 16-18 | Bois, papier, imprimerie et reproduction de supports enregistrés | 91.4 | 123.9 | 89.2 | 67.5 | 72.1 | 58.8 | 55.3 | 60.5 |
| 16 | Bois et articles en bois, sauf meubles | 19.3 | 33.1 | 21.9 | 25.8 | 23.5 | 17.5 | 18.6 | 21.7 |
| 17 | Papier et articles en papier | 34.6 | 45.1 | 44.0 | 24.6 | 35.2 | 24.4 | 21.6 | 19.5 |
| 18 | Imprimerie et reproduction de supports enregistrés | 37.5 | 45.7 | 23.2 | 17.1 | 13.3 | 16.9 | 15.1 | 19.2 |
| 19-23 | Produits pétroliers, chimiques, pharmaceutiques, caoutchouc, plastique, minéraux | 1 844.1 | 1 917.6 | 1 835.4 | 1 762.0 | 1 781.9 | 1 724.2 | 1 816.5 | 1 793.2 |
| 19 | Cokéfaction et raffinage | 103.6 | 86.5 | 72.5 | 84.0 | 97.5 | 100.0 | 105.3 | 105.3 |
| 20-21 | Industrie chimique et pharmaceutique | 1 407.8 | 1 490.8 | 1 437.7 | 1 371.1 | 1 392.0 | 1 337.4 | 1 419.6 | 1 420.9 |
| 20 | Produits chimiques | 361.0 | 437.3 | 365.8 | 374.9 | 367.8 | 370.2 | 392.7 | 405.7 |
| 21 | Préparations pharmaceutiques, chimiques (médicine) et d'herboristerie | 1 046.7 | 1 053.5 | 1 071.9 | 996.2 | 1 024.2 | 967.2 | 1 026.9 | 1 015.2 |
| 22 | Produits en caoutchouc et en plastique | 160.1 | 192.7 | 193.4 | 183.1 | 176.3 | 188.6 | 188.3 | 168.5 |
| 23 | Autres produits minéraux non métalliques | 172.7 | 147.6 | 131.7 | 123.8 | 116.1 | 98.0 | 103.2 | 98.6 |
| 24-25 | Produits métalliques de base et ouvrages en métaux (sauf machines et matériel) | 346.7 | 400.8 | 343.4 | 347.6 | 381.3 | 339.0 | 322.2 | 333.0 |
| 24 | Produits métallurgiques de base | 138.6 | 145.0 | 114.4 | 124.8 | 154.3 | 123.4 | 116.0 | 108.4 |
| 25 | Ouvrages en métaux (sauf machines et matériel) | 208.1 | 255.8 | 229.0 | 222.8 | 227.0 | 215.5 | 206.2 | 224.5 |
| 26-30 | Ordinateurs, articles électroniques et optiques ; machines et matériels de transport | 2 703.8 | 2 616.0 | 2 734.4 | 2 871.6 | 2 957.1 | 2 865.3 | 2 821.2 | 2 868.0 |
| 26 | Ordinateurs, articles électroniques et optiques | 530.6 | 393.4 | 343.4 | 336.7 | 303.3 | 266.9 | 268.8 | 275.8 |
| 27 | Matériels électriques | 298.9 | 359.0 | 339.5 | 341.2 | 347.1 | 371.8 | 333.4 | 323.1 |
| 28 | Machines et équipements n.c.a. | 455.8 | 415.3 | 462.7 | 421.6 | 409.6 | 437.9 | 418.4 | 418.0 |
| 29 | Automobiles, remorques et semi-remorques | 824.1 | 780.0 | 870.8 | 904.4 | 839.9 | 835.6 | 848.1 | 973.1 |
| 30 | Autres matériels de transport | 594.5 | 668.3 | 718.0 | 867.7 | 1 057.3 | 953.1 | 952.6 | 878.0 |
| 31-33 | Meubles ; réparation et installation de machines et de matériel | 147.5 | 183.7 | 168.6 | 129.4 | 132.6 | 124.3 | 132.4 | 133.5 |
| 31 | Meubles | .. | 35.7 | 36.0 | 28.5 | 27.8 | 23.9 | 22.8 | 28.0 |
| 32 | Autres activités de fabrication | .. | 107.9 | 98.2 | 80.6 | 86.4 | 82.1 | 90.8 | 82.1 |
| 33 | Réparation et installation de machines et de matériel | .. | 40.1 | 34.4 | 20.3 | 18.5 | 18.3 | 18.8 | 23.4 |
| 35-39 | ÉLECTRICITÉ, GAZ, EAU ET TRAITEMENT DES DÉCHETS | 230.8 | 264.7 | 296.2 | 340.2 | 396.0 | 415.3 | 388.6 | 360.6 |
| 35-36 | Production et distribution d'électricité, de gaz et de l'eau | .. | 218.2 | 244.1 | 295.4 | 353.9 | 380.4 | 356.1 | 325.0 |
| 37-39 | Assainissement, traitement des déchets et dépollution | .. | 46.5 | 52.2 | 44.7 | 42.1 | 34.9 | 32.5 | 35.5 |
| 41-43 | CONSTRUCTION | 498.1 | 398.9 | 335.0 | 298.6 | 231.8 | 209.4 | 192.6 | 208.0 |
| 45-99 | TOTAL SERVICES | 3 453.8 | 4 537.2 | 4 146.2 | 3 919.3 | 3 784.5 | 3 820.5 | 3 839.4 | 3 741.0 |
| 45-82 | Services du secteur des entreprises | 3 051.2 | 4 077.3 | 3 784.5 | 3 592.7 | 3 478.5 | 3 470.9 | 3 510.1 | 3 411.3 |
| 45-47 | Commerce de gros et de détail ; réparations automobiles et motocycles | 220.9 | 611.2 | 442.9 | 378.6 | 378.9 | 377.6 | 362.9 | 356.1 |
| 49-53 | Transport et entreposage | 88.6 | 134.0 | 111.5 | 131.3 | 95.3 | 96.6 | 78.3 | 78.3 |
| 55-56 | Activités d'hébergement et de restauration | 17.0 | 18.2 | 16.8 | 9.1 | 3.3 | 11.9 | 7.0 | 6.1 |
| 58-63 | Information et communication | 1 531.7 | 1 755.0 | 1 618.5 | 1 460.0 | 1 427.8 | 1 432.5 | 1 556.3 | 1 521.6 |
| 58-60 | Édition, audiovisuel et diffusion | .. | 168.0 | 109.2 | 112.9 | 98.4 | 85.4 | 63.1 | 67.3 |
| 58 | Activités d'édition | .. | 106.0 | 62.5 | 66.1 | 55.2 | 48.2 | 42.9 | 52.6 |
| 59-60 | Activités audiovisuel et diffusion | .. | 62.1 | 46.6 | 46.8 | 43.2 | 37.2 | 20.2 | 14.7 |
| 59 | Production de films, vidéo, programmes de télévision et d'enregistrements | .. | 41.6 | 20.7 | 22.9 | 18.1 | 20.0 | 13.1 | 10.8 |
| 60 | Programmation et diffusion | .. | 20.5 | 25.9 | 23.8 | 25.1 | 17.2 | 7.1 | 3.9 |
| 61 | Télécommunications | 577.2 | 653.9 | 566.1 | 436.4 | 399.4 | 377.9 | 508.2 | 425.4 |
| 62-63 | Technologies de l'information et informatique | .. | 933.0 | 943.3 | 910.8 | 930.0 | 969.2 | 985.0 | 1 028.9 |
| 62 | Programmation informatique ; conseils et activités connexes | .. | 891.0 | 893.3 | 857.3 | 855.1 | 899.0 | 929.4 | 970.2 |
| 63 | Services d'information | .. | 42.0 | 49.9 | 53.5 | 74.9 | 70.2 | 55.5 | 58.7 |
| 64-66 | Activités financières et d'assurances | 174.7 | 186.7 | 256.8 | 271.4 | 214.3 | 136.0 | 134.8 | 130.5 |
| 68-82 | Activités immobilières ; professionnelles ; services administratifs et d'appui | 1 018.2 | 1 372.2 | 1 338.0 | 1 342.3 | 1 358.8 | 1 416.3 | 1 370.8 | 1 318.6 |
| 68 | Activités immobilières | .. | 10.0 | 12.7 | 11.4 | 8.9 | 8.7 | 9.3 | 8.0 |
| 69-75x72 | Activités professionnelles, scientifiques et techniques, R-D scientifique exclu | .. | 977.3 | 908.5 | 916.2 | 1 082.4 | 1 079.1 | 1 096.6 | 1 021.1 |
| 72 | Recherche scientifique et développement | 66.0 | 318.5 | 349.9 | 356.5 | 214.0 | 251.5 | 197.4 | 225.6 |
| 77-82 | Activités de services administratifs et d'appui | .. | 66.3 | 66.9 | 58.2 | 53.5 | 77.0 | 73.6 | 63.8 |
| 84-99 | Services collectifs, sociaux et personnels | 402.6 | 459.9 | 361.7 | 326.6 | 306.1 | 349.5 | 329.3 | 329.8 |
| 84-85 | Administration publique et défense ; sécurité sociale obligatoire et éducation | .. | 160.8 | 101.6 | 73.7 | 52.1 | 48.4 | 42.7 | 37.3 |
| 86-88 | Santé humaine et action sociale | .. | 243.4 | 218.4 | 215.5 | 213.7 | 257.1 | 245.7 | 252.7 |
| 90-93 | Arts, spectacles et loisirs | .. | 12.1 | 7.8 | 11.0 | 6.8 | 16.6 | 16.5 | 15.8 |
| 94-99 | Autres services ; ménages-employeurs ; organismes extra-territoriaux | .. | 43.5 | 33.8 | 26.5 | 33.5 | 27.5 | 24.4 | 24.0 |

.. Non disponible

*Note* : Voir les métadonnées détaillées sur : http://metalinks.oecd.org/anberd/20170419/1355.
Informations sur les données concernant Israël : http://oe.cd/israel-disclaimer.

*Responsabilité* : http://oe.cd/disclaimer

# ESPAGNE

## Dépenses de R-D dans l'industrie par activité principale de l'entreprise, prix constants
### CITI Rév. 4

2010 PPP USD

| | | 2007 | 2008 | 2009 | 2010 | 2011 | 2012 | 2013 | 2014 |
|---|---|---|---|---|---|---|---|---|---|
| | **TOTAL ENTREPRISES** | 10 535.8 | 11 173.0 | 10 446.4 | 10 345.4 | 10 190.8 | 9 767.9 | 9 475.7 | 9 332.9 |
| 01-03 | AGRICULTURE, SYLVICULTURE ET PÊCHE | 159.6 | 125.7 | 101.7 | 143.1 | 134.3 | 132.6 | 135.5 | 141.4 |
| 05-09 | ACTIVITÉS EXTRACTIVES | 195.2 | 36.4 | 24.8 | 27.9 | 38.7 | 31.6 | 26.4 | 21.4 |
| 10-33 | ACTIVITÉS DE FABRICATION | 5 845.0 | 5 786.6 | 5 586.1 | 5 616.3 | 5 676.3 | 5 350.2 | 5 224.8 | 5 243.8 |
| 10-12 | Produits alimentaires, boissons et tabac | 345.8 | 349.7 | 323.1 | 302.9 | 307.2 | 313.9 | 312.3 | 308.6 |
| 13-15 | Textiles, habillement, cuir et articles de cuir | 177.6 | 171.1 | 139.3 | 135.2 | 129.6 | 145.1 | 151.1 | 208.4 |
| 13 | Textiles | 85.4 | 69.4 | 52.3 | 53.6 | 52.7 | 49.9 | 46.2 | 50.3 |
| 14 | Articles d'habillement | 66.5 | 72.1 | 61.4 | 53.5 | 51.7 | 72.6 | 81.9 | 132.2 |
| 15 | Cuir et articles de cuir | 25.7 | 29.6 | 25.5 | 28.1 | 25.2 | 22.7 | 23.0 | 25.9 |
| 16-18 | Bois, papier, imprimerie et reproduction de supports enregistrés | 94.8 | 124.5 | 88.4 | 67.5 | 71.0 | 56.3 | 51.1 | 55.1 |
| 16 | Bois et articles en bois, sauf meubles | 20.0 | 33.3 | 21.7 | 25.8 | 23.2 | 16.8 | 17.2 | 19.8 |
| 17 | Papier et articles en papier | 35.9 | 45.3 | 43.6 | 24.6 | 34.7 | 23.3 | 19.9 | 17.8 |
| 18 | Imprimerie et reproduction de supports enregistrés | 38.9 | 45.9 | 23.0 | 17.1 | 13.1 | 16.2 | 14.0 | 17.5 |
| 19-23 | Produits pétroliers, chimiques, pharmaceutiques, caoutchouc, plastique, minéraux | 1 911.7 | 1 926.3 | 1 818.6 | 1 762.0 | 1 753.3 | 1 649.8 | 1 680.3 | 1 633.7 |
| 19 | Cokéfaction et raffinage | 107.4 | 86.9 | 71.9 | 84.0 | 95.9 | 95.7 | 97.4 | 95.9 |
| 20-21 | Industrie chimique et pharmaceutique | 1 459.3 | 1 497.5 | 1 424.6 | 1 371.1 | 1 369.6 | 1 279.7 | 1 313.2 | 1 294.5 |
| 20 | Produits chimiques | 374.3 | 439.2 | 362.5 | 374.9 | 361.9 | 354.2 | 363.3 | 369.6 |
| 21 | Préparations pharmaceutiques, chimiques (médicine) et d'herboristerie | 1 085.1 | 1 058.3 | 1 062.1 | 996.2 | 1 007.7 | 925.5 | 949.9 | 924.9 |
| 22 | Produits en caoutchouc et en plastique | 166.0 | 193.6 | 191.7 | 183.1 | 173.5 | 180.7 | 174.2 | 153.5 |
| 23 | Autres produits minéraux non métalliques | 179.0 | 148.3 | 130.5 | 123.8 | 114.2 | 93.7 | 95.5 | 89.8 |
| 24-25 | Produits métalliques de base et ouvrages en métaux (sauf machines et matériel) | 359.4 | 402.6 | 340.2 | 347.6 | 375.2 | 324.4 | 298.0 | 303.4 |
| 24 | Produits métallurgiques de base | 143.6 | 145.6 | 113.3 | 124.8 | 151.8 | 118.1 | 107.3 | 98.8 |
| 25 | Ouvrages en métaux (sauf machines et matériel) | 215.8 | 257.0 | 226.9 | 222.8 | 223.4 | 206.3 | 190.7 | 204.6 |
| 26-30 | Ordinateurs, articles électroniques et optiques ; machines et matériels de transport | 2 802.9 | 2 627.9 | 2 709.4 | 2 871.6 | 2 909.6 | 2 741.8 | 2 609.6 | 2 613.0 |
| 26 | Ordinateurs, articles électroniques et optiques | 550.0 | 395.2 | 340.2 | 336.7 | 298.4 | 255.4 | 248.7 | 251.3 |
| 27 | Matériels électriques | 309.9 | 360.7 | 336.4 | 341.2 | 341.5 | 355.2 | 308.4 | 294.3 |
| 28 | Machines et équipements n.c.a. | 472.5 | 417.2 | 458.5 | 421.6 | 403.0 | 419.0 | 387.0 | 380.8 |
| 29 | Automobiles, remorques et semi-remorques | 854.3 | 783.5 | 862.9 | 904.4 | 826.4 | 799.6 | 784.5 | 886.6 |
| 30 | Autres matériels de transport | 616.2 | 671.4 | 711.5 | 867.7 | 1 040.3 | 912.0 | 881.1 | 799.9 |
| 31-33 | Meubles ; réparation et installation de machines et de matériel | 152.9 | 184.6 | 167.1 | 129.4 | 130.5 | 118.9 | 122.4 | 121.6 |
| 31 | Meubles | .. | 35.9 | 35.7 | 28.5 | 27.3 | 22.8 | 21.1 | 25.5 |
| 32 | Autres activités de fabrication | .. | 108.4 | 97.3 | 80.6 | 85.0 | 78.5 | 84.0 | 74.8 |
| 33 | Réparation et installation de machines et de matériel | .. | 40.3 | 34.1 | 20.3 | 18.2 | 17.6 | 17.4 | 21.3 |
| 35-39 | ÉLECTRICITÉ, GAZ, EAU ET TRAITEMENT DES DÉCHETS | 239.3 | 265.9 | 293.5 | 340.2 | 389.7 | 397.4 | 359.5 | 328.5 |
| 35-36 | Production et distribution d'électricité, de gaz et de l'eau | .. | 219.2 | 241.8 | 295.4 | 348.2 | 364.0 | 329.4 | 296.1 |
| 37-39 | Assainissement, traitement des déchets et dépollution | .. | 46.7 | 51.7 | 44.7 | 41.5 | 33.4 | 30.1 | 32.4 |
| 41-43 | CONSTRUCTION | 516.4 | 400.7 | 332.0 | 298.6 | 228.0 | 200.4 | 178.2 | 189.5 |
| 45-99 | TOTAL SERVICES | 3 580.3 | 4 557.7 | 4 108.3 | 3 919.3 | 3 723.7 | 3 655.8 | 3 551.5 | 3 408.3 |
| 45-82 | Services du secteur des entreprises | 3 163.0 | 4 095.7 | 3 750.0 | 3 592.7 | 3 422.6 | 3 321.3 | 3 246.9 | 3 107.9 |
| 45-47 | Commerce de gros et de détail ; réparations automobiles et motocycles | 229.0 | 614.0 | 438.6 | 378.6 | 372.9 | 361.3 | 335.7 | 324.4 |
| 49-53 | Transport et entreposage | 91.8 | 134.6 | 110.5 | 131.3 | 93.8 | 92.5 | 72.4 | 71.3 |
| 55-56 | Activités d'hébergement et de restauration | 17.7 | 18.3 | 16.6 | 9.1 | 3.2 | 11.4 | 6.5 | 5.6 |
| 58-63 | Information et communication | 1 587.8 | 1 763.0 | 1 603.8 | 1 460.0 | 1 404.9 | 1 370.7 | 1 439.6 | 1 386.3 |
| 58-60 | Édition, audiovisuel et diffusion | .. | 168.8 | 108.2 | 112.9 | 96.9 | 81.7 | 58.4 | 61.3 |
| 58 | Activités d'édition | .. | 106.4 | 62.0 | 66.1 | 54.3 | 46.1 | 39.7 | 48.0 |
| 59-60 | Activités audiovisuel et diffusion | .. | 62.4 | 46.2 | 46.8 | 42.5 | 35.6 | 18.7 | 13.4 |
| 59 | Production de films, vidéo, programmes de télévision et d'enregistrements | .. | 41.8 | 20.5 | 22.9 | 17.9 | 19.1 | 12.1 | 9.9 |
| 60 | Programmation et diffusion | .. | 20.6 | 25.6 | 23.8 | 24.7 | 16.5 | 6.6 | 3.5 |
| 61 | Télécommunications | 598.3 | 656.9 | 560.9 | 436.4 | 392.9 | 361.6 | 470.1 | 387.6 |
| 62-63 | Technologies de l'information et informatique | .. | 937.3 | 934.7 | 910.8 | 915.1 | 927.4 | 911.1 | 937.4 |
| 62 | Programmation informatique ; conseils et activités connexes | .. | 895.0 | 885.2 | 857.3 | 841.3 | 860.2 | 859.7 | 883.9 |
| 63 | Services d'information | .. | 42.2 | 49.5 | 53.5 | 73.7 | 67.2 | 51.4 | 53.5 |
| 64-66 | Activités financières et d'assurances | 181.1 | 187.5 | 254.5 | 271.4 | 210.8 | 130.1 | 124.7 | 118.9 |
| 68-82 | Activités immobilières ; professionnelles ; services administratifs et d'appui | 1 055.5 | 1 378.4 | 1 325.8 | 1 342.3 | 1 337.0 | 1 355.3 | 1 268.0 | 1 201.3 |
| 68 | Activités immobilières | .. | 10.0 | 12.6 | 11.4 | 8.8 | 8.3 | 3.0 | 7.3 |
| 69-75x72 | Activités professionnelles, scientifiques et techniques, R-D scientifique exclu | .. | 981.7 | 900.2 | 916.2 | 1 065.0 | 1 032.6 | 1 014.3 | 930.3 |
| 72 | Recherche scientifique et développement | 68.4 | 319.9 | 346.7 | 356.5 | 210.5 | 240.6 | 182.6 | 205.6 |
| 77-82 | Activités de services administratifs et d'appui | .. | 66.6 | 66.3 | 58.2 | 52.6 | 73.7 | 68.1 | 58.1 |
| 84-99 | Services collectifs, sociaux et personnels | 417.3 | 462.0 | 358.4 | 326.6 | 301.2 | 334.5 | 304.6 | 300.4 |
| 84-85 | Administration publique et défense ; sécurité sociale obligatoire et éducation | .. | 161.6 | 100.7 | 73.7 | 51.3 | 46.3 | 39.5 | 34.0 |
| 86-88 | Santé humaine et action sociale | .. | 244.5 | 216.4 | 215.5 | 210.2 | 246.0 | 227.3 | 230.2 |
| 90-93 | Arts, spectacles et loisirs | .. | 12.2 | 7.8 | 11.0 | 6.7 | 15.9 | 15.3 | 14.4 |
| 94-99 | Autres services ; ménages-employeurs ; organismes extra-territoriaux | .. | 43.7 | 33.5 | 26.5 | 32.9 | 26.3 | 22.6 | 21.9 |

.. Non disponible

*Note* : Voir les métadonnées détaillées sur : http://metalinks.oecd.org/anberd/20170419/1355.
   Informations sur les données concernant Israël : http://oe.cd/israel-disclaimer.
*Responsabilité* : http://oe.cd/disclaimer

# SUÈDE

## Dépenses de R-D dans l'industrie par activité principale de l'entreprise, prix courants
### CITI Rév. 4

*Millions USD PPP*

| | | 2007 | 2008 | 2009 | 2010 | 2011 | 2012 | 2013 | 2014 |
|---|---|---|---|---|---|---|---|---|---|
| | **TOTAL ENTREPRISES** | 8 818.5 | 9 987.6 | 8 905.5 | 8 639.7 | 9 175.1 | 9 470.3 | 10 004.1 | .. |
| 01-03 | AGRICULTURE, SYLVICULTURE ET PÊCHE | 18.9 | 22.0 | 20.0 | 20.4 | 22.7 | 22.9 | 23.7 | .. |
| 05-09 | ACTIVITÉS EXTRACTIVES | 15.7 | 18.3 | 16.7 | 17.0 | 18.9 | 19.1 | 19.7 | .. |
| 10-33 | ACTIVITÉS DE FABRICATION | 6 127.5 | 7 226.4 | 6 695.7 | 6 350.4 | 6 592.8 | 6 737.3 | 7 049.7 | .. |
| 10-12 | Produits alimentaires, boissons et tabac | 45.9 | 49.7 | 42.3 | 42.6 | 46.8 | 47.4 | 49.2 | .. |
| 13-15 | Textiles, habillement, cuir et articles de cuir | 8.4 | 9.9 | 9.2 | 6.9 | 5.2 | 5.5 | 5.9 | .. |
| 13 | Textiles | .. | .. | .. | .. | .. | .. | .. | .. |
| 14 | Articles d'habillement | .. | .. | .. | .. | .. | .. | .. | .. |
| 15 | Cuir et articles de cuir | .. | .. | .. | .. | .. | .. | .. | .. |
| 16-18 | Bois, papier, imprimerie et reproduction de supports enregistrés | 255.3 | 352.3 | 369.7 | 228.3 | 107.1 | 124.7 | 145.9 | .. |
| 16 | Bois et articles en bois, sauf meubles | .. | .. | .. | .. | .. | .. | .. | .. |
| 17 | Papier et articles en papier | 246.0 | .. | 365.7 | .. | 102.8 | .. | 136.9 | .. |
| 18 | Imprimerie et reproduction de supports enregistrés | .. | .. | .. | .. | .. | .. | .. | .. |
| 19-23 | Produits pétroliers, chimiques, pharmaceutiques, caoutchouc, plastique, minéraux | 1 191.8 | 1 212.2 | 959.7 | 987.4 | 1 107.0 | 1 086.2 | 1 090.9 | .. |
| 19 | Cokéfaction et raffinage | .. | .. | .. | .. | .. | .. | .. | .. |
| 20-21 | Industrie chimique et pharmaceutique | .. | .. | .. | .. | .. | .. | .. | .. |
| 20 | Produits chimiques | .. | .. | .. | .. | .. | .. | .. | .. |
| 21 | Préparations pharmaceutiques, chimiques (médicine) et d'herboristerie | 958.6 | 939.6 | 709.2 | 757.5 | 876.5 | 834.0 | 810.4 | .. |
| 22 | Produits en caoutchouc et en plastique | 19.6 | 26.2 | 26.8 | 24.3 | 24.0 | 26.6 | 30.0 | .. |
| 23 | Autres produits minéraux non métalliques | 9.0 | 11.8 | 12.0 | 12.7 | 14.6 | 15.3 | 16.4 | .. |
| 24-25 | Produits métalliques de base et ouvrages en métaux (sauf machines et matériel) | 308.6 | 391.6 | 386.2 | 309.5 | 261.0 | 308.5 | 364.8 | .. |
| 24 | Produits métallurgiques de base | 157.3 | 187.5 | 175.4 | 164.3 | 168.4 | 206.5 | 250.6 | .. |
| 25 | Ouvrages en métaux (sauf machines et matériel) | 151.3 | 204.1 | 210.8 | 145.2 | 92.6 | 102.0 | 114.2 | .. |
| 26-30 | Ordinateurs, articles électroniques et optiques ; machines et matériels de transport | 4 123.0 | 4 977.5 | 4 709.2 | 4 589.0 | 4 894.0 | 4 998.2 | 5 225.9 | .. |
| 26 | Ordinateurs, articles électroniques et optiques | 1 791.6 | 2 185.9 | 2 087.1 | 2 024.4 | 2 149.1 | 2 071.2 | 2 040.9 | .. |
| 27 | Matériels électriques | 226.3 | 271.4 | 255.2 | 252.7 | 273.5 | 298.5 | 331.3 | .. |
| 28 | Machines et équipements n.c.a. | 550.0 | 668.5 | 636.2 | 630.0 | 682.3 | 704.4 | 744.1 | .. |
| 29 | Automobiles, remorques et semi-remorques | 1 069.6 | 1 188.7 | 1 040.0 | 1 010.7 | 1 075.1 | 1 156.2 | 1 267.6 | .. |
| 30 | Autres matériels de transport | 485.6 | 663.0 | 690.7 | 671.3 | 714.0 | 767.9 | 841.9 | .. |
| 31-33 | Meubles ; réparation et installation de machines et de matériel | 194.4 | 233.1 | 219.2 | 186.6 | 171.2 | 166.8 | 166.4 | .. |
| 31 | Meubles | 10.5 | 14.8 | 15.7 | 12.2 | 9.7 | 13.4 | 17.6 | .. |
| 32 | Autres activités de fabrication | 118.6 | 126.2 | 105.3 | 107.6 | 120.0 | 127.5 | 138.3 | .. |
| 33 | Réparation et installation de machines et de matériel | 65.3 | 92.2 | 98.2 | 66.9 | 41.5 | 25.9 | 10.5 | .. |
| 35-39 | ÉLECTRICITÉ, GAZ, EAU ET TRAITEMENT DES DÉCHETS | 10.6 | 13.4 | 13.2 | 11.4 | 10.6 | 24.0 | 38.4 | .. |
| 35-36 | Production et distribution d'électricité, de gaz et de l'eau | .. | .. | .. | .. | .. | .. | .. | .. |
| 37-39 | Assainissement, traitement des déchets et dépollution | .. | .. | .. | .. | .. | .. | .. | .. |
| 41-43 | CONSTRUCTION | 45.0 | 36.1 | 19.1 | 17.5 | 17.6 | 22.7 | 28.5 | .. |
| 45-99 | TOTAL SERVICES | 2 600.7 | 2 671.5 | 2 140.8 | 2 223.0 | 2 512.4 | 2 644.2 | 2 844.0 | .. |
| 45-82 | Services du secteur des entreprises | 2 568.2 | 2 638.4 | 2 114.6 | 2 204.7 | 2 500.3 | 2 606.9 | 2 780.0 | .. |
| 45-47 | Commerce de gros et de détail ; réparations automobiles et motocycles | 264.6 | 292.6 | 254.3 | 380.4 | 542.5 | 571.0 | 614.2 | .. |
| 49-53 | Transport et entreposage | 16.9 | 17.7 | 14.6 | 15.0 | 16.7 | 26.7 | 37.6 | .. |
| 55-56 | Activités d'hébergement et de restauration | 0.0 | 0.0 | 0.0 | 0.0 | 0.0 | 0.0 | 0.0 | .. |
| 58-63 | Information et communication | 659.8 | 660.9 | 512.4 | 427.0 | 380.4 | 447.0 | 526.4 | .. |
| 58-60 | Édition, audiovisuel et diffusion | 122.2 | .. | 85.0 | .. | 80.2 | .. | 130.5 | .. |
| 58 | Activités d'édition | .. | .. | .. | .. | .. | .. | .. | .. |
| 59-60 | Activités audiovisuel et diffusion | .. | .. | .. | .. | .. | .. | .. | .. |
| 59 | Production de films, vidéo, programmes de télévision et d'enregistrements | .. | .. | .. | .. | .. | .. | .. | .. |
| 60 | Programmation et diffusion | .. | .. | .. | .. | .. | .. | .. | .. |
| 61 | Télécommunications | .. | .. | .. | .. | .. | .. | .. | .. |
| 62-63 | Technologies de l'information et informatique | .. | .. | .. | .. | .. | .. | .. | .. |
| 62 | Programmation informatique ; conseils et activités connexes | .. | .. | .. | .. | .. | .. | .. | .. |
| 63 | Services d'information | .. | .. | .. | .. | .. | .. | .. | .. |
| 64-66 | Activités financières et d'assurances | 89.8 | 90.3 | 70.3 | 77.4 | 91.8 | 95.7 | 102.1 | .. |
| 68-82 | Activités immobilières ; professionnelles ; services administratifs et d'appui | 1 535.1 | 1 576.9 | 1 261.8 | 1 304.9 | 1 468.7 | 1 466.5 | 1 499.7 | .. |
| 68 | Activités immobilières | 0.0 | 0.0 | 0.0 | 0.0 | 0.0 | 0.0 | 0.0 | .. |
| 69-75x72 | Activités professionnelles, scientifiques et techniques, R-D scientifique exclu | 173.2 | 160.2 | 111.7 | 149.3 | 201.6 | 323.0 | 455.9 | .. |
| 72 | Recherche scientifique et développement | 1 356.7 | 1 409.6 | 1 149.9 | 1 147.5 | 1 255.1 | 1 132.9 | 1 034.5 | .. |
| 77-82 | Activités de services administratifs et d'appui | 7.9 | 7.1 | 4.8 | 8.0 | 12.0 | 10.5 | 9.3 | .. |
| 84-99 | Services collectifs, sociaux et personnels | 32.5 | 33.1 | 26.2 | 18.3 | 12.1 | 37.2 | 64.0 | .. |
| 84-85 | Administration publique et défense ; sécurité sociale obligatoire et éducation | .. | .. | .. | .. | .. | .. | .. | .. |
| 86-88 | Santé humaine et action sociale | .. | .. | .. | .. | .. | .. | .. | .. |
| 90-93 | Arts, spectacles et loisirs | .. | .. | .. | .. | .. | .. | .. | .. |
| 94-99 | Autres services ; ménages-employeurs ; organismes extra-territoriaux | .. | .. | .. | .. | .. | .. | .. | .. |

.. Non disponible

Note : Voir les métadonnées détaillées sur : http://metalinks.oecd.org/anberd/20170419/1355.
   Informations sur les données concernant Israël : http://oe.cd/israel-disclaimer.
*Responsabilité* : http://oe.cd/disclaimer

# SUÈDE

## Dépenses de R-D dans l'industrie par activité principale de l'entreprise, prix constants
### CITI Rév. 4

2010 PPP USD

| | | 2007 | 2008 | 2009 | 2010 | 2011 | 2012 | 2013 | 2014 |
|---|---|---|---|---|---|---|---|---|---|
| | **TOTAL ENTREPRISES** | **9 292.4** | **10 064.5** | **8 895.7** | **8 639.7** | **8 902.7** | **8 898.1** | **9 231.7** | .. |
| 01-03 | **AGRICULTURE, SYLVICULTURE ET PÊCHE** | **20.0** | **22.1** | **20.0** | **20.4** | **22.1** | **21.6** | **21.9** | .. |
| 05-09 | **ACTIVITÉS EXTRACTIVES** | **16.6** | **18.4** | **16.6** | **17.0** | **18.3** | **17.9** | **18.2** | .. |
| 10-33 | **ACTIVITÉS DE FABRICATION** | **6 456.8** | **7 282.0** | **6 688.3** | **6 350.4** | **6 397.1** | **6 330.2** | **6 505.4** | .. |
| 10-12 | Produits alimentaires, boissons et tabac | 48.4 | 50.1 | 42.3 | 42.6 | 45.4 | 44.6 | 45.4 | .. |
| 13-15 | Textiles, habillement, cuir et articles de cuir | 8.9 | 10.0 | 9.2 | 6.9 | 5.0 | 5.2 | 5.5 | .. |
| 13 | Textiles | .. | .. | .. | .. | .. | .. | .. | .. |
| 14 | Articles d'habillement | .. | .. | .. | .. | .. | .. | .. | .. |
| 15 | Cuir et articles de cuir | .. | .. | .. | .. | .. | .. | .. | .. |
| 16-18 | Bois, papier, imprimerie et reproduction de supports enregistrés | 269.0 | 355.0 | 369.3 | 228.3 | 103.9 | 117.2 | 134.6 | .. |
| 16 | Bois et articles en bois, sauf meubles | .. | .. | .. | .. | .. | .. | .. | .. |
| 17 | Papier et articles en papier | 259.3 | .. | 365.3 | .. | 99.7 | .. | 126.3 | .. |
| 18 | Imprimerie et reproduction de supports enregistrés | .. | .. | .. | .. | .. | .. | .. | .. |
| 19-23 | Produits pétroliers, chimiques, pharmaceutiques, caoutchouc, plastique, minéraux | 1 255.8 | 1 221.6 | 958.7 | 987.4 | 1 074.1 | 1 020.5 | 1 006.7 | .. |
| 19 | Cokéfaction et raffinage | .. | .. | .. | .. | .. | .. | .. | .. |
| 20-21 | Industrie chimique et pharmaceutique | .. | .. | .. | .. | .. | .. | .. | .. |
| 20 | Produits chimiques | .. | .. | .. | .. | .. | .. | .. | .. |
| 21 | Préparations pharmaceutiques, chimiques (médicine) et d'herboristerie | 1 010.1 | 946.9 | 708.4 | 757.5 | 850.5 | 783.6 | 747.8 | .. |
| 22 | Produits en caoutchouc et en plastique | 20.6 | 26.4 | 26.8 | 24.3 | 23.3 | 25.0 | 27.7 | .. |
| 23 | Autres produits minéraux non métalliques | 9.5 | 11.9 | 12.0 | 12.7 | 14.2 | 14.4 | 15.1 | .. |
| 24-25 | Produits métalliques de base et ouvrages en métaux (sauf machines et matériel) | 325.2 | 394.6 | 385.8 | 309.5 | 253.2 | 289.8 | 336.7 | .. |
| 24 | Produits métallurgiques de base | 165.8 | 189.0 | 175.2 | 164.3 | 163.4 | 194.0 | 231.3 | .. |
| 25 | Ouvrages en métaux (sauf machines et matériel) | 159.4 | 205.6 | 210.5 | 145.2 | 89.9 | 95.9 | 105.4 | .. |
| 26-30 | Ordinateurs, articles électroniques et optiques ; machines et matériels de transport | 4 344.6 | 5 015.9 | 4 704.1 | 4 589.0 | 4 748.8 | 4 696.2 | 4 822.4 | .. |
| 26 | Ordinateurs, articles électroniques et optiques | 1 887.8 | 2 202.8 | 2 084.9 | 2 024.4 | 2 085.3 | 1 946.1 | 1 883.3 | .. |
| 27 | Matériels électriques | 238.5 | 273.5 | 254.9 | 252.7 | 265.4 | 280.4 | 305.7 | .. |
| 28 | Machines et équipements n.c.a. | 579.6 | 673.6 | 635.5 | 630.0 | 662.0 | 661.8 | 686.7 | .. |
| 29 | Automobiles, remorques et semi-remorques | 1 127.0 | 1 197.9 | 1 038.8 | 1 010.7 | 1 043.2 | 1 086.4 | 1 169.8 | .. |
| 30 | Autres matériels de transport | 511.6 | 668.1 | 690.0 | 671.3 | 692.8 | 721.5 | 776.9 | .. |
| 31-33 | Meubles ; réparation et installation de machines et de matériel | 204.8 | 234.9 | 219.0 | 186.6 | 166.1 | 156.7 | 153.5 | .. |
| 31 | Meubles | 11.0 | 14.9 | 15.7 | 12.2 | 9.4 | 12.6 | 16.2 | .. |
| 32 | Autres activités de fabrication | 125.0 | 127.1 | 105.2 | 107.6 | 116.4 | 119.8 | 127.6 | .. |
| 33 | Réparation et installation de machines et de matériel | 68.8 | 92.9 | 98.1 | 66.9 | 40.3 | 24.3 | 9.7 | .. |
| 35-39 | **ÉLECTRICITÉ, GAZ, EAU ET TRAITEMENT DES DÉCHETS** | **11.1** | **13.5** | **13.2** | **11.4** | **10.3** | **22.6** | **35.5** | .. |
| 35-36 | Production et distribution d'électricité, de gaz et de l'eau | .. | .. | .. | .. | .. | .. | .. | .. |
| 37-39 | Assainissement, traitement des déchets et dépollution | .. | .. | .. | .. | .. | .. | .. | .. |
| 41-43 | **CONSTRUCTION** | **47.4** | **36.4** | **19.1** | **17.5** | **17.1** | **21.4** | **26.3** | .. |
| 45-99 | **TOTAL SERVICES** | **2 740.4** | **2 692.0** | **2 138.5** | **2 223.0** | **2 437.8** | **2 484.4** | **2 624.5** | .. |
| 45-82 | **Services du secteur des entreprises** | **2 706.2** | **2 658.7** | **2 112.3** | **2 204.7** | **2 426.1** | **2 449.4** | **2 565.4** | .. |
| 45-47 | Commerce de gros et de détail ; réparations automobiles et motocycles | 278.8 | 294.9 | 254.0 | 380.4 | 526.4 | 536.5 | 566.8 | .. |
| 49-53 | Transport et entreposage | 17.8 | 17.9 | 14.6 | 15.0 | 16.2 | 25.1 | 34.7 | .. |
| 55-56 | Activités d'hébergement et de restauration | 0.0 | 0.0 | 0.0 | 0.0 | 0.0 | 0.0 | 0.0 | .. |
| 58-63 | Information et communication | 695.2 | 665.9 | 511.8 | 427.0 | 369.1 | 420.0 | 485.8 | .. |
| 58-60 | Édition, audiovisuel et diffusion | 128.8 | .. | 84.9 | .. | 77.8 | .. | 120.4 | .. |
| 58 | Activités d'édition | .. | .. | .. | .. | .. | .. | .. | .. |
| 59-60 | Activités audiovisuel et diffusion | .. | .. | .. | .. | .. | .. | .. | .. |
| 59 | Production de films, vidéo, programmes de télévision et d'enregistrements | .. | .. | .. | .. | .. | .. | .. | .. |
| 60 | Programmation et diffusion | .. | .. | .. | .. | .. | .. | .. | .. |
| 61 | Télécommunications | .. | .. | .. | .. | .. | .. | .. | .. |
| 62-63 | Technologies de l'information et informatique | .. | .. | .. | .. | .. | .. | .. | .. |
| 62 | Programmation informatique ; conseils et activités connexes | .. | .. | .. | .. | .. | .. | .. | .. |
| 63 | Services d'information | .. | .. | .. | .. | .. | .. | .. | .. |
| 64-66 | Activités financières et d'assurances | 94.6 | 90.9 | 70.2 | 77.4 | 89.1 | 90.0 | 94.2 | .. |
| 68-82 | Activités immobilières ; professionnelles ; services administratifs et d'appui | 1 617.6 | 1 589.1 | 1 260.4 | 1 304.9 | 1 425.1 | 1 377.9 | 1 383.9 | .. |
| 68 | Activités immobilières | 0.0 | 0.0 | 0.0 | 0.0 | 0.0 | 0.0 | 0.0 | .. |
| 69-75x72 | Activités professionnelles, scientifiques et techniques, R-D scientifique exclu | 182.5 | 161.4 | 111.6 | 149.3 | 195.6 | 303.5 | 420.7 | .. |
| 72 | Recherche scientifique et développement | 1 429.6 | 1 420.5 | 1 148.6 | 1 147.5 | 1 217.8 | 1 064.4 | 954.6 | .. |
| 77-82 | Activités de services administratifs et d'appui | 8.3 | 7.2 | 4.8 | 8.0 | 11.6 | 9.9 | 8.6 | .. |
| 84-99 | Services collectifs, sociaux et personnels | 34.3 | 33.3 | 26.1 | 18.3 | 11.7 | 35.0 | 59.1 | .. |
| 84-85 | Administration publique et défense ; sécurité sociale obligatoire et éducation | .. | .. | .. | .. | .. | .. | .. | .. |
| 86-88 | Santé humaine et action sociale | .. | .. | .. | .. | .. | .. | .. | .. |
| 90-93 | Arts, spectacles et loisirs | .. | .. | .. | .. | .. | .. | .. | .. |
| 94-99 | Autres services ; ménages-employeurs ; organismes extra-territoriaux | .. | .. | .. | .. | .. | .. | .. | .. |

.. Non disponible

*Note* : Voir les métadonnées détaillées sur : http://metalinks.oecd.org/anberd/20170419/1355.
   Informations sur les données concernant Israël : http://oe.cd/israel-disclaimer.
*Responsabilité* : http://oe.cd/disclaimer

# SUISSE

## Dépenses de R-D dans l'industrie par activité principale de l'entreprise, prix courants
### CITI Rév. 4

*Millions USD PPP*

| | | 2007 | 2008 | 2009 | 2010 | 2011 | 2012 | 2013 | 2014 |
|---|---|---|---|---|---|---|---|---|---|
| | **TOTAL ENTREPRISES** | .. | 8 023.8 | .. | .. | .. | 9 466.8 | .. | .. |
| 01-03 | **AGRICULTURE, SYLVICULTURE ET PÊCHE** | .. | .. | .. | .. | .. | .. | .. | .. |
| 05-09 | **ACTIVITÉS EXTRACTIVES** | .. | .. | .. | .. | .. | .. | .. | .. |
| 10-33 | **ACTIVITÉS DE FABRICATION** | .. | 5 991.8 | .. | .. | .. | 6 492.8 | .. | .. |
| 10-12 | Produits alimentaires, boissons et tabac | .. | 83.1 | .. | .. | .. | 45.0 | .. | .. |
| 13-15 | Textiles, habillement, cuir et articles de cuir | .. | .. | .. | .. | .. | .. | .. | .. |
| 13 | Textiles | .. | .. | .. | .. | .. | .. | .. | .. |
| 14 | Articles d'habillement | .. | .. | .. | .. | .. | .. | .. | .. |
| 15 | Cuir et articles de cuir | .. | .. | .. | .. | .. | .. | .. | .. |
| 16-18 | Bois, papier, imprimerie et reproduction de supports enregistrés | .. | .. | .. | .. | .. | .. | .. | .. |
| 16 | Bois et articles en bois, sauf meubles | .. | .. | .. | .. | .. | .. | .. | .. |
| 17 | Papier et articles en papier | .. | .. | .. | .. | .. | .. | .. | .. |
| 18 | Imprimerie et reproduction de supports enregistrés | .. | .. | .. | .. | .. | .. | .. | .. |
| 19-23 | Produits pétroliers, chimiques, pharmaceutiques, caoutchouc, plastique, minéraux | .. | 3 481.5 | .. | .. | .. | 3 180.0 | .. | .. |
| 19 | Cokéfaction et raffinage | .. | .. | .. | .. | .. | .. | .. | .. |
| 20-21 | Industrie chimique et pharmaceutique | .. | .. | .. | .. | .. | .. | .. | .. |
| 20 | Produits chimiques | .. | .. | .. | .. | .. | .. | .. | .. |
| 21 | Préparations pharmaceutiques, chimiques (médicine) et d'herboristerie | .. | 3 099.7 | .. | .. | .. | 2 805.6 | .. | .. |
| 22 | Produits en caoutchouc et en plastique | .. | .. | .. | .. | .. | .. | .. | .. |
| 23 | Autres produits minéraux non métalliques | .. | .. | .. | .. | .. | .. | .. | .. |
| 24-25 | Produits métalliques de base et ouvrages en métaux (sauf machines et matériel) | .. | 173.5 | .. | .. | .. | 336.8 | .. | .. |
| 24 | Produits métallurgiques de base | .. | .. | .. | .. | .. | .. | .. | .. |
| 25 | Ouvrages en métaux (sauf machines et matériel) | .. | .. | .. | .. | .. | .. | .. | .. |
| 26-30 | Ordinateurs, articles électroniques et optiques ; machines et matériels de transport | .. | 2 034.8 | .. | .. | .. | 2 677.1 | .. | .. |
| 26 | Ordinateurs, articles électroniques et optiques | .. | 1 156.7 | .. | .. | .. | 1 525.8 | .. | .. |
| 27 | Matériels électriques | .. | .. | .. | .. | .. | .. | .. | .. |
| 28 | Machines et équipements n.c.a. | .. | .. | .. | .. | .. | .. | .. | .. |
| 29 | Automobiles, remorques et semi-remorques | .. | .. | .. | .. | .. | .. | .. | .. |
| 30 | Autres matériels de transport | .. | .. | .. | .. | .. | .. | .. | .. |
| 31-33 | Meubles ; réparation et installation de machines et de matériel | .. | .. | .. | .. | .. | .. | .. | .. |
| 31 | Meubles | .. | .. | .. | .. | .. | .. | .. | .. |
| 32 | Autres activités de fabrication | .. | .. | .. | .. | .. | .. | .. | .. |
| 33 | Réparation et installation de machines et de matériel | .. | .. | .. | .. | .. | .. | .. | .. |
| 35-39 | **ÉLECTRICITÉ, GAZ, EAU ET TRAITEMENT DES DÉCHETS** | .. | .. | .. | .. | .. | .. | .. | .. |
| 35-36 | Production et distribution d'électricité, de gaz et de l'eau | .. | .. | .. | .. | .. | .. | .. | .. |
| 37-39 | Assainissement, traitement des déchets et dépollution | .. | .. | .. | .. | .. | .. | .. | .. |
| 41-43 | **CONSTRUCTION** | .. | .. | .. | .. | .. | .. | .. | .. |
| 45-99 | **TOTAL SERVICES** | .. | 2 032.1 | .. | .. | .. | 2 974.0 | .. | .. |
| 45-82 | **Services du secteur des entreprises** | .. | .. | .. | .. | .. | .. | .. | .. |
| 45-47 | Commerce de gros et de détail ; réparations automobiles et motocycles | .. | .. | .. | .. | .. | .. | .. | .. |
| 49-53 | Transport et entreposage | .. | .. | .. | .. | .. | .. | .. | .. |
| 55-56 | Activités d'hébergement et de restauration | .. | .. | .. | .. | .. | .. | .. | .. |
| 58-63 | Information et communication | .. | .. | .. | .. | .. | .. | .. | .. |
| 58-60 | Édition, audiovisuel et diffusion | .. | .. | .. | .. | .. | .. | .. | .. |
| 58 | Activités d'édition | .. | .. | .. | .. | .. | .. | .. | .. |
| 59-60 | Activités audiovisuel et diffusion | .. | .. | .. | .. | .. | .. | .. | .. |
| 59 | Production de films, vidéo, programmes de télévision et d'enregistrements | .. | .. | .. | .. | .. | .. | .. | .. |
| 60 | Programmation et diffusion | .. | .. | .. | .. | .. | .. | .. | .. |
| 61 | Télécommunications | .. | .. | .. | .. | .. | .. | .. | .. |
| 62-63 | Technologies de l'information et informatique | .. | .. | .. | .. | .. | .. | .. | .. |
| 62 | Programmation informatique ; conseils et activités connexes | .. | .. | .. | .. | .. | .. | .. | .. |
| 63 | Services d'information | .. | .. | .. | .. | .. | .. | .. | .. |
| 64-66 | **Activités financières et d'assurances** | .. | .. | .. | .. | .. | .. | .. | .. |
| 68-82 | **Activités immobilières ; professionnelles ; services administratifs et d'appui** | .. | .. | .. | .. | .. | .. | .. | .. |
| 68 | Activités immobilières | .. | .. | .. | .. | .. | .. | .. | .. |
| 69-75x72 | Activités professionnelles, scientifiques et techniques, R-D scientifique exclu | .. | .. | .. | .. | .. | .. | .. | .. |
| 72 | Recherche scientifique et développement | .. | 722.0 | .. | .. | .. | 2 721.4 | .. | .. |
| 77-82 | Activités de services administratifs et d'appui | .. | .. | .. | .. | .. | .. | .. | .. |
| 84-99 | **Services collectifs, sociaux et personnels** | .. | .. | .. | .. | .. | .. | .. | .. |
| 84-85 | Administration publique et défense ; sécurité sociale obligatoire et éducation | .. | .. | .. | .. | .. | .. | .. | .. |
| 86-88 | Santé humaine et action sociale | .. | .. | .. | .. | .. | .. | .. | .. |
| 90-93 | Arts, spectacles et loisirs | .. | .. | .. | .. | .. | .. | .. | .. |
| 94-99 | Autres services ; ménages-employeurs ; organismes extra-territoriaux | .. | .. | .. | .. | .. | .. | .. | .. |

.. Non disponible

*Note* : Voir les métadonnées détaillées sur : http://metalinks.oecd.org/anberd/20170419/1355.
   Informations sur les données concernant Israël : http://oe.cd/israel-disclaimer.
*Responsabilité* : http://oe.cd/disclaimer

# SUISSE

## Dépenses de R-D dans l'industrie par activité principale de l'entreprise, prix constants
### CITI Rév. 4

2010 PPP USD

| | | 2007 | 2008 | 2009 | 2010 | 2011 | 2012 | 2013 | 2014 |
|---|---|---|---|---|---|---|---|---|---|
| | **TOTAL ENTREPRISES** | .. | 8 244.1 | .. | .. | .. | 8 759.0 | .. | .. |
| 01-03 | AGRICULTURE, SYLVICULTURE ET PÊCHE | .. | .. | .. | .. | .. | .. | .. | .. |
| 05-09 | ACTIVITÉS EXTRACTIVES | .. | .. | .. | .. | .. | .. | .. | .. |
| 10-33 | ACTIVITÉS DE FABRICATION | .. | 6 156.2 | .. | .. | .. | 6 007.4 | .. | .. |
| 10-12 | Produits alimentaires, boissons et tabac | .. | 85.3 | .. | .. | .. | 41.7 | .. | .. |
| 13-15 | Textiles, habillement, cuir et articles de cuir | .. | .. | .. | .. | .. | .. | .. | .. |
| 13 | Textiles | .. | .. | .. | .. | .. | .. | .. | .. |
| 14 | Articles d'habillement | .. | .. | .. | .. | .. | .. | .. | .. |
| 15 | Cuir et articles de cuir | .. | .. | .. | .. | .. | .. | .. | .. |
| 16-18 | Bois, papier, imprimerie et reproduction de supports enregistrés | .. | .. | .. | .. | .. | .. | .. | .. |
| 16 | Bois et articles en bois, sauf meubles | .. | .. | .. | .. | .. | .. | .. | .. |
| 17 | Papier et articles en papier | .. | .. | .. | .. | .. | .. | .. | .. |
| 18 | Imprimerie et reproduction de supports enregistrés | .. | .. | .. | .. | .. | .. | .. | .. |
| 19-23 | Produits pétroliers, chimiques, pharmaceutiques, caoutchouc, plastique, minéraux | .. | 3 577.0 | .. | .. | .. | 2 942.3 | .. | .. |
| 19 | Cokéfaction et raffinage | .. | .. | .. | .. | .. | .. | .. | .. |
| 20-21 | Industrie chimique et pharmaceutique | .. | .. | .. | .. | .. | .. | .. | .. |
| 20 | Produits chimiques | .. | .. | .. | .. | .. | .. | .. | .. |
| 21 | Préparations pharmaceutiques, chimiques (médicine) et d'herboristerie | .. | 3 184.8 | .. | .. | .. | 2 595.9 | .. | .. |
| 22 | Produits en caoutchouc et en plastique | .. | .. | .. | .. | .. | .. | .. | .. |
| 23 | Autres produits minéraux non métalliques | .. | .. | .. | .. | .. | .. | .. | .. |
| 24-25 | Produits métalliques de base et ouvrages en métaux (sauf machines et matériel) | .. | 178.2 | .. | .. | .. | 311.6 | .. | .. |
| 24 | Produits métallurgiques de base | .. | .. | .. | .. | .. | .. | .. | .. |
| 25 | Ouvrages en métaux (sauf machines et matériel) | .. | .. | .. | .. | .. | .. | .. | .. |
| 26-30 | Ordinateurs, articles électroniques et optiques ; machines et matériels de transport | .. | 2 090.6 | .. | .. | .. | 2 477.0 | .. | .. |
| 26 | Ordinateurs, articles électroniques et optiques | .. | 1 188.4 | .. | .. | .. | 1 411.7 | .. | .. |
| 27 | Matériels électriques | .. | .. | .. | .. | .. | .. | .. | .. |
| 28 | Machines et équipements n.c.a. | .. | .. | .. | .. | .. | .. | .. | .. |
| 29 | Automobiles, remorques et semi-remorques | .. | .. | .. | .. | .. | .. | .. | .. |
| 30 | Autres matériels de transport | .. | .. | .. | .. | .. | .. | .. | .. |
| 31-33 | Meubles ; réparation et installation de machines et de matériel | .. | .. | .. | .. | .. | .. | .. | .. |
| 31 | Meubles | .. | .. | .. | .. | .. | .. | .. | .. |
| 32 | Autres activités de fabrication | .. | .. | .. | .. | .. | .. | .. | .. |
| 33 | Réparation et installation de machines et de matériel | .. | .. | .. | .. | .. | .. | .. | .. |
| 35-39 | ÉLECTRICITÉ, GAZ, EAU ET TRAITEMENT DES DÉCHETS | .. | .. | .. | .. | .. | .. | .. | .. |
| 35-36 | Production et distribution d'électricité, de gaz et de l'eau | .. | .. | .. | .. | .. | .. | .. | .. |
| 37-39 | Assainissement, traitement des déchets et dépollution | .. | .. | .. | .. | .. | .. | .. | .. |
| 41-43 | CONSTRUCTION | .. | .. | .. | .. | .. | .. | .. | .. |
| 45-99 | TOTAL SERVICES | .. | 2 087.9 | .. | .. | .. | 2 751.6 | .. | .. |
| 45-82 | Services du secteur des entreprises | .. | .. | .. | .. | .. | .. | .. | .. |
| 45-47 | Commerce de gros et de détail ; réparations automobiles et motocycles | .. | .. | .. | .. | .. | .. | .. | .. |
| 49-53 | Transport et entreposage | .. | .. | .. | .. | .. | .. | .. | .. |
| 55-56 | Activités d'hébergement et de restauration | .. | .. | .. | .. | .. | .. | .. | .. |
| 58-63 | Information et communication | .. | .. | .. | .. | .. | .. | .. | .. |
| 58-60 | Édition, audiovisuel et diffusion | .. | .. | .. | .. | .. | .. | .. | .. |
| 58 | Activités d'édition | .. | .. | .. | .. | .. | .. | .. | .. |
| 59-60 | Activités audiovisuel et diffusion | .. | .. | .. | .. | .. | .. | .. | .. |
| 59 | Production de films, vidéo, programmes de télévision et d'enregistrements | .. | .. | .. | .. | .. | .. | .. | .. |
| 60 | Programmation et diffusion | .. | .. | .. | .. | .. | .. | .. | .. |
| 61 | Télécommunications | .. | .. | .. | .. | .. | .. | .. | .. |
| 62-63 | Technologies de l'information et informatique | .. | .. | .. | .. | .. | .. | .. | .. |
| 62 | Programmation informatique ; conseils et activités connexes | .. | .. | .. | .. | .. | .. | .. | .. |
| 63 | Services d'information | .. | .. | .. | .. | .. | .. | .. | .. |
| 64-66 | Activités financières et d'assurances | .. | .. | .. | .. | .. | .. | .. | .. |
| 68-82 | Activités immobilières ; professionnelles ; services administratifs et d'appui | .. | .. | .. | .. | .. | .. | .. | .. |
| 68 | Activités immobilières | .. | .. | .. | .. | .. | .. | .. | .. |
| 69-75x72 | Activités professionnelles, scientifiques et techniques, R-D scientifique exclu | .. | .. | .. | .. | .. | .. | .. | .. |
| 72 | Recherche scientifique et développement | .. | 741.8 | .. | .. | .. | 2 518.0 | .. | .. |
| 77-82 | Activités de services administratifs et d'appui | .. | .. | .. | .. | .. | .. | .. | .. |
| 84-99 | Services collectifs, sociaux et personnels | .. | .. | .. | .. | .. | .. | .. | .. |
| 84-85 | Administration publique et défense ; sécurité sociale obligatoire et éducation | .. | .. | .. | .. | .. | .. | .. | .. |
| 86-88 | Santé humaine et action sociale | .. | .. | .. | .. | .. | .. | .. | .. |
| 90-93 | Arts, spectacles et loisirs | .. | .. | .. | .. | .. | .. | .. | .. |
| 94-99 | Autres services ; ménages-employeurs ; organismes extra-territoriaux | .. | .. | .. | .. | .. | .. | .. | .. |

.. Non disponible

*Note* : Voir les métadonnées détaillées sur : http://metalinks.oecd.org/anberd/20170419/1355.

Informations sur les données concernant Israël : http://oe.cd/israel-disclaimer.

*Responsabilité* : http://oe.cd/disclaimer

# TURQUIE

## Dépenses de R-D dans l'industrie par activité principale de l'entreprise, prix courants
### CITI Rév. 4

*Millions USD PPP*

| | | 2007 | 2008 | 2009 | 2010 | 2011 | 2012 | 2013 | 2014 |
|---|---|---|---|---|---|---|---|---|---|
| | **TOTAL ENTREPRISES** | 2 948.5 | 3 464.4 | 3 580.7 | 4 292.3 | 4 985.9 | 5 776.5 | 6 575.6 | 7 634.8 |
| 01-03 | **AGRICULTURE, SYLVICULTURE ET PÊCHE** | 5.0 | 7.0 | 8.5 | 9.9 | 13.3 | 12.4 | 16.9 | 17.9 |
| 05-09 | **ACTIVITÉS EXTRACTIVES** | 9.7 | 10.2 | 13.0 | 14.5 | 19.8 | 17.1 | 30.6 | 17.5 |
| 10-33 | **ACTIVITÉS DE FABRICATION** | 2 110.6 | 2 347.1 | 2 229.8 | 2 215.7 | 2 659.4 | 3 063.3 | 3 376.6 | 3 957.9 |
| 10-12 | Produits alimentaires, boissons et tabac | 60.8 | 76.6 | 83.3 | 66.3 | 78.4 | 80.8 | 115.7 | 114.4 |
| 13-15 | Textiles, habillement, cuir et articles de cuir | 53.6 | 63.1 | 70.2 | 70.2 | 99.3 | 106.8 | 93.0 | 114.3 |
| 13 | Textiles | 44.4 | 51.3 | 54.9 | 55.7 | 83.0 | 88.6 | 73.3 | 91.2 |
| 14 | Articles d'habillement | 6.2 | 7.8 | 13.8 | 12.7 | 13.7 | 15.3 | 16.3 | 17.7 |
| 15 | Cuir et articles de cuir | 3.0 | 4.0 | 1.5 | 1.8 | 2.6 | 2.9 | 3.4 | 5.3 |
| 16-18 | Bois, papier, imprimerie et reproduction de supports enregistrés | 6.0 | 7.4 | 11.8 | 9.5 | 11.3 | 12.5 | 12.0 | 16.9 |
| 16 | Bois et articles en bois, sauf meubles | 1.5 | 1.7 | 3.3 | 1.6 | 3.5 | 3.2 | 1.8 | 3.5 |
| 17 | Papier et articles en papier | 0.5 | 0.6 | 4.7 | 4.7 | 4.5 | 5.7 | 4.7 | 4.8 |
| 18 | Imprimerie et reproduction de supports enregistrés | 4.1 | 5.1 | 3.8 | 3.2 | 3.3 | 3.6 | 5.4 | 8.6 |
| 19-23 | Produits pétroliers, chimiques, pharmaceutiques, caoutchouc, plastique, minéraux | 279.9 | 292.0 | 334.4 | 383.4 | 550.3 | 601.2 | 723.4 | 657.3 |
| 19 | Cokéfaction et raffinage | 0.0 | 0.6 | 9.2 | 12.6 | 16.4 | 19.2 | 29.5 | 25.3 |
| 20-21 | Industrie chimique et pharmaceutique | 183.9 | 187.3 | 205.8 | 243.6 | 387.6 | 406.1 | 531.6 | 478.0 |
| 20 | Produits chimiques | .. | .. | 104.2 | 143.3 | 186.6 | 218.3 | 335.0 | 287.0 |
| 21 | Préparations pharmaceutiques, chimiques (médicine) et d'herboristerie | .. | .. | 101.6 | 100.3 | 201.0 | 187.8 | 196.7 | 191.0 |
| 22 | Produits en caoutchouc et en plastique | 47.2 | 54.9 | 63.0 | 69.8 | 80.1 | 98.2 | 80.6 | 83.0 |
| 23 | Autres produits minéraux non métalliques | 48.8 | 49.1 | 56.5 | 57.4 | 66.1 | 77.7 | 81.7 | 71.0 |
| 24-25 | Produits métalliques de base et ouvrages en métaux (sauf machines et matériel) | 51.6 | 49.3 | 82.9 | 209.3 | 206.7 | 246.3 | 252.9 | 368.1 |
| 24 | Produits métallurgiques de base | 20.2 | 16.1 | 22.2 | 30.2 | 55.0 | 59.4 | 55.7 | 93.3 |
| 25 | Ouvrages en métaux (sauf machines et matériel) | 31.4 | 33.1 | 60.7 | 179.1 | 151.6 | 187.0 | 197.2 | 274.8 |
| 26-30 | Ordinateurs, articles électroniques et optiques ; machines et matériels de transport | 1 611.0 | 1 803.3 | 1 581.6 | 1 431.3 | 1 654.4 | 1 945.1 | 2 110.3 | 2 610.3 |
| 26 | Ordinateurs, articles électroniques et optiques | 424.2 | 480.8 | 496.6 | 133.3 | 153.7 | 196.5 | 264.2 | 228.3 |
| 27 | Matériels électriques | 130.4 | 168.5 | 225.4 | 236.4 | 322.7 | 328.8 | 344.3 | 405.2 |
| 28 | Machines et équipements n.c.a. | 100.1 | 153.7 | 161.0 | 186.7 | 242.4 | 295.6 | 313.9 | 298.3 |
| 29 | Automobiles, remorques et semi-remorques | 816.1 | 816.9 | 495.3 | 637.4 | 676.7 | 773.4 | 909.7 | 1 338.7 |
| 30 | Autres matériels de transport | 140.2 | 183.5 | 203.4 | 237.6 | 258.9 | 350.8 | 278.1 | 339.9 |
| 31-33 | Meubles ; réparation et installation de machines et de matériel | 47.8 | 55.5 | 65.6 | 45.7 | 59.1 | 70.6 | 69.3 | 76.5 |
| 31 | Meubles | .. | .. | 14.1 | 14.5 | 15.9 | 13.6 | 14.7 | 12.4 |
| 32 | Autres activités de fabrication | .. | .. | 18.5 | 18.4 | 26.8 | 36.9 | 28.8 | 39.6 |
| 33 | Réparation et installation de machines et de matériel | .. | .. | 33.1 | 12.8 | 16.4 | 20.2 | 25.8 | 24.5 |
| 35-39 | **ÉLECTRICITÉ, GAZ, EAU ET TRAITEMENT DES DÉCHETS** | 10.8 | 12.4 | 18.0 | 11.7 | 17.5 | 30.1 | 34.4 | 37.2 |
| 35-36 | Production et distribution d'électricité, de gaz et de l'eau | .. | .. | .. | .. | 12.8 | 25.0 | 30.6 | 33.0 |
| 37-39 | Assainissement, traitement des déchets et dépollution | .. | .. | .. | .. | 4.7 | 5.1 | 3.8 | 4.2 |
| 41-43 | **CONSTRUCTION** | 7.4 | 8.6 | 14.2 | 22.4 | 30.3 | 41.6 | 25.3 | 26.2 |
| 45-99 | **TOTAL SERVICES** | 804.9 | 1 079.0 | 1 297.2 | 2 018.0 | 2 245.6 | 2 612.1 | 3 091.8 | 3 578.3 |
| 45-82 | Services du secteur des entreprises | 780.8 | 1 054.7 | 1 268.4 | 2 005.9 | 2 230.6 | 2 590.2 | 3 075.8 | 3 557.3 |
| 45-47 | Commerce de gros et de détail ; réparations automobiles et motocycles | 52.5 | 59.8 | 153.0 | 117.4 | 183.4 | 153.6 | 180.9 | 190.2 |
| 49-53 | Transport et entreposage | 2.9 | 4.3 | 4.8 | 10.6 | 10.3 | 17.6 | 25.8 | 29.0 |
| 55-56 | Activités d'hébergement et de restauration | 0.0 | 0.0 | 0.7 | 0.0 | 0.0 | 0.5 | 0.4 | 0.6 |
| 58-63 | Information et communication | 475.6 | 634.9 | 741.3 | 1 207.3 | 1 176.8 | 1 449.5 | 1 655.4 | 2 018.2 |
| 58-60 | Édition, audiovisuel et diffusion | .. | .. | 102.0 | 189.7 | 68.1 | 22.7 | 30.1 | 53.5 |
| 58 | Activités d'édition | .. | .. | .. | .. | .. | 21.1 | 28.4 | 50.6 |
| 59-60 | Activités audiovisuel et diffusion | .. | .. | .. | .. | .. | 1.7 | 1.7 | 2.8 |
| 59 | Production de films, vidéo, programmes de télévision et d'enregistrements | .. | .. | .. | .. | .. | .. | .. | .. |
| 60 | Programmation et diffusion | .. | .. | .. | .. | .. | .. | .. | .. |
| 61 | Télécommunications | 52.8 | 74.3 | 79.7 | 279.9 | 215.9 | 310.1 | 333.1 | 446.1 |
| 62-63 | Technologies de l'information et informatique | .. | .. | 559.6 | 737.6 | 892.8 | 1 116.6 | 1 292.3 | 1 518.7 |
| 62 | Programmation informatique ; conseils et activités connexes | .. | .. | 550.3 | 728.0 | 881.8 | 1 100.2 | 1 283.8 | 1 509.9 |
| 63 | Services d'information | .. | .. | 9.3 | 9.6 | 11.0 | 16.4 | 8.5 | 8.7 |
| 64-66 | **Activités financières et d'assurances** | 172.1 | 208.3 | 152.8 | 66.5 | 96.9 | 93.9 | 130.8 | 116.6 |
| 68-82 | **Activités immobilières ; professionnelles ; services administratifs et d'appui** | 77.7 | 147.4 | 215.8 | 604.1 | 763.1 | 875.1 | 1 082.4 | 1 202.8 |
| 68 | Activités immobilières | .. | .. | 0.0 | 0.0 | 0.0 | 0.0 | 0.0 | 0.0 |
| 69-75x72 | Activités professionnelles, scientifiques et techniques, R-D scientifique exclu | .. | .. | 60.8 | 17.3 | 28.4 | 31.7 | 37.2 | 39.4 |
| 72 | Recherche scientifique et développement | 60.6 | 112.4 | 151.9 | 584.2 | 732.5 | 840.8 | 1 040.5 | 1 155.3 |
| 77-82 | Activités de services administratifs et d'appui | .. | .. | 3.1 | 2.6 | 2.2 | 2.6 | 4.8 | 8.1 |
| 84-99 | Services collectifs, sociaux et personnels | 24.1 | 24.3 | 28.8 | 12.1 | 15.0 | 21.9 | 16.1 | 20.9 |
| 84-85 | Administration publique et défense ; sécurité sociale obligatoire et éducation | .. | .. | 24.1 | 5.5 | 8.5 | 15.0 | 12.0 | 13.2 |
| 86-88 | Santé humaine et action sociale | .. | .. | 2.1 | 3.9 | 3.4 | 3.8 | 2.2 | 6.2 |
| 90-93 | Arts, spectacles et loisirs | .. | .. | .. | .. | .. | .. | .. | .. |
| 94-99 | Autres services ; ménages-employeurs ; organismes extra-territoriaux | .. | .. | .. | .. | .. | .. | .. | .. |

.. Non disponible

*Note :* Voir les métadonnées détaillées sur : http://metalinks.oecd.org/anberd/20170419/1355.
Informations sur les données concernant Israël : http://oe.cd/israel-disclaimer.
*Responsabilité :* http://oe.cd/disclaimer

# TURQUIE

## Dépenses de R-D dans l'industrie par activité principale de l'entreprise, prix constants
### CITI Rév. 4

*2010 PPP USD*

| | | 2007 | 2008 | 2009 | 2010 | 2011 | 2012 | 2013 | 2014 |
|---|---|---|---|---|---|---|---|---|---|
| | **TOTAL ENTREPRISES** | 3 409.8 | 3 692.6 | 3 721.8 | 4 292.3 | 4 829.8 | 5 525.2 | 6 211.4 | 7 143.1 |
| 01-03 | **AGRICULTURE, SYLVICULTURE ET PÊCHE** | 5.8 | 7.5 | 8.8 | 9.9 | 12.9 | 11.8 | 16.0 | 16.7 |
| 05-09 | **ACTIVITÉS EXTRACTIVES** | 11.2 | 10.9 | 13.5 | 14.5 | 19.2 | 16.3 | 28.9 | 16.4 |
| 10-33 | **ACTIVITÉS DE FABRICATION** | 2 440.8 | 2 501.8 | 2 317.6 | 2 215.7 | 2 576.2 | 2 930.1 | 3 189.5 | 3 702.9 |
| 10-12 | Produits alimentaires, boissons et tabac | 70.3 | 81.7 | 86.6 | 66.3 | 75.9 | 77.3 | 109.2 | 107.1 |
| 13-15 | Textiles, habillement, cuir et articles de cuir | 62.0 | 67.2 | 73.0 | 70.2 | 96.2 | 102.1 | 87.9 | 106.9 |
| 13 | Textiles | 51.4 | 54.7 | 57.1 | 55.7 | 80.4 | 84.8 | 69.2 | 85.4 |
| 14 | Articles d'habillement | 7.1 | 8.3 | 14.4 | 12.7 | 13.3 | 14.6 | 15.4 | 16.6 |
| 15 | Cuir et articles de cuir | 3.5 | 4.2 | 1.5 | 1.8 | 2.5 | 2.8 | 3.2 | 5.0 |
| 16-18 | Bois, papier, imprimerie et reproduction de supports enregistrés | 7.0 | 7.9 | 12.2 | 9.5 | 11.0 | 11.9 | 11.3 | 15.8 |
| 16 | Bois et articles en bois, sauf meubles | 1.7 | 1.8 | 3.4 | 1.6 | 3.4 | 3.1 | 1.7 | 3.2 |
| 17 | Papier et articles en papier | 0.5 | 0.7 | 4.9 | 4.7 | 4.4 | 5.4 | 4.5 | 4.5 |
| 18 | Imprimerie et reproduction de supports enregistrés | 4.7 | 5.4 | 4.0 | 3.2 | 3.2 | 3.4 | 5.1 | 8.1 |
| 19-23 | Produits pétroliers, chimiques, pharmaceutiques, caoutchouc, plastique, minéraux | 323.6 | 311.2 | 347.5 | 383.4 | 533.0 | 575.0 | 683.3 | 615.0 |
| 19 | Cokéfaction et raffinage | 0.0 | 0.7 | 9.5 | 12.6 | 15.9 | 18.4 | 27.9 | 23.7 |
| 20-21 | Industrie chimique et pharmaceutique | 212.6 | 199.7 | 213.9 | 243.6 | 375.5 | 388.4 | 502.2 | 447.2 |
| 20 | Produits chimiques | .. | .. | 108.3 | 143.3 | 180.7 | 208.8 | 316.4 | 268.5 |
| 21 | Préparations pharmaceutiques, chimiques (médicine) et d'herboristerie | .. | .. | 105.6 | 100.3 | 194.7 | 179.6 | 185.8 | 178.7 |
| 22 | Produits en caoutchouc et en plastique | 54.6 | 58.5 | 65.5 | 69.8 | 77.6 | 93.9 | 76.1 | 77.7 |
| 23 | Autres produits minéraux non métalliques | 56.4 | 52.3 | 58.7 | 57.4 | 64.1 | 74.3 | 77.1 | 66.4 |
| 24-25 | Produits métalliques de base et ouvrages en métaux (sauf machines et matériel) | 59.7 | 52.5 | 86.2 | 209.3 | 200.2 | 235.6 | 238.9 | 344.4 |
| 24 | Produits métallurgiques de base | 23.3 | 17.2 | 23.1 | 30.2 | 53.3 | 56.8 | 52.7 | 87.3 |
| 25 | Ouvrages en métaux (sauf machines et matériel) | 36.3 | 35.3 | 63.0 | 179.1 | 146.9 | 178.8 | 186.3 | 257.1 |
| 26-30 | Ordinateurs, articles électroniques et optiques ; machines et matériels de transport | 1 863.0 | 1 922.1 | 1 643.9 | 1 431.3 | 1 602.6 | 1 860.5 | 1 993.4 | 2 442.2 |
| 26 | Ordinateurs, articles électroniques et optiques | 490.5 | 512.4 | 516.1 | 133.3 | 148.9 | 188.0 | 249.5 | 213.6 |
| 27 | Matériels électriques | 150.9 | 179.6 | 234.3 | 236.4 | 312.6 | 314.5 | 325.3 | 379.1 |
| 28 | Machines et équipements n.c.a. | 115.8 | 163.8 | 167.3 | 186.7 | 234.9 | 282.7 | 296.5 | 279.1 |
| 29 | Automobiles, remorques et semi-remorques | 943.8 | 870.7 | 514.8 | 637.4 | 655.5 | 739.8 | 859.3 | 1 252.4 |
| 30 | Autres matériels de transport | 162.1 | 195.6 | 211.4 | 237.6 | 250.8 | 335.5 | 262.7 | 318.0 |
| 31-33 | Meubles ; réparation et installation de machines et de matériel | 55.3 | 59.2 | 68.2 | 45.7 | 57.2 | 67.5 | 65.5 | 71.6 |
| 31 | Meubles | .. | .. | 14.6 | 14.5 | 15.4 | 13.0 | 13.9 | 11.6 |
| 32 | Autres activités de fabrication | .. | .. | 19.2 | 18.4 | 25.9 | 35.3 | 27.2 | 37.1 |
| 33 | Réparation et installation de machines et de matériel | .. | .. | 34.4 | 12.8 | 15.9 | 19.3 | 24.4 | 22.9 |
| 35-39 | **ÉLECTRICITÉ, GAZ, EAU ET TRAITEMENT DES DÉCHETS** | 12.4 | 13.2 | 18.7 | 11.7 | 17.0 | 28.8 | 32.5 | 34.8 |
| 35-36 | Production et distribution d'électricité, de gaz et de l'eau | .. | .. | .. | .. | 12.4 | 23.9 | 28.9 | 30.9 |
| 37-39 | Assainissement, traitement des déchets et dépollution | .. | .. | .. | .. | 4.5 | 4.9 | 3.6 | 3.9 |
| 41-43 | **CONSTRUCTION** | 8.6 | 9.2 | 14.8 | 22.4 | 29.3 | 39.7 | 23.9 | 24.5 |
| 45-99 | **TOTAL SERVICES** | 930.9 | 1 150.1 | 1 348.3 | 2 018.0 | 2 175.3 | 2 498.4 | 2 920.6 | 3 347.8 |
| 45-82 | Services du secteur des entreprises | 903.0 | 1 124.2 | 1 318.4 | 2 005.9 | 2 160.7 | 2 477.5 | 2 905.4 | 3 328.2 |
| 45-47 | Commerce de gros et de détail ; réparations automobiles et motocycles | 60.7 | 63.8 | 159.1 | 117.4 | 177.7 | 147.0 | 170.9 | 177.9 |
| 49-53 | Transport et entreposage | 3.4 | 4.5 | 5.0 | 10.6 | 10.0 | 16.8 | 24.4 | 27.1 |
| 55-56 | Activités d'hébergement et de restauration | 0.0 | 0.0 | 0.7 | 0.0 | 0.0 | 0.5 | 0.4 | 0.5 |
| 58-63 | Information et communication | 550.0 | 676.7 | 770.5 | 1 207.3 | 1 140.0 | 1 386.4 | 1 563.7 | 1 888.2 |
| 58-60 | Édition, audiovisuel et diffusion | .. | .. | 106.0 | 189.7 | 66.0 | 21.8 | 28.4 | 50.0 |
| 58 | Activités d'édition | .. | .. | .. | .. | .. | 20.2 | 26.8 | 47.4 |
| 59-60 | Activités audiovisuel et diffusion | .. | .. | .. | .. | .. | 1.6 | 1.6 | 2.7 |
| 59 | Production de films, vidéo, programmes de télévision et d'enregistrements | .. | .. | .. | .. | .. | .. | .. | .. |
| 60 | Programmation et diffusion | .. | .. | .. | .. | .. | .. | .. | .. |
| 61 | Télécommunications | 61.1 | 79.2 | 82.9 | 279.9 | 209.1 | 296.6 | 314.6 | 417.3 |
| 62-63 | Technologies de l'information et informatique | .. | .. | 581.6 | 737.6 | 864.9 | 1 068.0 | 1 220.7 | 1 420.8 |
| 62 | Programmation informatique ; conseils et activités connexes | .. | .. | 572.0 | 728.0 | 854.2 | 1 052.3 | 1 212.7 | 1 412.7 |
| 63 | Services d'information | .. | .. | 9.6 | 9.6 | 10.7 | 15.7 | 8.0 | 8.2 |
| 64-66 | Activités financières et d'assurances | 199.1 | 222.0 | 158.8 | 66.5 | 93.8 | 89.8 | 123.5 | 109.1 |
| 68-82 | Activités immobilières ; professionnelles ; services administratifs et d'appui | 89.9 | 157.1 | 224.3 | 604.1 | 739.2 | 837.0 | 1 022.5 | 1 125.3 |
| 68 | Activités immobilières | .. | .. | 0.0 | 0.0 | 0.0 | 0.0 | 0.0 | 0.0 |
| 69-75x72 | Activités professionnelles, scientifiques et techniques, R-D scientifique exclu | .. | .. | 63.2 | 17.3 | 27.5 | 30.3 | 35.1 | 36.9 |
| 72 | Recherche scientifique et développement | 70.1 | 119.8 | 157.8 | 584.2 | 709.6 | 804.2 | 982.8 | 1 080.9 |
| 77-82 | Activités de services administratifs et d'appui | .. | .. | 3.3 | 2.6 | 2.1 | 2.5 | 4.5 | 7.6 |
| 84-99 | Services collectifs, sociaux et personnels | 27.9 | 25.9 | 30.0 | 12.1 | 14.6 | 20.9 | 15.2 | 19.6 |
| 84-85 | Administration publique et défense ; sécurité sociale obligatoire et éducation | .. | .. | 25.0 | 5.5 | 8.2 | 14.3 | 11.3 | 12.4 |
| 86-88 | Santé humaine et action sociale | .. | .. | 2.2 | 3.9 | 3.3 | 3.6 | 2.1 | 5.8 |
| 90-93 | Arts, spectacles et loisirs | .. | .. | .. | .. | .. | .. | .. | .. |
| 94-99 | Autres services ; ménages-employeurs ; organismes extra-territoriaux | .. | .. | .. | .. | .. | .. | .. | .. |

.. Non disponible

*Note* : Voir les métadonnées détaillées sur : http://metalinks.oecd.org/anberd/20170419/1355.
  Informations sur les données concernant Israël : http://oe.cd/israel-disclaimer.
*Responsabilité* : http://oe.cd/disclaimer

# ROYAUME-UNI

## Dépenses de R-D dans l'industrie par activité principale de l'entreprise, prix courants
### CITI Rév. 4

*Millions USD PPP*

| | | 2007 | 2008 | 2009 | 2010 | 2011 | 2012 | 2013 | 2014 |
|---|---|---|---|---|---|---|---|---|---|
| | **TOTAL ENTREPRISES** | 22 008.8 | 22 653.9 | 22 030.4 | 22 922.5 | 24 655.7 | 24 381.2 | 26 558.1 | 28 797.1 |
| 01-03 | AGRICULTURE, SYLVICULTURE ET PÊCHE | 37.6 | 29.2 | 11.1 | 19.4 | 17.6 | 20.0 | 14.8 | 19.4 |
| 05-09 | ACTIVITÉS EXTRACTIVES | 92.8 | 103.9 | 126.1 | 194.7 | 245.0 | 243.7 | 274.1 | 263.6 |
| 10-33 | ACTIVITÉS DE FABRICATION | 9 363.4 | 8 833.2 | 8 480.9 | 8 515.8 | 9 097.9 | 9 745.8 | 10 538.6 | 11 244.4 |
| 10-12 | Produits alimentaires, boissons et tabac | .. | .. | 366.7 | 330.7 | 393.2 | 391.7 | 471.5 | 476.7 |
| 13-15 | Textiles, habillement, cuir et articles de cuir | .. | .. | 14.7 | 15.4 | 36.0 | 45.5 | 31.7 | 32.4 |
| 13 | Textiles | .. | .. | 11.1 | 13.3 | 32.4 | 38.9 | 23.8 | 24.0 |
| 14 | Articles d'habillement | .. | .. | 2.0 | 1.1 | 1.7 | 3.8 | 4.2 | 4.9 |
| 15 | Cuir et articles de cuir | .. | .. | 1.6 | 1.0 | 1.8 | 2.7 | 3.7 | 3.5 |
| 16-18 | Bois, papier, imprimerie et reproduction de supports enregistrés | .. | .. | 23.8 | 25.8 | 21.4 | 31.2 | 51.4 | 58.1 |
| 16 | Bois et articles en bois, sauf meubles | .. | .. | 3.9 | 5.1 | 2.0 | 4.0 | 9.5 | 9.0 |
| 17 | Papier et articles en papier | .. | .. | 10.4 | 12.8 | 12.5 | 11.4 | 15.1 | 17.8 |
| 18 | Imprimerie et reproduction de supports enregistrés | .. | .. | 9.4 | 7.8 | 6.9 | 15.8 | 26.8 | 31.3 |
| 19-23 | Produits pétroliers, chimiques, pharmaceutiques, caoutchouc, plastique, minéraux | .. | .. | 1 250.7 | 1 283.0 | 1 350.5 | 1 310.1 | 1 391.7 | 1 383.2 |
| 19 | Cokéfaction et raffinage | .. | .. | 123.2 | 18.5 | 26.8 | 31.6 | 27.5 | 48.2 |
| 20-21 | Industrie chimique et pharmaceutique | .. | .. | 963.9 | 1 110.4 | 1 151.0 | 1 093.2 | 1 178.6 | 1 106.2 |
| 20 | Produits chimiques | .. | .. | 384.5 | 457.5 | 402.4 | 374.6 | 519.6 | 528.6 |
| 21 | Préparations pharmaceutiques, chimiques (médicine) et d'herboristerie | .. | .. | 579.4 | 652.8 | 748.7 | 718.6 | 659.1 | 577.7 |
| 22 | Produits en caoutchouc et en plastique | .. | .. | 104.8 | 95.2 | 115.1 | 140.4 | 136.9 | 159.8 |
| 23 | Autres produits minéraux non métalliques | .. | .. | 58.8 | 58.9 | 57.5 | 44.9 | 48.7 | 68.9 |
| 24-25 | Produits métalliques de base et ouvrages en métaux (sauf machines et matériel) | .. | .. | 948.0 | 918.3 | 903.9 | 796.1 | 803.2 | 868.8 |
| 24 | Produits métallurgiques de base | .. | .. | 65.6 | 70.5 | 123.5 | 90.2 | 63.9 | 102.3 |
| 25 | Ouvrages en métaux (sauf machines et matériel) | .. | .. | 882.4 | 847.9 | 780.4 | 705.9 | 739.3 | 766.5 |
| 26-30 | Ordinateurs, articles électroniques et optiques ; machines et matériels de transport | .. | .. | 5 444.4 | 5 458.4 | 6 048.1 | 6 853.0 | 7 384.0 | 8 005.2 |
| 26 | Ordinateurs, articles électroniques et optiques | .. | .. | 1 372.7 | 1 179.6 | 1 384.5 | 1 391.9 | 1 469.6 | 1 453.8 |
| 27 | Matériels électriques | .. | .. | 193.5 | 233.0 | 215.7 | 242.1 | 230.9 | 261.9 |
| 28 | Machines et équipements n.c.a. | .. | .. | 887.1 | 886.8 | 897.4 | 1 106.3 | 1 079.9 | 1 079.1 |
| 29 | Automobiles, remorques et semi-remorques | .. | .. | 1 360.5 | 1 507.5 | 1 834.9 | 2 106.7 | 2 510.3 | 2 913.2 |
| 30 | Autres matériels de transport | .. | .. | 1 629.2 | 1 651.6 | 1 715.6 | 2 006.0 | 2 093.4 | 2 297.3 |
| 31-33 | Meubles ; réparation et installation de machines et de matériel | .. | .. | 432.6 | 484.2 | 344.9 | 318.3 | 405.1 | 420.2 |
| 31 | Meubles | .. | .. | 38.5 | 46.7 | 70.8 | 51.6 | 73.1 | 56.3 |
| 32 | Autres activités de fabrication | .. | .. | 121.3 | 204.7 | 166.0 | 147.7 | 181.7 | 178.7 |
| 33 | Réparation et installation de machines et de matériel | .. | .. | 272.8 | 232.8 | 108.1 | 119.0 | 150.3 | 185.2 |
| 35-39 | ÉLECTRICITÉ, GAZ, EAU ET TRAITEMENT DES DÉCHETS | 45.1 | 35.5 | 43.9 | 42.7 | 46.6 | 118.6 | 163.0 | 157.2 |
| 35-36 | Production et distribution d'électricité, de gaz et de l'eau | .. | .. | 32.3 | 32.2 | 37.1 | 102.8 | 141.1 | 140.4 |
| 37-39 | Assainissement, traitement des déchets et dépollution | .. | .. | 11.6 | 10.4 | 9.5 | 15.8 | 21.9 | 16.8 |
| 41-43 | CONSTRUCTION | 28.6 | 39.8 | 76.6 | 54.2 | 53.1 | 85.8 | 100.3 | 151.7 |
| 45-99 | TOTAL SERVICES | 12 441.4 | 13 612.4 | 13 291.8 | 14 095.8 | 15 195.6 | 14 167.4 | 15 467.3 | 16 960.8 |
| 45-82 | Services du secteur des entreprises | .. | .. | 13 069.6 | 13 791.7 | 14 852.7 | 13 816.3 | 15 023.6 | 16 646.8 |
| 45-47 | Commerce de gros et de détail ; réparations automobiles et motocycles | .. | .. | 827.7 | 1 074.8 | 1 084.8 | 996.8 | 994.4 | 1 013.1 |
| 49-53 | Transport et entreposage | .. | .. | 40.9 | 40.9 | 41.9 | 14.0 | 43.9 | 66.6 |
| 55-56 | Activités d'hébergement et de restauration | .. | .. | 12.0 | 26.7 | 36.0 | 41.6 | 23.2 | 42.2 |
| 58-63 | Information et communication | .. | .. | 3 208.1 | 2 981.0 | 3 317.3 | 3 450.7 | 3 787.8 | 4 239.9 |
| 58-60 | Édition, audiovisuel et diffusion | .. | .. | 111.8 | 102.0 | 120.4 | 98.1 | 174.3 | 284.4 |
| 58 | Activités d'édition | .. | .. | 71.3 | 63.5 | 87.0 | 73.5 | 126.8 | 119.5 |
| 59-60 | Activités audiovisuel et diffusion | .. | .. | 40.5 | 38.4 | 33.4 | 24.5 | 47.5 | 165.0 |
| 59 | Production de films, vidéo, programmes de télévision et d'enregistrements | .. | .. | 29.2 | 33.8 | 24.8 | 15.0 | 32.0 | 111.0 |
| 60 | Programmation et diffusion | .. | .. | 11.3 | 4.6 | 8.6 | 9.5 | 15.5 | 54.0 |
| 61 | Télécommunications | .. | .. | 1 427.9 | 1 177.7 | 1 018.1 | 999.8 | 1 054.0 | 1 149.9 |
| 62-63 | Technologies de l'information et informatique | .. | .. | 1 668.4 | 1 701.3 | 2 178.9 | 2 352.9 | 2 559.5 | 2 805.6 |
| 62 | Programmation informatique ; conseils et activités connexes | .. | .. | 1 553.4 | 1 637.4 | 2 116.3 | 2 228.9 | 2 321.3 | 2 361.6 |
| 63 | Services d'information | .. | .. | 114.9 | 63.9 | 62.6 | 124.0 | 238.3 | 444.1 |
| 64-66 | Activités financières et d'assurances | .. | .. | 534.7 | 497.0 | 430.0 | 380.3 | 476.2 | 541.3 |
| 68-82 | Activités immobilières ; professionnelles ; services administratifs et d'appui | .. | .. | 8 446.2 | 9 171.1 | 9 942.8 | 8 933.0 | 9 698.1 | 10 743.7 |
| 68 | Activités immobilières | .. | .. | 15.1 | 14.3 | 14.0 | 16.0 | 23.8 | 3.5 |
| 69-75x72 | Activités professionnelles, scientifiques et techniques, R-D scientifique exclu | .. | .. | 1 105.6 | 1 212.2 | 1 377.1 | 1 821.9 | 2 277.5 | 2 875.7 |
| 72 | Recherche scientifique et développement | 6 182.0 | 7 085.6 | 7 207.5 | 7 750.1 | 8 276.0 | 6 681.7 | 6 998.8 | 7 186.7 |
| 77-82 | Activités de services administratifs et d'appui | .. | .. | 118.0 | 194.5 | 275.6 | 413.5 | 398.1 | 650.1 |
| 84-99 | Services collectifs, sociaux et personnels | .. | .. | 222.2 | 304.2 | 342.9 | 351.0 | 443.7 | 314.0 |
| 84-85 | Administration publique et défense ; sécurité sociale obligatoire et éducation | .. | .. | 22.8 | 12.4 | 11.0 | 27.2 | 47.7 | 22.4 |
| 86-88 | Santé humaine et action sociale | .. | .. | 4.2 | 36.0 | 24.8 | 23.9 | 45.3 | 57.5 |
| 90-93 | Arts, spectacles et loisirs | .. | .. | 173.9 | 216.4 | 272.1 | 264.5 | 304.3 | 196.5 |
| 94-99 | Autres services ; ménages-employeurs ; organismes extra-territoriaux | .. | .. | 21.3 | 39.4 | 35.0 | 35.3 | 46.4 | 37.7 |

.. Non disponible

*Note* : Voir les métadonnées détaillées sur : http://metalinks.oecd.org/anberd/20170419/1355.
Informations sur les données concernant Israël : http://oe.cd/israel-disclaimer.
*Responsabilité* : http://oe.cd/disclaimer

# ROYAUME-UNI

## Dépenses de R-D dans l'industrie par activité principale de l'entreprise, prix constants
### CITI Rév. 4

*2010 PPP USD*

| | | 2007 | 2008 | 2009 | 2010 | 2011 | 2012 | 2013 | 2014 |
|---|---|---|---|---|---|---|---|---|---|
| | **TOTAL ENTREPRISES** | 23 639.2 | 23 380.2 | 22 633.7 | 22 922.5 | 24 345.7 | 23 561.4 | 24 933.7 | 26 507.4 |
| 01-03 | AGRICULTURE, SYLVICULTURE ET PÊCHE | 40.4 | 30.2 | 11.4 | 19.4 | 17.3 | 19.3 | 13.9 | 17.8 |
| 05-09 | ACTIVITÉS EXTRACTIVES | 99.7 | 107.2 | 129.5 | 194.7 | 241.9 | 235.5 | 257.3 | 242.7 |
| 10-33 | ACTIVITÉS DE FABRICATION | 10 057.0 | 9 116.4 | 8 713.2 | 8 515.8 | 8 983.5 | 9 418.1 | 9 894.0 | 10 350.4 |
| 10-12 | Produits alimentaires, boissons et tabac | .. | .. | 376.8 | 330.7 | 388.2 | 378.5 | 442.6 | 438.8 |
| 13-15 | Textiles, habillement, cuir et articles de cuir | .. | .. | 15.1 | 15.4 | 35.5 | 43.9 | 29.7 | 29.8 |
| 13 | Textiles | .. | .. | 11.4 | 13.3 | 32.0 | 37.6 | 22.3 | 22.1 |
| 14 | Articles d'habillement | .. | .. | 2.0 | 1.1 | 1.7 | 3.7 | 3.9 | 4.5 |
| 15 | Cuir et articles de cuir | .. | .. | 1.6 | 1.0 | 1.8 | 2.6 | 3.5 | 3.2 |
| 16-18 | Bois, papier, imprimerie et reproduction de supports enregistrés | .. | .. | 24.5 | 25.8 | 21.1 | 30.2 | 48.3 | 53.5 |
| 16 | Bois et articles en bois, sauf meubles | .. | .. | 4.1 | 5.1 | 2.0 | 3.9 | 8.9 | 8.2 |
| 17 | Papier et articles en papier | .. | .. | 10.7 | 12.8 | 12.3 | 11.0 | 14.2 | 16.4 |
| 18 | Imprimerie et reproduction de supports enregistrés | .. | .. | 9.7 | 7.8 | 6.9 | 15.3 | 25.1 | 28.9 |
| 19-23 | Produits pétroliers, chimiques, pharmaceutiques, caoutchouc, plastique, minéraux | .. | .. | 1 285.0 | 1 283.0 | 1 333.5 | 1 266.0 | 1 306.6 | 1 273.2 |
| 19 | Cokéfaction et raffinage | .. | .. | 126.6 | 18.5 | 26.4 | 30.6 | 25.8 | 44.4 |
| 20-21 | Industrie chimique et pharmaceutique | .. | .. | 990.3 | 1 110.4 | 1 136.6 | 1 056.4 | 1 106.5 | 1 018.3 |
| 20 | Produits chimiques | .. | .. | 395.0 | 457.5 | 397.3 | 362.0 | 487.8 | 486.5 |
| 21 | Préparations pharmaceutiques, chimiques (médicine) et d'herboristerie | .. | .. | 595.2 | 652.8 | 739.3 | 694.4 | 618.8 | 531.7 |
| 22 | Produits en caoutchouc et en plastique | .. | .. | 107.6 | 95.2 | 113.7 | 135.7 | 128.5 | 147.1 |
| 23 | Autres produits minéraux non métalliques | .. | .. | 60.4 | 58.9 | 56.8 | 43.4 | 45.7 | 63.4 |
| 24-25 | Produits métalliques de base et ouvrages en métaux (sauf machines et matériel) | .. | .. | 973.9 | 918.3 | 892.5 | 769.4 | 754.0 | 799.7 |
| 24 | Produits métallurgiques de base | .. | .. | 67.4 | 70.5 | 122.0 | 87.2 | 60.0 | 94.1 |
| 25 | Ouvrages en métaux (sauf machines et matériel) | .. | .. | 906.6 | 847.9 | 770.6 | 682.2 | 694.0 | 705.5 |
| 26-30 | Ordinateurs, articles électroniques et optiques ; machines et matériels de transport | .. | .. | 5 593.5 | 5 458.4 | 5 972.1 | 6 622.6 | 6 932.4 | 7 368.7 |
| 26 | Ordinateurs, articles électroniques et optiques | .. | .. | 1 410.3 | 1 179.6 | 1 367.1 | 1 345.1 | 1 379.7 | 1 338.2 |
| 27 | Matériels électriques | .. | .. | 198.8 | 233.0 | 213.0 | 234.0 | 216.8 | 241.1 |
| 28 | Machines et équipements n.c.a. | .. | .. | 911.3 | 886.8 | 886.1 | 1 069.1 | 1 013.8 | 993.3 |
| 29 | Automobiles, remorques et semi-remorques | .. | .. | 1 397.8 | 1 507.5 | 1 811.8 | 2 035.8 | 2 356.7 | 2 681.6 |
| 30 | Autres matériels de transport | .. | .. | 1 673.8 | 1 651.6 | 1 694.0 | 1 938.6 | 1 965.3 | 2 114.6 |
| 31-33 | Meubles ; réparation et installation de machines et de matériel | .. | .. | 444.4 | 484.2 | 340.5 | 307.6 | 380.3 | 386.8 |
| 31 | Meubles | .. | .. | 39.5 | 46.7 | 69.9 | 49.9 | 68.7 | 51.9 |
| 32 | Autres activités de fabrication | .. | .. | 124.6 | 204.7 | 163.9 | 142.7 | 170.6 | 164.5 |
| 33 | Réparation et installation de machines et de matériel | .. | .. | 280.3 | 232.8 | 106.7 | 115.0 | 141.1 | 170.5 |
| 35-39 | ÉLECTRICITÉ, GAZ, EAU ET TRAITEMENT DES DÉCHETS | 48.4 | 36.6 | 45.1 | 42.7 | 46.0 | 114.6 | 153.0 | 144.7 |
| 35-36 | Production et distribution d'électricité, de gaz et de l'eau | .. | .. | 33.2 | 32.2 | 36.6 | 99.3 | 132.5 | 129.2 |
| 37-39 | Assainissement, traitement des déchets et dépollution | .. | .. | 11.9 | 10.4 | 9.4 | 15.3 | 20.5 | 15.4 |
| 41-43 | CONSTRUCTION | 30.7 | 41.0 | 78.7 | 54.2 | 52.4 | 82.9 | 94.2 | 139.6 |
| 45-99 | TOTAL SERVICES | 13 363.0 | 14 048.8 | 13 655.8 | 14 095.8 | 15 004.5 | 13 691.0 | 14 521.2 | 15 612.3 |
| 45-82 | Services du secteur des entreprises | .. | .. | 13 427.5 | 13 791.7 | 14 666.0 | 13 351.7 | 14 104.7 | 15 323.2 |
| 45-47 | Commerce de gros et de détail ; réparations automobiles et motocycles | .. | .. | 850.4 | 1 074.8 | 1 071.1 | 963.3 | 933.5 | 932.5 |
| 49-53 | Transport et entreposage | .. | .. | 42.0 | 40.9 | 41.4 | 13.5 | 41.2 | 61.3 |
| 55-56 | Activités d'hébergement et de restauration | .. | .. | 12.3 | 26.7 | 35.5 | 40.2 | 21.8 | 38.8 |
| 58-63 | Information et communication | .. | .. | 3 296.0 | 2 981.0 | 3 275.6 | 3 334.6 | 3 556.1 | 3 902.8 |
| 58-60 | Édition, audiovisuel et diffusion | .. | .. | 114.9 | 102.0 | 118.9 | 94.8 | 163.7 | 261.8 |
| 58 | Activités d'édition | .. | .. | 73.3 | 63.5 | 85.9 | 71.1 | 119.1 | 110.0 |
| 59-60 | Activités audiovisuel et diffusion | .. | .. | 41.6 | 38.4 | 33.0 | 23.7 | 44.6 | 151.9 |
| 59 | Production de films, vidéo, programmes de télévision et d'enregistrements | .. | .. | 30.0 | 33.8 | 24.5 | 14.5 | 30.0 | 102.2 |
| 60 | Programmation et diffusion | .. | .. | 11.6 | 4.6 | 8.5 | 9.2 | 14.6 | 49.7 |
| 61 | Télécommunications | .. | .. | 1 467.0 | 1 177.7 | 1 005.3 | 966.2 | 989.5 | 1 058.4 |
| 62-63 | Technologies de l'information et informatique | .. | .. | 1 714.0 | 1 701.3 | 2 151.5 | 2 273.8 | 2 403.0 | 2 582.5 |
| 62 | Programmation informatique ; conseils et activités connexes | .. | .. | 1 596.0 | 1 637.4 | 2 089.7 | 2 154.0 | 2 179.3 | 2 173.8 |
| 63 | Services d'information | .. | .. | 118.1 | 63.9 | 61.8 | 119.8 | 223.7 | 408.7 |
| 64-66 | Activités financières et d'assurances | .. | .. | 549.3 | 497.0 | 424.6 | 367.5 | 447.1 | 498.2 |
| 68-82 | Activités immobilières ; professionnelles ; services administratifs et d'appui | .. | .. | 8 677.5 | 9 171.1 | 9 817.7 | 8 632.6 | 9 104.9 | 9 889.5 |
| 68 | Activités immobilières | .. | .. | 15.5 | 14.3 | 13.8 | 15.4 | 22.3 | 28.9 |
| 69-75x72 | Activités professionnelles, scientifiques et techniques, R-D scientifique exclu | .. | .. | 1 135.9 | 1 212.2 | 1 359.8 | 1 760.6 | 2 138.2 | 2 647.0 |
| 72 | Recherche scientifique et développement | 6 640.0 | 7 312.8 | 7 404.9 | 7 750.1 | 8 172.0 | 6 457.0 | 6 570.7 | 6 615.3 |
| 77-82 | Activités de services administratifs et d'appui | .. | .. | 121.3 | 194.5 | 272.2 | 399.6 | 373.7 | 598.4 |
| 84-99 | Services collectifs, sociaux et personnels | .. | .. | 228.3 | 304.2 | 338.6 | 339.2 | 416.6 | 289.1 |
| 84-85 | Administration publique et défense ; sécurité sociale obligatoire et éducation | .. | .. | 23.5 | 12.4 | 10.9 | 26.3 | 44.7 | 20.6 |
| 86-88 | Santé humaine et action sociale | .. | .. | 4.3 | 36.0 | 24.5 | 23.1 | 42.6 | 52.9 |
| 90-93 | Arts, spectacles et loisirs | .. | .. | 178.6 | 216.4 | 268.7 | 255.6 | 285.7 | 180.8 |
| 94-99 | Autres services ; ménages-employeurs ; organismes extra-territoriaux | .. | .. | 21.9 | 39.4 | 34.5 | 34.2 | 43.5 | 34.7 |

.. Non disponible

*Note* : Voir les métadonnées détaillées sur : http://metalinks.oecd.org/anberd/20170419/1355.
Informations sur les données concernant Israël : http://oe.cd/israel-disclaimer.
*Responsabilité* : http://oe.cd/disclaimer

# ROYAUME-UNI

## Dépenses de R-D dans l'industrie par groupe de produits, prix courants
### CITI Rév. 4

*Millions USD PPP*

| | | 2007 | 2008 | 2009 | 2010 | 2011 | 2012 | 2013 | 2014 |
|---|---|---|---|---|---|---|---|---|---|
| | **TOTAL ENTREPRISES** | **22 008.8** | **22 653.9** | **22 030.4** | **22 922.5** | **24 655.7** | **24 381.2** | **26 558.1** | **28 797.1** |
| 01-03 | **AGRICULTURE, SYLVICULTURE ET PÊCHE** | **133.2** | **135.5** | **157.5** | **145.7** | **188.2** | **188.7** | **177.9** | **172.3** |
| 05-09 | **ACTIVITÉS EXTRACTIVES** | **126.4** | **127.9** | **157.0** | **162.2** | **275.3** | **306.0** | **324.2** | **455.5** |
| 10-33 | **ACTIVITÉS DE FABRICATION** | **16 307.1** | **16 721.7** | **16 277.8** | **16 603.0** | **17 778.0** | **17 438.2** | **18 456.0** | **19 252.3** |
| 10-12 | Produits alimentaires, boissons et tabac | 461.2 | 435.3 | 414.6 | 435.8 | 495.9 | 509.2 | 611.1 | 621.0 |
| 13-15 | Textiles, habillement, cuir et articles de cuir | 27.0 | 21.8 | 14.7 | 15.4 | 18.6 | 28.8 | 31.8 | 32.4 |
| 13 | Textiles | .. | .. | .. | .. | .. | .. | .. | .. |
| 14 | Articles d'habillement | .. | .. | .. | .. | .. | .. | .. | .. |
| 15 | Cuir et articles de cuir | .. | .. | .. | .. | .. | .. | .. | .. |
| 16-18 | Bois, papier, imprimerie et reproduction de supports enregistrés | 75.2 | 70.1 | 36.7 | 39.5 | 30.3 | 39.6 | 70.4 | 69.3 |
| 16 | Bois et articles en bois, sauf meubles | .. | .. | 6.1 | 7.9 | 2.8 | 5.1 | 13.0 | 10.7 |
| 17 | Papier et articles en papier | .. | .. | 16.1 | 19.6 | 17.7 | 14.4 | 20.7 | 21.2 |
| 18 | Imprimerie et reproduction de supports enregistrés | .. | .. | 14.5 | 12.0 | 9.8 | 20.1 | 36.7 | 37.4 |
| 19-23 | Produits pétroliers, chimiques, pharmaceutiques, caoutchouc, plastique, minéraux | 6 965.0 | 7 548.6 | 7 669.9 | 7 848.0 | 8 168.2 | 7 168.6 | 7 077.0 | 7 053.9 |
| 19 | Cokéfaction et raffinage | .. | .. | .. | 104.7 | 102.3 | 108.5 | 100.1 | 125.0 |
| 20-21 | Industrie chimique et pharmaceutique | 6 496.0 | 7 053.0 | 7 119.6 | 7 550.5 | 7 844.7 | 6 836.0 | 6 763.7 | 6 654.4 |
| 20 | Produits chimiques | 942.1 | 894.8 | 869.6 | 939.3 | 975.7 | 841.6 | 889.0 | 985.6 |
| 21 | Préparations pharmaceutiques, chimiques (médicine) et d'herboristerie | 5 553.9 | 6 158.2 | 6 250.0 | 6 611.2 | 6 869.0 | 5 994.4 | 5 874.7 | 5 668.7 |
| 22 | Produits en caoutchouc et en plastique | 111.7 | 108.9 | 81.9 | 112.7 | 136.8 | 159.8 | 145.0 | 186.1 |
| 23 | Autres produits minéraux non métalliques | .. | .. | .. | 80.0 | 84.4 | 64.3 | 68.2 | 88.6 |
| 24-25 | Produits métalliques de base et ouvrages en métaux (sauf machines et matériel) | 193.3 | 186.4 | 196.9 | 295.3 | 338.8 | 275.6 | 293.1 | 341.8 |
| 24 | Produits métallurgiques de base | .. | .. | .. | 162.8 | 171.0 | 138.0 | 125.7 | 183.0 |
| 25 | Ouvrages en métaux (sauf machines et matériel) | .. | .. | .. | 132.5 | 167.8 | 137.7 | 167.4 | 158.8 |
| 26-30 | Ordinateurs, articles électroniques et optiques ; machines et matériels de transport | 8 547.1 | 8 411.9 | 7 807.2 | 7 778.4 | 8 518.2 | 9 218.6 | 10 128.4 | 10 845.0 |
| 26 | Ordinateurs, articles électroniques et optiques | 1 804.1 | 1 907.5 | 1 764.6 | 1 732.4 | 1 820.0 | 2 105.4 | 2 298.2 | 2 478.7 |
| 27 | Matériels électriques | 764.1 | 811.1 | 830.2 | 730.2 | 720.5 | 663.9 | 562.9 | 664.9 |
| 28 | Machines et équipements n.c.a. | 1 519.4 | 1 188.9 | 1 256.0 | 1 191.1 | 1 374.0 | 1 423.0 | 1 495.6 | 1 433.3 |
| 29 | Automobiles, remorques et semi-remorques | 1 313.7 | 1 793.4 | 1 605.0 | 1 790.7 | 2 160.0 | 2 468.8 | 2 965.6 | 3 327.4 |
| 30 | Autres matériels de transport | 3 145.9 | 2 711.0 | 2 351.3 | 2 334.0 | 2 443.7 | 2 557.6 | 2 806.0 | 2 940.7 |
| 31-33 | Meubles ; réparation et installation de machines et de matériel | 38.3 | 47.7 | 137.8 | 190.6 | 208.1 | 197.7 | 244.2 | 288.9 |
| 31 | Meubles | .. | .. | .. | .. | .. | .. | .. | .. |
| 32 | Autres activités de fabrication | .. | .. | .. | .. | .. | .. | .. | .. |
| 33 | Réparation et installation de machines et de matériel | .. | .. | .. | .. | .. | .. | .. | .. |
| 35-39 | **ÉLECTRICITÉ, GAZ, EAU ET TRAITEMENT DES DÉCHETS** | **53.1** | **50.1** | **113.7** | **102.4** | **95.2** | **168.6** | **199.5** | **208.3** |
| 35-36 | Production et distribution d'électricité, de gaz et de l'eau | .. | .. | 106.1 | 90.9 | 80.3 | 151.5 | 175.3 | 191.7 |
| 37-39 | Assainissement, traitement des déchets et dépollution | .. | .. | 7.6 | 11.6 | 14.9 | 17.1 | 24.2 | 16.6 |
| 41-43 | **CONSTRUCTION** | **19.2** | **20.5** | **24.8** | **10.4** | **31.3** | **83.2** | **103.5** | **191.0** |
| 45-99 | **TOTAL SERVICES** | **5 369.7** | **5 598.2** | **5 299.6** | **5 898.8** | **6 287.6** | **6 196.5** | **7 296.9** | **8 517.7** |
| 45-82 | **Services du secteur des entreprises** | **5 295.0** | **5 554.3** | **5 191.2** | **5 781.2** | **6 193.5** | **6 099.6** | **7 144.9** | **8 376.6** |
| 45-47 | Commerce de gros et de détail ; réparations automobiles et motocycles | 52.5 | 106.8 | 107.5 | 249.7 | 334.5 | 261.7 | 240.7 | 353.5 |
| 49-53 | Transport et entreposage | 29.1 | 17.2 | 34.5 | 24.8 | 25.9 | 30.1 | 50.2 | 55.2 |
| 55-56 | Activités d'hébergement et de restauration | .. | .. | .. | .. | .. | .. | .. | .. |
| 58-63 | Information et communication | .. | .. | .. | 3 883.9 | 4 103.7 | 4 060.1 | 4 210.5 | 4 869.3 |
| 58-60 | Édition, audiovisuel et diffusion | .. | .. | .. | 49.6 | 37.7 | 42.5 | 92.1 | 90.1 |
| 58 | Activités d'édition | .. | .. | .. | .. | .. | .. | .. | .. |
| 59-60 | Activités audiovisuel et diffusion | .. | .. | .. | .. | .. | .. | .. | .. |
| 59 | Production de films, vidéo, programmes de télévision et d'enregistrements | .. | .. | .. | .. | .. | .. | .. | .. |
| 60 | Programmation et diffusion | .. | .. | .. | .. | .. | .. | .. | .. |
| 61 | Télécommunications | 2 126.9 | 2 011.3 | 1 537.0 | 1 480.7 | 1 489.1 | 1 267.6 | 1 210.0 | 1 382.9 |
| 62-63 | Technologies de l'information et informatique | 2 114.9 | 2 132.4 | 2 050.5 | 2 353.5 | 2 576.9 | 2 750.0 | 2 908.4 | 3 396.3 |
| 62 | Programmation informatique ; conseils et activités connexes | .. | .. | .. | .. | .. | .. | .. | .. |
| 63 | Services d'information | .. | .. | .. | .. | .. | .. | .. | .. |
| 64-66 | **Activités financières et d'assurances** | .. | .. | .. | **214.9** | **191.2** | **59.7** | **182.0** | **251.4** |
| 68-82 | **Activités immobilières ; professionnelles ; services administratifs et d'appui** | .. | .. | .. | **1 408.0** | **1 538.1** | **1 688.1** | **2 461.5** | **2 847.2** |
| 68 | Activités immobilières | .. | .. | .. | 14.3 | 14.0 | 0.0 | 0.0 | 31.3 |
| 69-75x72 | Activités professionnelles, scientifiques et techniques, R-D scientifique exclu | .. | .. | .. | .. | .. | .. | .. | .. |
| 72 | Recherche scientifique et développement | 235.0 | 573.9 | 619.3 | 805.5 | 965.8 | 872.1 | 1 337.0 | 1 189.3 |
| 77-82 | Activités de services administratifs et d'appui | .. | .. | .. | .. | .. | .. | .. | .. |
| 84-99 | Services collectifs, sociaux et personnels | 74.8 | 43.9 | 108.4 | 117.6 | 94.2 | 96.9 | 152.0 | 141.1 |
| 84-85 | Administration publique et défense ; sécurité sociale obligatoire et éducation | .. | .. | .. | .. | .. | .. | .. | .. |
| 86-88 | Santé humaine et action sociale | .. | .. | .. | .. | .. | .. | .. | .. |
| 90-93 | Arts, spectacles et loisirs | .. | .. | .. | .. | .. | .. | .. | .. |
| 94-99 | Autres services ; ménages-employeurs ; organismes extra-territoriaux | .. | .. | .. | .. | .. | .. | .. | .. |

.. Non disponible

*Note* : Voir les métadonnées détaillées sur : http://metalinks.oecd.org/anberd/20170419/1355.
Informations sur les données concernant Israël : http://oe.cd/israel-disclaimer.
*Responsabilité* : http://oe.cd/disclaimer

# ROYAUME-UNI

## Dépenses de R-D dans l'industrie par groupe de produits, prix constants
CITI Rév. 4

2010 PPP USD

| | | 2007 | 2008 | 2009 | 2010 | 2011 | 2012 | 2013 | 2014 |
|---|---|---|---|---|---|---|---|---|---|
| | TOTAL ENTREPRISES | 23 639.2 | 23 380.2 | 22 633.7 | 22 922.5 | 24 345.7 | 23 561.4 | 24 933.7 | 26 507.4 |
| 01-03 | AGRICULTURE, SYLVICULTURE ET PÊCHE | 143.1 | 139.8 | 161.8 | 145.7 | 185.9 | 182.4 | 167.1 | 158.6 |
| 05-09 | ACTIVITÉS EXTRACTIVES | 135.8 | 132.0 | 161.3 | 162.2 | 271.9 | 295.7 | 304.4 | 419.3 |
| 10-33 | ACTIVITÉS DE FABRICATION | 17 515.1 | 17 257.8 | 16 723.6 | 16 603.0 | 17 554.5 | 16 851.8 | 17 327.1 | 17 721.6 |
| 10-12 | Produits alimentaires, boissons et tabac | 495.3 | 449.2 | 425.9 | 435.8 | 489.6 | 492.1 | 573.7 | 571.6 |
| 13-15 | Textiles, habillement, cuir et articles de cuir | 29.0 | 22.5 | 15.1 | 15.4 | 18.3 | 27.8 | 29.9 | 29.8 |
| 13 | Textiles | .. | .. | .. | .. | .. | .. | .. | .. |
| 14 | Articles d'habillement | .. | .. | .. | .. | .. | .. | .. | .. |
| 15 | Cuir et articles de cuir | .. | .. | .. | .. | .. | .. | .. | .. |
| 16-18 | Bois, papier, imprimerie et reproduction de supports enregistrés | 80.8 | 72.3 | 37.7 | 39.5 | 29.9 | 38.3 | 66.1 | 63.8 |
| 16 | Bois et articles en bois, sauf meubles | .. | .. | 6.2 | 7.9 | 2.8 | 4.9 | 12.2 | 9.8 |
| 17 | Papier et articles en papier | .. | .. | 16.5 | 19.6 | 17.4 | 13.9 | 19.4 | 19.5 |
| 18 | Imprimerie et reproduction de supports enregistrés | .. | .. | 14.9 | 12.0 | 9.7 | 19.4 | 34.4 | 34.5 |
| 19-23 | Produits pétroliers, chimiques, pharmaceutiques, caoutchouc, plastique, minéraux | 7 480.9 | 7 790.6 | 7 879.9 | 7 848.0 | 8 065.5 | 6 927.5 | 6 644.1 | 6 493.1 |
| 19 | Cokéfaction et raffinage | .. | .. | .. | 104.7 | 101.0 | 104.8 | 93.9 | 115.0 |
| 20-21 | Industrie chimique et pharmaceutique | 6 977.2 | 7 279.1 | 7 314.6 | 7 550.5 | 7 746.1 | 6 606.2 | 6 350.0 | 6 125.3 |
| 20 | Produits chimiques | 1 011.9 | 923.4 | 893.4 | 939.3 | 963.4 | 813.3 | 834.6 | 907.3 |
| 21 | Préparations pharmaceutiques, chimiques (médicine) et d'herboristerie | 5 965.3 | 6 355.6 | 6 421.2 | 6 611.2 | 6 782.7 | 5 792.9 | 5 515.4 | 5 218.0 |
| 22 | Produits en caoutchouc et en plastique | 120.0 | 112.4 | 84.2 | 112.7 | 135.1 | 154.4 | 136.1 | 171.3 |
| 23 | Autres produits minéraux non métalliques | .. | .. | .. | 80.0 | 83.4 | 62.1 | 64.1 | 81.5 |
| 24-25 | Produits métalliques de base et ouvrages en métaux (sauf machines et matériel) | 207.7 | 192.4 | 202.3 | 295.3 | 334.5 | 266.4 | 275.2 | 314.6 |
| 24 | Produits métallurgiques de base | .. | .. | .. | 162.8 | 168.8 | 133.3 | 118.0 | 168.5 |
| 25 | Ouvrages en métaux (sauf machines et matériel) | .. | .. | .. | 132.5 | 165.7 | 133.0 | 157.2 | 146.1 |
| 26-30 | Ordinateurs, articles électroniques et optiques ; machines et matériels de transport | 9 180.3 | 8 681.6 | 8 021.0 | 7 778.4 | 8 411.1 | 8 908.6 | 9 508.9 | 9 982.7 |
| 26 | Ordinateurs, articles électroniques et optiques | 1 937.7 | 1 968.7 | 1 812.9 | 1 732.4 | 1 797.1 | 2 034.6 | 2 157.7 | 2 281.6 |
| 27 | Matériels électriques | 820.7 | 837.1 | 852.9 | 730.2 | 711.4 | 641.6 | 528.5 | 612.1 |
| 28 | Machines et équipements n.c.a. | 1 631.9 | 1 227.0 | 1 290.4 | 1 191.1 | 1 356.7 | 1 375.1 | 1 404.2 | 1 319.3 |
| 29 | Automobiles, remorques et semi-remorques | 1 411.0 | 1 850.9 | 1 649.0 | 1 790.7 | 2 132.9 | 2 385.8 | 2 784.3 | 3 062.8 |
| 30 | Autres matériels de transport | 3 378.9 | 2 797.9 | 2 415.7 | 2 334.0 | 2 413.0 | 2 471.6 | 2 634.4 | 2 706.9 |
| 31-33 | Meubles ; réparation et installation de machines et de matériel | 41.1 | 49.2 | 141.6 | 190.6 | 205.4 | 191.0 | 229.2 | 265.9 |
| 31 | Meubles | .. | .. | .. | .. | .. | .. | .. | .. |
| 32 | Autres activités de fabrication | .. | .. | .. | .. | .. | .. | .. | .. |
| 33 | Réparation et installation de machines et de matériel | .. | .. | .. | .. | .. | .. | .. | .. |
| 35-39 | ÉLECTRICITÉ, GAZ, EAU ET TRAITEMENT DES DÉCHETS | 57.0 | 51.7 | 116.8 | 102.4 | 94.0 | 162.9 | 187.3 | 191.7 |
| 35-36 | Production et distribution d'électricité, de gaz et de l'eau | .. | .. | 109.0 | 90.9 | 79.3 | 146.4 | 164.6 | 176.5 |
| 37-39 | Assainissement, traitement des déchets et dépollution | .. | .. | 7.8 | 11.6 | 14.7 | 16.5 | 22.7 | 15.3 |
| 41-43 | CONSTRUCTION | 20.6 | 21.2 | 25.5 | 10.4 | 30.9 | 80.4 | 97.2 | 175.8 |
| 45-99 | TOTAL SERVICES | 5 767.5 | 5 777.7 | 5 444.7 | 5 898.8 | 6 208.6 | 5 988.2 | 6 850.6 | 7 840.4 |
| 45-82 | Services du secteur des entreprises | 5 687.2 | 5 732.3 | 5 333.3 | 5 781.2 | 6 115.6 | 5 894.5 | 6 707.9 | 7 710.5 |
| 45-47 | Commerce de gros et de détail ; réparations automobiles et motocycles | 56.4 | 110.2 | 110.5 | 249.7 | 330.3 | 252.9 | 226.0 | 325.4 |
| 49-53 | Transport et entreposage | 31.3 | 17.7 | 35.4 | 24.8 | 25.6 | 29.1 | 47.2 | 50.8 |
| 55-56 | Activités d'hébergement et de restauration | .. | .. | .. | .. | .. | .. | .. | .. |
| 58-63 | Information et communication | .. | .. | .. | 3 883.9 | 4 052.1 | 3 923.6 | 3 953.0 | 4 482.2 |
| 58-60 | Édition, audiovisuel et diffusion | .. | .. | .. | 49.6 | 37.2 | 41.0 | 86.5 | 83.0 |
| 58 | Activités d'édition | .. | .. | .. | .. | .. | .. | .. | .. |
| 59-60 | Activités audiovisuel et diffusion | .. | .. | .. | .. | .. | .. | .. | .. |
| 59 | Production de films, vidéo, programmes de télévision et d'enregistrements | .. | .. | .. | .. | .. | .. | .. | .. |
| 60 | Programmation et diffusion | .. | .. | .. | .. | .. | .. | .. | .. |
| 61 | Télécommunications | 2 284.5 | 2 075.8 | 1 579.1 | 1 480.7 | 1 470.4 | 1 225.0 | 1 136.0 | 1 272.9 |
| 62-63 | Technologies de l'information et informatique | 2 271.6 | 2 200.8 | 2 106.6 | 2 353.5 | 2 544.5 | 2 657.5 | 2 730.5 | 3 126.3 |
| 62 | Programmation informatique ; conseils et activités connexes | .. | .. | .. | .. | .. | .. | .. | .. |
| 63 | Services d'information | .. | .. | .. | .. | .. | .. | .. | .. |
| 64-66 | Activités financières et d'assurances | .. | .. | .. | 214.9 | 188.8 | 57.7 | 170.8 | 231.4 |
| 68-82 | Activités immobilières ; professionnelles ; services administratifs et d'appui | .. | .. | .. | 1 408.0 | 1 518.8 | 1 631.3 | 2 310.9 | 2 620.8 |
| 68 | Activités immobilières | .. | .. | .. | 14.3 | 13.8 | 0.0 | 0.0 | 28.9 |
| 69-75x72 | Activités professionnelles, scientifiques et techniques, R-D scientifique exclu | .. | .. | .. | .. | .. | .. | .. | .. |
| 72 | Recherche scientifique et développement | 252.4 | 592.3 | 636.3 | 805.5 | 953.6 | 842.8 | 1 255.2 | 1 094.7 |
| 77-82 | Activités de services administratifs et d'appui | .. | .. | .. | .. | .. | .. | .. | .. |
| 84-99 | Services collectifs, sociaux et personnels | 80.3 | 45.3 | 111.4 | 117.6 | 93.0 | 93.7 | 142.7 | 129.9 |
| 84-85 | Administration publique et défense ; sécurité sociale obligatoire et éducation | .. | .. | .. | .. | .. | .. | .. | .. |
| 86-88 | Santé humaine et action sociale | .. | .. | .. | .. | .. | .. | .. | .. |
| 90-93 | Arts, spectacles et loisirs | .. | .. | .. | .. | .. | .. | .. | .. |
| 94-99 | Autres services ; ménages-employeurs ; organismes extra-territoriaux | .. | .. | .. | .. | .. | .. | .. | .. |

.. Non disponible

*Note* : Voir les métadonnées détaillées sur : http://metalinks.oecd.org/anberd/20170419/1355.
    Informations sur les données concernant Israël : http://oe.cd/israel-disclaimer.
*Responsabilité* : http://oe.cd/disclaimer

# ÉTATS-UNIS

## Dépenses de R-D dans l'industrie par activité principale de l'entreprise, prix courants
### CITI Rév. 4

*Millions USD PPP*

| | | 2007 | 2008 | 2009 | 2010 | 2011 | 2012 | 2013 | 2014 |
|---|---|---|---|---|---|---|---|---|---|
| | **TOTAL ENTREPRISES** | 269 267.0 | 290 680.0 | 282 393.0 | 278 977.0 | 294 093.0 | 302 250.0 | 322 528.0 | 340 728.0 |
| 01-03 | AGRICULTURE, SYLVICULTURE ET PÊCHE | .. | .. | .. | .. | .. | .. | .. | .. |
| 05-09 | **ACTIVITÉS EXTRACTIVES** | 1 445.0 | 1 502.0 | 2 706.7 | 2 542.0 | 2 733.0 | 2 815.0 | 3 997.0 | 4 703.0 |
| 10-33 | **ACTIVITÉS DE FABRICATION** | 187 477.0 | 203 755.0 | 195 144.0 | 196 711.0 | 201 361.0 | 208 415.0 | 221 476.0 | 232 815.0 |
| 10-12 | Produits alimentaires, boissons et tabac | 2 943.0 | 2 880.0 | 4 669.0 | 4 544.7 | 5 085.9 | 4 860.0 | 5 855.0 | 6 212.0 |
| 13-15 | Textiles, habillement, cuir et articles de cuir | 806.0 | 815.0 | 428.0 | 489.0 | 634.0 | 560.0 | 662.0 | 631.0 |
| 13 | Textiles | .. | .. | .. | .. | .. | .. | .. | .. |
| 14 | Articles d'habillement | .. | .. | .. | .. | .. | .. | .. | .. |
| 15 | Cuir et articles de cuir | .. | .. | .. | .. | .. | .. | .. | .. |
| 16-18 | Bois, papier, imprimerie et reproduction de supports enregistrés | 2 800.1 | 1 789.0 | 1 956.0 | 1 752.0 | 1 732.0 | 1 469.0 | 1 392.0 | 1 319.0 |
| 16 | Bois et articles en bois, sauf meubles | 204.1 | 273.0 | 512.0 | 247.0 | 211.0 | 461.0 | 220.0 | 362.0 |
| 17 | Papier et articles en papier | .. | 1 167.0 | 1 249.0 | 1 274.0 | 1 346.0 | 752.0 | 920.0 | 723.0 |
| 18 | Imprimerie et reproduction de supports enregistrés | .. | 349.0 | 195.0 | 231.0 | 175.0 | 256.0 | 252.0 | 234.0 |
| 19-23 | Produits pétroliers, chimiques, pharmaceutiques, caoutchouc, plastique, minéraux | 60 513.5 | 62 981.0 | 57 502.0 | 62 589.0 | 60 267.2 | 62 956.0 | 66 885.0 | 71 553.0 |
| 19 | Cokéfaction et raffinage | 1 719.2 | 1 358.0 | 606.0 | 1 154.0 | 1 484.2 | 894.0 | 242.0 | 234.0 |
| 20-21 | Industrie chimique et pharmaceutique | 55 572.1 | 58 250.0 | 53 328.0 | 58 038.0 | 55 324.0 | 57 226.0 | 61 664.0 | 66 300.0 |
| 20 | Produits chimiques | 7 840.1 | 10 119.0 | 8 392.0 | 8 623.0 | 9 375.0 | 9 080.0 | 9 238.0 | 9 688.0 |
| 21 | Préparations pharmaceutiques, chimiques (médicine) et d'herboristerie | 47 732.0 | 48 131.0 | 44 936.0 | 49 415.0 | 45 949.0 | 48 146.0 | 52 426.0 | 56 612.0 |
| 22 | Produits en caoutchouc et en plastique | 2 097.2 | 1 817.0 | 2 468.0 | 2 121.0 | 2 280.0 | 3 509.0 | 3 650.0 | 3 574.0 |
| 23 | Autres produits minéraux non métalliques | 1 125.0 | 1 556.0 | 1 100.0 | 1 276.0 | 1 179.0 | 1 327.0 | 1 329.0 | 1 445.0 |
| 24-25 | Produits métalliques de base et ouvrages en métaux (sauf machines et matériel) | 2 605.0 | 3 114.0 | 2 877.0 | 2 356.0 | 2 508.0 | 2 574.0 | 2 836.0 | 2 808.0 |
| 24 | Produits métallurgiques de base | 896.0 | 695.0 | 837.0 | 653.0 | 655.0 | 741.0 | 624.0 | 677.0 |
| 25 | Ouvrages en métaux (sauf machines et matériel) | 1 709.0 | 2 419.0 | 2 040.0 | 1 703.0 | 1 853.0 | 1 833.0 | 2 212.0 | 2 131.0 |
| 26-30 | Ordinateurs, articles électroniques et optiques ; machines et matériels de transport | 110 818.4 | 124 264.0 | 117 244.0 | 116 063.0 | 121 888.0 | 124 715.0 | 129 963.0 | 137 129.0 |
| 26 | Ordinateurs, articles électroniques et optiques | 58 599.0 | 60 464.0 | 56 435.0 | 59 875.0 | 62 704.0 | 65 068.0 | 67 205.0 | 73 891.0 |
| 27 | Matériels électriques | 2 708.0 | 3 143.0 | 3 334.0 | 3 320.0 | 3 595.0 | 3 087.0 | 4 136.0 | 4 365.0 |
| 28 | Machines et équipements n.c.a. | 9 865.0 | 10 104.0 | 9 138.0 | 9 955.0 | 14 709.0 | 14 254.0 | 12 650.0 | 12 128.0 |
| 29 | Automobiles, remorques et semi-remorques | 16 102.8 | 13 140.0 | 11 364.0 | 10 109.1 | 11 694.8 | 14 587.6 | 16 729.0 | 18 404.0 |
| 30 | Autres matériels de transport | 23 543.5 | 37 413.0 | 36 973.0 | 32 803.9 | 29 185.2 | 27 717.4 | 29 244.0 | 28 342.0 |
| 31-33 | Meubles ; réparation et installation de machines et de matériel | 6 992.0 | 7 914.0 | 10 466.0 | 8 917.3 | 9 245.9 | 11 281.0 | 13 883.0 | 13 162.0 |
| 31 | Meubles | 582.0 | 477.0 | 396.0 | 373.0 | 319.0 | 348.0 | 374.0 | 373.0 |
| 32 | Autres activités de fabrication | 6 410.0 | 7 437.0 | 10 070.0 | 8 544.3 | 8 926.9 | 10 933.0 | 13 509.0 | 12 789.0 |
| 33 | Réparation et installation de machines et de matériel | .. | .. | .. | .. | .. | .. | .. | .. |
| 35-39 | **ÉLECTRICITÉ, GAZ, EAU ET TRAITEMENT DES DÉCHETS** | 235.0 | 226.0 | 246.0 | 425.0 | 386.0 | 348.0 | 294.0 | 310.0 |
| 35-36 | Production et distribution d'électricité, de gaz et de l'eau | .. | .. | .. | .. | .. | .. | .. | .. |
| 37-39 | Assainissement, traitement des déchets et dépollution | .. | .. | .. | .. | .. | .. | .. | .. |
| 41-43 | **CONSTRUCTION** | 386.0 | 1 346.7 | 115.0 | 1 079.0 | 775.0 | 760.0 | 248.0 | 204.0 |
| 45-99 | **TOTAL SERVICES** | 79 724.0 | 83 850.3 | 84 181.3 | 78 220.0 | 88 838.0 | 89 912.0 | 96 513.0 | 102 696.0 |
| 45-82 | Services du secteur des entreprises | 76 589.0 | 80 243.0 | 82 998.3 | 75 089.9 | 86 633.0 | 88 352.0 | 94 979.0 | 101 538.0 |
| 45-47 | Commerce de gros et de détail ; réparations automobiles et motocycles | 4 824.0 | 3 115.0 | 1 893.3 | 2 013.9 | 2 617.0 | 3 177.0 | 1 886.0 | 1 727.0 |
| 49-53 | Transport et entreposage | 166.0 | 135.0 | 178.0 | 96.0 | 81.0 | 178.0 | 411.0 | 679.0 |
| 55-56 | Activités d'hébergement et de restauration | .. | .. | .. | .. | .. | .. | .. | .. |
| 58-63 | Information et communication | 43 452.0 | 49 841.0 | 46 366.0 | 47 902.0 | 55 124.0 | 58 056.0 | 66 475.0 | 74 792.0 |
| 58-60 | Édition, audiovisuel et diffusion | .. | .. | .. | .. | .. | .. | .. | .. |
| 58 | Activités d'édition | 20 900.0 | 28 426.0 | 27 077.0 | 26 982.0 | 28 435.0 | 28 987.0 | 35 675.0 | 36 140.0 |
| 59-60 | Activités audiovisuel et diffusion | .. | .. | .. | .. | .. | .. | .. | .. |
| 59 | Production de films, vidéo, programmes de télévision et d'enregistrements | .. | .. | .. | .. | .. | .. | .. | .. |
| 60 | Programmation et diffusion | .. | .. | .. | .. | .. | .. | .. | .. |
| 61 | Télécommunications | 3 264.0 | 1 684.0 | 1 496.0 | 1 868.0 | 2 157.0 | 2 824.0 | 3 041.0 | 3 755.0 |
| 62-63 | Technologies de l'information et informatique | 18 696.0 | 18 713.0 | 15 295.0 | 13 588.0 | 17 544.0 | 16 164.0 | 15 714.0 | 20 048.0 |
| 62 | Programmation informatique ; conseils et activités connexes | 14 407.0 | 12 146.0 | 12 560.0 | 11 050.0 | 13 259.0 | 11 251.0 | 9 268.0 | 11 019.0 |
| 63 | Services d'information | 4 289.0 | 6 567.0 | 2 735.0 | 2 538.0 | 4 285.0 | 4 913.0 | 6 446.0 | 9 029.0 |
| 64-66 | **Activités financières et d'assurances** | 1 640.6 | 1 091.0 | 1 911.0 | 2 109.0 | 3 457.0 | 3 519.0 | 4 308.0 | 4 122.0 |
| 68-82 | **Activités immobilières ; professionnelles ; services administratifs et d'appui** | 26 506.4 | 26 061.0 | 32 650.0 | 22 969.0 | 25 355.0 | 23 421.0 | 21 899.0 | 20 218.0 |
| 68 | Activités immobilières | 68.4 | 45.5 | 47.5 | 59.1 | 71.0 | 21.0 | 92.0 | 207.0 |
| 69-75x72 | Activités professionnelles, scientifiques et techniques, R-D scientifique exclu | 9 277.0 | 7 895.0 | 15 116.0 | 7 822.0 | 9 659.0 | 6 514.0 | 7 548.0 | 7 149.0 |
| 72 | Recherche scientifique et développement | 16 849.0 | 17 913.0 | 17 270.0 | 14 818.0 | 15 301.0 | 16 544.0 | 14 201.0 | 12 807.0 |
| 77-82 | Activités de services administratifs et d'appui | 312.1 | 207.5 | 216.5 | 269.9 | 324.0 | 342.0 | 58.0 | 55.0 |
| 84-99 | Services collectifs, sociaux et personnels | .. | .. | .. | .. | .. | .. | .. | .. |
| 84-85 | Administration publique et défense ; sécurité sociale obligatoire et éducation | .. | .. | .. | .. | .. | .. | .. | .. |
| 86-88 | Santé humaine et action sociale | 1 280.0 | 1 313.0 | 537.0 | 1 232.0 | 741.0 | 675.0 | 526.0 | 501.0 |
| 90-93 | Arts, spectacles et loisirs | .. | .. | .. | .. | .. | .. | .. | .. |
| 94-99 | Autres services ; ménages-employeurs ; organismes extra-territoriaux | .. | .. | .. | .. | .. | .. | .. | .. |

.. Non disponible

*Note* : Voir les métadonnées détaillées sur : http://metalinks.oecd.org/anberd/20170419/1355.
Informations sur les données concernant Israël : http://oe.cd/israel-disclaimer.
*Responsabilité* : http://oe.cd/disclaimer

# ÉTATS-UNIS

## Dépenses de R-D dans l'industrie par activité principale de l'entreprise, prix constants
### CITI Rév. 4

2010 PPP USD

| | | 2007 | 2008 | 2009 | 2010 | 2011 | 2012 | 2013 | 2014 |
|---|---|---|---|---|---|---|---|---|---|
| | **TOTAL ENTREPRISES** | 280 012.7 | 296 464.7 | 285 842.0 | 278 977.0 | 288 143.9 | 290 779.6 | 305 356.5 | 316 913.7 |
| 01-03 | AGRICULTURE, SYLVICULTURE ET PÊCHE | .. | .. | .. | .. | .. | .. | .. | .. |
| 05-09 | **ACTIVITÉS EXTRACTIVES** | 1 502.7 | 1 531.9 | 2 739.8 | 2 542.0 | 2 677.7 | 2 708.2 | 3 784.2 | 4 374.3 |
| 10-33 | **ACTIVITÉS DE FABRICATION** | 194 958.7 | 207 809.8 | 197 527.4 | 196 711.0 | 197 287.7 | 200 505.6 | 209 684.5 | 216 543.0 |
| 10-12 | Produits alimentaires, boissons et tabac | 3 060.5 | 2 937.3 | 4 726.0 | 4 544.7 | 4 983.0 | 4 675.6 | 5 543.3 | 5 777.8 |
| 13-15 | Textiles, habillement, cuir et articles de cuir | 838.2 | 831.2 | 433.2 | 489.0 | 621.2 | 538.7 | 626.8 | 586.9 |
| 13 | Textiles | .. | .. | .. | .. | .. | .. | .. | .. |
| 14 | Articles d'habillement | .. | .. | .. | .. | .. | .. | .. | .. |
| 15 | Cuir et articles de cuir | .. | .. | .. | .. | .. | .. | .. | .. |
| 16-18 | Bois, papier, imprimerie et reproduction de supports enregistrés | 2 911.8 | 1 824.6 | 1 979.9 | 1 752.0 | 1 697.0 | 1 413.3 | 1 317.9 | 1 226.8 |
| 16 | Bois et articles en bois, sauf meubles | 212.2 | 278.4 | 518.3 | 247.0 | 206.7 | 443.5 | 208.3 | 336.7 |
| 17 | Papier et articles en papier | .. | 1 190.2 | 1 264.3 | 1 274.0 | 1 318.8 | 723.5 | 871.0 | 672.5 |
| 18 | Imprimerie et reproduction de supports enregistrés | .. | 355.9 | 197.4 | 231.0 | 171.5 | 246.3 | 238.6 | 217.6 |
| 19-23 | Produits pétroliers, chimiques, pharmaceutiques, caoutchouc, plastique, minéraux | 62 928.4 | 64 234.4 | 58 204.3 | 62 589.0 | 59 048.1 | 60 566.8 | 63 324.0 | 66 552.0 |
| 19 | Cokéfaction et raffinage | 1 787.8 | 1 385.0 | 613.4 | 1 154.0 | 1 454.2 | 860.1 | 229.1 | 217.6 |
| 20-21 | Industrie chimique et pharmaceutique | 57 789.8 | 59 409.2 | 53 979.3 | 58 038.0 | 54 204.9 | 55 054.3 | 58 381.0 | 61 666.1 |
| 20 | Produits chimiques | 8 153.0 | 10 320.4 | 8 494.5 | 8 623.0 | 9 185.4 | 8 735.4 | 8 746.2 | 9 010.9 |
| 21 | Préparations pharmaceutiques, chimiques (médicine) et d'herboristerie | 49 636.8 | 49 088.8 | 45 484.8 | 49 415.0 | 45 019.5 | 46 318.9 | 49 634.8 | 52 655.2 |
| 22 | Produits en caoutchouc et en plastique | 2 180.9 | 1 853.2 | 2 498.1 | 2 121.0 | 2 233.9 | 3 375.8 | 3 455.7 | 3 324.2 |
| 23 | Autres produits minéraux non métalliques | 1 169.9 | 1 587.0 | 1 113.4 | 1 276.0 | 1 155.2 | 1 276.6 | 1 258.2 | 1 344.0 |
| 24-25 | Produits métalliques de base et ouvrages en métaux (sauf machines et matériel) | 2 709.0 | 3 176.0 | 2 912.1 | 2 356.0 | 2 457.3 | 2 476.3 | 2 685.0 | 2 611.7 |
| 24 | Produits métallurgiques de base | 931.8 | 708.8 | 847.2 | 653.0 | 641.8 | 712.9 | 590.8 | 629.7 |
| 25 | Ouvrages en métaux (sauf machines et matériel) | 1 777.2 | 2 467.1 | 2 064.9 | 1 703.0 | 1 815.5 | 1 763.4 | 2 094.2 | 1 982.1 |
| 26-30 | Ordinateurs, articles électroniques et optiques ; machines et matériels de transport | 115 240.8 | 126 736.9 | 118 676.0 | 116 063.0 | 119 422.4 | 119 982.1 | 123 043.7 | 127 544.7 |
| 26 | Ordinateurs, articles électroniques et optiques | 60 937.5 | 61 667.3 | 57 124.3 | 59 875.0 | 61 435.6 | 62 598.7 | 63 627.0 | 68 726.6 |
| 27 | Matériels électriques | 2 816.1 | 3 205.5 | 3 374.7 | 3 320.0 | 3 522.3 | 2 969.8 | 3 915.8 | 4 059.9 |
| 28 | Machines et équipements n.c.a. | 10 258.7 | 10 305.1 | 9 249.6 | 9 955.0 | 14 411.5 | 13 713.1 | 11 976.5 | 11 280.3 |
| 29 | Automobiles, remorques et semi-remorques | 16 745.4 | 13 401.5 | 11 502.8 | 10 109.1 | 11 458.2 | 14 034.0 | 15 838.3 | 17 117.7 |
| 30 | Autres matériels de transport | 24 483.1 | 38 157.5 | 37 424.6 | 32 803.9 | 28 594.9 | 26 665.5 | 27 687.0 | 26 361.1 |
| 31-33 | Meubles ; réparation et installation de machines et de matériel | 7 271.0 | 8 071.5 | 10 593.8 | 8 917.3 | 9 058.9 | 10 852.9 | 13 143.9 | 12 242.1 |
| 31 | Meubles | 605.2 | 486.5 | 400.8 | 373.0 | 312.5 | 334.8 | 354.1 | 346.9 |
| 32 | Autres activités de fabrication | 6 665.8 | 7 585.0 | 10 193.0 | 8 544.3 | 8 746.3 | 10 518.1 | 12 789.8 | 11 895.1 |
| 33 | Réparation et installation de machines et de matériel | .. | .. | .. | .. | .. | .. | .. | .. |
| 35-39 | **ÉLECTRICITÉ, GAZ, EAU ET TRAITEMENT DES DÉCHETS** | 244.4 | 230.5 | 249.0 | 425.0 | 378.2 | 334.8 | 278.3 | 288.3 |
| 35-36 | Production et distribution d'électricité, de gaz et de l'eau | .. | .. | .. | .. | .. | .. | .. | .. |
| 37-39 | Assainissement, traitement des déchets et dépollution | .. | .. | .. | .. | .. | .. | .. | .. |
| 41-43 | **CONSTRUCTION** | 401.4 | 1 373.5 | 116.4 | 1 079.0 | 759.3 | 731.2 | 234.8 | 189.7 |
| 45-99 | **TOTAL SERVICES** | 82 905.6 | 85 519.0 | 85 209.4 | 78 220.0 | 87 040.9 | 86 499.8 | 91 374.6 | 95 518.3 |
| 45-82 | Services du secteur des entreprises | 79 645.4 | 81 839.9 | 84 012.0 | 75 089.9 | 84 880.5 | 84 999.0 | 89 922.3 | 94 441.3 |
| 45-47 | Commerce de gros et de détail ; réparations automobiles et motocycles | 5 016.5 | 3 177.0 | 1 916.4 | 2 013.9 | 2 564.1 | 3 056.4 | 1 785.6 | 1 606.3 |
| 49-53 | Transport et entreposage | 172.6 | 137.7 | 180.2 | 96.0 | 79.4 | 171.2 | 389.1 | 631.5 |
| 55-56 | Activités d'hébergement et de restauration | .. | .. | .. | .. | .. | .. | .. | .. |
| 58-63 | Information et communication | 45 186.0 | 50 832.9 | 46 932.3 | 47 902.0 | 54 008.9 | 55 852.8 | 62 935.8 | 69 564.6 |
| 58-60 | Édition, audiovisuel et diffusion | .. | .. | .. | .. | .. | .. | .. | .. |
| 58 | Activités d'édition | 21 734.1 | 28 991.7 | 27 407.7 | 26 982.0 | 27 859.8 | 27 886.9 | 33 775.7 | 33 614.1 |
| 59-60 | Activités audiovisuel et diffusion | .. | .. | .. | .. | .. | .. | .. | .. |
| 59 | Production de films, vidéo, programmes de télévision et d'enregistrements | .. | .. | .. | .. | .. | .. | .. | .. |
| 60 | Programmation et diffusion | .. | .. | .. | .. | .. | .. | .. | .. |
| 61 | Télécommunications | 3 394.3 | 1 717.5 | 1 514.3 | 1 868.0 | 2 113.4 | 2 716.8 | 2 879.1 | 3 492.6 |
| 62-63 | Technologies de l'information et informatique | 19 442.1 | 19 085.4 | 15 481.8 | 13 588.0 | 17 189.1 | 15 550.6 | 14 877.4 | 18 646.8 |
| 62 | Programmation informatique ; conseils et activités connexes | 14 981.9 | 12 387.7 | 12 713.4 | 11 050.0 | 12 990.8 | 10 824.0 | 8 774.6 | 10 248.9 |
| 63 | Services d'information | 4 460.2 | 6 697.7 | 2 768.4 | 2 538.0 | 4 198.3 | 4 726.6 | 6 102.8 | 8 397.9 |
| 64-66 | Activités financières et d'assurances | 1 706.0 | 1 112.7 | 1 934.3 | 2 109.0 | 3 387.1 | 3 385.5 | 4 078.6 | 3 833.9 |
| 68-82 | Activités immobilières ; professionnelles ; services administratifs et d'appui | 27 564.2 | 26 579.6 | 33 048.8 | 22 969.0 | 24 842.1 | 22 532.2 | 20 733.1 | 18 804.9 |
| 68 | Activités immobilières | 71.1 | 46.4 | 48.0 | 59.1 | 69.6 | 20.2 | 87.1 | 192.5 |
| 69-75x72 | Activités professionnelles, scientifiques et techniques, R-D scientifique exclu | 9 647.2 | 8 052.1 | 15 300.6 | 7 822.0 | 9 463.6 | 6 266.8 | 7 146.1 | 6 649.3 |
| 72 | Recherche scientifique et développement | 17 521.4 | 18 269.5 | 17 480.9 | 14 818.0 | 14 991.5 | 15 916.2 | 13 444.9 | 11 911.9 |
| 77-82 | Activités de services administratifs et d'appui | 324.5 | 211.7 | 219.2 | 269.9 | 317.4 | 329.0 | 54.9 | 51.2 |
| 84-99 | Services collectifs, sociaux et personnels | .. | .. | .. | .. | .. | .. | .. | .. |
| 84-85 | Administration publique et défense ; sécurité sociale obligatoire et éducation | .. | .. | .. | .. | .. | .. | .. | .. |
| 86-88 | Santé humaine et action sociale | 1 331.1 | 1 339.1 | 543.6 | 1 232.0 | 726.0 | 649.4 | 498.0 | 466.0 |
| 90-93 | Arts, spectacles et loisirs | .. | .. | .. | .. | .. | .. | .. | .. |
| 94-99 | Autres services ; ménages-employeurs ; organismes extra-territoriaux | .. | .. | .. | .. | .. | .. | .. | .. |

.. Non disponible

*Note* : Voir les métadonnées détaillées sur : http://metalinks.oecd.org/anberd/20170419/1355.
Informations sur les données concernant Israël : http://oe.cd/israel-disclaimer.
*Responsabilité* : http://oe.cd/disclaimer

# CHINE

## Dépenses de R-D dans l'industrie par activité principale de l'entreprise, prix courants
### CITI Rév. 4

*Millions USD PPP*

| | | 2007 | 2008 | 2009 | 2010 | 2011 | 2012 | 2013 | 2014 |
|---|---|---|---|---|---|---|---|---|---|
| | **TOTAL ENTREPRISES** | 89 768.4 | 107 052.0 | 135 661.9 | 156 726.1 | 187 684.1 | 222 508.3 | 255 985.9 | 286 086.9 |
| 01-03 | **AGRICULTURE, SYLVICULTURE ET PÊCHE** | .. | 235.8 | 363.8 | 425.2 | 483.3 | 461.2 | .. | .. |
| 05-09 | **ACTIVITÉS EXTRACTIVES** | .. | 3 485.6 | 5 437.1 | 6 539.2 | 7 206.5 | 7 946.0 | 7 725.0 | 7 820.9 |
| 10-33 | **ACTIVITÉS DE FABRICATION** | .. | 92 731.9 | 114 034.3 | 134 532.3 | 162 466.1 | 194 233.3 | 224 237.6 | 252 534.8 |
| 10-12 | Produits alimentaires, boissons et tabac | .. | 3 518.4 | 4 816.8 | 5 713.9 | 6 846.1 | 9 148.3 | 10 615.3 | 12 179.6 |
| 13-15 | Textiles, habillement, cuir et articles de cuir | .. | 2 564.5 | 3 445.9 | 3 949.9 | 5 146.7 | 6 272.1 | 7 380.4 | 8 302.0 |
| 13 | Textiles | .. | 1 931.4 | 2 592.0 | 3 016.1 | 3 880.2 | 3 916.3 | 4 470.2 | 5 053.1 |
| 14 | Articles d'habillement | .. | .. | .. | .. | .. | .. | .. | .. |
| 15 | Cuir et articles de cuir | .. | .. | .. | .. | .. | .. | .. | .. |
| 16-18 | Bois, papier, imprimerie et reproduction de supports enregistrés | .. | 1 380.0 | 1 856.2 | 2 012.7 | 2 549.4 | 3 379.5 | 4 099.3 | 4 645.8 |
| 16 | Bois et articles en bois, sauf meubles | .. | 256.7 | 330.5 | 334.5 | 412.8 | 531.3 | 766.0 | 930.3 |
| 17 | Papier et articles en papier | .. | 895.2 | 1 175.4 | 1 234.9 | 1 594.3 | 2 150.8 | 2 476.2 | 2 742.0 |
| 18 | Imprimerie et reproduction de supports enregistrés | .. | 228.1 | 350.4 | 443.3 | 542.4 | 697.5 | 857.1 | 973.6 |
| 19-23 | Produits pétroliers, chimiques, pharmaceutiques, caoutchouc, plastique, minéraux | .. | 16 568.1 | 20 463.8 | 24 897.8 | 30 750.1 | 37 407.5 | 44 525.5 | 50 980.5 |
| 19 | Cokéfaction et raffinage | .. | 954.1 | 1 184.3 | 1 397.2 | 1 784.2 | 2 316.3 | 2 519.3 | 3 030.6 |
| 20-21 | Industrie chimique et pharmaceutique | .. | 11 457.3 | 13 941.1 | 16 615.9 | 21 107.3 | 25 545.5 | 30 315.4 | 34 460.8 |
| 20 | Produits chimiques | .. | 8 201.4 | 9 645.1 | 11 581.2 | 15 081.2 | 17 507.2 | 20 509.8 | 23 361.6 |
| 21 | Préparations pharmaceutiques, chimiques (médicine) et d'herboristerie | .. | 3 255.8 | 4 295.9 | 5 034.7 | 6 026.1 | 8 038.2 | 9 805.7 | 11 099.1 |
| 22 | Produits en caoutchouc et en plastique | .. | 2 236.3 | 2 734.6 | 3 567.1 | 3 872.9 | 4 904.8 | 5 625.7 | 6 480.7 |
| 23 | Autres produits minéraux non métalliques | .. | 1 920.5 | 2 603.8 | 3 317.6 | 3 985.7 | 4 641.0 | 6 065.0 | 7 008.5 |
| 24-25 | Produits métalliques de base et ouvrages en métaux (sauf machines et matériel) | .. | 14 566.6 | 15 733.0 | 19 226.6 | 23 224.2 | 30 825.7 | 32 835.4 | 34 801.2 |
| 24 | Produits métallurgiques de base | .. | 12 801.7 | 13 630.1 | 16 564.8 | 20 049.5 | 25 507.4 | 26 347.7 | 27 657.0 |
| 25 | Ouvrages en métaux (sauf machines et matériel) | .. | 1 764.9 | 2 102.9 | 2 661.9 | 3 174.7 | 5 318.3 | 6 487.7 | 7 144.2 |
| 26-30 | Ordinateurs, articles électroniques et optiques ; machines et matériels de transport | .. | 53 472.5 | 66 687.1 | 77 706.0 | 92 525.3 | 105 135.8 | 122 120.1 | 138 177.2 |
| 26 | Ordinateurs, articles électroniques et optiques | .. | 18 242.9 | 21 575.1 | 25 186.3 | 30 292.6 | 33 719.1 | 39 537.7 | 44 404.6 |
| 27 | Matériels électriques | .. | 10 124.6 | 12 782.8 | 15 236.7 | 17 800.7 | 19 979.0 | 22 998.2 | 26 242.5 |
| 28 | Machines et équipements n.c.a. | .. | 12 690.7 | 16 676.1 | 18 425.5 | 22 031.7 | 25 522.7 | 29 903.4 | 33 028.0 |
| 29 | Automobiles, remorques et semi-remorques | .. | .. | .. | .. | .. | 16 190.0 | 19 185.8 | 22 384.2 |
| 30 | Autres matériels de transport | .. | .. | .. | .. | .. | 9 724.9 | 10 495.0 | 12 118.0 |
| 31-33 | Meubles ; réparation et installation de machines et de matériel | .. | 661.9 | 1 031.4 | 1 025.3 | 1 424.2 | 2 064.3 | 2 661.6 | 3 448.4 |
| 31 | Meubles | .. | 144.7 | 221.2 | 160.7 | 257.7 | 412.2 | 633.6 | 769.8 |
| 32 | Autres activités de fabrication | .. | 517.2 | 792.4 | 815.1 | 1 083.0 | 1 514.2 | 1 808.4 | 2 393.2 |
| 33 | Réparation et installation de machines et de matériel | .. | 0.0 | 17.8 | 49.4 | 83.5 | 137.9 | 219.6 | 285.5 |
| 35-39 | **ÉLECTRICITÉ, GAZ, EAU ET TRAITEMENT DES DÉCHETS** | .. | 1 052.8 | 1 100.3 | 1 174.7 | 1 333.9 | 1 479.1 | .. | .. |
| 35-36 | Production et distribution d'électricité, de gaz et de l'eau | .. | .. | .. | .. | .. | .. | .. | .. |
| 37-39 | Assainissement, traitement des déchets et dépollution | .. | .. | .. | .. | .. | .. | .. | .. |
| 41-43 | **CONSTRUCTION** | .. | 2 794.2 | 4 310.7 | 4 226.7 | 4 144.7 | 4 274.1 | .. | .. |
| 45-99 | **TOTAL SERVICES** | .. | 6 751.6 | 10 415.7 | 9 828.0 | 12 049.6 | 14 114.5 | .. | .. |
| 45-82 | Services du secteur des entreprises | .. | .. | 10 398.2 | .. | .. | .. | .. | .. |
| 45-47 | Commerce de gros et de détail ; réparations automobiles et motocycles | .. | .. | 0.0 | .. | .. | .. | .. | .. |
| 49-53 | Transport et entreposage | .. | .. | 338.7 | .. | .. | .. | .. | .. |
| 55-56 | Activités d'hébergement et de restauration | .. | .. | 0.0 | .. | .. | .. | .. | .. |
| 58-63 | Information et communication | .. | .. | 5 005.2 | .. | .. | .. | .. | .. |
| 58-60 | Édition, audiovisuel et diffusion | .. | .. | 2.8 | .. | .. | .. | .. | .. |
| 58 | Activités d'édition | .. | .. | 2.2 | .. | .. | .. | .. | .. |
| 59-60 | Activités audiovisuel et diffusion | .. | .. | 0.6 | .. | .. | .. | .. | .. |
| 59 | Production de films, vidéo, programmes de télévision et d'enregistrements | .. | .. | .. | .. | .. | .. | .. | .. |
| 60 | Programmation et diffusion | .. | .. | .. | .. | .. | .. | .. | .. |
| 61 | Télécommunications | .. | .. | 1 238.1 | .. | .. | .. | .. | .. |
| 62-63 | Technologies de l'information et informatique | .. | .. | 3 764.4 | .. | .. | .. | .. | .. |
| 62 | Programmation informatique ; conseils et activités connexes | .. | .. | 2 485.2 | .. | .. | .. | .. | .. |
| 63 | Services d'information | .. | .. | 1 279.2 | .. | .. | .. | .. | .. |
| 64-66 | **Activités financières et d'assurances** | .. | .. | 34.0 | .. | .. | .. | .. | .. |
| 68-82 | **Activités immobilières ; professionnelles ; services administratifs et d'appui** | .. | .. | 5 020.3 | .. | .. | .. | .. | .. |
| 68 | Activités immobilières | .. | .. | 0.0 | .. | .. | .. | .. | .. |
| 69-75x72 | Activités professionnelles, scientifiques et techniques, R-D scientifique exclu | .. | .. | .. | .. | .. | .. | .. | .. |
| 72 | Recherche scientifique et développement | .. | .. | 2 337.7 | .. | .. | .. | .. | .. |
| 77-82 | Activités de services administratifs et d'appui | .. | .. | .. | .. | .. | .. | .. | .. |
| 84-99 | Services collectifs, sociaux et personnels | .. | .. | 17.6 | .. | .. | .. | .. | .. |
| 84-85 | Administration publique et défense ; sécurité sociale obligatoire et éducation | .. | .. | 0.0 | .. | .. | .. | .. | .. |
| 86-88 | Santé humaine et action sociale | .. | .. | 17.3 | .. | .. | .. | .. | .. |
| 90-93 | Arts, spectacles et loisirs | .. | .. | 0.2 | .. | .. | .. | .. | .. |
| 94-99 | Autres services ; ménages-employeurs ; organismes extra-territoriaux | .. | .. | 0.0 | .. | .. | .. | .. | .. |

.. Non disponible

*Note* : Voir les métadonnées détaillées sur : http://metalinks.oecd.org/anberd/20170419/1355.
Informations sur les données concernant Israël : http://oe.cd/israel-disclaimer.
*Responsabilité* : http://oe.cd/disclaimer

# CHINE

## Dépenses de R-D dans l'industrie par activité principale de l'entreprise, prix constants
### CITI Rév. 4

2010 PPP USD

| | | 2007 | 2008 | 2009 | 2010 | 2011 | 2012 | 2013 | 2014 |
|---|---|---|---|---|---|---|---|---|---|
| | TOTAL ENTREPRISES | 93 352.9 | 109 161.3 | 137 328.0 | 156 726.1 | 183 870.0 | 214 044.1 | 242 323.3 | 266 403.2 |
| 01-03 | AGRICULTURE, SYLVICULTURE ET PÊCHE | .. | 240.5 | 368.3 | 425.2 | 473.5 | 443.7 | .. | .. |
| 05-09 | ACTIVITÉS EXTRACTIVES | .. | 3 554.3 | 5 503.9 | 6 539.2 | 7 060.0 | 7 643.8 | 7 312.7 | 7 282.8 |
| 10-33 | ACTIVITÉS DE FABRICATION | .. | 94 559.1 | 115 434.8 | 134 532.3 | 159 164.5 | 186 844.7 | 212 269.5 | 235 159.6 |
| 10-12 | Produits alimentaires, boissons et tabac | .. | 3 587.7 | 4 876.0 | 5 713.9 | 6 707.0 | 8 800.3 | 10 048.8 | 11 341.6 |
| 13-15 | Textiles, habillement, cuir et articles de cuir | .. | 2 615.0 | 3 488.2 | 3 949.9 | 5 042.1 | 6 033.5 | 6 986.5 | 7 730.8 |
| 13 | Textiles | .. | 1 969.5 | 2 623.8 | 3 016.1 | 3 801.4 | 3 767.5 | 4 231.6 | 4 705.4 |
| 14 | Articles d'habillement | .. | .. | .. | .. | .. | .. | .. | .. |
| 15 | Cuir et articles de cuir | .. | .. | .. | .. | .. | .. | .. | .. |
| 16-18 | Bois, papier, imprimerie et reproduction de supports enregistrés | .. | 1 407.2 | 1 879.0 | 2 012.7 | 2 497.6 | 3 251.0 | 3 880.5 | 4 326.2 |
| 16 | Bois et articles en bois, sauf meubles | .. | 261.7 | 334.6 | 334.5 | 404.4 | 511.1 | 725.1 | 866.3 |
| 17 | Papier et articles en papier | .. | 912.8 | 1 189.8 | 1 234.9 | 1 561.9 | 2 069.0 | 2 344.0 | 2 553.3 |
| 18 | Imprimerie et reproduction de supports enregistrés | .. | 232.6 | 354.7 | 443.3 | 531.3 | 670.9 | 811.4 | 906.6 |
| 19-23 | Produits pétroliers, chimiques, pharmaceutiques, caoutchouc, plastique, minéraux | .. | 16 894.6 | 20 715.1 | 24 897.8 | 30 125.2 | 35 984.5 | 42 149.1 | 47 472.9 |
| 19 | Cokéfaction et raffinage | .. | 972.9 | 1 198.9 | 1 397.2 | 1 747.9 | 2 228.2 | 2 384.8 | 2 822.1 |
| 20-21 | Industrie chimique et pharmaceutique | .. | 11 683.0 | 14 112.3 | 16 615.9 | 20 678.4 | 24 573.7 | 28 697.4 | 32 089.7 |
| 20 | Produits chimiques | .. | 8 363.0 | 9 763.6 | 11 581.2 | 14 774.7 | 16 841.2 | 19 415.1 | 21 754.3 |
| 21 | Préparations pharmaceutiques, chimiques (médicine) et d'herboristerie | .. | 3 320.0 | 4 348.7 | 5 034.7 | 5 903.6 | 7 732.5 | 9 282.3 | 10 335.5 |
| 22 | Produits en caoutchouc et en plastique | .. | 2 280.4 | 2 768.2 | 3 567.1 | 3 794.2 | 4 718.2 | 5 325.5 | 6 034.8 |
| 23 | Autres produits minéraux non métalliques | .. | 1 958.3 | 2 635.8 | 3 317.6 | 3 904.7 | 4 464.5 | 5 741.3 | 6 526.3 |
| 24-25 | Produits métalliques de base et ouvrages en métaux (sauf machines et matériel) | .. | 14 853.6 | 15 926.2 | 19 226.6 | 22 752.3 | 29 653.1 | 31 082.9 | 32 406.8 |
| 24 | Produits métallurgiques de base | .. | 13 054.0 | 13 797.5 | 16 564.8 | 19 642.1 | 24 537.1 | 24 941.5 | 25 754.1 |
| 25 | Ouvrages en métaux (sauf machines et matériel) | .. | 1 799.7 | 2 128.7 | 2 661.9 | 3 110.2 | 5 116.0 | 6 141.4 | 6 652.6 |
| 26-30 | Ordinateurs, articles électroniques et optiques ; machines et matériels de transport | .. | 54 526.1 | 67 506.1 | 77 706.0 | 90 645.1 | 101 136.4 | 115 602.3 | 128 670.2 |
| 26 | Ordinateurs, articles électroniques et optiques | .. | 18 602.4 | 21 840.0 | 25 186.3 | 29 677.0 | 32 436.4 | 37 427.5 | 41 349.4 |
| 27 | Matériels électriques | .. | 10 324.1 | 12 939.8 | 15 236.7 | 17 438.9 | 19 219.0 | 21 770.7 | 24 436.9 |
| 28 | Machines et équipements n.c.a. | .. | 12 940.7 | 16 880.9 | 18 425.5 | 21 584.0 | 24 551.8 | 28 307.4 | 30 755.6 |
| 29 | Automobiles, remorques et semi-remorques | .. | .. | .. | .. | .. | 15 574.2 | 18 161.8 | 20 844.1 |
| 30 | Autres matériels de transport | .. | .. | .. | .. | .. | 9 355.0 | 9 934.8 | 11 284.3 |
| 31-33 | Meubles ; réparation et installation de machines et de matériel | .. | 674.9 | 1 044.1 | 1 025.3 | 1 395.3 | 1 985.8 | 2 519.5 | 3 211.1 |
| 31 | Meubles | .. | 147.5 | 223.9 | 160.7 | 252.5 | 396.5 | 599.8 | 716.8 |
| 32 | Autres activités de fabrication | .. | 527.4 | 802.2 | 815.1 | 1 061.0 | 1 456.6 | 1 711.8 | 2 228.5 |
| 33 | Réparation et installation de machines et de matériel | .. | 0.0 | 18.0 | 49.4 | 81.8 | 132.7 | 207.9 | 265.8 |
| 35-39 | ÉLECTRICITÉ, GAZ, EAU ET TRAITEMENT DES DÉCHETS | .. | 1 073.6 | 1 113.8 | 1 174.7 | 1 306.8 | 1 422.8 | .. | .. |
| 35-36 | Production et distribution d'électricité, de gaz et de l'eau | .. | .. | .. | .. | .. | .. | .. | .. |
| 37-39 | Assainissement, traitement des déchets et dépollution | .. | .. | .. | .. | .. | .. | .. | .. |
| 41-43 | CONSTRUCTION | .. | 2 849.3 | 4 363.6 | 4 226.7 | 4 060.5 | 4 111.5 | .. | .. |
| 45-99 | TOTAL SERVICES | .. | 6 884.6 | 10 543.7 | 9 828.0 | 11 804.7 | 13 577.6 | .. | .. |
| 45-82 | Services du secteur des entreprises | .. | .. | 10 525.9 | .. | .. | .. | .. | .. |
| 45-47 | Commerce de gros et de détail ; réparations automobiles et motocycles | .. | .. | 0.0 | .. | .. | .. | .. | .. |
| 49-53 | Transport et entreposage | .. | .. | 342.8 | .. | .. | .. | .. | .. |
| 55-56 | Activités d'hébergement et de restauration | .. | .. | 0.0 | .. | .. | .. | .. | .. |
| 58-63 | Information et communication | .. | .. | 5 066.7 | .. | .. | .. | .. | .. |
| 58-60 | Édition, audiovisuel et diffusion | .. | .. | 2.8 | .. | .. | .. | .. | .. |
| 58 | Activités d'édition | .. | .. | 2.2 | .. | .. | .. | .. | .. |
| 59-60 | Activités audiovisuel et diffusion | .. | .. | 0.6 | .. | .. | .. | .. | .. |
| 59 | Production de films, vidéo, programmes de télévision et d'enregistrements | .. | .. | .. | .. | .. | .. | .. | .. |
| 60 | Programmation et diffusion | .. | .. | .. | .. | .. | .. | .. | .. |
| 61 | Télécommunications | .. | .. | 1 253.3 | .. | .. | .. | .. | .. |
| 62-63 | Technologies de l'information et informatique | .. | .. | 3 810.6 | .. | .. | .. | .. | .. |
| 62 | Programmation informatique ; conseils et activités connexes | .. | .. | 2 515.7 | .. | .. | .. | .. | .. |
| 63 | Services d'information | .. | .. | 1 294.9 | .. | .. | .. | .. | .. |
| 64-66 | Activités financières et d'assurances | .. | .. | 34.4 | .. | .. | .. | .. | .. |
| 68-82 | Activités immobilières ; professionnelles ; services administratifs et d'appui | .. | .. | 5 081.9 | .. | .. | .. | .. | .. |
| 68 | Activités immobilières | .. | .. | 0.0 | .. | .. | .. | .. | .. |
| 69-75x72 | Activités professionnelles, scientifiques et techniques, R-D scientifique exclu | .. | .. | .. | .. | .. | .. | .. | .. |
| 72 | Recherche scientifique et développement | .. | .. | 2 366.4 | .. | .. | .. | .. | .. |
| 77-82 | Activités de services administratifs et d'appui | .. | .. | .. | .. | .. | .. | .. | .. |
| 84-99 | Services collectifs, sociaux et personnels | .. | .. | 17.8 | .. | .. | .. | .. | .. |
| 84-85 | Administration publique et défense ; sécurité sociale obligatoire et éducation | .. | .. | 0.0 | .. | .. | .. | .. | .. |
| 86-88 | Santé humaine et action sociale | .. | .. | 17.5 | .. | .. | .. | .. | .. |
| 90-93 | Arts, spectacles et loisirs | .. | .. | 0.2 | .. | .. | .. | .. | .. |
| 94-99 | Autres services ; ménages-employeurs ; organismes extra-territoriaux | .. | .. | 0.0 | .. | .. | .. | .. | .. |

.. Non disponible

*Note* : Voir les métadonnées détaillées sur : http://metalinks.oecd.org/anberd/20170419/1355.
Informations sur les données concernant Israël : http://oe.cd/israel-disclaimer.
*Responsabilité* : http://oe.cd/disclaimer

# ROUMANIE

## Dépenses de R-D dans l'industrie par activité principale de l'entreprise, prix courants
### CITI Rév. 4

*Millions USD PPP*

| Code | Activité | 2007 | 2008 | 2009 | 2010 | 2011 | 2012 | 2013 | 2014 |
|---|---|---|---|---|---|---|---|---|---|
| | **TOTAL ENTREPRISES** | 598.9 | 559.2 | 600.0 | 581.1 | 622.2 | 677.4 | 445.5 | 625.1 |
| 01-03 | **AGRICULTURE, SYLVICULTURE ET PÊCHE** | 66.6 | 78.3 | 56.6 | 85.3 | 3.3 | 5.7 | 6.5 | 7.7 |
| 05-09 | **ACTIVITÉS EXTRACTIVES** | 21.6 | 12.9 | 12.0 | 0.8 | 0.0 | 0.1 | 0.4 | 17.2 |
| 10-33 | **ACTIVITÉS DE FABRICATION** | 305.3 | 244.4 | 271.6 | 235.4 | 323.1 | 283.8 | 234.3 | 323.1 |
| 10-12 | Produits alimentaires, boissons et tabac | 5.5 | 5.8 | 3.7 | 1.5 | 4.0 | 10.2 | 10.8 | 30.5 |
| 13-15 | Textiles, habillement, cuir et articles de cuir | 3.6 | 4.3 | 1.2 | 2.2 | 0.9 | 5.4 | 2.5 | 2.5 |
| 13 | Textiles | .. | 3.4 | 0.3 | 0.5 | 0.1 | 0.6 | 0.1 | 0.3 |
| 14 | Articles d'habillement | .. | 0.4 | 0.5 | 0.1 | 0.2 | 0.6 | 0.3 | 1.2 |
| 15 | Cuir et articles de cuir | .. | 0.6 | 0.4 | 1.5 | 0.6 | 4.1 | 2.1 | 0.4 |
| 16-18 | Bois, papier, imprimerie et reproduction de supports enregistrés | 1.0 | 0.5 | 0.1 | 0.1 | 0.0 | 0.0 | 0.1 | 0.8 |
| 16 | Bois et articles en bois, sauf meubles | .. | .. | .. | .. | .. | .. | .. | .. |
| 17 | Papier et articles en papier | .. | .. | .. | .. | .. | .. | .. | .. |
| 18 | Imprimerie et reproduction de supports enregistrés | .. | .. | .. | .. | .. | .. | .. | .. |
| 19-23 | Produits pétroliers, chimiques, pharmaceutiques, caoutchouc, plastique, minéraux | 87.5 | 50.9 | 50.4 | 50.1 | 94.6 | 33.4 | 31.1 | 44.1 |
| 19 | Cokéfaction et raffinage | 41.1 | 3.1 | 1.2 | 0.8 | 0.0 | 0.0 | 0.0 | 0.0 |
| 20-21 | Industrie chimique et pharmaceutique | 42.9 | 44.9 | 45.7 | 46.1 | 82.8 | 28.7 | 26.9 | 43.3 |
| 20 | Produits chimiques | 7.9 | 39.1 | 39.7 | 38.3 | 58.9 | 3.3 | 3.1 | 6.1 |
| 21 | Préparations pharmaceutiques, chimiques (médicine) et d'herboristerie | 35.0 | 5.7 | 6.0 | 7.8 | 23.9 | 25.4 | 23.8 | 37.3 |
| 22 | Produits en caoutchouc et en plastique | 2.2 | 1.3 | 2.3 | 1.8 | 11.7 | 3.0 | 3.9 | 0.2 |
| 23 | Autres produits minéraux non métalliques | 1.2 | 1.6 | 1.1 | 1.5 | 0.2 | 1.7 | 0.3 | 0.6 |
| 24-25 | Produits métalliques de base et ouvrages en métaux (sauf machines et matériel) | 23.5 | 17.3 | 13.0 | 10.5 | 15.4 | 8.1 | 9.1 | 10.2 |
| 24 | Produits métallurgiques de base | 18.3 | 10.4 | 6.2 | 5.5 | 11.0 | 3.8 | 4.6 | 4.7 |
| 25 | Ouvrages en métaux (sauf machines et matériel) | 5.2 | 6.8 | 6.7 | 5.0 | 4.4 | 4.3 | 4.5 | 5.5 |
| 26-30 | Ordinateurs, articles électroniques et optiques ; machines et matériels de transport | 184.0 | 152.8 | 186.9 | 157.6 | 206.9 | 219.6 | 178.5 | 229.5 |
| 26 | Ordinateurs, articles électroniques et optiques | 10.9 | 19.6 | 14.1 | 13.4 | 13.2 | 57.5 | 38.0 | 15.6 |
| 27 | Matériels électriques | 34.1 | 18.6 | 16.0 | 16.5 | 44.2 | 17.7 | 13.8 | 13.0 |
| 28 | Machines et équipements n.c.a. | 48.2 | 24.0 | 17.4 | 16.8 | 6.6 | 19.5 | 12.4 | 12.7 |
| 29 | Automobiles, remorques et semi-remorques | 77.1 | 64.5 | 115.5 | 92.4 | 136.2 | 117.6 | 108.6 | 179.8 |
| 30 | Autres matériels de transport | 13.5 | 26.1 | 24.0 | 18.6 | 6.7 | 7.4 | 5.6 | 8.5 |
| 31-33 | Meubles ; réparation et installation de machines et de matériel | 0.4 | 12.7 | 16.4 | 13.5 | 1.3 | 7.1 | 2.2 | 6.0 |
| 31 | Meubles | .. | 0.6 | 0.2 | 0.2 | 0.1 | 0.1 | 0.1 | 0.5 |
| 32 | Autres activités de fabrication | .. | 5.8 | 9.9 | 10.2 | 0.0 | 2.2 | 0.8 | 1.2 |
| 33 | Réparation et installation de machines et de matériel | .. | 6.3 | 6.3 | 3.1 | 1.2 | 4.8 | 1.3 | 4.3 |
| 35-39 | **ÉLECTRICITÉ, GAZ, EAU ET TRAITEMENT DES DÉCHETS** | 43.8 | 54.4 | 43.9 | 66.3 | 0.6 | 3.2 | 1.5 | 1.3 |
| 35-36 | Production et distribution d'électricité, de gaz et de l'eau | .. | 54.3 | 43.8 | 65.9 | 0.2 | 2.6 | .. | .. |
| 37-39 | Assainissement, traitement des déchets et dépollution | .. | 0.1 | 0.1 | 0.3 | 0.4 | 0.6 | .. | .. |
| 41-43 | **CONSTRUCTION** | 6.6 | 15.8 | 12.5 | 7.7 | 6.3 | 0.5 | 0.4 | 1.1 |
| 45-99 | **TOTAL SERVICES** | 155.0 | 153.4 | 203.3 | 185.6 | 288.9 | 384.1 | 202.3 | 274.8 |
| 45-82 | Services du secteur des entreprises | 147.0 | 152.2 | 202.7 | 184.3 | 288.8 | 381.4 | 202.3 | 272.0 |
| 45-47 | Commerce de gros et de détail ; réparations automobiles et motocycles | .. | .. | 6.2 | .. | 14.1 | 28.0 | 16.9 | 31.9 |
| 49-53 | Transport et entreposage | .. | .. | .. | .. | 4.0 | .. | .. | 11.7 |
| 55-56 | Activités d'hébergement et de restauration | .. | .. | .. | .. | .. | 1.7 | 1.2 | 0.6 |
| 58-63 | Information et communication | 53.8 | 17.2 | 86.3 | 70.7 | 109.7 | 120.5 | 43.5 | 66.9 |
| 58-60 | Édition, audiovisuel et diffusion | .. | 8.7 | 44.2 | 47.3 | 53.6 | 2.0 | 0.0 | 9.3 |
| 58 | Activités d'édition | .. | .. | .. | .. | .. | 2.0 | .. | .. |
| 59-60 | Activités audiovisuel et diffusion | .. | .. | .. | .. | .. | 0.1 | .. | .. |
| 59 | Production de films, vidéo, programmes de télévision et d'enregistrements | .. | .. | .. | .. | .. | .. | .. | .. |
| 60 | Programmation et diffusion | .. | .. | .. | .. | .. | .. | .. | .. |
| 61 | Télécommunications | .. | .. | .. | .. | .. | 12.4 | 1.2 | 2.3 |
| 62-63 | Technologies de l'information et informatique | .. | .. | .. | .. | .. | 106.1 | 42.4 | 55.2 |
| 62 | Programmation informatique ; conseils et activités connexes | .. | .. | 40.7 | 23.4 | 54.6 | 72.4 | 30.3 | 55.1 |
| 63 | Services d'information | .. | .. | .. | .. | .. | 33.6 | 12.0 | 0.1 |
| 64-66 | Activités financières et d'assurances | .. | .. | .. | .. | .. | .. | .. | .. |
| 68-82 | Activités immobilières ; professionnelles ; services administratifs et d'appui | 89.2 | 134.4 | 110.2 | 112.8 | 159.6 | 231.2 | .. | .. |
| 68 | Activités immobilières | .. | 0.0 | 0.0 | 0.0 | 0.0 | 2.6 | .. | .. |
| 69-75x72 | Activités professionnelles, scientifiques et techniques, R-D scientifique exclu | .. | 15.1 | 8.1 | 17.9 | 28.5 | 44.6 | 15.0 | 14.4 |
| 72 | Recherche scientifique et développement | 83.2 | 105.7 | 100.8 | 87.0 | 130.9 | 181.4 | 124.6 | 144.5 |
| 77-82 | Activités de services administratifs et d'appui | .. | 13.7 | 1.2 | 7.9 | 0.3 | 2.5 | .. | 1.9 |
| 84-99 | Services collectifs, sociaux et personnels | 8.0 | 1.2 | 0.6 | 1.3 | 0.1 | 2.7 | 0.0 | 2.7 |
| 84-85 | Administration publique et défense ; sécurité sociale obligatoire et éducation | .. | .. | .. | .. | .. | .. | .. | .. |
| 86-88 | Santé humaine et action sociale | .. | .. | .. | .. | .. | .. | .. | .. |
| 90-93 | Arts, spectacles et loisirs | .. | .. | .. | .. | .. | .. | .. | .. |
| 94-99 | Autres services ; ménages-employeurs ; organismes extra-territoriaux | .. | .. | .. | .. | .. | .. | .. | .. |

.. Non disponible

*Note* : Voir les métadonnées détaillées sur : http://metalinks.oecd.org/anberd/20170419/1355.
Informations sur les données concernant Israël : http://oe.cd/israel-disclaimer.
*Responsabilité* : http://oe.cd/disclaimer

# ROUMANIE

## Dépenses de R-D dans l'industrie par activité principale de l'entreprise, prix constants
### CITI Rév. 4

2010 PPP USD

| Code | | 2007 | 2008 | 2009 | 2010 | 2011 | 2012 | 2013 | 2014 |
|---|---|---|---|---|---|---|---|---|---|
| | **TOTAL ENTREPRISES** | 727.2 | 619.7 | 627.4 | 581.1 | 602.7 | 641.6 | 418.8 | 577.4 |
| 01-03 | **AGRICULTURE, SYLVICULTURE ET PÊCHE** | 80.9 | 86.8 | 59.2 | 85.3 | 3.2 | 5.4 | 6.1 | 7.1 |
| 05-09 | **ACTIVITÉS EXTRACTIVES** | 26.2 | 14.3 | 12.6 | 0.8 | 0.0 | 0.1 | 0.4 | 15.9 |
| 10-33 | **ACTIVITÉS DE FABRICATION** | 370.7 | 270.8 | 284.0 | 235.4 | 312.9 | 268.8 | 220.3 | 298.4 |
| 10-12 | Produits alimentaires, boissons et tabac | 6.6 | 6.4 | 3.8 | 1.5 | 3.9 | 9.7 | 10.2 | 28.1 |
| 13-15 | Textiles, habillement, cuir et articles de cuir | 4.3 | 4.8 | 1.3 | 2.2 | 0.8 | 5.1 | 2.3 | 2.3 |
| 13 | Textiles | .. | 3.8 | 0.4 | 0.5 | 0.1 | 0.6 | 0.1 | 0.3 |
| 14 | Articles d'habillement | .. | 0.4 | 0.5 | 0.1 | 0.2 | 0.6 | 0.3 | 1.1 |
| 15 | Cuir et articles de cuir | .. | 0.6 | 0.4 | 1.5 | 0.5 | 3.9 | 1.9 | 0.3 |
| 16-18 | Bois, papier, imprimerie et reproduction de supports enregistrés | 1.2 | 0.6 | 0.1 | 0.1 | 0.0 | 0.0 | 0.1 | 0.7 |
| 16 | Bois et articles en bois, sauf meubles | .. | .. | .. | .. | .. | .. | .. | .. |
| 17 | Papier et articles en papier | .. | .. | .. | .. | .. | .. | .. | .. |
| 18 | Imprimerie et reproduction de supports enregistrés | .. | .. | .. | .. | .. | .. | .. | .. |
| 19-23 | Produits pétroliers, chimiques, pharmaceutiques, caoutchouc, plastique, minéraux | 106.2 | 56.4 | 52.7 | 50.1 | 91.6 | 31.7 | 29.3 | 40.8 |
| 19 | Cokéfaction et raffinage | 49.9 | 3.5 | 1.2 | 0.8 | 0.0 | 0.0 | 0.0 | 0.0 |
| 20-21 | Industrie chimique et pharmaceutique | 52.1 | 49.7 | 47.8 | 46.1 | 80.2 | 27.2 | 25.3 | 40.0 |
| 20 | Produits chimiques | 9.6 | 43.4 | 41.5 | 38.3 | 57.0 | 3.1 | 2.9 | 5.6 |
| 21 | Préparations pharmaceutiques, chimiques (médicine) et d'herboristerie | 42.5 | 6.4 | 6.3 | 7.8 | 23.1 | 24.1 | 22.4 | 34.4 |
| 22 | Produits en caoutchouc et en plastique | 2.7 | 1.4 | 2.4 | 1.8 | 11.3 | 2.9 | 3.6 | 0.2 |
| 23 | Autres produits minéraux non métalliques | 1.5 | 1.8 | 1.2 | 1.5 | 0.2 | 1.6 | 0.3 | 0.5 |
| 24-25 | Produits métalliques de base et ouvrages en métaux (sauf machines et matériel) | 28.5 | 19.1 | 13.6 | 10.5 | 14.9 | 7.6 | 8.6 | 9.5 |
| 24 | Produits métallurgiques de base | 22.2 | 11.6 | 6.5 | 5.5 | 10.6 | 3.6 | 4.3 | 4.4 |
| 25 | Ouvrages en métaux (sauf machines et matériel) | 6.3 | 7.6 | 7.0 | 5.0 | 4.2 | 4.1 | 4.2 | 5.1 |
| 26-30 | Ordinateurs, articles électroniques et optiques ; machines et matériels de transport | 223.4 | 169.4 | 195.5 | 157.6 | 200.4 | 208.0 | 167.8 | 212.0 |
| 26 | Ordinateurs, articles électroniques et optiques | 13.3 | 21.7 | 14.7 | 13.4 | 12.8 | 54.5 | 35.8 | 14.4 |
| 27 | Matériels électriques | 41.4 | 20.7 | 16.7 | 16.5 | 42.9 | 16.8 | 13.0 | 12.0 |
| 28 | Machines et équipements n.c.a. | 58.6 | 26.6 | 18.2 | 16.8 | 6.4 | 18.4 | 11.7 | 11.7 |
| 29 | Automobiles, remorques et semi-remorques | 93.7 | 71.5 | 120.7 | 92.4 | 131.9 | 111.4 | 102.1 | 166.0 |
| 30 | Autres matériels de transport | 16.4 | 28.9 | 25.1 | 18.6 | 6.5 | 7.0 | 5.3 | 7.8 |
| 31-33 | Meubles ; réparation et installation de machines et de matériel | 0.4 | 14.1 | 17.2 | 13.5 | 1.3 | 6.8 | 2.0 | 5.5 |
| 31 | Meubles | .. | 0.6 | 0.2 | 0.2 | 0.1 | 0.1 | 0.1 | 0.5 |
| 32 | Autres activités de fabrication | .. | 6.5 | 10.4 | 10.2 | 0.0 | 2.1 | 0.7 | 1.1 |
| 33 | Réparation et installation de machines et de matériel | .. | 7.0 | 6.6 | 3.1 | 1.1 | 4.6 | 1.3 | 3.9 |
| 35-39 | **ÉLECTRICITÉ, GAZ, EAU ET TRAITEMENT DES DÉCHETS** | 53.2 | 60.3 | 45.9 | 66.3 | 0.6 | 3.0 | 1.4 | 1.2 |
| 35-36 | Production et distribution d'électricité, de gaz et de l'eau | .. | 60.2 | 45.8 | 65.9 | 0.2 | 2.5 | .. | .. |
| 37-39 | Assainissement, traitement des déchets et dépollution | .. | 0.1 | 0.1 | 0.3 | 0.4 | 0.6 | .. | .. |
| 41-43 | **CONSTRUCTION** | 8.0 | 17.5 | 13.1 | 7.7 | 6.1 | 0.4 | 0.4 | 1.0 |
| 45-99 | **TOTAL SERVICES** | 188.3 | 170.0 | 212.5 | 185.6 | 279.8 | 363.8 | 190.2 | 253.8 |
| 45-82 | **Services du secteur des entreprises** | 178.5 | 168.7 | 211.9 | 184.3 | 279.8 | 361.2 | 190.2 | 251.2 |
| 45-47 | Commerce de gros et de détail ; réparations automobiles et motocycles | .. | .. | 6.5 | .. | 13.7 | 26.5 | 15.9 | 29.4 |
| 49-53 | Transport et entreposage | .. | .. | .. | .. | 3.8 | .. | .. | 10.9 |
| 55-56 | Activités d'hébergement et de restauration | .. | .. | .. | .. | .. | 1.6 | 1.2 | 0.6 |
| 58-63 | Information et communication | 65.3 | 19.1 | 90.2 | 70.7 | 106.3 | 114.2 | 40.9 | 61.8 |
| 58-60 | Édition, audiovisuel et diffusion | .. | 9.7 | 46.3 | 47.3 | 51.9 | 1.9 | 0.0 | 8.6 |
| 58 | Activités d'édition | .. | .. | .. | .. | .. | 1.9 | .. | .. |
| 59-60 | Activités audiovisuel et diffusion | .. | .. | .. | .. | .. | 0.1 | .. | .. |
| 59 | Production de films, vidéo, programmes de télévision et d'enregistrements | .. | .. | .. | .. | .. | .. | .. | .. |
| 60 | Programmation et diffusion | .. | .. | .. | .. | .. | .. | .. | .. |
| 61 | Télécommunications | .. | .. | .. | .. | .. | 11.8 | 1.1 | 2.2 |
| 62-63 | Technologies de l'information et informatique | .. | .. | .. | .. | .. | 100.5 | 39.8 | 51.0 |
| 62 | Programmation informatique ; conseils et activités connexes | .. | .. | 42.5 | 23.4 | 52.9 | 68.6 | 28.5 | 50.9 |
| 63 | Services d'information | .. | .. | .. | .. | .. | 31.9 | 11.3 | 0.1 |
| 64-66 | **Activités financières et d'assurances** | .. | .. | .. | .. | .. | .. | .. | .. |
| 68-82 | **Activités immobilières ; professionnelles ; services administratifs et d'appui** | 108.3 | 149.0 | 115.2 | 112.8 | 154.6 | 218.9 | .. | .. |
| 68 | Activités immobilières | .. | 0.0 | 0.0 | 0.0 | 0.0 | 2.4 | .. | .. |
| 69-75x72 | Activités professionnelles, scientifiques et techniques, R-D scientifique exclu | .. | 16.7 | 8.5 | 17.9 | 27.6 | 42.3 | 14.1 | 13.3 |
| 72 | Recherche scientifique et développement | 101.1 | 117.1 | 105.4 | 87.0 | 126.8 | 171.8 | 117.1 | 133.4 |
| 77-82 | Activités de services administratifs et d'appui | .. | 15.2 | 1.3 | 7.9 | 0.3 | 2.4 | .. | 1.7 |
| 84-99 | **Services collectifs, sociaux et personnels** | 9.7 | 1.3 | 0.6 | 1.3 | 0.1 | 2.6 | 0.0 | 2.5 |
| 84-85 | Administration publique et défense ; sécurité sociale obligatoire et éducation | .. | .. | .. | .. | .. | .. | .. | .. |
| 86-88 | Santé humaine et action sociale | .. | .. | .. | .. | .. | .. | .. | .. |
| 90-93 | Arts, spectacles et loisirs | .. | .. | .. | .. | .. | .. | .. | .. |
| 94-99 | Autres services ; ménages-employeurs ; organismes extra-territoriaux | .. | .. | .. | .. | .. | .. | .. | .. |

.. Non disponible

*Note* : Voir les métadonnées détaillées sur : http://metalinks.oecd.org/anberd/20170419/1355.
    Informations sur les données concernant Israël : http://oe.cd/israel-disclaimer.
*Responsabilité* : http://oe.cd/disclaimer

# SINGAPOUR

## Dépenses de R-D dans l'industrie par activité principale de l'entreprise, prix courants
### CITI Rév. 4

*Millions USD PPP*

| Code | Activité | 2007 | 2008 | 2009 | 2010 | 2011 | 2012 | 2013 | 2014 |
|---|---|---|---|---|---|---|---|---|---|
| | **TOTAL ENTREPRISES** | 4 613.3 | 5 772.3 | 4 088.4 | 4 386.2 | 5 194.4 | 5 005.9 | 5 215.9 | .. |
| 01-03 | AGRICULTURE, SYLVICULTURE ET PÊCHE | 0.3 | 0.0 | 0.0 | 0.0 | 0.0 | 0.0 | 0.0 | .. |
| 05-09 | ACTIVITÉS EXTRACTIVES | 0.0 | 0.0 | 0.0 | 0.0 | 0.0 | 0.0 | 0.0 | .. |
| 10-33 | **ACTIVITÉS DE FABRICATION** | 3 253.5 | 4 227.3 | 2 527.9 | 2 674.1 | 2 467.5 | 3 014.4 | 3 003.1 | .. |
| 10-12 | Produits alimentaires, boissons et tabac | 16.6 | 26.4 | 22.5 | 20.7 | 19.5 | 24.9 | 24.1 | .. |
| 13-15 | Textiles, habillement, cuir et articles de cuir | 0.0 | 0.3 | 1.0 | 1.1 | 1.0 | 0.9 | 0.6 | .. |
| 13 | Textiles | 0.0 | 0.0 | 0.0 | 0.0 | 0.0 | .. | .. | .. |
| 14 | Articles d'habillement | 0.0 | 0.0 | 0.8 | 0.8 | 0.7 | .. | .. | .. |
| 15 | Cuir et articles de cuir | 0.0 | 0.3 | 0.2 | 0.3 | 0.3 | .. | .. | .. |
| 16-18 | Bois, papier, imprimerie et reproduction de supports enregistrés | 3.6 | 2.7 | 5.3 | 4.3 | 3.5 | 3.6 | 3.2 | .. |
| 16 | Bois et articles en bois, sauf meubles | 0.2 | 0.0 | 0.0 | 0.1 | 0.0 | 0.0 | 0.0 | .. |
| 17 | Papier et articles en papier | 1.3 | 1.2 | 3.2 | 3.3 | 2.7 | 2.9 | 2.8 | .. |
| 18 | Imprimerie et reproduction de supports enregistrés | 2.0 | 1.5 | 2.1 | 0.9 | 0.8 | 0.6 | 0.4 | .. |
| 19-23 | Produits pétroliers, chimiques, pharmaceutiques, caoutchouc, plastique, minéraux | 237.8 | 147.1 | 177.3 | 229.0 | 248.7 | 272.4 | 351.0 | .. |
| 19 | Cokéfaction et raffinage | 1.3 | 1.4 | 1.6 | 0.8 | 1.2 | 1.4 | 1.0 | .. |
| 20-21 | Industrie chimique et pharmaceutique | 218.1 | 115.4 | 153.1 | 210.0 | 229.4 | 264.7 | 344.3 | .. |
| 20 | Produits chimiques | 78.2 | 79.7 | 67.2 | 89.2 | 97.6 | 111.9 | 201.8 | .. |
| 21 | Préparations pharmaceutiques, chimiques (médicine) et d'herboristerie | 139.9 | 35.6 | 85.9 | 120.8 | 131.8 | 152.8 | 142.5 | .. |
| 22 | Produits en caoutchouc et en plastique | 10.4 | 24.7 | 7.7 | 4.2 | 14.3 | 2.7 | 3.0 | .. |
| 23 | Autres produits minéraux non métalliques | 8.0 | 5.6 | 14.9 | 14.0 | 3.8 | 3.6 | 2.7 | .. |
| 24-25 | Produits métalliques de base et ouvrages en métaux (sauf machines et matériel) | 207.9 | 184.2 | 145.2 | 195.1 | 23.1 | 30.0 | 43.7 | .. |
| 24 | Produits métallurgiques de base | 9.0 | 13.0 | 3.6 | 4.6 | 1.6 | 1.6 | 3.1 | .. |
| 25 | Ouvrages en métaux (sauf machines et matériel) | 198.9 | 171.2 | 141.6 | 190.5 | 21.5 | 28.4 | 40.6 | .. |
| 26-30 | Ordinateurs, articles électroniques et optiques ; machines et matériels de transport | 2 777.8 | 3 852.5 | 2 148.8 | 2 185.6 | 2 094.1 | 2 547.6 | 2 446.7 | .. |
| 26 | Ordinateurs, articles électroniques et optiques | 2 488.1 | 3 531.7 | 1 797.3 | 1 804.8 | 1 644.2 | 2 052.1 | 1 801.4 | .. |
| 27 | Matériels électriques | 33.4 | 22.1 | 73.5 | 29.8 | 24.7 | 15.6 | 31.8 | .. |
| 28 | Machines et équipements n.c.a. | 137.6 | 138.3 | 117.6 | 182.0 | 209.4 | 219.8 | 308.1 | .. |
| 29 | Automobiles, remorques et semi-remorques | 76.0 | 94.8 | 98.1 | 44.1 | 49.6 | 54.9 | 61.5 | .. |
| 30 | Autres matériels de transport | 42.7 | 65.7 | 62.2 | 124.9 | 166.1 | 205.2 | 243.8 | .. |
| 31-33 | Meubles ; réparation et installation de machines et de matériel | 9.7 | 14.0 | 27.8 | 38.3 | 77.5 | 135.0 | 133.9 | .. |
| 31 | Meubles | .. | .. | .. | 12.7 | 17.1 | 16.9 | 16.3 | .. |
| 32 | Autres activités de fabrication | .. | .. | .. | 25.7 | 60.5 | 118.1 | 117.6 | .. |
| 33 | Réparation et installation de machines et de matériel | .. | .. | .. | 0.0 | 0.0 | 0.0 | 0.0 | .. |
| 35-39 | ÉLECTRICITÉ, GAZ, EAU ET TRAITEMENT DES DÉCHETS | 0.0 | 1.0 | 0.0 | 15.7 | 13.9 | 10.9 | 15.1 | .. |
| 35-36 | Production et distribution d'électricité, de gaz et de l'eau | .. | .. | .. | 0.3 | 0.1 | 0.0 | 0.0 | .. |
| 37-39 | Assainissement, traitement des déchets et dépollution | .. | .. | .. | 15.5 | 13.8 | 10.9 | 15.1 | .. |
| 41-43 | **CONSTRUCTION** | 1.9 | 4.0 | 2.2 | 1.2 | 2.5 | 1.5 | 1.8 | .. |
| 45-99 | **TOTAL SERVICES** | 1 357.6 | 1 540.1 | 1 558.2 | 1 695.2 | 2 710.4 | 1 979.2 | 2 195.8 | .. |
| 45-82 | Services du secteur des entreprises | 1 312.5 | 1 464.5 | 1 465.9 | 1 684.8 | 2 700.6 | 1 969.7 | 2 160.0 | .. |
| 45-47 | Commerce de gros et de détail ; réparations automobiles et motocycles | 315.9 | 389.4 | 374.6 | 439.7 | 575.1 | 611.2 | 822.3 | .. |
| 49-53 | Transport et entreposage | 21.1 | 25.0 | 27.5 | 56.2 | 46.6 | 31.0 | 46.2 | .. |
| 55-56 | Activités d'hébergement et de restauration | 1.1 | 1.1 | 0.0 | 0.0 | 0.0 | 0.0 | 0.0 | .. |
| 58-63 | Information et communication | 152.2 | 144.0 | 141.4 | 156.1 | 160.7 | 169.2 | 173.7 | .. |
| 58-60 | Édition, audiovisuel et diffusion | .. | .. | .. | 26.3 | 39.4 | 54.4 | 45.3 | .. |
| 58 | Activités d'édition | .. | .. | .. | 24.6 | 37.6 | 54.0 | 45.2 | .. |
| 59-60 | Activités audiovisuel et diffusion | .. | .. | .. | 1.6 | 1.8 | 0.3 | 0.2 | .. |
| 59 | Production de films, vidéo, programmes de télévision et d'enregistrements | .. | .. | .. | 1.6 | 1.8 | 0.3 | 0.2 | .. |
| 60 | Programmation et diffusion | .. | .. | .. | 0.0 | 0.0 | 0.0 | 0.0 | .. |
| 61 | Télécommunications | 17.7 | 15.8 | 8.5 | 3.9 | 5.7 | 3.5 | 6.7 | .. |
| 62-63 | Technologies de l'information et informatique | .. | .. | .. | 125.9 | 115.6 | 111.4 | 121.7 | .. |
| 62 | Programmation informatique ; conseils et activités connexes | .. | .. | .. | 123.6 | 112.9 | 108.5 | 115.8 | .. |
| 63 | Services d'information | .. | .. | .. | 2.3 | 2.7 | 2.9 | 5.9 | .. |
| 64-66 | Activités financières et d'assurances | 108.7 | 122.0 | 102.4 | 100.0 | 105.3 | 102.3 | 107.4 | .. |
| 68-82 | Activités immobilières ; professionnelles ; services administratifs et d'appui | 713.4 | 782.9 | 819.9 | 932.8 | 1 812.9 | 1 056.0 | 1 010.4 | .. |
| 68 | Activités immobilières | .. | .. | .. | 0.0 | 0.0 | 0.0 | 0.0 | .. |
| 69-75x72 | Activités professionnelles, scientifiques et techniques, R-D scientifique exclu | .. | .. | .. | 156.9 | 319.6 | 265.8 | 191.1 | .. |
| 72 | Recherche scientifique et développement | 527.8 | 546.4 | 598.4 | 765.0 | 810.2 | 785.0 | 812.7 | .. |
| 77-82 | Activités de services administratifs et d'appui | .. | .. | .. | 10.9 | 683.1 | 5.2 | 6.6 | .. |
| 84-99 | Services collectifs, sociaux et personnels | 45.0 | 75.6 | 92.4 | 10.4 | 9.9 | 9.6 | 35.8 | .. |
| 84-85 | Administration publique et défense ; sécurité sociale obligatoire et éducation | .. | .. | .. | 3.3 | 4.3 | 3.2 | 2.3 | .. |
| 86-88 | Santé humaine et action sociale | .. | .. | .. | 6.1 | 4.5 | 6.1 | 33.3 | .. |
| 90-93 | Arts, spectacles et loisirs | .. | .. | .. | 0.0 | 0.0 | 0.0 | 0.0 | .. |
| 94-99 | Autres services ; ménages-employeurs ; organismes extra-territoriaux | .. | .. | .. | 1.1 | 1.1 | 0.3 | 0.2 | .. |

.. Non disponible

*Note* : Voir les métadonnées détaillées sur : http://metalinks.oecd.org/anberd/20170419/1355.
Informations sur les données concernant Israël : http://oe.cd/israel-disclaimer.

*Responsabilité* : http://oe.cd/disclaimer

# SINGAPOUR

## Dépenses de R-D dans l'industrie par activité principale de l'entreprise, prix constants
### CITI Rév. 4

2010 PPP USD

| Code | | 2007 | 2008 | 2009 | 2010 | 2011 | 2012 | 2013 | 2014 |
|---|---|---|---|---|---|---|---|---|---|
| | **TOTAL ENTREPRISES** | 4 796.3 | 5 886.5 | 4 136.4 | 4 386.2 | 5 086.0 | 4 816.7 | 4 939.5 | .. |
| 01-03 | AGRICULTURE, SYLVICULTURE ET PÊCHE | 0.3 | 0.0 | 0.0 | 0.0 | 0.0 | 0.0 | 0.0 | .. |
| 05-09 | ACTIVITÉS EXTRACTIVES | 0.0 | 0.0 | 0.0 | 0.0 | 0.0 | 0.0 | 0.0 | .. |
| 10-33 | ACTIVITÉS DE FABRICATION | 3 382.6 | 4 310.9 | 2 557.7 | 2 674.1 | 2 416.0 | 2 900.5 | 2 844.0 | .. |
| 10-12 | Produits alimentaires, boissons et tabac | 17.3 | 27.0 | 22.7 | 20.7 | 19.1 | 24.0 | 22.8 | .. |
| 13-15 | Textiles, habillement, cuir et articles de cuir | 0.0 | 0.3 | 1.0 | 1.1 | 1.0 | 0.8 | 0.6 | .. |
| 13 | Textiles | 0.0 | 0.0 | 0.0 | 0.0 | 0.0 | .. | .. | .. |
| 14 | Articles d'habillement | 0.0 | 0.0 | 0.8 | 0.8 | 0.7 | .. | .. | .. |
| 15 | Cuir et articles de cuir | 0.0 | 0.3 | 0.2 | 0.3 | 0.3 | .. | .. | .. |
| 16-18 | Bois, papier, imprimerie et reproduction de supports enregistrés | 3.7 | 2.7 | 5.4 | 4.3 | 3.4 | 3.4 | 3.0 | .. |
| 16 | Bois et articles en bois, sauf meubles | 0.2 | 0.0 | 0.0 | 0.1 | 0.0 | 0.0 | 0.0 | .. |
| 17 | Papier et articles en papier | 1.4 | 1.3 | 3.3 | 3.3 | 2.6 | 2.8 | 2.6 | .. |
| 18 | Imprimerie et reproduction de supports enregistrés | 2.1 | 1.5 | 2.1 | 0.9 | 0.8 | 0.6 | 0.4 | .. |
| 19-23 | Produits pétroliers, chimiques, pharmaceutiques, caoutchouc, plastique, minéraux | 247.2 | 150.0 | 179.4 | 229.0 | 243.5 | 262.1 | 332.4 | .. |
| 19 | Cokéfaction et raffinage | 1.4 | 1.4 | 1.7 | 0.8 | 1.2 | 1.4 | 1.0 | .. |
| 20-21 | Industrie chimique et pharmaceutique | 226.8 | 117.7 | 154.9 | 210.0 | 224.6 | 254.7 | 326.1 | .. |
| 20 | Produits chimiques | 81.3 | 81.3 | 68.0 | 89.2 | 95.6 | 107.6 | 191.1 | .. |
| 21 | Préparations pharmaceutiques, chimiques (médicine) et d'herboristerie | 145.5 | 36.3 | 86.9 | 120.8 | 129.0 | 147.1 | 135.0 | .. |
| 22 | Produits en caoutchouc et en plastique | 10.8 | 25.2 | 7.8 | 4.2 | 14.0 | 2.6 | 2.9 | .. |
| 23 | Autres produits minéraux non métalliques | 8.3 | 5.7 | 15.1 | 14.0 | 3.7 | 3.5 | 2.5 | .. |
| 24-25 | Produits métalliques de base et ouvrages en métaux (sauf machines et matériel) | 216.2 | 187.9 | 146.9 | 195.1 | 22.6 | 28.9 | 41.4 | .. |
| 24 | Produits métallurgiques de base | 9.4 | 13.3 | 3.7 | 4.6 | 1.5 | 1.5 | 2.9 | .. |
| 25 | Ouvrages en métaux (sauf machines et matériel) | 206.8 | 174.6 | 143.2 | 190.5 | 21.1 | 27.3 | 38.5 | .. |
| 26-30 | Ordinateurs, articles électroniques et optiques ; machines et matériels de transport | 2 888.0 | 3 928.8 | 2 174.0 | 2 185.6 | 2 050.4 | 2 451.3 | 2 317.0 | .. |
| 26 | Ordinateurs, articles électroniques et optiques | 2 586.9 | 3 601.5 | 1 818.4 | 1 804.8 | 1 609.9 | 1 974.5 | 1 705.9 | .. |
| 27 | Matériels électriques | 34.8 | 22.5 | 74.4 | 29.8 | 24.2 | 15.0 | 30.1 | .. |
| 28 | Machines et équipements n.c.a. | 143.0 | 141.0 | 119.0 | 182.0 | 205.1 | 211.5 | 291.8 | .. |
| 29 | Automobiles, remorques et semi-remorques | 79.0 | 96.6 | 99.2 | 44.1 | 48.6 | 52.8 | 58.3 | .. |
| 30 | Autres matériels de transport | 44.4 | 67.0 | 63.0 | 124.9 | 162.6 | 197.5 | 230.9 | .. |
| 31-33 | Meubles ; réparation et installation de machines et de matériel | 10.1 | 14.3 | 28.1 | 38.3 | 75.9 | 129.9 | 126.8 | .. |
| 31 | Meubles | .. | .. | .. | 12.7 | 16.7 | 16.2 | 15.4 | .. |
| 32 | Autres activités de fabrication | .. | .. | .. | 25.7 | 59.2 | 113.6 | 111.4 | .. |
| 33 | Réparation et installation de machines et de matériel | .. | .. | .. | 0.0 | 0.0 | 0.0 | 0.0 | .. |
| 35-39 | ÉLECTRICITÉ, GAZ, EAU ET TRAITEMENT DES DÉCHETS | 0.0 | 1.0 | 0.0 | 15.7 | 13.6 | 10.5 | 14.3 | .. |
| 35-36 | Production et distribution d'électricité, de gaz et de l'eau | .. | .. | .. | 0.3 | 0.1 | 0.0 | 0.0 | .. |
| 37-39 | Assainissement, traitement des déchets et dépollution | .. | .. | .. | 15.5 | 13.5 | 10.5 | 14.3 | .. |
| 41-43 | CONSTRUCTION | 2.0 | 4.1 | 2.2 | 1.2 | 2.4 | 1.4 | 1.7 | .. |
| 45-99 | **TOTAL SERVICES** | 1 411.4 | 1 570.5 | 1 576.5 | 1 695.2 | 2 653.9 | 1 904.4 | 2 079.4 | .. |
| 45-82 | Services du secteur des entreprises | 1 364.6 | 1 493.4 | 1 483.1 | 1 684.8 | 2 644.2 | 1 895.2 | 2 045.5 | .. |
| 45-47 | Commerce de gros et de détail ; réparations automobiles et motocycles | 328.5 | 397.2 | 379.0 | 439.7 | 563.1 | 588.1 | 778.7 | .. |
| 49-53 | Transport et entreposage | 22.0 | 25.5 | 27.8 | 56.2 | 45.6 | 29.8 | 43.7 | .. |
| 55-56 | Activités d'hébergement et de restauration | 1.1 | 1.1 | 0.0 | 0.0 | 0.0 | 0.0 | 0.0 | .. |
| 58-63 | Information et communication | 158.3 | 146.9 | 143.1 | 156.1 | 157.4 | 162.8 | 164.5 | .. |
| 58-60 | Édition, audiovisuel et diffusion | .. | .. | .. | 26.3 | 38.6 | 52.3 | 42.9 | .. |
| 58 | Activités d'édition | .. | .. | .. | 24.6 | 36.8 | 52.0 | 42.8 | .. |
| 59-60 | Activités audiovisuel et diffusion | .. | .. | .. | 1.6 | 1.8 | 0.3 | 0.2 | .. |
| 59 | Production de films, vidéo, programmes de télévision et d'enregistrements | .. | .. | .. | 1.6 | 1.8 | 0.3 | 0.2 | .. |
| 60 | Programmation et diffusion | .. | .. | .. | 0.0 | 0.0 | 0.0 | 0.0 | .. |
| 61 | Télécommunications | 18.4 | 16.1 | 8.6 | 3.9 | 5.6 | 3.3 | 6.3 | .. |
| 62-63 | Technologies de l'information et informatique | .. | .. | .. | 125.9 | 113.2 | 107.2 | 115.3 | .. |
| 62 | Programmation informatique ; conseils et activités connexes | .. | .. | .. | 123.6 | 110.6 | 104.4 | 109.7 | .. |
| 63 | Services d'information | .. | .. | .. | 2.3 | 2.6 | 2.8 | 5.6 | .. |
| 64-66 | Activités financières et d'assurances | 113.0 | 124.4 | 103.6 | 100.0 | 103.1 | 98.4 | 101.7 | .. |
| 68-82 | Activités immobilières ; professionnelles ; services administratifs et d'appui | 741.7 | 798.4 | 829.6 | 932.8 | 1 775.1 | 1 016.1 | 956.9 | .. |
| 68 | Activités immobilières | .. | .. | .. | 0.0 | 0.0 | 0.0 | 0.0 | .. |
| 69-75x72 | Activités professionnelles, scientifiques et techniques, R-D scientifique exclu | .. | .. | .. | 156.9 | 313.0 | 255.8 | 181.0 | .. |
| 72 | Recherche scientifique et développement | 548.7 | 557.2 | 605.4 | 765.0 | 793.3 | 755.3 | 769.6 | .. |
| 77-82 | Activités de services administratifs et d'appui | .. | .. | .. | 10.9 | 668.8 | 5.0 | 6.3 | .. |
| 84-99 | Services collectifs, sociaux et personnels | 46.8 | 77.1 | 93.5 | 10.4 | 9.7 | 9.2 | 33.9 | .. |
| 84-85 | Administration publique et défense ; sécurité sociale obligatoire et éducation | .. | .. | .. | 3.3 | 4.2 | 3.0 | 2.2 | .. |
| 86-88 | Santé humaine et action sociale | .. | .. | .. | 6.1 | 4.4 | 5.9 | 31.5 | .. |
| 90-93 | Arts, spectacles et loisirs | .. | .. | .. | 0.0 | 0.0 | 0.0 | 0.0 | .. |
| 94-99 | Autres services ; ménages-employeurs ; organismes extra-territoriaux | .. | .. | .. | 1.1 | 1.1 | 0.3 | 0.2 | .. |

.. Non disponible

*Note* : Voir les métadonnées détaillées sur : http://metalinks.oecd.org/anberd/20170419/1355.
Informations sur les données concernant Israël : http://oe.cd/israel-disclaimer.
*Responsabilité* : http://oe.cd/disclaimer

# TAIPEI CHINOIS

## Dépenses de R-D dans l'industrie par activité principale de l'entreprise, prix courants
### CITI Rév. 4

*Millions USD PPP*

| | | 2007 | 2008 | 2009 | 2010 | 2011 | 2012 | 2013 | 2014 |
|---|---|---|---|---|---|---|---|---|---|
| | **TOTAL ENTREPRISES** | 13 418.1 | 15 230.6 | 15 891.0 | 17 943.7 | 19 949.5 | 21 589.2 | 23 238.4 | 25 060.1 |
| 01-03 | AGRICULTURE, SYLVICULTURE ET PÊCHE | .. | .. | .. | .. | .. | .. | .. | .. |
| 05-09 | ACTIVITÉS EXTRACTIVES | .. | .. | .. | .. | .. | .. | .. | .. |
| 10-33 | **ACTIVITÉS DE FABRICATION** | 12 447.9 | 14 097.7 | 14 645.9 | 16 522.4 | 18 440.2 | 19 760.3 | 21 228.2 | 22 929.5 |
| 10-12 | Produits alimentaires, boissons et tabac | 101.9 | 116.5 | 109.4 | 125.2 | 141.5 | 166.5 | 145.7 | 154.0 |
| 13-15 | Textiles, habillement, cuir et articles de cuir | 231.3 | 234.4 | 240.4 | 221.9 | 246.6 | 265.3 | 260.9 | 291.2 |
| 13 | Textiles | 102.2 | 124.1 | 121.9 | 118.9 | 126.6 | 125.7 | 117.2 | 127.0 |
| 14 | Articles d'habillement | 13.3 | 13.2 | 12.7 | 11.6 | 12.6 | 11.3 | 13.1 | 13.3 |
| 15 | Cuir et articles de cuir | 115.8 | 97.1 | 105.8 | 91.4 | 107.4 | 128.3 | 130.6 | 150.9 |
| 16-18 | Bois, papier, imprimerie et reproduction de supports enregistrés | 25.4 | 38.2 | 40.8 | 41.5 | 38.9 | 41.9 | 55.3 | 42.3 |
| 16 | Bois et articles en bois, sauf meubles | 0.1 | 0.0 | 0.0 | 0.3 | 1.0 | 0.9 | 1.4 | 4.0 |
| 17 | Papier et articles en papier | 13.2 | 20.3 | 17.1 | 17.8 | 16.7 | 17.8 | 12.3 | 10.5 |
| 18 | Imprimerie et reproduction de supports enregistrés | 12.1 | 17.8 | 23.7 | 23.3 | 21.2 | 23.2 | 41.6 | 27.8 |
| 19-23 | Produits pétroliers, chimiques, pharmaceutiques, caoutchouc, plastique, minéraux | 847.3 | 973.1 | 986.8 | 1 149.7 | 1 293.6 | 1 405.4 | 1 482.7 | 1 600.5 |
| 19 | Cokéfaction et raffinage | 71.7 | 66.9 | 70.3 | 75.9 | 80.4 | 97.7 | 137.9 | 148.4 |
| 20-21 | Industrie chimique et pharmaceutique | 584.0 | 702.3 | 726.6 | 844.5 | 970.5 | 1 039.5 | 1 096.7 | 1 172.1 |
| 20 | Produits chimiques | 435.5 | 497.6 | 503.6 | 583.7 | 643.2 | 689.6 | 702.4 | 683.9 |
| 21 | Préparations pharmaceutiques, chimiques (médicine) et d'herboristerie | 148.5 | 204.7 | 223.0 | 260.8 | 327.3 | 349.9 | 394.3 | 488.2 |
| 22 | Produits en caoutchouc et en plastique | 148.1 | 162.2 | 167.2 | 197.6 | 198.9 | 225.5 | 208.9 | 226.3 |
| 23 | Autres produits minéraux non métalliques | 43.4 | 41.8 | 22.7 | 31.8 | 43.7 | 42.7 | 39.2 | 53.7 |
| 24-25 | Produits métalliques de base et ouvrages en métaux (sauf machines et matériel) | 241.0 | 276.3 | 286.1 | 311.9 | 324.3 | 325.1 | 349.5 | 354.3 |
| 24 | Produits métallurgiques de base | 146.1 | 157.5 | 159.2 | 180.0 | 169.9 | 168.1 | 177.2 | 173.9 |
| 25 | Ouvrages en métaux (sauf machines et matériel) | 94.9 | 118.8 | 126.9 | 131.9 | 154.5 | 157.0 | 172.2 | 180.5 |
| 26-30 | Ordinateurs, articles électroniques et optiques ; machines et matériels de transport | 10 872.1 | 12 282.5 | 12 836.7 | 14 490.6 | 16 229.2 | 17 367.1 | 18 725.1 | 20 274.3 |
| 26 | Ordinateurs, articles électroniques et optiques | 9 484.9 | 10 781.8 | 11 380.6 | 12 826.8 | 14 473.2 | 15 594.4 | 16 820.8 | 18 214.5 |
| 27 | Matériels électriques | 423.1 | 493.6 | 528.9 | 609.3 | 610.7 | 631.9 | 638.5 | 635.4 |
| 28 | Machines et équipements n.c.a. | 418.9 | 467.2 | 396.9 | 473.0 | 573.9 | 520.6 | 588.2 | 676.8 |
| 29 | Automobiles, remorques et semi-remorques | 351.1 | 304.2 | 267.0 | 299.2 | 307.1 | 343.0 | 374.5 | 438.5 |
| 30 | Autres matériels de transport | 194.1 | 236.0 | 263.3 | 282.3 | 264.4 | 277.1 | 303.1 | 309.1 |
| 31-33 | Meubles ; réparation et installation de machines et de matériel | 129.0 | 176.7 | 145.8 | 181.6 | 166.1 | 189.0 | 209.1 | 212.9 |
| 31 | Meubles | 10.8 | 10.9 | 12.4 | 10.3 | 8.4 | 10.7 | 7.2 | 9.1 |
| 32 | Autres activités de fabrication | 118.2 | 165.7 | 133.4 | 171.3 | 157.7 | 178.3 | 201.9 | 203.7 |
| 33 | Réparation et installation de machines et de matériel | 0.0 | 0.0 | 0.0 | 0.0 | 0.0 | 0.0 | 0.0 | 0.0 |
| 35-39 | **ÉLECTRICITÉ, GAZ, EAU ET TRAITEMENT DES DÉCHETS** | 53.1 | 41.2 | 38.5 | 46.7 | 44.2 | 48.6 | 38.8 | 37.6 |
| 35-36 | Production et distribution d'électricité, de gaz et de l'eau | 50.9 | 40.8 | 37.5 | 45.3 | 42.6 | 47.4 | 37.5 | 36.4 |
| 37-39 | Assainissement, traitement des déchets et dépollution | 2.2 | 0.4 | 1.0 | 1.4 | 1.6 | 1.2 | 1.2 | 1.3 |
| 41-43 | **CONSTRUCTION** | 8.6 | 11.9 | 10.8 | 10.4 | 10.0 | 12.1 | 14.0 | 17.9 |
| 45-99 | **TOTAL SERVICES** | 908.5 | 1 079.8 | 1 195.8 | 1 364.2 | 1 455.0 | 1 768.1 | 1 957.4 | 2 075.1 |
| 45-82 | **Services du secteur des entreprises** | 761.7 | 921.8 | 1 018.1 | 1 168.2 | 1 276.0 | 1 566.8 | 1 753.6 | 1 841.6 |
| 45-47 | Commerce de gros et de détail ; réparations automobiles et motocycles | 31.7 | 40.1 | 55.1 | 54.6 | 51.3 | 99.1 | 103.7 | 119.0 |
| 49-53 | Transport et entreposage | 22.3 | 11.6 | 9.9 | 13.1 | 12.1 | 12.6 | 16.0 | 17.5 |
| 55-56 | Activités d'hébergement et de restauration | 1.3 | 3.8 | 2.6 | 0.2 | 0.7 | 0.3 | 0.5 | 0.1 |
| 58-63 | Information et communication | 557.2 | 678.1 | 719.5 | 817.2 | 871.8 | 874.8 | 993.2 | 1 027.0 |
| 58-60 | Édition, audiovisuel et diffusion | 13.5 | 15.6 | 10.3 | 10.7 | 13.3 | 18.5 | 28.6 | 30.7 |
| 58 | Activités d'édition | 2.8 | 9.8 | 8.9 | 8.4 | 11.3 | 15.4 | 23.1 | 22.3 |
| 59-60 | Activités audiovisuel et diffusion | 10.7 | 5.8 | 1.3 | 2.2 | 2.0 | 3.0 | 5.5 | 8.4 |
| 59 | Production de films, vidéo, programmes de télévision et d'enregistrements | 5.1 | 1.6 | 0.5 | 1.1 | 0.2 | 0.4 | 4.1 | 3.0 |
| 60 | Programmation et diffusion | 5.6 | 4.2 | 0.9 | 1.1 | 1.8 | 2.6 | 1.4 | 5.4 |
| 61 | Télécommunications | 171.8 | 195.0 | 202.0 | 245.0 | 257.6 | 262.2 | 260.1 | 253.1 |
| 62-63 | Technologies de l'information et informatique | 371.9 | 467.4 | 507.2 | 561.6 | 600.8 | 594.0 | 704.5 | 743.2 |
| 62 | Programmation informatique ; conseils et activités connexes | 304.7 | 392.6 | 435.7 | 514.0 | 536.5 | 557.0 | 663.9 | 694.3 |
| 63 | Services d'information | 67.1 | 74.8 | 71.5 | 47.6 | 64.3 | 37.0 | 40.6 | 48.8 |
| 64-66 | **Activités financières et d'assurances** | 62.5 | 76.6 | 95.0 | 108.8 | 124.2 | 150.5 | 159.5 | 182.7 |
| 68-82 | **Activités immobilières ; professionnelles ; services administratifs et d'appui** | 86.7 | 111.6 | 136.0 | 174.3 | 216.0 | 429.6 | 480.7 | 495.3 |
| 68 | Activités immobilières | 0.2 | 0.3 | 0.3 | 0.0 | 0.8 | 1.2 | 1.6 | 2.4 |
| 69-75x72 | Activités professionnelles, scientifiques et techniques, R-D scientifique exclu | 39.5 | 50.6 | 53.5 | 94.2 | 128.4 | 337.9 | 388.9 | 399.4 |
| 72 | Recherche scientifique et développement | 41.8 | 54.8 | 76.3 | 73.5 | 80.4 | 82.8 | 80.7 | 83.7 |
| 77-82 | Activités de services administratifs et d'appui | 5.1 | 5.9 | 5.9 | 6.6 | 6.4 | 7.6 | 9.5 | 9.8 |
| 84-99 | **Services collectifs, sociaux et personnels** | 146.7 | 158.0 | 177.7 | 196.1 | 179.0 | 201.4 | 203.8 | 233.5 |
| 84-85 | Administration publique et défense ; sécurité sociale obligatoire et éducation | 0.0 | 0.0 | 0.0 | 0.2 | 0.0 | 0.1 | 0.1 | 0.2 |
| 86-88 | Santé humaine et action sociale | 144.2 | 153.0 | 174.3 | 192.1 | 176.4 | 199.4 | 201.9 | 231.5 |
| 90-93 | Arts, spectacles et loisirs | 0.2 | 0.1 | 0.0 | 0.0 | 0.0 | 0.0 | 0.0 | 0.0 |
| 94-99 | Autres services ; ménages-employeurs ; organismes extra-territoriaux | 2.3 | 4.9 | 3.5 | 3.8 | 2.6 | 1.9 | 1.9 | 1.9 |

.. Non disponible

Note : Voir les métadonnées détaillées sur : http://metalinks.oecd.org/anberd/20170419/1355.
Informations sur les données concernant Israël : http://oe.cd/israel-disclaimer.
*Responsabilité* : http://oe.cd/disclaimer

# TAIPEI CHINOIS

## Dépenses de R-D dans l'industrie par activité principale de l'entreprise, prix constants
### CITI Rév. 4

2010 PPP USD

| Code | | 2007 | 2008 | 2009 | 2010 | 2011 | 2012 | 2013 | 2014 |
|---|---|---|---|---|---|---|---|---|---|
| | **TOTAL ENTREPRISES** | 13 954.2 | 15 534.1 | 16 085.7 | 17 943.7 | 19 545.9 | 20 770.9 | 22 001.6 | 23 309.7 |
| 01-03 | AGRICULTURE, SYLVICULTURE ET PÊCHE | .. | .. | .. | .. | .. | .. | .. | .. |
| 05-09 | ACTIVITÉS EXTRACTIVES | .. | .. | .. | .. | .. | .. | .. | .. |
| 10-33 | ACTIVITÉS DE FABRICATION | 12 945.2 | 14 378.6 | 14 825.3 | 16 522.4 | 18 067.2 | 19 011.3 | 20 098.4 | 21 327.9 |
| 10-12 | Produits alimentaires, boissons et tabac | 105.9 | 118.8 | 110.7 | 125.2 | 138.6 | 160.2 | 137.9 | 143.2 |
| 13-15 | Textiles, habillement, cuir et articles de cuir | 240.5 | 239.1 | 243.3 | 221.9 | 241.6 | 255.2 | 247.0 | 270.8 |
| 13 | Textiles | 106.2 | 126.6 | 123.4 | 118.9 | 124.1 | 120.9 | 111.0 | 118.1 |
| 14 | Articles d'habillement | 13.9 | 13.5 | 12.9 | 11.6 | 12.4 | 10.9 | 12.4 | 12.4 |
| 15 | Cuir et articles de cuir | 120.4 | 99.1 | 107.0 | 91.4 | 105.2 | 123.4 | 123.7 | 140.3 |
| 16-18 | Bois, papier, imprimerie et reproduction de supports enregistrés | 26.4 | 38.9 | 41.3 | 41.5 | 38.1 | 40.3 | 52.3 | 39.4 |
| 16 | Bois et articles en bois, sauf meubles | 0.1 | 0.0 | 0.0 | 0.3 | 1.0 | 0.8 | 1.3 | 3.7 |
| 17 | Papier et articles en papier | 13.8 | 20.7 | 17.3 | 17.8 | 16.3 | 17.1 | 11.6 | 9.7 |
| 18 | Imprimerie et reproduction de supports enregistrés | 12.5 | 18.2 | 24.0 | 23.3 | 20.8 | 22.4 | 39.4 | 25.9 |
| 19-23 | Produits pétroliers, chimiques, pharmaceutiques, caoutchouc, plastique, minéraux | 881.2 | 992.5 | 998.9 | 1 149.7 | 1 267.4 | 1 352.1 | 1 403.8 | 1 488.7 |
| 19 | Cokéfaction et raffinage | 74.6 | 68.2 | 71.2 | 75.9 | 78.8 | 94.0 | 130.5 | 138.0 |
| 20-21 | Industrie chimique et pharmaceutique | 607.3 | 716.3 | 735.5 | 844.5 | 950.9 | 1 000.1 | 1 038.4 | 1 090.2 |
| 20 | Produits chimiques | 452.9 | 507.5 | 509.8 | 583.7 | 630.2 | 663.5 | 665.0 | 636.1 |
| 21 | Préparations pharmaceutiques, chimiques (médicine) et d'herboristerie | 154.4 | 208.7 | 225.7 | 260.8 | 320.6 | 336.6 | 373.3 | 454.1 |
| 22 | Produits en caoutchouc et en plastique | 154.1 | 165.4 | 169.2 | 197.6 | 194.9 | 217.0 | 197.8 | 210.5 |
| 23 | Autres produits minéraux non métalliques | 45.2 | 42.6 | 23.0 | 31.8 | 42.9 | 41.1 | 37.1 | 49.9 |
| 24-25 | Produits métalliques de base et ouvrages en métaux (sauf machines et matériel) | 250.6 | 281.8 | 289.6 | 311.9 | 317.8 | 312.8 | 330.9 | 329.6 |
| 24 | Produits métallurgiques de base | 151.9 | 160.7 | 161.1 | 180.0 | 166.4 | 161.8 | 167.8 | 161.7 |
| 25 | Ouvrages en métaux (sauf machines et matériel) | 98.7 | 121.1 | 128.5 | 131.9 | 151.4 | 151.0 | 163.1 | 167.9 |
| 26-30 | Ordinateurs, articles électroniques et optiques ; machines et matériels de transport | 11 306.5 | 12 527.3 | 12 994.0 | 14 490.6 | 15 900.9 | 16 708.8 | 17 728.5 | 18 858.2 |
| 26 | Ordinateurs, articles électroniques et optiques | 9 863.9 | 10 996.6 | 11 520.0 | 12 826.8 | 14 180.4 | 15 003.3 | 15 925.5 | 16 942.3 |
| 27 | Matériels électriques | 440.0 | 503.5 | 535.3 | 609.3 | 598.3 | 608.0 | 604.5 | 591.0 |
| 28 | Machines et équipements n.c.a. | 435.6 | 476.3 | 401.7 | 473.0 | 562.3 | 500.9 | 556.9 | 629.6 |
| 29 | Automobiles, remorques et semi-remorques | 365.2 | 310.2 | 270.3 | 299.2 | 300.8 | 330.0 | 354.6 | 407.9 |
| 30 | Autres matériels de transport | 201.8 | 240.7 | 266.6 | 282.3 | 259.1 | 266.6 | 287.0 | 287.5 |
| 31-33 | Meubles ; réparation et installation de machines et de matériel | 134.1 | 180.2 | 147.6 | 181.6 | 162.8 | 181.8 | 197.9 | 198.0 |
| 31 | Meubles | 11.2 | 11.2 | 12.6 | 10.3 | 8.2 | 10.3 | 6.8 | 8.5 |
| 32 | Autres activités de fabrication | 122.9 | 169.0 | 135.0 | 171.3 | 154.5 | 171.5 | 191.1 | 189.5 |
| 33 | Réparation et installation de machines et de matériel | 0.0 | 0.0 | 0.0 | 0.0 | 0.0 | 0.0 | 0.0 | 0.0 |
| 35-39 | ÉLECTRICITÉ, GAZ, EAU ET TRAITEMENT DES DÉCHETS | 55.2 | 42.0 | 39.0 | 46.7 | 43.3 | 46.8 | 36.7 | 35.0 |
| 35-36 | Production et distribution d'électricité, de gaz et de l'eau | 52.9 | 41.6 | 38.0 | 45.3 | 41.7 | 45.6 | 35.5 | 33.8 |
| 37-39 | Assainissement, traitement des déchets et dépollution | 2.3 | 0.4 | 1.0 | 1.4 | 1.5 | 1.2 | 1.2 | 1.2 |
| 41-43 | CONSTRUCTION | 9.0 | 12.1 | 10.9 | 10.4 | 9.8 | 11.7 | 13.3 | 16.6 |
| 45-99 | TOTAL SERVICES | 944.8 | 1 101.3 | 1 210.5 | 1 364.2 | 1 425.6 | 1 701.1 | 1 853.2 | 1 930.2 |
| 45-82 | Services du secteur des entreprises | 792.1 | 940.2 | 1 030.6 | 1 168.2 | 1 250.2 | 1 507.4 | 1 660.2 | 1 712.9 |
| 45-47 | Commerce de gros et de détail ; réparations automobiles et motocycles | 33.0 | 40.9 | 55.7 | 54.6 | 50.2 | 95.3 | 98.2 | 110.7 |
| 49-53 | Transport et entreposage | 23.2 | 11.8 | 10.0 | 13.1 | 11.8 | 12.1 | 15.1 | 16.3 |
| 55-56 | Activités d'hébergement et de restauration | 1.4 | 3.9 | 2.7 | 0.2 | 0.7 | 0.3 | 0.5 | 0.1 |
| 58-63 | Information et communication | 579.5 | 691.6 | 728.3 | 817.2 | 854.1 | 841.6 | 940.3 | 955.2 |
| 58-60 | Édition, audiovisuel et diffusion | 14.1 | 15.9 | 10.4 | 10.7 | 13.0 | 17.8 | 27.1 | 28.6 |
| 58 | Activités d'édition | 2.9 | 10.0 | 9.1 | 8.4 | 11.1 | 14.9 | 21.8 | 20.8 |
| 59-60 | Activités audiovisuel et diffusion | 11.1 | 5.9 | 1.4 | 2.2 | 2.0 | 2.9 | 5.2 | 7.8 |
| 59 | Production de films, vidéo, programmes de télévision et d'enregistrements | 5.3 | 1.6 | 0.5 | 1.1 | 0.2 | 0.4 | 3.9 | 2.8 |
| 60 | Programmation et diffusion | 5.8 | 4.3 | 0.9 | 1.1 | 1.8 | 2.5 | 1.3 | 5.0 |
| 61 | Télécommunications | 178.7 | 198.9 | 204.5 | 245.0 | 252.4 | 252.3 | 246.2 | 235.4 |
| 62-63 | Technologies de l'information et informatique | 386.7 | 476.8 | 513.4 | 561.6 | 588.7 | 571.5 | 667.0 | 691.3 |
| 62 | Programmation informatique ; conseils et activités connexes | 316.9 | 400.5 | 441.0 | 514.0 | 525.6 | 535.9 | 628.5 | 645.8 |
| 63 | Services d'information | 69.8 | 76.3 | 72.4 | 47.6 | 63.0 | 35.6 | 38.5 | 45.4 |
| 64-66 | Activités financières et d'assurances | 65.0 | 78.1 | 96.2 | 108.8 | 121.7 | 144.8 | 151.0 | 169.9 |
| 68-82 | Activités immobilières ; professionnelles ; services administratifs et d'appui | 90.1 | 113.8 | 137.6 | 174.3 | 211.7 | 413.3 | 455.1 | 460.7 |
| 68 | Activités immobilières | 0.2 | 0.3 | 0.3 | 0.0 | 0.8 | 1.2 | 1.6 | 2.3 |
| 69-75x72 | Activités professionnelles, scientifiques et techniques, R-D scientifique exclu | 41.1 | 51.6 | 54.1 | 94.2 | 125.8 | 325.1 | 368.2 | 371.5 |
| 72 | Recherche scientifique et développement | 43.5 | 55.9 | 77.2 | 73.5 | 78.8 | 79.7 | 76.4 | 77.9 |
| 77-82 | Activités de services administratifs et d'appui | 5.3 | 6.0 | 6.0 | 6.6 | 6.3 | 7.3 | 9.0 | 9.1 |
| 84-99 | Services collectifs, sociaux et personnels | 152.6 | 161.1 | 179.9 | 196.1 | 175.4 | 193.7 | 193.0 | 217.2 |
| 84-85 | Administration publique et défense ; sécurité sociale obligatoire et éducation | 0.0 | 0.0 | 0.0 | 0.2 | 0.0 | 0.1 | 0.1 | 0.2 |
| 86-88 | Santé humaine et action sociale | 150.0 | 156.1 | 176.4 | 192.1 | 172.8 | 191.8 | 191.2 | 215.3 |
| 90-93 | Arts, spectacles et loisirs | 0.2 | 0.1 | 0.0 | 0.0 | 0.0 | 0.0 | 0.0 | 0.0 |
| 94-99 | Autres services ; ménages-employeurs ; organismes extra-territoriaux | 2.4 | 5.0 | 3.5 | 3.8 | 2.6 | 1.8 | 1.8 | 1.7 |

.. Non disponible

*Note* : Voir les métadonnées détaillées sur : http://metalinks.oecd.org/anberd/20170419/1355.
    Informations sur les données concernant Israël : http://oe.cd/israel-disclaimer.
*Responsabilité* : http://oe.cd/disclaimer

# ORGANISATION DE COOPÉRATION
# ET DE DÉVELOPPEMENT ÉCONOMIQUES

L'OCDE est un forum unique en son genre où les gouvernements œuvrent ensemble pour relever les défis économiques, sociaux et environnementaux liés à la mondialisation. À l'avant-garde des efforts engagés pour comprendre les évolutions du monde actuel et les préoccupations qu'elles suscitent, l'OCDE aide les gouvernements à y faire face en menant une réflexion sur des thèmes tels que le gouvernement d'entreprise, l'économie de l'information et la problématique du vieillissement démographique. L'Organisation offre aux gouvernements un cadre leur permettant de confronter leurs expériences en matière d'action publique, de chercher des réponses à des problèmes communs, de recenser les bonnes pratiques et de travailler à la coordination des politiques nationales et internationales.

Les pays membres de l'OCDE sont : l'Allemagne, l'Australie, l'Autriche, la Belgique, le Canada, le Chili, la Corée, le Danemark, l'Espagne, l'Estonie, les États-Unis, la Finlande, la France, la Grèce, la Hongrie, l'Irlande, l'Islande, Israël, l'Italie, le Japon, la Lettonie, le Luxembourg, le Mexique, la Norvège, la Nouvelle-Zélande, les Pays-Bas, la Pologne, le Portugal, la République slovaque, la République tchèque, le Royaume-Uni, la Slovénie, la Suède, la Suisse et la Turquie. L'Union européenne participe aux travaux de l'OCDE.

Les Éditions OCDE assurent une large diffusion aux travaux de l'Organisation. Ces derniers comprennent les résultats de l'activité de collecte de statistiques, les travaux de recherche menés sur des questions économiques, sociales et environnementales, ainsi que les conventions, les principes directeurs et les modèles développés par les pays membres.

ÉDITIONS OCDE, 2, rue André-Pascal, 75775 PARIS CEDEX 16
(01 2017 10 2 P) ISBN 978-92-64-27457-0 – 2017

www.ingramcontent.com/pod-product-compliance
Lightning Source LLC
Chambersburg PA
CBHW082353220526
45470CB00008B/2733